教育部人文社会科学研究发展报告项目资助"中国环境法制建设发展报告"（11JBGP044）

中国海洋大学"985工程"海洋发展人文社会科学研究基地建设经费
教育部人文社科重点研究基地中国海洋大学海洋发展研究院资助

KEY RESEARCH INSTITUTE IN UNIVERSITY

中国环境法制建设发展报告

（2011年卷）

主　　　编　徐祥民
副　主　编　田其云　时　军
执行副主编　李冰强

人民出版社

责任编辑:张　旭
封面设计:肖　辉

图书在版编目(CIP)数据

中国环境法制建设发展报告.2011年卷/徐祥民 主编.
　—北京:人民出版社,2013.12
ISBN 978－7－01－012854－2

Ⅰ.①中⋯　Ⅱ.①徐⋯　Ⅲ.①环境保护法-研究报告-中国-2011
　Ⅳ.①D922.604

中国版本图书馆CIP数据核字(2013)第275741号

中国环境法制建设发展报告
ZHONGGUO HUANJING FAZHI JIANSHE FAZHAN BAOGAO
(2011年卷)

徐祥民 主编

田其云　时　军 副主编 李冰强 执行副主编

人民出版社 出版发行
(100706　北京市东城区隆福寺街99号)

环球印刷(北京)有限公司印刷　新华书店经销

2013年12月第1版　2013年12月北京第1次印刷
开本:710毫米×1000毫米 1/16　印张:22
字数:360千字

ISBN 978－7－01－012854－2　定价:50.00元

邮购地址 100706　北京市东城区隆福寺街99号
人民东方图书销售中心　电话 (010)65250042　65289539

目　　录

序 ……………………………………………………………………（ 1 ）

上　篇

第一章　湿地保护法制建设 ………………………………………（ 3 ）

第一节　湿地保护法制建设历程 ………………………………（ 4 ）

一、加入《湿地公约》前我国法制建设中有关湿地保护的
规定 ……………………………………………………（ 4 ）

二、加入《湿地公约》后我国的湿地保护法制建设 ………（ 9 ）

第二节　湿地保护法制建设的成就 ……………………………（ 13 ）

一、湿地保护立法方面的成就 …………………………………（ 14 ）

二、湿地保护制度建设的成就 …………………………………（ 31 ）

第三节　我国湿地保护法制存在的问题及应对思路 …………（ 42 ）

一、我国湿地保护法制存在的问题 ……………………………（ 42 ）

二、完善我国湿地保护法制的思路 ……………………………（ 48 ）

第二章　水土保持法制建设 ………………………………………（ 60 ）

第一节　我国水土保持工作的任务与进展 ……………………（ 60 ）

一、水土保持工作任务艰巨 ……………………………………（ 60 ）

　　二、我国水土保持事业稳步发展 …………………………（65）

　第二节　我国水土保持立法历程 …………………………（75）

　　一、奠基期（1949—1982）：以《水土保持暂行纲要》和

　　　《水土保持工作条例》为代表的水土保持法 …………（76）

　　二、发展期（1983—1991）：《水土保持法》（1991）的

　　　制定 ……………………………………………………（77）

　　三、完善期（1992—2010）：《水土保持法》（1991）的

　　　修订 ……………………………………………………（83）

　第三节　我国水土保持法制建设的成就及经验 …………（88）

　　一、立法成就 ……………………………………………（88）

　　二、制度建设成就 ………………………………………（105）

　　三、成功经验 ……………………………………………（111）

　第四节　我国水土保持法制建设中存在的问题 …………（116）

　　一、水土保持立法中义务意识不强 ……………………（116）

　　二、相关具体规定已不适应水土保持工作的要求 ………（118）

　第五节　我国水土保持法制建设展望 ……………………（127）

　　一、转变理念：水土保持法制建设的前提 ……………（128）

　　二、构建体系：水土保持法制建设的重点 ……………（131）

　　三、提高地方立法的实效：水土保持法制建设的基石 …（132）

　　四、培养政府决策者的忧患意识和责任感：水土保持法制

　　　建设的永恒主题 ………………………………………（134）

　　五、国际合作：水土保持法制建设的新课题 …………（136）

第三章　环境标准制度建设 ………………………………（138）

　第一节　环境标准在环境保护中的意义 …………………（138）

　　一、环境标准是立法机关制定环境法律规范的依据 …（139）

　　二、环境标准是行政机关管理环境事务的依据 …………（140）

　　三、环境标准是司法机关定案的依据 …………………（141）

　　四、环境标准是守法者自觉遵守环境法律、法规的依据 …（142）

　　五、环境标准是防止发达国家污染转嫁的有效屏障 ……（143）

　第二节　环境标准与环境标准法的历史发展 ……………（143）

　　一、环境标准的产生与发展 ……………………………（144）

　　二、环境标准法制建设的历史进程 ………………………（146）

第三节　环境标准建设的成就 ………………………………（156）

　　一、建立了科学的环境标准分类体系 ……………………（156）

　　二、确立了门类齐全的国家环境标准 ……………………（158）

　　三、地方环境标准建设成绩斐然 …………………………（161）

第四节　我国环境标准制度存在的问题及其完善 …………（161）

　　一、我国环境标准制度存在的问题 ………………………（162）

　　二、我国环境标准制度的完善 ……………………………（164）

中　篇

第四章　石油天然气管道保护法 ……………………………（171）

第一节　《管道保护法》的出台背景 ………………………（171）

第二节　《管道保护法》的主要内容 ………………………（173）

　　一、分级管理体制 …………………………………………（173）

　　二、管道保护责任主体 ……………………………………（174）

　　三、管道发展规划与管道建设规划 ………………………（174）

　　四、运行中管道的保护 ……………………………………（175）

　　五、管道与其他建设工程相遇的关系 ……………………（176）

第三节　《管道保护法》的主要特点 ………………………（177）

　　一、注重规划先行 …………………………………………（177）

　　二、以环境保护贯穿管道保护之始终 ……………………（177）

第五章　消耗臭氧层物质管理条例 …………………………（179）

第一节　《消耗臭氧层物质管理条例》的出台背景 ………（179）

第二节　《消耗臭氧层物质管理条例》的主要内容与特点 ……（181）

　　一、列出了消耗臭氧层物质清单和具体淘汰时间表 ………（182）

　　二、设计了配额管理及其相关制度 ………………………（182）

三、明确了执法手段和法律责任 ……………………（183）

四、对进出口消耗臭氧层物质予以控制并实行名录管理 …（183）

第三节 《消耗臭氧层物质管理条例》的意义 ……………（184）

一、建立了完善的规则体系 ………………………（184）

二、有利于节约能源和减少温室气体排放 …………（185）

第六章 古生物化石保护条例 …………………………（186）

第一节 《古生物化石保护条例》的出台背景 ……………（186）

第二节 《古生物化石保护条例》的主要内容 ……………（188）

一、建立国家古生物化石专家委员会 ……………（188）

二、发掘管理方面的规定 …………………………（189）

三、收藏管理方面的规定 …………………………（189）

四、古生物化石进出境管理方面的规定 …………（190）

第三节 制定《古生物化石保护条例》的意义 ……………（191）

第七章 自然灾害救助条例 ……………………………（193）

第一节 《自然灾害救助条例》的出台背景 ………………（193）

第二节 《自然灾害救助条例》的主要内容 ………………（194）

一、灾害救助管理体制 ……………………………（195）

二、灾害救助机制 …………………………………（195）

三、灾害救助款物的监管制度 ……………………（196）

第八章 气象灾害防御条例 ……………………………（198）

第一节 制定《气象灾害防御条例》出台的必要性 ………（198）

一、应对气候异常，预防频繁发生的气象灾害所造成的
损失 ……………………………………………（198）

二、适应新形势，进一步完善气象灾害的各种防御措施 …（199）

三、总结气象灾害防御的经验教训，进一步完善、规范
气象灾害的防御机制 …………………………（200）

四、进一步完善气象灾害防御的法律、法规体系，做到
依法防御气象灾害 ……………………………（200）

第二节 《气象灾害防御条例》基本内容 …………………（201）

一、气象灾害防御的对象 …………………………（201）

二、气象灾害防御工作的原则 …………………………………（201）

三、气象灾害防御机制 …………………………………………（202）

四、气象灾害防御主要制度 ……………………………………（203）

五、气象灾害防御主要措施 ……………………………………（204）

六、气象灾害应急工作的程序和内容 …………………………（206）

七、对特定区域的气象灾害的预防 ……………………………（206）

下　篇

第九章　重大环保事件和典型环境诉讼案件 …………………（209）

第一节　2010 年年内重大环保事件 ……………………………（209）

一、紫金矿业污染事件 …………………………………………（209）

二、大连输油管泄漏事件 ………………………………………（211）

三、血铅超标事件：以湖南郴州为例 …………………………（212）

四、湖南涟源乡镇引进污染企业，致使水源污染、村民
患病 …………………………………………………………（215）

五、中石油兰郑长成品油管道渭南支线柴油泄漏事件 ……（216）

第二节　典型环境诉讼案件 ……………………………………（217）

一、晴隆非法采金案 ……………………………………………（217）

二、中华环保联合会、贵阳公众环境教育中心诉定扒
造纸厂水污染案 …………………………………………（220）

三、四川成都水污染案 …………………………………………（222）

四、昆明市环保局诉"昆明三农公司"与"昆明羊甫
公司"环境侵害纠纷案 …………………………………（223）

第十章　台湾环境教育法 ………………………………………（227）

一、《环境教育法》的出台背景 ………………………………（227）

二、《环境教育法》的主要内容 ………………………………（228）

三、《环境教育法》的主要特点 ………………………………（231）

第十一章　2010 年中国开展环保国际合作及参与国际环境法律事务

　　　　情况 ……………………………………………………（232）

　　第一节　中国开展环保国际合作及参与国际环境法律事务

　　　　概况 ……………………………………………………（232）

　　　一、中国开展环保国际合作概况 …………………………（233）

　　　二、中国参与国际环境法制进程及履约概况 ……………（241）

　　第二节　中国与《名古屋议定书》 …………………………（247）

　　　一、《生物多样性公约》的缘起和基本情况……………（247）

　　　二、2010 年《生物多样性公约》的重大发展——

　　　　《名古屋议定书》 …………………………………（248）

附录一：2010 年环保信息 ……………………………………（263）

附录二：2010 年环境立法信息汇总 …………………………（269）

附录三：2010 年中国开展的环保国际合作事务表 …………（273）

附录四：我国现行环境标准 …………………………………（286）

后　记 …………………………………………………………（341）

序

　　2010 年，我国环境法制建设的重要成就之一是修订了《水土保持法》。经修订的《水土保持法》要求"县级以上人民政府""加强对水土保持工作的统一领导，将水土保持工作纳入本级国民经济和社会发展规划"，还要"对水土保持规划确定的任务，安排专项资金，并组织实施"（第四条）。这是对"县级以上人民政府"施加管理责任。这种责任在"水土流失重点预防区和重点治理区"被具体化为"水土保持目标责任制和考核奖惩制度"。该法第五条规定了全国水土保持工作的"主管部门"、县级以上人民政府的水土保持工作的主管部门，明确了"流域管理机构"的管理职责，还要求"县级以上人民政府林业、农业、国土资源等有关部门按照各自职责，做好有关的水土流失预防和治理工作"。这是要为水土保持工作建立更加有效的管理体系，确立更加合理的职权划分。而该法的第六章《法律责任》则是希望对管理者，有关的开垦者、采掘者等设定处罚的方式，提高该法设定的水土保持行为规范的约束力。这些办法能在多大范围内有效呢？我的这个疑问是建立在以下思考的基础上的：从严管理、加重惩罚的办法对一些事务的处理是有效的，也能达到立法者所追求的目标，但这类方法并非对所有事务的处理都是有效的，并非总能让立法者实现其所追求的目标。

　　本卷对新中国成立以来水土保持工作的成就和经验等做了系统的总结。执笔人毛仲荣充分肯定了包括全国性立法和地方立法在内的立法成就，高度

评价了包括水土保持规划制度、水土流失监测和公告制度、服务于水土保持的"三同时"制度等在内的制度建设成就。这些立法和制度以及水土保持工作的其他经验对"预防和治理水土流失"，"减轻水、旱、风沙灾害"（第一条）等，都发挥了积极的作用。面对这些成就、经验和这些成就、经验所发挥的作用，我们同样可以提出上述那一疑问——它们能在多大范围内有效呢？

也是在2010年，国务院第111次常务会议通过了一项法律文件——《全国人口普查条例》。该《条例》称，"人口普查的目的是全面掌握全国人口的基本情况，为研究制定人口政策和经济社会发展规划提供依据"（第二条）。这里也许包含了根本解决由人类活动造成的水土流失问题的秘诀。"在禁止开垦坡度以上陡坡地开垦种植农作物"（第四十九条），"毁林、毁草开垦"（第五十条）种植等活动之所以发生，从根本上来说是由人多地少的矛盾造成的。"在风力侵蚀地区"之所以还要"采取轮封轮牧"（第三十五条）措施，而不是封而禁牧，说到底是还有更多的人需要牧场，尽管这牧场并不丰饶，而是处于"风力侵蚀地区"。"人口政策和经济社会发展规划"，尤其是"人口政策"可能是解决人多地少矛盾的根本出路，从而也是解决由人类活动造成的水土流失问题的根本办法。

曾经翻阅菲律宾的《环境保护法》，注意到它有这样一项规定，即"人口环境平衡"（population environment balance，第五十二条）。菲律宾是个岛国，国土面积不大的岛国。从认识的需要来看，它是一个容易把握的观察对象和分析范本。在这个"范本"中，在人口与环境这一关系中，人口这个变量的改变对环境的影响比较直观，比较容易被发现。或许正是由于菲律宾人比较容易发现人口数量的改变对自然环境的影响，所以他们才提出了保持人口与环境之间的平衡的要求。

以菲律宾为"分析范本"所得出的分析结论是富有启发意义的。我和我的学生辛帅在《中国环境法学评论》（2012年卷）上发表的论文表达了这样的思想：虽然环境问题的原初含义是"自然环境问题"，但是，人类实际遭遇的环境问题却不只是自然环境问题，而是还有包括人口繁衍问题在内的其他"自然环境问题之外的环境问题"。面对水土流失这一严重的自然环境问题，立法的理想选择不是就事论事，只考虑风蚀、水蚀等技术问题，而

是在宏观的人与自然关系上"综合施治"。来自菲律宾"分析范本"的结论也许还可以在更广大的范围内应用——要有效化解人类遭遇的环境危机,环境保护的政策、法律的制定应当充分考虑如何处理人与自然的关系。

这是我的看法,也是我对我国环境立法的期望。

徐祥民

2013 年 7 月 27 日

于青岛海滨寓所

上　篇

第一章　湿地保护法制建设

　　湿地是地球上生物多样性最富集、生产力最高的自然生态系统之一，被誉为"地球之肾"、"天然物种的基因库"、"储碳库"①，具有涵养水源、净化水质、蓄洪防旱、调节气候和维护生物多样性等重要的生态功能，是生态安全体系的重要组成部分和经济社会可持续发展的重要基础。湿地和森林、海洋并称全球三大生态系统，其中湿地是生态价值最高的生态系统。联合国环境署 2002 年的权威研究数据表明，1 公顷湿地每年创造的价值高达 1.4 万美元，是热带雨林的 7 倍，是农田生态系统的 160 倍。此外，湿地还是世界上重要的碳库之一，对于缓解全球气候变暖具有十分重要的作用。

　　在国际社会高度关注并积极应对全球气候变化的背景下，2010 年，世界各国为宣传第十四个世界湿地日和首个联合国国际生物多样性年，开展研讨和各种活动，以期通过保护湿地与生物多样性为应对气候变化作贡献。在我国，《山东省湿地公园管理办法（试行）》、《包头市湿地保护条例》、《四川省湿地保护条例》、《西藏自治区湿地保护条例》、《吉林省湿地保护条例》在 2010 年中相继颁布、施行，显示出我国湿地保护地方立法快速发展的势

---

　　① 《湿地碳汇功能》报告显示，全球自然湿地约占全球陆地面积的 6.4%，但其碳汇功能（即吸收二氧化碳的能力）和占全球面积七成的海洋相当。湿地是全球最大的"储碳库"，碳总量约 770 亿吨，占陆地生态圈碳素的 35%，超过农田生态系统（150 亿吨）、温带森林（159 亿吨）和热带雨林（428 亿吨）。在当前全球工业减排仍将持续面临较高难度的情况下，湿地的间接减排功能举足轻重。数据来源：《湿地保护与应对气候变化——安庆宣言》。

头，使得这一年在我国湿地保护法制进程中堪称"时间坐标"。

第一节　湿地保护法制建设历程

20 世纪 80 年代，我国签署的条约与制定的法律中开始涉及湿地保护。不过，在 1992 年 7 月 31 日我国加入《湿地公约》之前，国内政策、法律中已有关于湿地保护的规定。此后，我国参加《湿地公约》缔约方大会并积极履约，开展了全国性湿地资源普查，出台多部与湿地保护有关的政策、规划和法律，各地也相继颁行多部专门保护湿地的地方性法规。回顾这段历程，可知我国湿地保护法制建设起步较晚，发展较快，有待完成的立法任务较多。

一、加入《湿地公约》前我国法制建设中有关湿地保护的规定

自从地球上"水圈"产生后，就出现了湿地。它的形态是大江大河、泉溪潭瀑、湖泊库塘、沼泽草甸、浅海滩涂等等。依托湿地优异的环境和丰美的食物，生命在这里诞生并繁衍，于是这里草木葱茏，花红果硕，鱼跃鸢飞，万类竞生。有关湿地保护的立法，无论是国际公约还是我国立法，起初都是从保护湿地上的水禽等水生野生动物开始的。

为了加强对湿地的保护和利用，1971 年 2 月 2 日，来自 18 个国家的代表在伊朗南部海滨小城拉姆萨尔签署了《关于特别是作为水禽栖息地的国际重要湿地公约》（以下简称"《湿地公约》"[①]）。作为世界上第一个正式意义上的国际环境公约[②]，《湿地公约》具有历史性意义。《湿地公约》通过各缔约方保护水禽栖息地的共同努力来实现保护湿地的目标。公约的签订以及随后公约组织的成立，表明国际社会在湿地认知与保护方面，形成了广泛共识，并力图采取卓有成效的共同行动。经过 40 年的发展，该公约无论从组织机构，还是从其理念都发生了较大的变化，现已发展为保护湿地所有物

[①] 《湿地公约》缔结于 1971 年，致力于通过国际合作，实现全球湿地保护与合理利用，是当今具有较大影响力的多边环境公约之一。

[②] 参见中国环境与发展国际合作委员会，网址：http://www.china.com.cn/tech/zhuanti/wyh/ 2008-02/14/content_9799627_5.htm，2010 年 12 月 28 日最后访问。

种及整个生态系统①，成为全球唯一一部保护特殊生境的国际公约。

　　我国于 1992 年 7 月 31 日加入《湿地公约》，在此之前，国内政策、法律中有关湿地保护的规定经历了从无到有、缓慢发展的时期。20 世纪 70 年代，我国立法中尚未建立湿地的概念，亦无公众参与湿地保护从而自下而上地推动湿地保护法制的社会条件。究其原因，这与长期以来我国"环保靠政府"的观念有关，与当时中国社会"以经济建设为中心"的指导思想有关，也与湿地保护的社会影响力起初不大有关。

（一）20 世纪 70 年代我国法律中与湿地保护相关的规定

　　1971 年 2 月，18 个国家缔结《湿地公约》之际，我国未派代表团参加。翌年 6 月，我国政府派代表团参加联合国人类环境会议。代表团成员认识到世界各国面临的环境问题的严重性，了解到各国处理环境问题的态度。此后，我国的环境保护活动逐步融入全球环境保护的历史洪流。受联合国人类环境会议的影响，国家计划委员会于 1973 年 8 月 5 日至 22 日召开了第一次全国环境会议。这次会议制定了《关于保护和改善环境的若干规定（试行草案）》。② 1978 年《宪法》首次将环境保护写入国家根本大法，环境保护成为国家职能。根据《宪法》第六条"矿藏、水流、国有的森林、荒地和其他海陆资源，都属于全民所有"和第十一条"国家保护环境和自然资源，防治污染和其他公害"的精神，为了水产资源繁殖保护，发展水产事业，国务院于 1979 年 2 月 10 日发布《水产资源繁殖保护条例》。这部行政法规规定了鱼类、虾蟹类、贝类、海藻类、淡水食用水生植物类及其他类中的重要或名贵的水生动物和植物应当加以重点保护，以及加强繁殖保护的各项措施。依法保护水生动植物的繁殖区域、时期和水域环境，事实上也会保护这些区域的湿地。从这个意义上说，在我国，与湿地有关的第一部行政法规就是《水产资源繁殖保护条例》。

---

　　① 历届《湿地公约》缔约方大会通过的决议充分反映了上述演变。1993 年以前的大会决议，以及衡量国际重要湿地的标准等均以水禽为主，1996 年第六次缔约方大会上增加了基于鱼类保护的国际重要湿地确定标准，并决定加强对泥炭地、珊瑚、海岸带、喀斯特地貌等湿地类型地重点保护。此后，湿地的水文学、净化水质、提供水源、水资源管理、流域综合管理、湿地文化等逐渐成为缔约方大会的热门话题和政策重点。

　　② 《关于保护和改善环境的若干规定（试行草案）》是我国第一部综合性的环境保护行政法规，是我国环保事业的里程碑，对我国环境法的发展具有重要意义。

1979 年 9 月 11 日至 13 日，第五届全国人大常委会第十次会议通过了《环境保护法（试行）》。该法第三条采用概括规定与要素列举相结合的方式，规定"本法所称环境是指：大气、水、土地、矿藏、森林、草原、野生动物、野生植物、水生生物、名胜古迹、风景游览区、温泉、疗养区、自然保护区、生活居住区等"。由于当时国内科学界尚未确立"湿地"概念，故这一"环境"定义在列举环境要素时未出现"湿地"这一术语。不过，上述"环境"的定义系采取不完全列举的方式，在我国环境保护专门法立法之初，为环境保护的对象和范围预留了可以延展的空间。

（二）20 世纪 80 年代我国签署的条约与制定的法律中已涉及湿地保护

我国湿地保护立法自 20 世纪 80 年代起步，最初的法律渊源是国际条约。与《湿地公约》以保护水禽及其生境为立法动因相一致，我国的湿地保护立法也是由保护候鸟及其栖息地开始的。中日两国在恢复邦交关系之后，"考虑到鸟类是自然生态系的一个重要因素，也是一项在艺术、科学、文化、娱乐、经济等方面具有重要价值的自然资源，鉴于很多鸟类是迁徙于两国之间并季节性地栖息于两国的候鸟，愿在保护和管理候鸟及其栖息环境方面进行合作达成协议"[①]，遂于 1981 年 3 月 3 日在北京签订《中日保护候鸟及其栖息环境的协定》，同日实施。

1986 年 10 月 20 日，在澳大利亚首都堪培拉，中澳两国签订《中澳保护候鸟及其栖息环境的协定》，列出迁徙于中澳两国之间的 81 种候鸟，目的在于尽力减少对两国间候鸟所到之地的伤害。例如，位于悉尼南部的 Towra Point 自然保护区，是候鸟所到的地区，也是中澳协定保护的重点区域。该协定第二条规定，非除外情形[②]下，"缔约各方应禁止猎捕候鸟和拣其鸟蛋"，"应禁止任何出售、购买和交换候鸟或其鸟蛋（无论是活体还是死体），以及它们的加工品或其一部分"[③]。该协定自 1988 年 9 月 1 日起施行。

---

① 《中华人民共和国政府和日本国政府保护候鸟及其栖息环境的协定》。

② 《中澳保护候鸟及其栖息环境的协定》第二条列举了除外情形："根据各自国家的法律和规章，下列情况除外：（一）为科学、教育、驯养繁殖以及不违反本协定宗旨的其他特定目的；（二）为保护人的生命和财产；（三）本条第三款规定的猎期内；（四）在特定地区，在候鸟为数众多，并已予适当保护的条件下，当地居民进行以食、衣或文化娱乐为目的的传统性的打猎活动，采集特定的候鸟或其鸟蛋。"

③ 《中澳保护候鸟及其栖息环境的协定》。

20 世纪 80 年代，依据《环境保护法（试行）》中的原则性规定，我国陆续颁布多部以环境保护为主题的法律。其中，与湿地保护相关的法律、法规、规范性文件有：《海洋环境保护法》（1982）、《草原法》（1985）、《渔业法》（1986）、《野生动物保护法》（1988）、《水法》（1988）、《环境保护法》（1989）等。1986 年 6 月 20 日颁行的《上海市滩涂管理暂行规定》则是一部与湿地保护直接相关的地方性法规。这部由上海市第八届人大常委会第二十二次会议批准的法规，核心的立法目的是"合理开发利用滩涂，加强滩涂管理"。滩涂原为我国沿海渔民对淤泥质潮间带的俗称，随着人们对滩涂认识的深入，其内涵和外延发生了一定程度的改变。滩涂现已成为沿海滩涂、河滩和湖滩的总称；其中，沿海滩涂是滨海湿地的重要组成部分。①《上海市滩涂管理暂行规定》适用于长江、东海和杭州湾沿岸（包括岛屿）属本市管辖范围内的堤防至航道规划线之间的滩涂。该法规第三条为滩涂的开发利用确立了基本原则，即"统一规划，加强管理，妥善处理局部利益与整体利益、近期利益与长远利益的关系"。第二章专章规定滩涂开发利用的规划、审批程序、滩涂使用权以及避免湿地破坏的禁止性规定；第四章还对滩涂的圈围做出强制性规定；而在第五章"滩涂管理机构的职责"中，对市、县水利局在滩涂管理方面的主要职责予以规定；第六章"奖惩"中多条规定水利部门对滩涂上出现的非法行为予以行政处罚的权限。通观这部 80 年代中期颁行的地方性法规，虽然其中第二十七条规定对促进滩涂的保护和治理做出显著成绩的单位和个人，应给予表彰或奖励，但是，该法规并非以保护滩涂为中心。法规中有关"造成滩涂污染"的禁止性规定及相关法律责任条款，是为保障滩涂开发利用。水利部门因其负责审批开发利用滩涂的规划、工程计划和工程技术设计等，成为这部滩涂管理法规中的首要机构。例如，该法第十四条第一款规定："水利部门应积极支持水产部门和企业事业单位、乡村集体或个人充分利用适于养殖的滩涂，发展养殖业。"综上，《上海市滩涂管理暂行规定》是 20 世纪 80 年代出台的涉及滨海湿地的地方性法规，但是，该法规不能被称为专门的湿地保护立法。

---

① 沿海滩涂不包括滨海湿地中的沿海河流湿地和湖泊湿地。

　　湿地这一概念在我国官方文件中首次出现于 1987 年 5 月 22 日发布的《中国自然保护纲要》。该纲要主要涉及生态系统和物种保护问题。这是我国第一部保护自然资源和自然环境的宏观指导性文件，其为国家和地区各级政府制定经济、社会发展和自然保护的方针、政策、法令及规划提出指导原则与科学依据。此纲要将沼泽和海涂合称为湿地。

　　不过，我国加入《湿地公约》前，国内法律文件中尚未出现"湿地"概念，有关湿地的内容体现在土地、水体、沼泽、滩涂和草地等用语中，与湿地保护相关的法律规定散见于多部环境保护法律法规中。尚处于改革开放初期的我国强调"以经济建设为中心"，当时为数不多的环境保护法律法规中未明确规定保护湿地。1989 年 3 月 28 日，由吉林省人民政府法制局、吉林省环保局联合颁发的《吉林省查干湖自然保护区管理办法》，也只是一部与湿地有关但未出现"湿地"概念、未规定湿地保护制度的规范性法律文件。1989 年 12 月 26 日，第七届全国人大常委会第十一次会议通过的《环境保护法》，作为环境保护的综合性法律，对湿地的保护与管理具有重要的影响和作用。与 10 年前出台的《环境保护法（试行）》相比，这部环境保护法安排专章对"保护和改善环境"做出八条规定，其中，第十七条规定："各级人民政府对具有代表性的各种类型的自然生态系统区域，珍稀、濒危的野生动植物自然分布区域，重要的水源涵养区域，具有重大科学文化价值的地质构造、著名溶洞和化石分布区、冰川、火山、温泉等自然遗迹，以及人文遗迹、古树名木，应当采取措施加以保护，严禁破坏。"这一条虽未直言湿地，但其保护对象包括具有代表性的湿地生态系统。该法的基本内容和精神都有利于促进对湿地的保护和管理，但也存在一些重要问题，主要体现为概念、适用范围、公众参与、经济措施、政府责任。[①] 由于《环境保护法》施行至今，且在我国环境与资源保护法律领域事实上具有综合性基本法的地位，故该法的缺失或不足，例如，未列举"湿地"这一重要的自然环境要素、未明确公民和群众组织在环境保护包括湿地保护方面的权利，未建立与湿地生态系统相适应的管理体制并明确管理部门的权责，在我国湿地

---

　　① 　王蓉、Edwin D. Ongley、蔡守秋、郎佩娟：《中国现行与湿地保护相关主要法律的评价及改革建议》，载印红主编《湿地生物多样性保护主流化的理论与实践》，科学出版社 2009 年版，第 83 页。

保护法制进程中不可不谓一件憾事。此后 20 余年，我国湿地保护专门法一直缺位，既有湿地保护立法难度大的原因，也与《环境保护法》未打开湿地保护立法局面不无关系。

二、加入《湿地公约》后我国的湿地保护法制建设

1992 年 2 月 20 日，我国政府正式向《湿地公约》保存机构——联合国教育、科学及文化组织（UNESCO）递交了加入书；7 月 31 日加入书正式生效，我国成为《湿地公约》第 67 个缔约方。

我国加入《湿地公约》的 1992 年，正值我国社会主义市场经济的开局之年。高速发展使我国对于资源的需求迅猛增长，湿地作为自然资源的富集区域当然会压力大增。作为一个人口众多的发展中国家，我国人均资源不丰，发展压力巨大，保护性投入是沉重压力。在这样的背景下，我国仍全力投入湿地保护，把保护湿地作为对维护地球生态安全、应对全球气候变化、参与世界可持续发展进程的一项庄严承诺，认真履行国际义务，开展了大量的工作，从湿地资源普查到相关政策、规划的出台，18 年中涌现出可观的成果。

（一）我国参加《湿地公约》缔约方大会并积极履约

《湿地公约》由缔约方（Contracting Parties）、缔约方大会（Meetings of Contracting Parties，COPs）、常务委员会（Standing Committee）、科技评估委员会（Scientific & Technical Review Panel）及湿地公约局/秘书处（Ramsar Bureau/Secretariat）共同运作。同时，还有《湿地公约手册》（The Ramsar Convention Manual）用于指导各缔约方合理地履行《湿地公约》。理解《湿地公约》，不仅要关注 1971 年制定、后经两次修正的《湿地公约》，还要梳理近 40 年中召开的历次缔约方大会所通过的决议、指南、湿地公约战略计划等各种法律文件。

我国政府代表团于 1993 年 6 月参加了在日本钏路召开的《湿地公约》第五届缔约方大会，这是我国加入《湿地公约》后首次参加缔约方大会。这次大会通过了《实施合理利用概念补充指南》（决议 5.6 的附件），发表了《钏路声明》，决定建立科技审评组。此后，我国政府代表团于 1996 年 3 月参加了在澳大利亚布里斯班召开的《湿地公约》第六届缔约方大会；于

1999 年 5 月参加了在哥斯达黎加召开的《湿地公约》第七届缔约方大会。[①]
2002 年，《湿地公约》秘书处、世界自然基金会和国家林业局联合在新疆乌
鲁木齐召开"喜马拉雅高原湿地保护国际研讨会"；同年 11 月，我国政府
代表团参加了在西班牙瓦伦西亚召开的《湿地公约》第八届缔约方大会，
此次会议通过了《将湿地问题合并入海岸带综合管理的原则和指南》（决议
8.4）。

　　建立、健全湿地保护的组织机构是做好湿地管理工作的基础，也是实施
湿地保护各项制度的组织机构保障。根据中央机构编制委员会办公室《关
于国家林业局成立湿地保护管理机构的批复》（中央编办复字［2005］96
号）、国家林业局《关于成立国家林业局湿地保护管理中心（中华人民共和
国国际湿地公约履约办公室）的通知》（林人发［2005］176 号）文件，国
家林业局湿地保护管理中心（中华人民共和国国际湿地公约履约办公室）
于 2007 年 2 月正式组建。同年 10 月，中国履行《湿地公约》国家委员会成
立，该委员会由国家林业局、外交部等 16 个部门组成，秘书处设在中华人
民共和国国际湿地公约履约办公室。

　　2010 年 10 月 15 日至 18 日召开的党的十七届五中全会通过《"十二五"
规划建议》，提出要"实施重大生态修复工程……保护好草原和湿地"。同
年 11 月 17 日，全国湿地保护管理工作会议在福建省长乐市召开。这是国家
林业局湿地保护管理中心（中华人民共和国国际湿地公约履约办公室）成
立以来，首次举办以湿地保护管理为主题的全国性工作会议。来自全国林业
系统共 160 余人参加了会议。此次会议公告，截至 2010 年 11 月，我国已建
立各级湿地自然保护区 550 多处，国家湿地公园试点 100 处、地方湿地公园
120 多处，国际重要湿地 37 处，使 1795 万公顷、约 49.6%的自然湿地受到
较为有效的保护。[②] 这一年，我国积极履约并参与公约事务的讨论和决策。
在格鲁吉亚召开的《湿地公约》第四十一次常委会上，对会议有关议题所

---

　　① 第 7 届缔约方大会通过了《关于审议法律和机构以促进湿地保护与合理利用》（决议 7.18）和
《把湿地保护和合理利用与河流流域管理相结合的指南》（决议 7.7）、《关于建立和加强当地社区和本地
人参与湿地管理的指南》（决议 7.8）。

　　② 福州市人民政府网站，http：//www.fuzhou.gov.cn/zfb/xxgk/zxwj/zfhy/201011/t20101118_
176865.htm，2011 年 1 月 18 日访问。

提建议均被会议采纳，特别是通过主动宣传我国湿地保护成就，争取了在"喜马拉雅区域动议"等重大问题上的主动权，维护了国家权益。公约秘书长对 2009 年以来全球履约有关情况的报告中特别肯定了中国在履行《湿地公约》中开展的工作及取得的成绩。

（二）我国加入《湿地公约》后颁布的国家政策、规划

加入《湿地公约》后，我国陆续颁布多部与湿地保护有关的国家政策、规划。

1.《中国 21 世纪议程——中国 21 世纪人口、环境与发展白皮书》

1992 年 6 月，联合国环境与发展大会在巴西里约热内卢召开，中国政府高度重视这次大会，并严肃、认真地履行自己的政治承诺。根据联合国环境与发展大会通过的《21 世纪议程》的要求，1992 年 7 月，中国政府决定由国家计划委员会和国家科学技术委员会牵头，组织 52 个部门、机构和社会团体编制《中国 21 世纪议程——中国 21 世纪人口、环境与发展白皮书》（以下简称《议程》）。

1994 年 3 月 25 日，国务院第 16 次常务会议讨论通过了《议程》。该《议程》从我国的具体国情和人口、环境与发展的总体联系出发，提出了促进经济、社会、资源与环境相互协调和可持续发展的总体战略、对策以及行动方案。《议程》是制订我国国民经济和社会发展中长期计划的指导性文件，也是中国政府认真履行联合国环境与发展大会文件的原则立场和实际行动。

为推动《议程》的实施，我国政府制订了《中国 21 世纪议程》优先项目计划，并将"中国湿地保护与合理利用"项目纳入其中，提出建立国家、地方两级管理机构，加强湿地保护和合理利用，把我国的湿地保护提到了优先发展的地位。

2.《中国环境保护行动规划》

1993 年 9 月，经国务院批准通过的《中国环境保护行动规划》阐述了我国 20 世纪 90 年代的环境保护目标，提出跨部门环境保护行动计划，将湿地、海洋、草地、荒漠及自然遗迹等自然保护区的保护作为建设目标之一。《中国环境保护行动规划》明确了湿地保护的目标：增强湿地保护意识，建立湿地生态类型自然保护区，在各省建立湿地资源动态监测中心；该规划还

提出一些具体目标，包括 2000 年前在全国范围内建成 180 处湿地生态保护区，在三江平原建立湿地保护示范工程等。这是我国首次在国家级规划中对湿地保护做出具体计划。

3.《中国生物多样性保护行动计划》

生物多样性保护和持续利用有利于国民经济的可持续发展，提高人民生活质量。我国政府把环境保护作为一项基本国策，实行"生态保护与生态建设并举"、"污染防治与生态保护并重"的方针，积极开展生物多样性的保护和持续利用行动，制定了一系列保护和持续利用生物多样性的政策、法律、法规、计划和措施。我国于 1994 年 6 月完成《中国生物多样性保护行动计划》，确定了中国生物多样性优先保护的生态系统地点和优先保护的物种名录，明确了 7 个领域的目标，提出了 26 项优先行动方案和 18 个需立即实施的优先项目。《中国生物多样性保护行动计划》将湿地生态系统确定为优先保护的生态系统，并明确规定"禁止和严格控制开垦草地和湿地"。

4.《中国 21 世纪议程——林业行动计划》

为掌握湿地资源信息、有效保护与合理利用湿地资源而提供科学依据，1995 年到 2003 年间，第一次全国湿地普查在林业部（1998 年国务院机构改革时，将林业部改为林业局）和财政部支持下展开。本次普查依循《湿地公约》中的湿地概念和分类标准，将湖泊、湿地、河流、海岸湿地与大于 1 平方公里的池塘选定为本次湿地普查的对象。通过这次工作，湿地的类型、面积和分布得到全面调查。据此，1995 年林业部制定《中国 21 世纪议程——林业行动计划》，提出了湿地资源保护与合理利用的目标和行动框架。

5.《中国湿地保护行动计划》

2000 年 11 月 8 日，由国家林业局牵头，外交部、国家计委、财政部、农业部、水利部等国务院 17 个部门共同公布《中国湿地保护行动计划》。这是我国首次针对"湿地"制定的国家级行动规划，明确规定了我国湿地保护的指导思想，成为我国进行湿地全面保护、合理利用和科学管理的行动指南和纲领。

6.《关于加强湿地保护管理的通知》

2004年6月5日，国务院办公厅发布《关于加强湿地保护管理的通知》，这是我国政府第一次就湿地保护发表政府声明，被解读为"湿地保护已经纳入国家议事日程"。该通知明确指出："各省、自治区、直辖市人民政府，国务院各部委、直属机构要采取多种形式，加快推进自然湿地的抢救性保护。第一、进一步提高认识，把湿地保护作为改善生态的重要任务来抓。第二、采取有效措施，坚决制止随意侵占和破坏湿地的行为。第三、抓好规划编制工作，促进湿地保护事业健康发展。第四、采取多种形式，加快推进自然湿地的抢救性保护。"该通知强调："要认真坚持和逐步完善综合协调、分部门实施的湿地保护管理体制，各级林业部门要做好组织协调工作，各有关部门应按照职责分工，发挥各自的优势，团结协作做好相关的湿地保护管理工作。"正是这一《通知》，使得相当一批面临破坏威胁的自然湿地通过建立不同级别保护区的方式获得抢救性保护。为进一步加强湿地保护，由国家有关部门共同编制的《全国湿地保护工程规划》（2004—2030年）得到国务院批准。该《规划》打破部门界限、管理界限和地域界限，明确了至2030年我国湿地保护工作的指导原则、任务目标、建设布局和重点工程，对指导开展中长期湿地保护工作具有重要意义。

7.《全国湿地保护工程实施规划（2005—2010年）》

为了落实国务院的指示精神，规划编制小组通过对各部门提交的湿地保护、恢复、社区建设、合理利用以及保护管理能力等方面的优先项目进行汇总、修改和完善，对工程规划前期建设项目进行细化，形成了《全国湿地保护工程实施规划（2005—2010年）》。该《规划》确立了湿地保护建设的目标、任务和具体措施，强调以保护与恢复工程为重点，加强对自然湿地的保护监管。

第二节 湿地保护法制建设的成就

加入《湿地公约》后，我国湿地保护法制建设进入快车道。近20年中，湿地保护立法和湿地保护制度建设方面成就斐然。

一、湿地保护立法方面的成就

（一）法规、规章中开始明确规定"湿地"概念

1993 年 9 月 17 日，国务院批准《水生野生动物保护实施条例》，于当年 10 月 5 日由农业部以第 1 号令发布，自发布之日起施行。该条例重视维护和改善水生野生动物的生态环境，强调保障和维护重点保护的水生野生动物生息繁衍的水域、场所和生存环境。虽然湿地保护不是《水生野生动物保护实施条例》的立法目的，但是，《水生野生动物保护实施条例》的施行有利于湿地保护，是可以肯定的。

1994 年 10 月 9 日颁布、同年 12 月 1 日起实施的《自然保护区条例》第十条规定了建立自然保护区应当具备的条件，其中第（三）项的内容为"具有特殊保护价值的海域、海岸、岛屿、湿地、内陆水域、森林、草原和荒漠"。这是"湿地"作为一个概念首次出现在我国法律中。《自然保护区条例》虽然不直接针对湿地保护，但是，建立湿地自然保护区是保护湿地的主要措施。因此，该条例对我国湿地保护具有重要意义。遗憾的是，该条例有些规定不够明确、具体，且没有关于"湿地自然保护区"的专门概念和规定。

为加强海洋自然保护区的建设和管理，根据《自然保护区条例》的规定，国家海洋局制定并发布《海洋自然保护区管理办法》。该规章于 1995 年 5 月 29 日颁布、施行。其中第 2 条规定："海洋自然保护区是指以海洋自然环境和资源保护为目的，依法把包括保护对象在内的一定面积的海岸、河口、岛屿、湿地或海域划分出来，进行特殊保护和管理的区域。"第 6 条规定了"建立海洋自然保护区应当具备的条件"，其中第四项为"具有特殊保护价值的海域、海岸、岛屿、湿地"。此前，国务院于 1990 年 9 月 30 日批准建立首批五个国家级海洋类型自然保护区——昌黎黄金海岸自然保护区、山口红树林生态自然保护区、大洲岛海洋生态自然保护区、三亚珊瑚礁自然保护区、南麂列岛海洋自然保护区。1991 年 10 月，国务院又批准了天津古海岸与湿地国家级自然保护区、北深沪湾海底古森林遗迹自然保护区。在这期间，一批地方级海洋自然保护区相继由地方海洋管理部门完成选划，并经国家海洋局和地方政府批准建立。

（二）有利于湿地保护的法律陆续颁行

湿地在蓄水、调节河川径流、补给地下水和维持区域水平衡中发挥着重要作用，是蓄水防洪的天然"海绵"，在时空上分配不均的降水，可通过湿地的吞吐调节，避免水旱灾害。湖泊、沼泽湿地能够暂时蓄纳洪水，尔后缓慢泄出，从而减轻洪水威胁。长江每年的汛期都将过量的水流入洞庭湖和鄱阳湖。1998 年，长江流域发生历史上最大的洪涝灾害，湿地生态遭到破坏为其主要原因之一。① 之后国务院提出"平垸行洪、退田还湖"等治水与湿地恢复相结合的综合治理方针。通过对洪水的合理防治和调节，将防治洪水与湿地保护管理结合起来，对于湿地保护管理具有重要作用。

1.《防洪法》

1997 年 8 月 29 日，第八届全国人大常委会第二十七次会议通过《防洪法》，同日公布该法自 1998 年 1 月 1 日起施行。该法重视"平原、洼地、山谷、盆地等易涝地区"的治理，强调湿地蓄滞洪水的功能。这部法律中有关"全面规划、统筹兼顾、预防为主、综合治理"的防洪原则，特别是关于防洪的限制性保护措施的规定，对于湿地保护具有积极作用。例如，该法第二十二条第二款、第三款规定："禁止在河道、湖泊管理范围内建设妨碍行洪的建筑物、构筑物，倾倒垃圾、渣土，从事影响河势稳定、危害河岸堤防安全和其他妨碍河道行洪的活动。禁止在行洪河道内种植阻碍行洪的林木和高秆作物。"第二十三条规定："禁止围湖造地。已经围垦的，应当按照国家规定的防洪标准进行治理，有计划地退地还湖。禁止围垦河道。确需围垦的，应当进行科学论证，经水行政主管部门确认不妨碍行洪、输水后，报省级以上人民政府批准。"当然，该法也存在如下问题：其一，规划。该法第二章对"防洪规划"做了专门规定，但是对湿地本身考虑不够，仅仅是将湿地作为防洪分洪蓄洪泄洪的一种"空地"对待，没有全面协调湿地的防洪功能与保护野生动植物等其他功能的关系，没有明确防洪规划与湿地的关系。其二，管理。河道的管理和整治对湿地的保护和管理具有重要影响。该法第三章对河道的管理和整治做了专门规定，但主要是从防洪角度出发，

① 1998 年特大洪水期间，洞庭湖调蓄水量为 269.13 亿立方米，占入湖总水量的 32%。鄱阳湖不仅调蓄鄱阳湖水系五河的来水，而且对长江干流洪水也具有一定的调蓄作用。

较少考虑湿地保护管理。该法第二十条在规定整治河道、湖泊时，没有规定事先征求负责湿地保护的主管部门的意见；在规定整治航道时，没有规定事先征求负责湿地保护的主管部门的意见；整治河道、湖泊和航道都没有规定应该考虑湿地保护管理的需要。其三，建设。由于许多洪泛区、蓄滞洪区实际是湿地，所以有关洪泛区、蓄滞洪区的规定对于湿地保护管理非常重要。该法第三十二条对洪泛区、蓄滞洪区的规定缺乏对湿地保护的综合考虑；该法第三十三条规定了在洪泛区、蓄滞洪区内建设非防洪建设项目的环境影响评价制度，但没有规定应事先征求负责湿地保护管理的主管部门同意的规定；第三十四条规定"城市建设不得擅自填堵原有河道沟汊、贮水湖塘洼淀和废除原有防洪围堤；确需填堵或者废除的，应当经水行政主管部门审查同意，并报城市人民政府批准"，没有考虑湿地保护的需要。[①]

2.《土地管理法》

1998 年 8 月 29 日，修订后的《土地管理法》确立了以耕地保护为核心的土地用途管制制度。[②] 该法和 2002 年 8 月 29 日全国人大常委会通过的《农村土地承包法》都把农用地分为耕地与其他农用地，那些以生态功能为主的土地如生态林地、生态草地、湿地等，一律被纳入"其他农用地"的范畴。《全国土地利用总体规划纲要（2006—2020）》第三章"保护和合理利用农用地"明确将"其他农用地"表述为除耕地之外的林地、草地等。法律和政策将林地、草地等视为"其他农用地"的做法，是以土地是农业生产之基础为出发点，也是我国作为农业大国的国情对法律、政策产生影响的真实注脚。农业在我国国民经济中处于基础地位，耕地则是农业的基础。有关土地法律制度的设计都围绕耕地保护展开，甚至以保护耕地为唯一的目的。如 1998 年《土地管理法》的立法和修订意图"主要是加强土地管理，解决乱占耕地、滥用土地的问题……"；1997 年修订《刑法》时只将非法占用耕地改作他用的行为规定为犯罪，非法占用耕地以外的农用地的行为不被视为犯罪。将土地粗略地按照"农用地"和"非农用地"以及"农用地"内部按照耕地与其他农用地的标准进行划分，是非常简单化的分类。其最大

---

① 王蓉、Edwin D. Ongley、蔡守秋、郎佩娟：《中国现行与湿地保护相关主要法律的评价及改革建议》，载印红主编《湿地生物多样性保护主流化的理论与实践》，科学出版社 2009 年版，第 82 页。

② 吕忠梅：《环境法学》，法律出版社 2004 年版，第 272 页。

的缺陷是忽视了土地利用现状分类即用途分类是以土地的形式分类为基础的。① 我国在实行最严格的耕地保护制度的同时，还应当考虑对具有生产优质生态产品能力的土地予以制度化保护，使这类土地（即"生态用地"）得以长期保有、发挥其生态功能。2000 年公布的《全国生态环境保护纲要》是我国官方文件首次出现"生态用地"。该纲要提出"加强生态用地保护，冻结征用具有重要生态功能的草地、林地、湿地。建设项目确需占用生态用地的，应严格依法报批和补偿，并实行'占一补一'的制度，确保恢复面积不少于占用面积。""生态用地"之所以被列为一种土地用途，有客观与主观原因。客观上，具有重要生态功能的土地多处于环境敏感区②，那里的土地生态稳定性较低，容易遭受破坏，而土地损害将影响其他生态系统的功能，如滨海湿地的土地被征占，势必造成滨海湿地生态恶化，故有必要对这类土地建立专门的保护制度，以免土地生态破坏后难以恢复、重建。众所周知，土地承载着诸多自然资源，土地的生态状况关系到自然整体的生态系统健康，各类环境敏感区中的土地可谓该区域生态系统的"底座"，故这类土地的生态保护意义重大，有必要设立专门的生态用地保护法律制度，规制各种破坏生态用地的行为。至于湿地，其为土地生态系统之上更高一级的生态系统，不应纳入土地利用现状分类。主观上，生态用地提供的优质生态产品，是当代社会发展过程中日益稀缺的物质，是各类法律主体所需要的，甚至是竞相追求的资源。生态用地因其具有生产优质生态产品的能力，且这一用途具有公益性，在土地供给中时常被随意侵占，故应当得到法律的承认与保护。生态用地的法律定义可以表述为：生态区位重要且以发挥生态功能为主要用途的土地，或者因生态功能非常脆弱需要保护、修复、改善的土地。

---

　　① 参见唐双娥、郑太福《法学视角下我国土地分类之完善》，《湖南师范大学社会科学学报》2011 年第 6 期；唐双娥、郑太福《我国生态用地保护法律制度论纲》，《法学杂志》2008 年第 5 期。
　　② 2008 年 8 月 15 日修订通过、自 2008 年 10 月 1 日起施行的行政规章《建设项目环境影响评价分类管理名录》第三条规定："本名录所称环境敏感区，是指依法设立的各级各类自然、文化保护地，以及对建设项目的某类污染因子或者生态影响因子特别敏感的区域，主要包括：（一）自然保护区、风景名胜区、世界文化和自然遗产地、饮用水水源保护区；（二）基本农田保护区、基本草原、森林公园、地质公园、重要湿地、天然林、珍稀濒危野生动植物天然集中分布区、重要水生生物的自然产卵场及索饵场、越冬场和洄游通道、天然渔场、资源性缺水地区、水土流失重点防治区、沙化土地封禁保护区、封闭及半封闭海域、富营养化水域；（三）以居住、医疗卫生、文化教育、科研、行政办公等为主要功能的区域，文物保护单位，具有特殊历史、文化、科学、民族意义的保护地。"

生态用地作为一类土地利用类型存在的法理是，这一类土地所承载的、给予国家和全体公民、法人共享的生态利益需要法律加强保护，以保障土地利用的生态利益在与其经济利益、社会利益以及政治利益等博弈的过程中，不至于经常处于被忽视或被侵害的地位。[①] 在我国法制建设中确立生态用地法律制度，将有利于保护湿地生态系统中的土地资源。

3.《海洋环境保护法》

滨海湿地处于海陆交错地带，沿海岸线分布于海陆作用力共同影响的区域，是海岸带中具有特定自然条件、复杂生态系统和特殊经济意义的功能区块。中国滨海湿地的破坏主要发生在近半个世纪以内，滨海湿地消失的高峰处于20世纪60—70年代和20世纪90年代至21世纪，分别主要由湿地围垦用于耕地和用于海水养殖而引起。法律如何保障滨海湿地生态系统保护与管理？这是直指社会实际的问题，也是政府、公众关注的重要问题。1999年12月25日，第九届全国人民代表大会常务委员会第十三次会议通过修订后的《海洋环境保护法》。该法第九十五条第（三）项对"滨海湿地"予以定义："滨海湿地，是指低潮时水深浅于六米的水域及其沿岸浸湿地带，包括水深不超过六米的永久性水域、潮间带（或洪泛地带）和沿海低地等。"经过这次修订的《海洋环境保护法》增加了"海洋生态保护"一章。其中第二十条第一款规定："国务院和沿海地方各级人民政府应当采取有效措施，保护红树林、珊瑚礁、滨海湿地、海岛、海湾、入海河口、重要渔业水域等具有典型性、代表性的海洋生态系统。"第二十二条规定了应当建立海洋自然保护区的五种情形，其中第（三）种情形是"具有特殊保护价值的海域、海岸、岛屿、滨海湿地、入海河口和海湾等"。第二十八条第二款还规定，"新建、改建、扩建海水养殖场，应当进行环境影响评价"。据此，海洋行政主管部门对所有海洋工程建设项目开展了环境影响评价工作，包括海水增养殖、围海造地、海底电缆管道、海砂开采、航道疏浚、海上石油勘探开发、建设跨海大桥、海底隧道等海洋工程的环境影响评价有效控制和减少了破坏滨海湿地的行为。[②]

---

① 梅宏：《生态文明理念与我国土地法制建设》，《法学论坛》2013年第2期。

② 王斌：《中国滨海湿地保护工作进展》，载印红主编《湿地生物多样性保护主流化的理论与实践》，科学出版社2009年版，第187页。

4.《渔业法》

2000 年 10 月 31 日,《渔业法》经过修正,增加了对海洋生物资源保护的规定。其中有关养殖生产应当保护水域生态环境、保护和改善渔业水域的生态环境、防治污染等规定,对于保护管理湿地具有积极作用。但是,渔业法主要是渔业行业法,其有关鱼类资源捕捞的规定和很多制度设置都是从渔业资源开发、利用和养殖业保护出发,虽然可以起到保护湿地渔业资源及水生物生境的作用,但是并没有全面考虑湿地水生资源和湿地生态环境保护,以及渔业发展对湿地生态系统的综合影响。对于湿地保护而言,《渔业法》的主要问题是缺少相关的规定来平衡湿地鱼类资源的捕捞和生态利益的保护关系。

5.《海域使用管理法》

2001 年 10 月 27 日,由中华人民共和国第九届全国人大常委会第二十四次会议通过,自 2002 年 1 月 1 日起施行的《海域使用管理法》对于滨海湿地保护管理具有重要的影响和作用。该法就海域开发、利用、保护和管理的基本制度和管理体制,以及海洋功能区划、海域使用的申请与审批、海域使用权、海域使用金、监督检查和法律责任等做了规定,完善了我国的海洋资源开发、利用、保护与管理制度,标志着我国海洋资源的开发利用和管理进入一个新的发展阶段。该法规定"促进海域的合理开发和可持续利用"、"国家严格管理填海、围海等改变海域自然属性的用海活动",有利于滨海湿地的合理开发、可持续利用和保护。但该法的主要目的和内容侧重海域资源的开发、利用和管理,缺乏有关保护海域环境和资源的具体措施和制度,更没有合理开发、保护和管理滨海湿地的专门内容或制度。①

6.《水法》及其他水资源管理法律

水是湿地生态系统中最重要的资源要素。保护水资源是湿地保护的重要内容。1988 年 1 月 21 日全国人大常委会通过的《水法》,对规范水资源的开发利用、保护水资源、防治水害、促进水利事业的发展,发挥了重要作用。总结《水法》实施 13 年来的实践经验,借鉴国外水资源管理的经验,

---

①　王蓉、Edwin D. Ongley、蔡守秋、郎佩娟:《中国现行与湿地保护相关主要法律的评价及改革建议》,载印红主编《湿地生物多样性保护主流化的理论与实践》,科学出版社 2009 年版,第 92 页。

按照市场经济体制和水资源可持续利用的要求，本着进一步加强水资源管理，突出节约用水，强化水资源的合理配置和保护，促进水资源的综合开发、利用，健全执法监督机制的原则，第九届全国人大常委会第二十九次会议于 2002 年 8 月 29 日修订通过《水法》。修订后的《水法》自 2002 年 10 月 1 日起施行。《水法》对制定水功能区划、维持江河的合理流量、维护水体的自然净化能力和建立饮用水源保护区、控制开采地下水等作了规定，这也为湿地保护提供了法律依据。

《水法》是水资源管理方面的基本法律。除《水法》外，我国还先后制定了有关涉水方面的法律、行政法规，除了前述《防洪法》，还有《水污染防治法》、《水土保持法》以及《城市供水条例》、《取水许可制度实施办法》、《防汛条例》、《水库大坝安全管理条例》、《河道管理条例》等，这些法律、行政法规对合理开发、利用、保护水资源，防治水害和水污染，保护和改善环境，实现可持续发展都具有十分重要的作用，其中有关湿地污染控制、湿地水质保护、防治湿地水土流失、在防洪蓄洪过程中统筹兼顾湿地保护等规定，对于湿地保护亦具有积极作用。不过，当初制定这些法律、法规的目的并非直指湿地保护，故上述环境事务法①系统中的法律法规未将湿地保护管理作为一类环境事务加以调整、规范，亦未重视湿地生态系统在涵养水源、防治洪水、消减水污染、治理水土流失、蓄存水资源等方面可以发挥的重要功能。湿地保护，作为环境事务作用的对象，综合性强，牵涉面广，对法律制度要求更高，既要重点考虑湿地生态系统保护与诸项自然资源保护，也要考虑湿地中的污染防治及环境退化防治，故有关湿地保护的立法既需要一部专门法，也需要多部相关法律法规与之配合。

7. 环境手段法中有关湿地保护的法律规定

湿地保护立法同样离不开环境手段法的支持。环境手段法中的手段是指服务于对环境对象的保护的系统方法，比如环境规划、环境税收、环境影响评价等，环境手段法就是规范这些手段使用的法律规范所组成的规范体系。

---

① 环境事务法中的事务是指直接作用于防治对象或保护对象的具体环境事务，比如对水污染这种防治对象的具体的防（比如减少污水排放量）和治（比如清除排入河流的油污）等，事务法就是与具体的防治或保护对象直接相关的法律规范所组成的规范系统。参见徐祥民主编《环境与资源保护法学》，科学出版社 2008 年版。

环境手段法系统中，目前建有环境规划法、环境管制与许可法、环境税法、环境监测法、环境信息法、环境影响评价法、清洁生产法、循环经济法、环境诉讼法等支系统。① 湿地保护尤其需要环境影响评价制度、环境规划制度、环境监测制度的支持。由于环境手段法支系统中的专门立法不多，故此处只述《环境影响评价法》中的环境影响评价制度，其他支持湿地保护的环境手段法制度在"湿地保护制度建设的成就"一目中分述。

环境影响评价，是指对规划和建设项目实施后可能造成的环境影响进行分析、预测和评估，提出预防或者减轻不良环境影响的对策和措施，进行跟踪监测的方法与制度。② 环境影响评价制度作为源头控制和预防的主要制度，是实现湿地保护目标的环境手段法制度。为了实施可持续发展战略，预防因规划和建设项目实施后对环境造成的不良影响，促进经济、社会和环境的协调发展，由第九届全国人大常委会第三十次会议于 2002 年 10 月 28 日通过《环境影响评价法》。该法的施行，一定程度上保证了建设项目选址、选线的合理性，一定程度上减缓了建设项目对湿地的负面影响，一定程度上发挥了从源头上保护湿地的作用。不过，该法立足于预测、评估和预防建设项目和专项规划可能造成的环境污染。其评价指标、方法、标准基本围绕这一立足点进行设计和制定，缺乏对湿地生态功能的规定，不能有效地规范、引导湿地环境影响评价工作。再者，《环境影响评价法》对湿地保护区的支撑能力较大，对其他未被划定为自然保护区的湿地的关注不够，缺乏对湿地的全面保护。实践中，建设项目一般只针对被划定为自然保护区的重要湿地进行环境影响评价，对保护区以外的湿地很少进行环境影响评价，尤其是一些间接引起湿地退化和破坏的建设项目，基本不考虑进行相应的环境影响评价。③

（三）各地相继颁行湿地保护专门法

在 2003 年召开的第十届全国人民代表大会第一次会议上，刘华国等 30 位代表、赵殿轩等 33 位代表、谢联辉等 34 位代表分别提出议案（案号分别

---

① 徐祥民主编：《环境与资源保护法学》，科学出版社 2008 年版，第 31—32 页。

② 《中华人民共和国环境影响评价法》第二条。

③ 王蓉、Edwin D. Ongley、蔡守秋、郎佩娟：《中国现行与湿地保护相关主要法律的评价及改革建议》，载印红主编《湿地生物多样性保护主流化的理论与实践》，科学出版社 2009 年版，第 85 页。

为第 260 号、第 812 号和第 948 号），认为湿地是最重要的生态系统之一，由于不合理的开发利用以及管理不善，我国湿地资源迅速退化、萎缩，建议尽快制定湿地保护法，遏制湿地生态环境的恶化局面。全国人大环境与资源保护委员会认为，我国有关湿地保护立法的前期调研工作已经启动。国务院有关部门已完成了湿地管理现状调查，开展了国家湿地政策评估、立法研究以及国外湿地保护政策和法律资料的收集工作。为此，全国人大环境与资源保护委员会建议国务院有关部门加强对湿地保护的立法研究，待条件成熟后起草法律草案，按法定程序提请全国人大常委会审议。[①]

2003 年后，由于湿地保护成为国家的长期目标，我国的湿地保护事业进入快速发展时期。通过设立自然保护区、建设湿地公园和实施湿地恢复项目，一些国际重要湿地得到保护。湿地的监测与保护网络也初步建立起来，大量湿地得以有效保护。虽然全国性湿地保护专门立法历久未出，但是，这一时期我国各地的地方性立法中出现了不少湿地保护专门法规。

1. 十二个省、自治区陆续制定湿地保护地方性法规

我国湿地区域差异显著：东北部地区主要为沼泽湿地，长江中下游及青藏高原地区多为湖泊湿地，南部沿海地区则分布着独特的红树林湿地。[②] 各地立法机构在制定湿地保护法规时注重结合湿地生态系统保护的一般特点和当地湿地保护的特别要求，使得 12 部湿地保护地方立法不仅显示出近 8 年我国湿地保护地方立法的历史性进步，更显示出各地湿地保护专门立法因地制宜、重视保护当地最主要湿地类型的特点。

---

① http：//www. npc. gov. cn/npc/oldarchives/dbdh/dbdh/common/zw. jsp @ label = wxzlk&id = 329110&back = 1&pdmc = 2890. htm，2011 年 3 月 6 日最后访问。

② 由于缺乏科学理论对实践的指导，中国的红树林保护还处于摸索阶段。例如，红树林被认为属于"森林"范畴，有关红树林的法律法规多由林业部门制定，且远远不能满足实践的要求。在管理和保护红树林湿地方面，人们多效仿和沿用陆地森林的标准。更重要的是，国内对红树林的定义尚未涵盖整个红树林湿地生态系统。与陆地森林相比，红树林多了"海"的因素。红树林这个名称来自林学。严格地界定，红树林应指红树林湿地中的有林地（即有红树植物生长的滩涂），而有林地只是红树林湿地的一部分。目前，人们多用"红树林"一词来指代红树林湿地（或生态系统），造成概念上的模糊。参见梅宏、薛志勇《中国红树林保护区管理与立法研究》，载《中国海洋法学评论》第 13 期。

表 1-1：我国十二个省、自治区颁布的湿地保护法规（截至 2010 年）

	条例名称	发布时间	实施时间	主要特点
1	《黑龙江省湿地保护条例》	2003 年 6 月 20 日	2003 年 8 月 1 日	第一次将湿地资源档案管理制度、湿地补水机制、湿地监测机制等通过立法予以确立。
2	《江西省鄱阳湖湿地保护条例》	2003 年 11 月 27 日	2004 年 3 月 20 日	强化了湿地自然保护区作为湿地保护的重要手段。
3	《甘肃省湿地保护条例》	2003 年 11 月 28 日	2004 年 2 月 2 日	注重湿地的恢复治理。
4	《湖南省湿地保护条例》	2005 年 7 月 30 日	2005 年 10 月 1 日	突出了对湿地水资源的保护和利用规划。
5	《陕西省湿地保护条例》	2006 年 4 月 2 日	2006 年 6 月 1 日	倡导湿地保护优先经济发展的理念。
6	《广东省湿地保护条例》	2006 年 6 月 1 日	2006 年 9 月 1 日	从保护区域生态安全和生物多样性出发，确立重点湿地的范围。
7	《内蒙古自治区湿地保护条例》	2007 年 5 月 31 日	2007 年 9 月 1 日	实行湿地生态效益补偿制度。
8	《辽宁省湿地保护条例》	2007 年 7 月 27 日	2007 年 10 月 1 日	突出维护湿地生态系统基本功能，促进湿地资源可持续利用。
9	《宁夏回族自治区湿地保护条例》	2008 年 9 月 19 日	2008 年 11 月 1 日	建立健全湿地评审制度。
10	《四川省湿地保护条例》	2010 年 7 月 24 日	2010 年 10 月 1 日	明确了政府在湿地保护管理中的主导作用。
11	《西藏自治区湿地保护条例》	2010 年 11 月 26 日	2011 年 3 月 1 日	结合西藏特殊的地理条件，规定了三种应当建立自然保护区的情形。
12	《吉林省湿地保护条例》	2010 年 11 月 26 日	2011 年 3 月 1 日	明确规定综合协调、分部门实施的管理体制，明确了不同湿地具体的管理部门。

2. 各地湿地保护专门法的内容及特点

下面，对我国十二个省、自治区于 2003 年至 2010 年颁布、施行的湿地保护专门法予以简评：

（1）我国第一部地方性湿地保护立法：《黑龙江省湿地保护条例》

2003 年 6 月 20 日，黑龙江省第十届人民代表大会常务委员会第三次会议通过的《黑龙江省湿地保护条例》成为我国第一部地方性湿地保护立法。早在 1998 年，黑龙江省就做出《中共黑龙江省委、黑龙江省人民政府关于

加强湿地保护的决定》，明确要求进行湿地保护立法。黑龙江省人民政府依据《自然保护区条例》、《森林法》、《野生动植物保护法》等法律，通过对湿地自然保护区进行考察、研究，充分听取多方面意见，制定并通过《黑龙江省湿地保护条例》，开创了地方立法保护湿地的先例。作为我国第一部地方性湿地保护立法，《黑龙江省湿地保护条例》有许多创新之处，它第一次将湿地资源档案管理制度、湿地补水机制、湿地监测制度、湿地许可制度等通过立法确立下来，并在实践中推行。并且，该条例为解决湿地界定的不确定性，专门规定由省人民政府成立由有关部门和专家、学者组成的湿地认定委员会，负责对全省湿地进行确认并划定范围，经省人民政府批准后公告。《黑龙江省湿地保护条例》的出台为其他省份的湿地保护做了典范，也为地方性湿地保护立法提供了参考模式。

（2）针对湖泊湿地制定的地方性法规：《江西省鄱阳湖湿地保护条例》

为保护鄱阳湖湿地资源和维护湿地生态功能和生物多样性，江西省第十届人民代表大会常务委员会第六次会议于 2003 年 11 月 27 日通过《江西省鄱阳湖湿地保护条例》。该条例规定，江西省人民政府应制定鄱阳湖湿地保护与合理利用的政策和措施，确定由环境保护、农业、林业、水利等有关行政主管部门组成的鄱阳湖湿地保护综合协调机构；各级政府应筹措和安排专项资金用于湿地保护。这部地方性法规还对湿地保护规划、湿地自然保护区、湿地保护措施、湿地资源利用和法律责任等方面作了具体规定。

（3）注重湿地恢复治理的《甘肃省湿地保护条例》

2003 年 11 月 28 日，甘肃省第十届人大常委会第七次会议通过《甘肃省湿地保护条例》。该条例的特色是注重湿地的恢复治理。这部条例一开始就提出，要根据生态优先的原则，以恢复湿地的基本功能为主要目标，加强湿地保护工作，制定湿地资源保护规划，将湿地保护的项目、配水、经费等纳入当地国民经济和社会发展规划。该条例第八条规定："湿地保护区所在地人民政府及其湿地管理机构，应当采取以下措施，保护和恢复湿地功能：（一）因缺水导致湿地功能退化的，应当建立湿地补水机制，定期或者根据恢复湿地功能需要有计划地补水；（二）因过牧导致湿地功能退化的，应当轮牧、限牧，退化严重的实行禁牧；（三）因开垦导致湿地功能退化的，应当限期退耕；（四）湿地保护区内不得新建居民区，对原住居民应当创造条

件有计划地迁出。"同时，为了缓解湿地的压力，要求县级人民政府应当结合小城镇建设，开发非农产业，优先安置湿地区域的应迁居民，减轻对湿地的压力；制订科学的用水计划，采取多种节水措施，减少水资源浪费，遏制地下水水位下降，维持湿地生态系统的平衡。

（4）重视规范湿地开发利用的《湖南省湿地保护条例》

2005年7月30日，湖南省第十届人民代表大会常务委员会第十六次会议通过《湖南省湿地保护条例》。该条例的制定，不仅充分借鉴、吸收了黑龙江、甘肃等地已有的制度条款，在条例中明确提出湿地保护应实行湿地环境影响评价制度、湿地生态用水制度、湿地监测制度、湿地保护区制度等，也有自身的侧重点，即注重对湿地开发利用的规范和对外来物种入侵予以明确规定。该条例强调"开发利用湿地资源，应当坚持经济发展与湿地保护相协调的原则，维护湿地生态平衡，严格按照湿地保护规划进行，不得超出湿地资源再生能力，不得破坏野生动植物的生存环境。"[1]"禁止违反环境保护法律、法规向湿地排放废水和倾倒固体废弃物等污染物。对农用薄膜、农药容器、渔网等不可降解或者难以腐烂的废弃物，其使用者应当回收。造成湿地环境污染的，应当按照谁污染、谁治理的原则，依法采取治理措施。"[2]"向湿地引进外来物种的，必须按照国家有关规定办理审批手续，并按照有关技术规范进行试验。"[3]

基于地域性环境特性而产生的有着地方特色的生态问题，地方性湿地保护条例也有着相应的调控手段，如"湖南是血吸虫病重点疫区，钉螺面积达17万公顷，占全国有螺面积的48.8%；有血吸虫病人27万，占全国血吸虫病人总数的25%"[4]。施药是有效的灭螺方法之一，却无可避免地要威胁到湿地的其他生物及水质，基于此，《湖南省湿地保护条例》第二十二条规定"因防治血吸虫病等向重要湿地施药，负责施药的单位在施药前应当通报当地人民政府林业、农（渔）业行政主管部门和湿地自然保护区管理机构，共同采取防范措施，避免或者减少对野生动植物和生态环境的破坏。"

---

① 《湖南省湿地保护条例》第十六条。
② 《湖南省湿地保护条例》第十三条第二款。
③ 《湖南省湿地保护条例》第十五条。
④ 周训芳：《洞庭湖湿地保护地方立法评价与展望》，《中国地质大学学报》2008年第1期。

（5）重视湿地保护公众参与原则的《陕西省湿地保护条例》

2006 年 4 月 2 日，陕西省第十届人民代表大会常务委员会第二十四次会议通过了《陕西省湿地保护条例》。根据陕西省地处内陆腹地、降水不足的情况，制定湿地恢复制度及湿地生态补水制度，并要求在未设立湿地保护区的湿地内，设立湿地保护小区和保护点，保护每一块湿地。对于天然湿地要求严格保护，未经批准不得擅自改变其用途；因重要建设项目确需改变天然湿地用途的，国土资源行政部门在依法办理湿地审批手续时，应当征求同级林业行政部门的意见。对于人工湿地，特别是国家重点保护的野生动物栖息和野生植物集中分布的人工湿地，各级人民政府鼓励、扶持当地居民发展湿地生态农业，防止湿地面积减少和湿地污染，维护人工湿地生态功能；因维护人工湿地生态功能给所有权人或者使用者造成经济损失的，由县级以上人民政府予以补偿。该条例还将听证会、论证会等形式引入湿地保护，要求编制湿地保护规划时广泛征求专家、学者、公众的意见，体现湿地保护的公众参与原则。

（6）以红树林湿地保护为特色的《广东省湿地保护条例》

2006 年 6 月 1 日，广东省第十届人民代表大会常务委员会第二十五次会议通过了《广东省湿地保护条例》。广东省地处沿海，分布着大量的红树林湿地。针对这一情况，《广东省湿地保护条例》着重对红树林湿地的保护作出规定，要求"沿海各级人民政府应当采取措施保护和恢复红树林，依照有关法律法规的规定，做好红树林、红树林湿地的确权发证工作。滩涂划入生态公益林规划区和划为红树林、鸟类自然保护区的，各级林业行政主管部门应当加强保护管理和监督工作。"[1]"禁止非法移植、采伐、采摘红树林和其他毁坏红树林的行为，因科研、医药或者更新、改造、抚育等需要移植、采伐、采摘红树林的，应当报经省林业行政主管部门同意。因国家和省重点建设项目需要占用或者征用红树林地的，按照有关法律法规办理。"[2]该条例对湿地保护提出要建立综合协调的机制，弥补了分部门管理的不足，其第五条规定："湿地保护实行综合协调、分部门实施的管理体制，各级林

---

[1] 《广东省湿地保护条例》第十九条。
[2] 《广东省湿地保护条例》第二十条。

业、农业、水、国土资源、建设、环境保护、海洋与渔业等行政主管部门按照各自的职责，做好湿地保护管理工作，各级林业行政主管部门负责湿地保护的组织协调工作。"同时，这部条例还注重湿地保护的规划，要求省人民政府应当制定全省湿地保护规划，并纳入全省国民经济和社会发展规划，湿地保护规划的编制和修订应当与土地利用总体规划、环境保护规划、海洋功能区划相衔接，确保湿地资源能够得到有效的保护和恢复，做到水资源利用与湿地保护紧密结合，充分兼顾湿地保护等生态用水的需要。

（7）结合地方实际的《内蒙古自治区湿地保护条例》

2007年5月31日，内蒙古自治区第十届人民代表大会常务委员会第二十八次会议通过《内蒙古自治区湿地保护条例》，根据本地区的特色划分湿地种类。该条例是内蒙古首部关于规范湿地保护、管理和利用活动的地方性法规，为进一步加强湿地保护、维护湿地生态功能和生物多样性、促进湿地资源可持续利用，提供了有力的法律保障。《条例》具体主要有以下几方面内容：一是结合内蒙古的实际，对湿地的种类进行划分，明确调整范围；二是确定了林业部门组织协调、其他有关部门在各自职责范围内履行管理职能的湿地保护管理体制；三是对湿地资源调查和湿地保护规划编制制作了具体规定，并要求各级人民政府应当保障用于湿地保护的资金投入；四是重点对湿地资源的保护、管理做了较为详细的规定，包括湿地自然保护区、湿地公园的建立，湿地环境和湿地生态功能的保护、监测，利用湿地资源环境的影响评价，湿地生态效益补偿制度等规定；五是规定了对破坏湿地资源的行为的法律责任。在湿地生态效益补偿制度上，因保护湿地使湿地资源所有者、使用者的合法权益受到损害的，政府应当给予补偿，对其生产、生活做出妥善安排，从经济上和政策上给予扶持。

（8）对各类型湿地规定具体主管部门的《辽宁省湿地保护条例》

2007年7月27日，辽宁省第十届人民代表大会常务委员会第三十二次会议通过《辽宁省湿地保护条例》。辽宁省是湿地大省，湿地面积大，而且类型齐全，湿地生物多样性和稀有性并存。本条例出台前，湿地保护多头管理但责任不明，管理不到位，致使湿地保护难以作为一个有机整体进行综合协调和有效管理，盲目开发湿地情况还相当严重，对湿地的围垦行为未得到有效禁止，有的湿地保护区建而不管，一些工程开发、各类污染及对湿地生

物资源的过度利用使湿地资源遭到破坏，制约了辽宁省经济社会的可持续发展。本条例的出台，对辽宁省加强湿地保护、改善生态状况、维护湿地生态系统基本功能、促进湿地资源可持续利用起到推动作用。湿地保护立法的难题之一是如何完善湿地管理体制。对此，《辽宁省湿地保护条例》第四条第一款、第二款规定"县以上人民政府负责湿地保护工作。省、市、县（含县级市、区）林业行政主管部门负责组织、协调本行政区域内湿地保护工作"，第三款规定了各类型湿地的主管部门，"沼泽湿地的保护工作，由林业行政主管部门负责；湖泊、河流、库塘湿地的保护工作，由水行政主管部门负责；滨海湿地的保护工作，由海洋与渔业行政主管部门负责"。

（9）推陈出新的《宁夏回族自治区湿地保护条例》

2008年9月19日，宁夏回族自治区第十届人民代表大会常务委员会第五次会议通过了《宁夏回族自治区湿地保护条例》。1986年，自治区政府批准"宁夏自然保护区区划"，共区划各类型自然保护区（点）39处，其中包括沙湖、青铜峡库区等湿地类型保护区。1986年建立了青铜峡库区湿地鸟类自然保护区（省级）。1987年宁夏回族自治区政府发布了《关于保护鸟类资源的布告》，其中涉及湿地及其鸟类的保护。1996年建立了宁夏沙湖（湿地）自然保护区（省级）。2000年银川市政府成立了银川市湖泊湿地保护办公室。2001年组织有关单位、专家编写了《宁夏野生动植物保护及自然保护区建设工程总体规划》，对全区的湿地鸟类保护工作作了统一规划。2003年，自治区林业局组织编写了《宁夏黄河湿地保护与利用项目建议书》将自治区的重点湿地作了科学、合理的规划并报国家林业局审批。随后，宁夏回族自治区人民政府下发了《关于加强湿地保护管理的通知》，结合宁夏湿地实际确定了全区首批28处湿地保护与恢复示范区、湿地公园和湿地保护小区。2008年，宁夏回族自治区湿地保护管理中心成立。同年9月通过《宁夏回族自治区湿地保护条例》，并于11月1日实施。该条例首次规定，在自治区行政区域内从事湿地规划、保护、利用和管理活动的一切单位和个人，都应自觉遵守本条例，遵循优先保护、科学恢复、合理利用、持续发展的原则。

（10）2010年出台的三部湿地保护地方立法

2010年，我国四川省、西藏自治区、吉林省相继出台本省区的湿地保

护地方性法规，将近 8 年来我国各地湿地保护专门立法推向高潮。

①《四川省湿地保护条例》

2010 年 7 月 24 日，四川省第十一届人民代表大会常务委员会第十七次会议通过的《四川省湿地保护条例》规定，湿地保护管理应当遵循保护优先、科学规划、突出重点、合理利用、可持续发展的原则，实行湿地生态效益补偿制度，明确了政府在湿地保护管理中的主导作用："县级以上地方人民政府负责湿地保护工作"（第 5 条第 1 款），"乡镇人民政府应当配合有关部门做好湿地保护工作"（第 5 条第 4 款）。"县级以上地方人民政府应当将湿地保护纳入本级国民经济和社会发展计划，保障用于湿地保护工作的资金投入"（第 6 条第 1 款）。"县级以上地方人民政府应当组织、支持和鼓励开展湿地保护科学研究和技术推广工作"，"对在湿地保护科学研究、先进技术推广应用中做出显著成绩的单位或者个人，县级以上地方人民政府应当给予表彰"（第 8 条）。"县级以上地方人民政府应当按照湿地保护规划采取措施，对退化的湿地进行恢复"（第 15 条第 1 款）。并在法律责任中增加了对有关单位主管人员和直接责任人员滥用职权、玩忽职守、徇私舞弊违法行为的处罚条款（第 23 条）。在湿地的合理开发利用方面：一是理顺了湿地公园与湿地自然保护区、湿地保护小区三者的关系，只有对不符合建立湿地自然保护区的湿地，才可以按照有关规定，考虑建立湿地公园（第 14 条）。二是明确了在保护的前提下，严格按照规划进行科学、合理地开发利用湿地资源，并不得破坏湿地生态系统的基本功能，不得破坏野生动植物栖息环境（第 19 条）。

②《西藏自治区湿地保护条例》

西藏自治区湿地面积达 600.4 万公顷，占西藏国土面积的 4.9%，是西藏生态安全屏障的重要组成部分和经济社会可持续发展的重要基础。西藏湿地大部分为高原高寒特有类型，分布广泛、数量众多，是我国湿地面积最大的省区。2010 年 11 月 26 日，西藏自治区第九届人民代表大会常务委员会第十九次会议通过了《西藏自治区湿地保护条例》。该《条例》规定，县级以上人民政府林业主管部门应当对湿地资源进行定期调查，建立湿地资源档案。县级以上人民政府应当按照湿地保护规划，对退化的湿地采取补水、限牧、退耕、封育等措施进行恢复。《条例》还规定了三种应当建立湿地自然

保护区的情形：国家和自治区重点保护的水禽主要繁殖地、栖息地或主要迁徙停歇地；珍稀、濒危的湿地野生动植物的集中天然分布区域；具有特殊生态保护价值或重要科学研究价值的湿地。

③《吉林省湿地保护条例》

吉林省第十一届人民代表大会常务委员会第二十二次会议通过的《吉林省湿地保护条例》是 2010 年 11 月 26 日出台的另一部湿地保护地方性法规。吉林省湿地资源较为丰富，全省共有湿地面积 172.8 万公顷，其中天然湿地 102.5 万公顷，湿地总面积占国土面积的 9.2%。吉林省在湿地保护方面做了大量的工作，积极推动法规和制度建设，努力改善湿地保护的法制环境，省人大先后颁布实施了《吉林省松花江三湖自然保护区管理条例》、《吉林向海国家级自然保护区管理条例》，并且在《吉林省湿地保护条例》中明确规定实行综合协调、分部门实施的管理体制，明确了不同湿地具体的管理部门。对各级人民政府在湿地保护管理中的责任和作用都有明确的规定。如《条例》的第 9 条、第 10 条、第 12 条、第 15 条、第 16 条、第 17 条、第 28 条等明确规定："县级以上人民政府应当将湿地保护工作纳入当地国民经济和社会发展规划；严格执行湿地保护规划；制定鼓励和支持湿地保护政策；建立重要湿地生态效益补偿机制；采取湿地恢复保护措施；建立湿地自然保护区湿地公园等政府职责。"

（四）湿地保护区和区域湿地有了专门立法

2002 年 5 月 8 日，河北省衡水市人民政府率先颁布《河北省衡水湖湿地和鸟类自然保护区管理办法》，由此拉开我国湿地保护区立法的序幕。此后，各地纷纷出台湿地保护区或区域湿地专门立法，使之成为近 8 年来我国湿地保护立法的一个鲜明特点。

2003 年 5 月 13 日，云南省玉龙纳西族自治县第十三届人民代表大会第一次会议通过《云南省玉龙纳西族自治县拉市海高原湿地保护管理条例》，明确了这一高原湿地的管理机构和重点保护对象。

2003 年 3 月 31 日和 9 月 29 日，上海市政府先后颁布两部地方政府规章：《上海市崇明东滩鸟类自然保护区管理办法》和《上海市九段沙湿地自然保护区管理办法》。二者均规定立法目的和依据、保护区性质、适用范围、管理部门、保护原则、资金来源、保护区规划、功能区域划分、封区措

施、禁止行为、限制行为等。与 1997 年《上海市金山三岛海洋生态自然保护区管理办法》相比，2003 年上海市的这两个规章更加注重湿地跨部门管理和功能区域划分，强调生存环境保护和外来物种管理，加强资金安排和经费管理。

2006 年 7 月 18 日，拉萨市人民政府第 12 次常务会议审议通过《拉萨市湿地保护管理办法》，明确建立湿地补水制度。同年 10 月 27 日，长春市第十二届人民代表大会常务委员会第二十九次会议审议通过《长春市波罗湖湿地保护若干规定》，对湿地环境定期进行调查、监测、报告。2007 年 11 月 22 日，包头市第十二届人民代表大会常务委员会第三十二次会议通过《包头市南海子湿地自然保护区条例》，通过颁行地方性法规来提升保护该市最具代表性的黄河湿地——南海子湿地的工作力度。2008 年 5 月 8 日，郑州市人民政府第 105 次常务会议审议通过了《郑州黄河湿地自然保护区管理办法》，实施湿地保护的日常巡护、防火、生态环境和生态资源监测等制度，完善湿地保护的基础设施建设，加强对湿地的保护。2009 年 11 月 18 日，武汉市第十二届人民代表大会常务委员会第 20 次会议通过的《武汉市湿地保护条例》将保护区划分为核心区、缓冲区和实验区，实施有侧重的保护。2010 年 6 月 7 日，山东省林业局公布《山东省湿地公园管理办法（试行）》，自 2010 年 6 月 7 日起试行。2010 年 6 月 30 日，包头市第十三届人民代表大会常务委员会第十八次会议通过《包头市湿地保护条例》，这一条例有助于改善包头市沿黄湿地的现有局面，深入推进沿黄湿地的保护。

不断涌现的湿地保护区专门立法或区域湿地专门立法，涵盖了各种湿地类型，体现了科学、合理的立法指导思想，逐步完善了湿地保护的各项法律制度。

二、湿地保护制度建设的成就

湿地保护法律制度是有关湿地保护管理工作的各种法律规范的总称，是合理开发利用、保护、修复、改善湿地等各种活动及其管理工作的法定化、制度化。

湿地保护法律制度体系中包括三类制度：其一，湿地调查与规划制度，包括湿地调查、监测和信息共享制度，湿地保护规划制度，构成湿地保护法

制的基础；其二，湿地利用的控制制度，包括湿地分级分类保护和名录制度，湿地自然保护区制度，湿地公园制度，湿地保护小区、湿地多用途管理区或季节性保护栖息地制度，湿地风险评估制度，湿地合理利用制度，这些制度构成湿地保护法制的主体内容；其三，湿地权利保护制度，包括湿地有偿使用制度和占用补偿制度，湿地生态补偿制度，其为湿地保护法制的重要补充。

（一）湿地调查、监测和信息共享制度

建立完善的湿地资源调查、监测制度和动态监测体系，全面掌握我国湿地的动态变化情况，能够及时为湿地规划和各项制度的设置和实施提供完备、准确的参考资料，对于保护湿地具有重要意义。在对湿地进行调查和动态监测的基础上建立湿地资料档案和动态监测信息档案，是对湿地进行综合生态系统管理的要求。湿地调查、监测和信息共享制度主要包括湿地资源数量、质量、动态变化的调查、监测、档案管理、资源数据发布等内容。

湿地资源调查的内容，主要包括湿地面积、类型和分布、分类、湿地生境、湿地自然状况、湿地野生动物资源、湿地植被、湿地动植物受威胁情况、湿地周边状况及利用保护情况、湿地自然保护区情况等。

湿地资源动态监测包括湿地气象及大气环境监测、湿地生物监测、湿地野生动植物种群及栖息地的监测、湿地土壤监测、湿地水体监测等内容。结合现有的湿地资源调查数据以及湿地监测信息，对国际重要湿地和国家级湿地自然保护区等重要湿地进行经济价值和生态效益评估，为湿地保护管理提供依据。

监测数据的汇总和信息共享，应当反映对湿地进行综合生态系统管理的要求，如关于湿地动态监测的部门间协调。我国《湖南省湿地保护条例》第十三条规定："县级以上人民政府环境保护、农（渔）业、水利等行政主管部门，应当按照各自职责加强对湿地环境的监测。"湿地信息共享包括部门间的信息共享和公众对湿地信息的获取。建立全国湿地资源信息数据库以及各类子数据库，建立以地理信息系统、遥感系统和全球定位系统等技术为基础的湿地信息管理系统，能够为湿地的科学管理和合理利用提供科学决策的依据，实现湿地信息共享。在资源调查、监测制度和环境质量评估制度实施的基础上，可以设立湿地资源和环境质量报告制度，一方面规定及时准确

地向政府有关部门报告湿地资源和环境的调查、监测和评估结果，为政府部门制定或调整湿地保护和合理利用政策提供依据；另一方面规定及时将调查、监测和评估的部门综合结论向社会公告，以方便社会公众及时了解湿地资源及环境状况，自觉参与湿地资源与环境保护事业。

我国《土地管理法》第二十七条、第二十八条、第二十九条、第三十条等相关条款分别规定了土地调查、土地等级评定、土地统计和土地动态监测制度，但是，《土地管理法》未将湿地调查和动态监测纳入国土资源调查的范畴，未规定湿地调查和动态监测制度；《环境保护法》、《野生动物保护法》、《海洋环境保护法》、《草原法》、《野生植物保护条例》等法律、法规也都分别规定了环境状况监测，野生动物资源调查、监测，海洋环境监测、监视，草原调查、等级评定、统计和监测制度，野生植物监测、监视和档案制度等。虽然这些调查、监测和监视制度都可能涉及湿地的某一方面，却并非专门针对湿地生态系统。湿地是一种多层次的复杂的生态系统。在湿地生态系统中，每一个生态要素都是多功能的，对于整体生态系统的维持至关重要。因此，必须将湿地单项资源要素的保护发展为湿地生态系统保护，重视湿地生态系统的综合研究和调查。有鉴于此，我国在今后的立法中还应当建立对湿地生态系统整体的调查和动态监测制度。

（二）湿地保护规划制度

湿地保护规划是指湿地主管机关根据湿地资源和环境的特征、存量和湿地社会、经济、生态学意义，以及社会、经济、生态、环境不同阶段的发展要求，通过制定湿地利用或保护规划的方式，限定湿地资源的利用方向和对湿地生态提供保护的法律制度。

湿地保护和开发利用工作是一项社会性、群众性和综合性很强的系统工程，涉及多部门、多学科、多产业，必须统筹兼顾、全面规划、突出重点、合理布局。对湿地资源和湿地环境进行全面、综合、协调的规划，是湿地资源利用和湿地环境保护的指针。通过湿地保护规划制度，可以充分发挥湿地资源的利用效率，对湿地生态系统进行全面保护。

在我国现行法律中，有很多与湿地规划相关的内容，如《水法》（2003年）第二章"水资源规划"，《海洋环境保护法》第六条、第七条，《土地管理法》第三章对土地利用总体规划的编制、审批、修改等规定，《渔业法》就

渔业水域的综合利用规定的渔业统一规划。同时，还有很多法律法规对湿地规划做了相关规定，如《草原法》、《野生动物保护法》、《野生植物保护条例》、《森林法》、《城市规划法》（1990）、《城市规划强制性内容暂行规定》（2002）的相关规定等。《国务院办公厅关于加强湿地保护管理的通知》（国办发［2004］50 号）、《全国生态环境保护纲要》（2000）、《中国湿地保护行动计划》、《全国湿地保护工程规划（2002—2030 年)》和《全国湿地保护工程实施规划》等规划、政策文件，也对湿地规划提出了明确要求。

目前，我国与湿地规划相关的行政部门比较多，如国土资源部门负责组织编制和实施国土规划、土地利用总体规划，统一指导土地开发利用；农业部门负责编制和实施宜农滩涂、宜农湿地以及海洋渔业资源的规划；环保部门负责湿地环境保护规划工作；水利部门负责水资源统一规划；海洋管理部门负责海域统一规划。这些部门在有关湿地的规划编制方面做了大量工作，实施了各项与湿地管理有关的规划。湿地规划在编制过程中应该充分考虑各部门在湿地规划上的职能和分工，密切结合各部门已完成的各种专项规划。

（三）湿地分级分类保护和名录制度

湿地分级分类保护和名录制度，是指湿地按照其生态特殊性和地域性分为不同的级别，并以名录颁布的形式向社会公告。同时，对不同级别和不同类型湿地的划分原则、分区分类条件、认定或者申报审批程序、管理机构和职责等做出规定。

湿地因其类型与规模不同、地理位置以及生态功能等不同，其所具有的国家、国际重要意义也不同。因此，在将湿地作为统一整体考虑的同时，强调按照功能次序对湿地的不同功能进行分级分类保护，才能实现湿地功能效益的最大化。[①]

从湿地管理的角度，根据对湿地的生态状况、动植物状况将湿地分为重要湿地和一般湿地，重要湿地又可根据其重要程度划分为国际重要湿地（列入《湿地公约》国际重要湿地名录的湿地）、国家级的重要湿地、地方重要湿地和其他湿地。这种湿地类型划分的结果应与国际重要湿地名录、国

---

① 王蓉、Edwin D. Ongley、蔡守秋、郎佩娟：《中国现行与湿地保护相关主要法律的评价及改革建议》，载印红主编《湿地生物多样性保护主流化的理论与实践》，科学出版社 2009 年版，第 101 页。

家重要湿地名录和地方重要湿地名录相一致。

我国各地陆续颁行的多部湿地保护地方性法规中明确规定了湿地分级分类保护和名录制度，如《湖南省湿地保护条例》第九条、《辽宁省湿地保护条例》第十三条。《广东省湿地保护条例》第十八条对各级湿地予以不同程度的保护："禁止任何单位和个人非法占用或者征用重点湿地范围内的湿地。因国家和省重点建设项目需要占用或者征用重点湿地的，应当经省人民政府同意，并按照占补平衡的原则，在湿地保护有关部门指定的地点恢复同等面积和功能的湿地。凡是列入国际重要湿地和国家重要湿地名录以及位于自然保护区内的天然湿地，禁止开垦、占用或者擅自改变用途。"为保证上述规定得以落实，《广东省湿地保护条例》第二十二条还规定了法律责任："违反本条例规定，有下列行为之一的，由县级以上湿地保护有关部门责令停止破坏湿地的行为，限期恢复原状，并视情节轻重予以罚款；有违法所得的，没收违法所得；构成犯罪的，依法追究刑事责任：……（四）非法占用、征用重点湿地的，处每平方米二十元至三十元的罚款。（五）开垦、占用列入国际重要湿地、国家重要湿地名录以及位于自然保护区内的天然湿地，或者擅自改变其用途的，处每平方米二十元至三十元的罚款。"

湿地分级分类保护和名录制度的建立，亦为湿地自然保护区制度、湿地公园制度、湿地保护小区、多用途管理区或季节性保护栖息地制度奠定了基础。

（四）湿地自然保护区制度

自然保护区，是指对有代表性的自然生态系统、珍稀濒危野生动植物物种的天然集中分布区、有特殊意义的自然遗迹等保护对象所在的陆地、陆地水体或者海域，依法划出一定面积予以特殊保护和管理的区域。[①]

湿地自然保护区是对典型性的湿地、生态系统特别脆弱的湿地、珍稀濒

---

① 自然保护区的概念有广义与狭义之分。广义的自然保护区在范围上相当于特定自然区域，包括所有法律予以特别保护的区域，如自然遗产保护区、资源管理自然保护区、风景名胜自然保护区（含国家公园）、文化遗产自然保护区等。狭义的自然保护区仅指以自然保护和科学研究为目的而划定的自然区域。对狭义的自然保护区予以保护，主要强调保持特定地域的原貌（不管这种原貌是否资源丰富、是否景观优美），严禁人为的干扰和破坏，目的在于保留和提供环境"本底"，而且在同一区域内还要分成不同的区域，采取严格程度不同的保护措施。自然保护区制度就是针对狭义上的自然保护区所规定的法律制度。

危野生动植物物种天然集中的湿地以及其他具有特殊意义的湿地，依法划出一定面积予以特殊保护和管理的区域。湿地保护区制度是为湿地提供全面保护、行之有效的制度，其指导思想是在湿地自然保护区区域内实行一体化管理，即对湿地功能、湿地资源和湿地过程的综合管理。

《自然保护区条例》第十条规定："凡具有下列条件之一的，应当建立自然保护区：……（三）具有特殊保护价值的海域、海岸、岛屿、湿地、内陆水域、森林、草原和荒漠；……"其中规定的建立自然保护区的情形大多适用湿地自然保护区的情况。

《湖南省湿地保护条例》第十七条规定："对下列重要湿地，应当按照自然保护区法律、法规的有关规定建立湿地自然保护区并设立管理机构：（一）有代表性的自然湿地生态系统的；（二）生物多样性丰富、生物高度聚集或者珍稀、濒危物种集中分布的；（三）国家和省重点保护鸟类的繁殖栖息地或者重要迁徙停歇地；（四）其他有特殊保护价值或者重要科学研究价值的。湿地自然保护区可以按照有关规定划分为核心区、缓冲区和实验区。"《陕西省湿地保护条例》第十六条规定："具备下列条件之一的湿地，县级以上人民政府应当建立湿地自然保护区：（一）列入《国际重要湿地名录》或者《国家重要湿地名录》的；（二）湿地生态系统具有代表性的；（三）生物多样性丰富或者珍稀、濒危物种集中分布的；（四）国家和地方重点保护鸟类的繁殖地、越冬地或者重要的迁徙停歇地；（五）具有特殊保护或者科学研究价值的其他湿地。"《陕西省湿地保护条例》第十七条还规定："湿地自然保护区的建立不受行政区域和资源隶属关系限制。按照湿地生态系统的自然分布和走向，可以建立跨行政区域的湿地自然保护区。"第十八条对"跨行政区域的湿地自然保护区"的设立做出了具体规定。

（五）湿地公园制度

作为维持生态系统平衡与健康发展中的重要一环，湿地公园在调节气候、降解环境污染、保护生物多样性、维持种群可持续发展等方面发挥着重要作用。湿地公园是以具有显著或特殊生态、文化、美学和生物多样性价值的湿地景观为主体，具有一定规模和范围，以保护湿地生态系统完整性、维护湿地生态过程和生态服务功能并在此基础上以充分发挥湿地的多种功能效益、开展湿地合理利用为宗旨，可供公众浏览、休闲或进行科学、文化和教

育活动的特定湿地区域。湿地公园既不同于自然保护区，又区别于一般意义公园的概念。

湿地公园制度是维护和扩大湿地保护面积最有效的方式之一。建设湿地公园，不仅能给湿地提供综合、整体的管理和保护，也有利于调动社会力量参与湿地保护、充分发挥湿地多种功能效益，加强湿地教育，达到保护湿地生态系统、维持湿地多种效益持续发挥的目标。很多沿海国家在湿地公园建设与管理方面采取了诸如"分区管理"、制定以保护和恢复湿地公园的环境质量为主旨的《水宪章》等举措，值得我国学习、交流。①

2004 年，国务院办公厅发出的《关于加强湿地保护管理的通知》明确指出，湿地保护属于社会公益事业，鼓励全社会共同参与湿地保护。在不具备建立自然保护区条件的湿地区域，也要因地制宜，采取建立湿地公园等多种形式加强保护管理，扩大湿地面积，提高保护成效。

2005 年 2 月 2 日，建设部建设司颁布了《国家城市湿地公园管理办法（试行）》，对申请设立国家城市湿地公园的条件、程序，国家城市湿地公园保护、利用的原则，国家城市湿地公园的生态保护制度予以规定。同年，国家林业局发出"关于做好湿地公园发展建设工作的通知"（林护发 ［2005］118 号），提出"保护优先，科学修复，适度开发，合理利用"是湿地公园建设的基本原则，对此所做的诠释为："从维护湿地生态系统结构和功能的完整性、保护栖息地、防止湿地及其生物多样性衰退的基本要求出发，通过人工适度干预，促进修复或重建湿地生态景观，维护湿地生态过程，最大限度保留原生湿地生态特征和自然风貌，保护湿地生物多样性。"至 2010 年 2 月 20 日，国家林业局颁布《国家湿地公园管理办法（试行）》，将"保护优先、科学修复、合理利用、持续发展"确立为建设国家湿地公园的基本原则。该规章第五条规定："国家湿地公园边界四至与自然保护区、森林公园等不得重叠或者交叉。"该规章第六条至第九条规定了湿地公园申请设立制

---

① 参见《中国海洋报》"国际版"开设专栏"各国湿地公园纵览"，发表系列文章：《南非艾塞门加利索湿地公园的建设与管理》、《法国卡马格公园的"水宪章"》、《贝尔蒙特湿地州立公园的"管理经"》、《管理设施先进的美国南洛杉矶湿地公园》、《以废水回收处理闻名的美国奥兰多湿地公园》。详见《中国海洋报》2011 年 10 月 28 日第 A4 版，2011 年 12 月 2 日第 A4 版，2011 年 12 月 9 日第 A4 版，2011 年 12 月 16 日第 A4 版，2011 年 12 月 23 日第 A4 版。

度，第十二条规定了湿地公园管理制度，第十三条规定了湿地公园总体规划制度，第十四条对国家湿地公园的分区管理予以专门规定，第十九条规定了国家湿地公园的检查评估制度，上述规定是湿地公园制度的核心内容。该规章还规定了湿地保护教育制度、湿地资源调查和动态监测制度、湿地征占审批制度等。

我国的多部湿地保护地方性法规中也规定了湿地公园制度，如《内蒙古自治区湿地保护条例》第十二条，《湖南省湿地保护条例》第二十四条，《广东省湿地保护条例》第十四条，等等。

（六）湿地保护小区、湿地多用途管理区或季节性保护栖息地制度

湿地类型多样，湿地状况也各异，除了重要的湿地建立湿地自然保护区和湿地公园的湿地以外，还有很多小型的、分布广泛的具有特殊生态功能和性质的湿地也需要进行综合性的、整体的管理和保护。这些湿地暂时或者不具备条件划建为湿地自然保护区或者湿地公园，湿地保护小区、湿地多用途管理区或季节性保护栖息地建设正好能满足这些湿地类型的综合管理的需要。一方面，湿地保护小区、湿地多用途管理区或季节性保护栖息地建设能够维护湿地自然保护区和湿地公园以外湿地的生态系统完整和生物多样性状况，扩大湿地保护的范围，在没有彻底决定湿地的保护利用模式的时候，可以建立湿地保护小区，立即停止对湿地的破坏性开发利用；另一方面，将典型独特的小面积的湿地生态系统或有湿地珍稀物种分布地划为湿地保护小区、湿地多用途管理区或季节性保护栖息地，建立灵活多样的保护小区，也能够为湿地自然保护区建立做准备，以期进一步扩大湿地自然保护区的范围。①

《国务院办公厅关于加强湿地保护管理的通知》十分重视湿地保护小区、湿地多用途管理区或季节性保护栖息地的建设，要求"对不具备条件划建自然保护区的，也要因地制宜，采取建立湿地保护小区、各种类型湿地公园、湿地多用途管理区或划定野生动植物栖息地等多种形式加强保护管理"。2005 年中央机构编制委员会下发《关于国家林业局成立湿地保护管理

---

① 王蓉、Edwin D. Ongley、蔡守秋、郎佩娟：《中国现行与湿地保护相关主要法律的评价及改革建议》，载印红主编《湿地生物多样性保护主流化的理论与实践》，科学出版社 2009 年版，第 104 页。

机构的批复》明确指出："国家林业局湿地保护管理中心组织实施建立湿地保护小区、湿地公园等保护管理工作"。这说明，湿地保护小区、湿地多用途管理区或季节性保护栖息地是除湿地自然保护区和湿地公园以外、更为灵活多样的湿地综合管理和保护的形式。我国很多地方立法如《广东省湿地保护条例》、《湖南省湿地保护条例》等都有湿地保护小区、湿地多用途管理区或季节性保护栖息地制度的具体规定。

（七）湿地风险评估制度

风险评估是预防原则的体现，湿地风险评估是通过分析湿地风险评估因素来确定湿地潜在的负面影响、可能会对湿地造成的伤害、湿地状况可能发生的变化、湿地潜在损害的程度及其影响。湿地风险评估的目的是通过评价湿地利用带来的冲击结果维持湿地生态系统和生物多样性，对湿地生态系统整体和每一个生态因子提供全过程的、全方位的、动态的管理和保护。湿地风险评估能够加强湿地风险的总体控制，了解湿地生态系统退化状况，制定湿地保护的有效措施，确定科学合理的湿地资源利用形式和数量，是遏制湿地生态系统退化的重要基础工作，也是湿地保护和社会经济可持续发展的客观需要。

我国的相关政策如《国务院关于落实科学发展观加强环境保护的决定》、《全国生态环境保护纲要》强调了湿地风险评估的相关内容；国家环保总局《关于加强环境影响评价管理防范环境风险的通知》（环发〔2005〕152号）对加强环境风险评价作了具体规定；《HJ/T169—2004建设项目环境风险评价技术导则》（国家环保总局2004年12月11日批准，2004年12月11日实施）规定了风险评价的目的、重点、范围、内容和要求。在《湿地公约》第七次缔约国大会中，形成了《湿地公约湿地风险评估框架协议》，并要求各缔约国实施。《湿地公约湿地风险评估框架协议》的内容主要包括：概述、生态属性的变化种类、湿地风险评估、预警指标、预警指标属性、预警指标的范例、预警指标反应机制。这也是我国湿地保护制度的法律渊源。

（八）湿地合理利用制度

湿地资源的合理利用主要是依靠湿地用途管制制度和湿地开发利用行政许可制度来实现。湿地合理利用制度包括湿地用途管制、环境影响评价许

可、湿地用途变更许可和许可证制度这几方面的内容。其中，湿地用途管制制度是湿地合理利用制度的前提，湿地开发利用许可制度是湿地合理利用的保障。可以说，湿地合理利用就是在不同类型湿地分类的基础上明确规定可以实施的开发、利用建设项目的类型，规定开发、利用许可证申请、审批的条件与程序，许可审批的行政主管部门可以运用其在许可审批程序中的职责和权力，以达到对不同类型湿地的合理利用和管理的目标。

湿地用途管制主要是指通过立法（包括制定规划），对不同类型的天然湿地和受保护的人工湿地明确规定利用方向和利用形式，对其用途进行严格管制；在未经湿地行政主管部门依法批准的情况下，任何单位、个人不得对该湿地拥有使用权或管理权，也不得随意改变其用途。湿地用途管制是建立与实施湿地利用许可制度的前提条件，所有可以获得许可的湿地开发利用，都必须服从于预先依法确定的湿地用途管制方案。湿地用途管制就是使对湿地开发利用活动的限制与管理法律化、制度化。通过湿地用途管制，可以最大限度地减少因土地、水和生物等资源不合理利用而可能导致的湿地损失。

《土地管理法》第 4 条规定了土地用途管制制度，在将土地划分为农用地、建设用地和未利用地的基础上，严格限制农用地转为建设用地，对耕地实施特殊保护，对土地用途变更进行管制。《土地管理法》关于土地用途管制制度可以在一定程度上起到保护宜农湿地的作用，但是由于沼泽、泥炭湿地等重要自然湿地往往容易被划分为未利用地而容易被盲目开发利用。同样，《森林法》、《草原法》等湿地相关法律法规也规定了森林、草原等自然资源用途管制制度。这些制度都能够从一定程度上保护湿地的某一项资源要素，却都不是从湿地整体生态功能出发对湿地用途进行的管制。

湿地开发利用许可证制度是建立在湿地用途管制和项目环境影响评价基础之上的，按照法定程序和法律规定的情形，由涉及湿地开发利用的建设单位向项目所在地湿地行政主管部门提出项目申请，经过湿地行政主管部门对项目申请报告及所附具的环境影响评价报告的审查、核准，由湿地行政主管部门向项目建设单位批发准予项目许可证明文件的制度。[1]

---

① 蔡守秋：《论几项湿地法律制度》，载徐祥民主编《中国环境法学评论》第 6 卷，科学出版社2010 年版。

（九）湿地有偿使用制度和占用补偿制度

从环境角度讲，湿地是由土地、水、生物共同组成并相互关联的生态系统；从资源角度看，湿地也是由土地、水、生物共同组成并且相互作用的资源综合体。湿地兼具生态系统和自然资源的功能，既包括经济价值、社会价值，更蕴含了巨大的生态价值。因此，湿地与土地、水等资源一样，都属于有价资源。目前国际上公认的20项湿地效益，清楚地展示湿地是一种很好的多功能资源。湿地不仅为人类提供了一系列重要的资源和产品，而且还发挥着多种不可替代的生态服务功能，支持着社会、经济的发展。

在以往认识湿地效益的过程中，人们往往只看到了湿地的直接经济效益，对湿地的生态功能和社会价值一直没有开展过科学系统的评价和研究。在湿地相关法律法规中，沼泽、河滩、滩涂、水塘等天然湿地往往被视作是没有价值或者价值低廉的荒地、荒滩不加控制地利用。例如，在我国《土地管理法》中将土地类型分为农用地、建设用地和未利用地，同时有很多对未利用的湿地开发规定了鼓励的机制，湿地使用者在获得湿地使用权或收益权时，并不需要按照湿地资源的价值向所有者或者管理者支付使用费用。对湿地资源的免费开发利用容易导致人们对湿地资源的盲目开发，引发湿地的萎缩，致使湿地资源浪费、环境破坏和湿地动植物生境受损；在湿地因开发利用而受到破坏时，管理者也没有获取湿地恢复建设费用的可能。为制止湿地资源浪费和湿地环境破坏，提高湿地资源利用效率，达到湿地持续利用和存续的目的，建立湿地有偿使用制度势在必行。

湿地占用补偿主要是指政府行为或其他单位、个人依法占用或者征用湿地时，应该对湿地占用或者征用而造成的湿地环境功能损害进行弥补或者缴纳补偿湿地环境功能损害的费用。如政府征用或其他单位和个人占用渔业水面造成渔民水产养殖收入的下降或渔业水面的缩小或消失，征用或占用草原造成牧民牧业收入损失或草原生产力下降等情况，征用湿地的政府或者湿地占用人有责任对湿地进行恢复或者缴纳湿地恢复费用。湿地占用补偿制度的前提是湿地有偿使用制度，湿地有偿使用制度和占用补偿制度是一个问题的两个方面。

对于征用、占用湿地资源可能涉及的土地、水体、草原等项资源，现行法律中已经有相当多的规定，如《土地管理法》第三十一条有关土地占用

复垦制度的规定，《矿产资源法》中有关土地复垦的条款；《环境保护法》和《水污染防治法》也规定造成环境危害的应"对直接受到损害的单位或者个人赔偿损失，或因污染危害而受损失的单位和个人有权要求赔偿损失"；《防洪法》、《森林法》、《草原法》等相关法律也都有类似的内容。这些制度设置从根本上说是为了保持耕地面积不减少或者生态环境不恶化。针对我国湿地日益萎缩的现状，笔者建议通过制定《湿地保护条例》等法规，在对湿地的含义进行严格界定的前提下建立湿地资源有偿使用和占用补偿制度。依法获得湿地使用权和受益权的，必须按照国家的有关规定支付湿地资源使用费用。经批准占用湿地的单位或个人应当按照占补平衡的原则，负责湿地占用后的生态恢复建设，或者支付生态恢复建设所需费用；湿地占用补偿费用由县级以上地方人民政府湿地行政主管部门或其委托机构负责收缴。湿地占用补偿费纳入国家湿地保护基金统一管理。

第三节　我国湿地保护法制存在的问题及应对思路

纵览我国湿地保护法制建设历程，研究我国湿地保护法制建设的成败得失，对于完善我国湿地保护法制建设大有裨益。

一、我国湿地保护法制存在的问题

关于我国湿地保护法制存在的问题，这里撮其要者述之。

（一）湿地立法指导思想亟待调整

湿地之所以要予以特别保护，原因在于其独特的生态功能能够带来巨大的生态价值。传统自然资源法对自然资源的利用主要从经济效用的角度加以考虑，甚少考虑资源的生态价值，其立法目的在于如何更好地对资源进行开发、利用而非保护。[1] 这一特点在我国与湿地保护有关的立法中表现尤为突出。例如，20 世纪 90 年代我国省级地方性法规曾以激励性措施推动沿海滩涂围垦，这与 1986 年 1 月 20 日公布、自 1986 年 7 月 1 日起施行的《渔业法》中的相关规定不无关系。该法第二十四条规定："沿海滩涂未经县级以

---

[1]　钱水苗、巩固：《我国湿地保护立法初探》，《法制与管理》2004 年第 10 期。

上人民政府批准，不得围垦；重要的苗种基地和养殖场所不得围垦。"① 该条的立法初衷是对围垦沿海滩涂予以禁限式规定，但是，"县级以上人民政府"对围垦沿海滩涂的审批权未受到必要的制约，势必造成"县级以上人民政府"在开发冲动所带来的巨大利益面前置沿海滩涂保护于不顾。福建省人大常委会于 1996 年 1 月 28 日发布并于同日施行、至今有效的《福建省沿海滩涂围垦办法》第一条开宗明义宣布，该法立法目的为"鼓励和促进我省沿海滩涂围垦事业的发展"；第三条第二款规定："鼓励和支持国内外投资者以合资、合作、独资以及其他形式从事滩涂围垦。"第六条则规定："对滩涂围垦成绩突出的单位和个人，县级以上人民政府给予表彰和奖励。"同年 11 月 13 日，浙江省人大常委会公布《浙江省滩涂围垦管理条例》。该法将立法目的调整为"为加强滩涂围垦管理，保护和合理开发、利用滩涂资源"，但是，其第三条第一款、第五条的规定同样以法律语言鼓励、支持国内外投资者进行滩涂围垦，要求各级人民政府表彰和奖励在滩涂围垦工作中成绩突出的单位、个人。

2001 年 10 月 27 日公布、自 2002 年 1 月 1 日起施行的《海域使用管理法》在第四条第二款中宣示，"国家严格管理填海、围海等改变海域自然属性的用海活动"。相比此前颁行的法律将围垦沿海滩涂的审批权规定为"县级以上人民政府"，《海域使用管理法》第十八条列举出五项影响较大的项目用海，确定其应报国务院审批②，明确了层级最高的行政机构的审批权限；而对列项规定以外的项目用海的审批权限，由国务院授权省、自治区、直辖市人民政府规定。问题在于，《海域使用管理法》仍然是以行政审批权限的界分方式对待围填海管理，并未对任何一级行政机构审批填海、围海的权力予以必要的监督与制约，公众参与、专家论证以及技术评估等难以构成"第三方力量"，相关制度亦未完善，由此导致实践中仍以常规行政管理的

---

　　① 经过 2000 年 10 月 31 日修正、2004 年 8 月 28 日第二次修正的《渔业法》保留了这一规定。现行《渔业法》第三十四条规定："沿海滩涂未经县级以上人民政府批准，不得围垦；重要的苗种基地和养殖场所不得围垦。"

　　② 《海域使用管理法》第十八条规定，填海 50 公顷以上的项目用海、围海 100 公顷以上的项目用海、不改变海域自然属性的用海 700 公顷以上的项目用海、国家重大建设项目用海、国务院规定的其他项目用海，应当报国务院审批。

思维对待围填海管理，却未践行生态系统管理。一旦上下各级行政机构的意志统一，围海、填海的进程便难以停顿。有实例为证。根据国家发改委编制、国务院常务会议于 2009 年 6 月 10 日讨论并原则通过《江苏沿海地区发展规划》，2010 年江苏省发展改革委批准了《江苏沿海滩涂围垦开发利用规划纲要》，提出江苏省将对海岸潮间带和潮下带滩涂、高程在理论基准面 2 米以上的海域滩涂进行围填开发；到 2020 年，规划围填 270 万亩海域滩涂，其中，东台就占 100 万亩。

为规范围填海作业，湿地立法应当将生态系统方法确立为立法指导思想，严格施行环境影响评价制度，对各种拟开发、利用湿地的规划、计划、活动予以评估，并引入公众参与机制，监督、制约围填海审批。政府各级部门在进行湿地管理决策时应当综合考虑湿地开发利用活动对生态系统的实际和潜在影响，对市场行为进行必要干预，促进湿地资源保护与合理利用；依法保护湿地的生态价值与经济价值，在两种价值实现存在严重冲突时，优先保障湿地生态价值的实现。所谓"生态优先"，即以保护好湿地生态功能为前提，合理开发和利用湿地资源，进而达到一种经济发展与环境保护协调发展的良性状态。一些发达国家在湿地保护立法中对"生态优先"已有明确的规定。如澳大利亚联邦政府湿地政策的目标是"以保持生物赖以生存的生态进程的方式，提高现在和未来的生活质量"；德国在《基本政策规划》中确立的湿地立法指导思想是"恢复自然和准自然湿地的生态能力和功能，通过各种恢复措施，提高湿地质量，扩大湿地范围"，这是值得我国借鉴的。我国湿地立法者首先要确立科学的观念，将湿地视为一类综合多种自然资源的生态系统；在制定相关法律时，应考虑如何通过法律制度建设对湿地生态系统实行整体保护、综合管理，从而形成统一的、以生态系统方法为指导的湿地保护制度。

（二）湿地管理体制不健全

按照我国现行的行政管理体制，林业、农业、环境保护、土地、海洋、水利、建设、运输等部门在其职权范围内都有管理湿地的职责，由此出现多头管理和交叉管理的情况，这显然不利于湿地生态系统的统一规划和管理。尽管国家林业局于 2007 年 2 月正式组建了湿地保护管理中心暨中国国际湿地公约履约办公室，并且经国务院批准成立了由国家林业局、外交部、国家

发展改革委员会等 16 个部门组成的中国履行《湿地公约》国家委员会，但是，目前我国湿地的主管部门是国家林业局，大量的湿地却归海洋部门管理，林业部门根本就插不上手。

我国现行环境资源法律法规中与湿地相关的法条过于分散，所牵涉的众多管理部门之间缺乏协调，对于各部门间的合作与职责划分尚无具体、明确的规定。例如，《广东省湿地保护条例》第五条规定："各级人民政府应当依法履行职责，做好湿地保护工作。湿地保护实行综合协调、分部门实施的管理体制。各级林业、农业、水、国土资源、建设、环境保护、海洋与渔业等行政主管部门按照各自的职责，做好湿地保护管理工作，各级林业行政主管部门负责湿地保护的组织协调工作。"这种对各主管部门职责泛泛规定的"多部门分行业多头管理"，难免造成"都应管而都不管"的局面。

再以我国湿地保护采用的"综合管理和分部门管理相结合"管理模式为例，这种模式虽然理论上能够使资源环境在主管部门统一管理的前提下，发挥各职能部门在本部门职能范围内的管理优势，但是，实际运行过程中，由于湿地类型的多样性和功能的复杂性，我国湿地管理仍存在不利于湿地保护的交叉管理现象。比如，从某些湿地类型自然保护区管理现状来看，保护区管理机构或主管部门实际并不拥有对保护区内受保护对象或应受保护对象的全面管理职权。不以整体眼光看待各要素与功能密切相关的湿地生态系统及其具有的生物多样性，不将管理部门的权力与职责落实到位，必然造成湿地保护工作的低效甚至无效。

（三）湿地保护执法力度不够

湿地立法的分散、湿地保护措施的杂乱和不完善是导致执法困难的重要原因。良好的执法需要有协调一致的法律制度或措施相配合，而我国目前的湿地监测体制和湿地环境影响评价体制尚不健全。就湿地监测体制而言，湿地生态变化、生物多样性的监测不完善，监测标准不统一，部门间的资料共享机制尚未建立，这些都是影响执法的要素。对于湿地环境影响评价机制而言，由于缺乏科学统一的湿地评价机制和指标体系，难以达到评价的目的。同时，对湿地生态、经济和社会效益价值评价的研究开展得少，满足不了政府部门和社会公众对湿地的效益进行全面、系统、科学和准确评价的要求。

各级政府应当依靠现有的、与湿地保护相关的法律、法规和政策，抓紧

制定鼓励湿地保护和合理利用、限制湿地无序开发的政策保障体系，规范湿地保护和利用行为，明确各级、各行业的机构权限以及管理分工，规定管理程序、对违法行为的处理力度和程序等，为从事湿地保护与合理利用的管理者、利用者等提供基本的行为准则。通过建立对威胁湿地活动的限制性政策和有利于湿地保护活动的鼓励性政策，协调湿地保护与区域经济发展。

我国现行《土地管理法》、《水法》、《野生动物保护法》等虽然从自然资源保护角度对湿地保护做出了一些规定，却未在有关湿地保护的法律规定中体现生态系统方法。实践中，尤为突出的问题是，有法不依、执法不严严重制约着湿地保护工作的开展。

（四）公众参与制度有待完善

公众对湿地及其生态功能的认识参差不齐，保护意识淡薄。这主要由两个原因造成：一是湿地保护立法将湿地分解为对人类有用的各种资源，分别加以规范。这容易造成公众的误认，即湿地中有对人类无用的资源，可以随意利用；二是由于湿地保护的宣传教育滞后。当前，一些人仍然视湿地为荒滩、荒地。一些地方片面追求经济效益或者局部利益，重开发轻保护，随意将湿地排干、填埋后用于工程建设。一些企业为降低生产成本，在生产过程中随意向周边或过境水体排放污水、废水，倾倒、堆放或掩埋生产废弃物或垃圾，造成湿地水体污染。

当前，我国湿地的法律保护主要依靠政府，当地居民、社区和非政府组织缺乏参与有关湿地决策的有效途径，导致湿地利益相关者未能与政府、行政部门平等对话，不能有效解决环境权益和经济利益冲突，还导致湿地利益相关者缺乏湿地保护的法律意识，盲目开采和过度利用资源现象严重。现有湿地立法中的公众参与仍停留在法律的原则性规定中，尚未具体化、制度化，缺乏可操作性和相应的法律救济。从参与的内容来看，主要集中在宣传教育方面，尚未触及湿地保护决策的参与，这极大地限制了公众参与的层次和公众参与作用的发挥。从参与的过程看，主要侧重于对违法行为的事后监督，事前的参与不够，不能实现湿地保护法律法规的预防目标。[①]

---

① 陈蓉：《湿地保护的国际立法与中国相关法律制度的完善》，华东政法学院 2007 年硕士论文，第40 页。

（五）我国湿地保护立法的系统性、完整性不够

我国湿地保护立法缺乏系统性、整体性考虑，没有凸显湿地应有的价值。如《水污染防治法》中规定的排污浓度适合一般的水体保护，在通常情形下，依此排污不会产生大的问题，却可能对某湿地极其脆弱的微生物系统造成致命威胁，从而影响到整个湿地系统。[①] 又如，目前，人们多用"红树林"一词来指代红树林湿地（或生态系统）。[②] 其实，红树林湿地是一个不可分割的有机整体，仅仅保护有林地是不够的。管理者、研究者必须明确，红树林湿地，这一包含了多种自然资源的生态系统，要求对其管理应当是基于生态系统的综合管理，而非单纯地保护红树植物。例如，深圳福田的红树林，20 世纪 90 年代保护区内有林地面积保持稳定，但是，自从周边的大片灌丛林和数百公顷的基围鱼塘被城市建设占用，生态急剧恶化，致使1992 年至 1997 年间，陆鸟多样性指数和密度的最高值分别降低了 19% 和39.1%；鹭科鸟类数量减少了近 70%，因为那些被破坏的地方正是鸟类觅食和活动场所。[③] 如何保护红树林自然生态系统，这应由红树林湿地生态系统本身的性质来决定，"与仅仅管理单个物种的战略或方案完全不同"。[④]

在我国湿地保护法律法规中，几乎所有单行法中都设有"罚则"一章，但是，为湿地保护者创设权利、实行奖励和补偿的制度却甚少。[⑤] 与国外成功的湿地保护立法国家相比，我国没有处理好湿地保护受损行业或地区与受惠行业或地区之间的关系。政府的财政支持是一方面，但其效果经常受到庞大运行的行政体系的牵制。从受损方与受益方的直接当事人角度出发完善湿

---

① 王熔：《构建我国湿地立法的几点建议》，《生态文明与林业法治——2010 年全国环境资源法学研讨会（2010.7.30—8.2·哈尔滨）论文集》。

② 梅宏、薛志勇：《中国红树林保护区管理与立法研究》，《中国海洋法学评论》第 13 期。

③ 王勇军、昝启杰、常弘：《深圳福田红树林湿地鹭科鸟类群落生态研究》，《中山大学学报》（自然科学版）1999 年第 2 期。

④ 美国林务局、土地管理局对"生态系统管理"予以定义：生态系统管理是"对整个生态系统进行管理的战略或方案，其中包括所有相关联的生命体，这与仅仅管理单个物种的战略或方案完全不同"。转引自［美］沃克特等《生态系统——平衡与管理的科学》，欧阳华等译，科学出版社 2002 年版，第71—72 页。

⑤ 湿地保护立法中过多地设立义务与责任，缺少奖励与补偿机制的情况，在近年颁行的地方性法规中已有所改观。例如，2007 年 7 月 27 日辽宁省第十届人民代表大会常务委员会第三十二次会议通过的《辽宁省湿地保护条例》第五条规定："县以上人民政府应当加强湿地保护的宣传教育工作，增强公民的湿地保护意识，对在湿地保护工作中做出突出贡献的单位和个人给予表彰奖励。"

地保护法律规定，才可以有力地推动补偿与奖励机制持续运转。

而且，我国现有的湿地保护规定还存在原则性规定居多，具体性规定不足；偏重实体法规定，欠缺程序法规定；偏重公法调整，疏于私法规制；重在国内法规制，缺少国际合作；责任规定不到位，缺少公众参与等问题。

此外，现行法中有关湿地的规定多模糊、概括、主观，缺乏准确、具体、客观的科学数据支撑。例如，《自然保护区条例》第十条第（三）项规定，"具有特殊保护价值的海域、海岸、岛屿、湿地、内陆水域、森林、草原和荒漠"应当建立自然保护区。"具有特殊保护价值"应当如何界定？法律并无解释。又如《江苏省海洋环境保护条例》第二十条规定："沿海县级以上地方人民政府应当加强对湿地的管理与保护，控制对湿地的开发利用。确需开发利用湿地的，应当符合本省海洋功能区划、湿地保护规划、海洋环境保护规划以及重点海域海洋环境保护规划，进行海洋环境影响评价，并依法报经批准。"在此，"确需开发利用湿地"又该达到何种程度？法律文件中使用过多的主观性词语，有可能为相关主管机关滥用权力留下机会。

二、完善我国湿地保护法制的思路

结合前述我国湿地保护法制存在的问题，接下来阐述完善我国湿地保护法制的思路。

（一）我国湿地保护立法模式及路径选择

立法的意义在于协调各种社会关系，不同法规之间就同一社会关系分别予以法律调整的内容应当相互协调。然而，在湿地保护立法领域，由于我国国家层面缺少权威的、以湿地保护为目的的专门性法律，湿地保护内容散见于各个不同的法律法规中，而现行与湿地有关的多部法律法规在湿地保护与利用方面的规定又存在不协调成分。因此，有关我国湿地保护的立法模式及路径选择，便成为完善我国湿地保护法制时首先应予思考的问题。

1. 湿地保护立法模式的选择

湿地保护立法模式：第一种模式是不改变我国现行的立法体制，仅仅在现有的法律法规中完善有关湿地保护的规定，或者通过对现有法律法规修订或增补的方式，加强湿地保护立法。这种立法模式有利于整个法律体系的稳定和法律法规之间的协调。第二种模式是制定全国统一适用的湿地保护综合

性法律。在统一综合立法模式下，并不排除同时制定某些单行法规，对某一特定领域或特定事项做出更具体的规定。

我国湿地保护立法选择综合性立法模式，应当基于如下考虑：第一，有利于湿地保护立法的统一，以避免分别立法可能导致的法律冲突现象，以及由此引起的相同情况不同对待或不同情况相同对待的现象；第二，有利于湿地保护法制的系统化、规模化、专门化，以避免有关单行法中湿地保护内容的缺失与疏漏；第三，有利于节约立法成本，以避免单行法规修订与增补所导致的人力、物力、财力等资源浪费；第四，有利于提高公众对湿地保护法律的认知程度及使用能力。

2. 我国湿地保护立法的路径选择

任何一项新法律制度的产生，必然要涉及较大范围的利益结构调整，湿地保护立法也不例外。在有关利益的调整过程中不可避免地存在摩擦。过大的摩擦意味着较大的社会动荡，会消耗掉大量立法资源，从而使立法改革趋于萎缩。因此，构建新法律体制的首要条件之一便是寻求利益格局调整中的最小摩擦值。摩擦值越小，人们能够获得的利益便越大。为了使湿地保护立法达到摩擦值最小的目标，立法过程中应当把握如下两个方面：

其一，在湿地保护立法中遵循"先易后难"的立法路径。在立法步骤设计上，必须有步骤、分层次地进行湿地保护立法工作。可以考虑由国务院组织有关部门制定"湿地保护条例"，待时机成熟之后，由全国人大常委会制定颁布"湿地保护法"，然后由国务院组织有关部门制定"湿地保护法实施条例"，各地省级人民代表大会及其常委会可以依据"湿地保护法"，结合本地区实际情况，分别制定地方性法规。

其二，在湿地保护立法过程中，首先处理好与现行有关湿地保护的法律法规之间的关系，尽量与现行法律法规有关湿地保护的规定保持一致。在湿地保护管理体制方面，尽量尊重现行管理体制，避免激烈的利益冲突。只有这样才能保持各个利益集团利益的平衡，使摩擦值降到最小，把改革成本和风险控制在尽可能小的程度，获得最大限度的支持和法制上的持续性。

（二）将综合生态系统管理理念确立为湿地立法理念

综合生态系统管理（Intergrated Ecosystem Management，英文简称 IEM），是指管理自然资源和自然环境的一种综合管理战略和方法，它要求综合对待

生态系统的各组成成分，综合考虑社会、经济、自然（包括环境、资源和生物等）的需要和价值，综合采用多学科的知识和方法，综合运用行政的、市场的和社会的调整机制，来解决资源利用、生态保护和生态系统退化的问题，以达到创造和实现经济的、社会的和环境的多元惠益，实现人与自然的和谐共处。[①] 综合生态系统管理，常常与可持续管理等相近概念相交叉甚至通用。综合生态系统管理并不排斥其他的管理和保护的方法，比如单一物种保护、建立保护区、流域综合管理等方法，它将各种方法综合在一起来有效处理复杂的现实问题。[②]

综合生态系统管理是生态系统方法在环境资源管理和环境资源法制建设领域运用的产物，是生态系统方法的集中反映、重要表现和典型代表。[③] 换言之，有关生态系统方法的规定较为抽象，突出该方法的指导性、原则性、普适性；而言及综合生态系统管理，因其是对生态系统方法的运用，故其主旨与生态系统方法一致，但内容更为具体、丰富。生态系统方法与综合生态系统管理二者相辅相成，以生态系统方法指导综合生态系统管理实践，又通过综合生态系统管理实践检验并发展生态系统方法。

作为一种全新的自然生态系统管理理念和模式，综合生态系统管理已经被广泛应用到各个国家和地区的环境保护中。综合生态系统管理理念在湿地保护立法中的应用有重要的理论基础、制度基础和实践基础。

首先，现代自然科学和人文社会科学的深入、综合发展为湿地保护立法确立综合生态系统管理理念提供了重要的理论基础。综合生态系统管理理论建立在先进的自然科学知识和包括法学、社会学、管理学等在内的人文社会科学综合发展的基础之上，符合湿地保护的客观要求，得到了《湿地公约》缔约方大会、《生物多样性公约》缔约方大会及《千年生态系统评估报告》

---

① 蔡守秋：《论综合生态系统管理》，《甘肃政法学院学报》2006 年第 3 期。

② Secretariat ofthe Convention on Biological Diversity. Handbook of the Convention on Biological Diversity: Including Its Cartagena Protocol on Biosafety (3rd). Montreal, Canada, 2005.

③ 在实际运用中，人们在不同场合往往不加区别地使用生态系统方法、生态方法、生态化方法、生态学方法、综合生态系统方法、综合生态管理、综合生态系统管理方法等意思相同的不同术语。如学者杜群在其新著中所言："人们根据语境和表述需要选择使用它们。可以肯定的是，人们对'综合生态管理'概念有了一定的认识和认可，但是还没有统一的定义。"参见杜群《生态保护法论——综合生态管理和生态补偿法律研究》，高等教育出版社 2012 年版，第 20 页。

的接受，已被若干国际法律文件所表述，并被多个国家近年来颁行的湿地政策、规划所吸收，也在滨海湿地保护的实践中被证明行之有效。作为一种新兴的、从整体上保护生态系统的思想，其向环境法奉献了新的立法思想，积极促成环境立法由环境要素分割管理立法模式向生态系统管理立法模式转变。在此背景下，当代环境法应当内化生态系统方法，实现基于生态系统管理的法理创新，推动生态系统管理法律规范化的进程。

其次，现有的湿地保护管理体制为综合生态系统管理理念的确立提供了制度基础。根据我国法律的有关规定，国家林业主管部门是湿地保护管理的综合协调机构，农业、水利、环保、海洋、国土等有关行政主管部门在各自职责范围内实行湿地资源的分部门管理。这种"统分结合"的管理制度尽管存在协调性差、部门"争权"与"扯皮"现象频繁等弊端，却与综合生态系统管理理念指导下的跨部门管理方法具有某种天然的耦合性。

最后，其他国家和地区在综合生态管理理念下的成功立法以及国内区域综合生态系统管理项目的实践为湿地保护立法确立综合生态系统管理理念奠定了重要的实践基础。自20世纪六七十年代开始，美国、瑞典、澳大利亚等已经进行综合生态系统立法试点。如《澳大利亚政府间环境协定》（1992年）规定"生态多样性和生态完整性的保护应该成为一种最基本的考虑"。日本1993年《环境基本法》也以综合生态系统管理为理念，规定了"污染综合控制"制度。① 在国内，2002年10月中国/全球环境基金干旱生态系统土地退化防治伙伴关系的国家规划框架的第一个项目（简称GEF—OP12）在我国启动，该项目旨在防治甘、青、新、宁、蒙、陕六省区土地退化问题。该项目已经进入实质性实施阶段，从学习、调研到项目试点区域的选定，再到战略与计划行动的制定，以及相关政策和法律等配套措施的日益完善，都证明了在我国广泛运用综合生态系统管理理念和方法的适应性。② GEF—OP12项目背景与湿地保护有许多方面的交叉和关联，两者存在共同性的理念和基础。从该方面来讲，将综合生态系统管理确立为湿地保护的立

---

① 蔡守秋：《综合生态系统管理法的发展概况》，《政法论丛》2006年第3期。
② 郭武：《略论我国西北地区湿地生态系统保护的立法理念——以"综合生态系统管理"理念的全球发展为背景》，《水资源可持续利用与水生态环境保护的法律问题研究——2008年全国环境资源法学研讨会（年会）论文集》。

法理念无疑是恰当、可行的。

综合生态系统管理理念在湿地立法中的确立要求我国湿地保护立法和执法部门积极作为。我国湿地立法者首先要确立科学的观念，将湿地视为一类综合多种自然资源的生态系统；在制定相关法律时，应考虑如何通过法律制度建设对湿地生态系统实行整体保护、综合管理，从而形成统一的、以综合生态系统管理思想为指导的湿地保护制度。政府各级部门在进行湿地管理决策时应当综合考虑湿地开发利用活动对生态系统的实际和潜在影响，对市场行为进行必要干预，促进湿地资源保护与合理利用；依法保护湿地的生态价值与经济价值，在两种价值实现存在严重冲突时，优先保障湿地生态价值的实现。所谓"生态优先"，即以保护好湿地生态功能为前提，合理开发和利用湿地资源，进而达到一种经济发展与环境保护协调发展的良性状态。

（三）明确"湿地"的法律定义

对于法律而言，概念的准确性决定了该法律所调整范围的边界。由于"湿地"概念不统一，进而外延不明确，导致不同法律、法规之间在管辖范围上的冲突①，由此出现某一调整对象多路管辖或无人管辖的局面。湿地资源家底不清，湿地边界不明，也是湿地概念的不明确性所导致的。相当多的保护区在设立时边界、林权等问题未得到明确落实，导致发生社区与保护区管理工作的冲突，给保护区工作的开展带来很大困难。② 另外，由于环境的改变，一些湿地的边界线也发生改变，例如，入海口的滩涂就有可能在较短的时间内发生增减，如果不及时进行调整，也很难保护到位。因此，有必要通过立法统一"湿地"或"湿地资源"的法律定义。

1971 年在拉姆萨尔通过的《湿地公约》将湿地定义为："所谓湿地，系指天然或人工、长久或暂时之沼泽地、泥炭地或水域地带，有或静止或流动、或为淡水、半咸水或咸水水体者，包括低潮时水深不超过 6 米的水域"。同时又规定："可包括邻接湿地的河湖沿岸、沿海区域以及湿地范围的岛屿或低潮时水深不超过 6 米的区域。"《湿地公约》在对湿地进行法律定义时

---

① "湿地"尚未作为一个统一概念在我国立法中得以运用，例如，我国《自然保护区条例》、《海洋自然保护区管理办法》中，将"湿地"与属于湿地亚类的"内陆水域"、"河口"、"滩涂"、"海湾"、"海岸"、"渔业资源"等相提并论。

② 陈桂珠、兰竹虹、邓培雁：《中国湿地专题报告》，中山大学出版社 2005 年版，第 106 页。

采取了广义的概念。结合我国实际情况来看，我国立法不易采用过于宽泛的概念，宜采用狭义的湿地概念。首先，对湿地进行狭义定义可以尽量避免部门利益冲突，有助于完善湿地保护管理体制。如果对湿地下宽泛的定义，会使湿地保护管理涉及的多个行政管理主体的利益受到限制和约束。湿地定义越宽泛，其受到的约束也就越大，部门之间的利益摩擦也就越大。狭义的湿地法律定义能够使湿地管理部门的利益冲突降到最低，进而推动湿地保护管理的立法进程。其次，对湿地进行狭义定义符合我国国情的需要。我国是发展中国家，经济处于高速发展阶段，社会处于持续进步状态，同时我国人口急剧增加，种种情况使我国自然资源面临巨大压力，自然资源保护工作困难重重。对湿地进行狭义定义并不是不保护其他水域，而是重点保护狭义湿地。其他水域可以通过海洋环境保护法、水污染防治法和渔业法等法律进行保护。[①] 在我国立法实践中，各地方也采取了狭义的湿地法律定义，如《黑龙江省湿地保护条例》、《甘肃省湿地保护条例》等。

（四）建立综合协调、分部门实施的湿地管理体制

我国的湿地保护工作是一项涉及多部门协作管理的工作，世界上其他国家也都是多部门管理，共同实施。在我国现行相关的管理体制中，合理规定湿地保护管理体制是立法要着重解决的问题。

湿地保护应当实行综合协调、分部门实施的管理体制。这是因为，国家将湿地保护与管理职责赋予若干同级行政机关。一方面将《湿地公约》的履约职责赋予国家林业主管部门；另一方面国务院"三定方案"又规定，林业行政主管部门的湿地保护职能为：组织、监督、协调、指导，环境保护、海洋、渔业、农业、水利、国土资源、住房与城乡建设、规划、发展改革、财政、旅游等行政主管部门也承担促进湿地保护工作的职责。因此，有必要强调由同级林业行政主管部门具体负责湿地管理的组织与协调，各有关部门之间应当相互配合，各尽其责。县级以上地方人民政府负责组织、协调本行政区域的湿地保护工作，按照不同类型的湿地建立健全综合协调管理的工作机制，采取有利于湿地保护的政策和措施。县级以上地方人民政府有关部门按照各自的职责范围对湿地保护实施管理。上述体制，明确了国务院有

---

① 　王小钢：《湿地保护综合立法：涨渡湖湿地案例研究》，武汉大学 2004 年硕士论文。

关主管部门综合协调管理，地方政府负责领导、组织管理的责任，并依照法律或者行政法规的规定，接受国务院有关主管部门和省级人民政府有关主管部门的业务监督和指导。这一管理体制既坚持以宪法和相关法律规定以及中央和地方事权划分为依据，又力求避免影响国务院根据工作需要和"精简、统一、效能"的原则进一步调整机构设置和职能划分。与此同时，根据我国湿地保护工作涉及区域经济、社会发展与民生，需要发挥地方政府对区域行政事务的全面领导和管理作用的实际情况，以及湿地管理工作涉及多个环境、资源主管部门和经济综合管理部门，需要政府出面组织和协调的实际情况，进一步强化了地方政府保护湿地的责任。各地方的实践也证明，离开地方政府，湿地的保护和管理是难以有效运作的。

（五）完善湿地保护法律制度

1. 完善湿地资源权属制度

当前，我国湿地的所有权包括国家所有和集体所有。由于我国自然资源所有权主体往往虚置，因此，为了更好地保护湿地，我们需要明确湿地自然资源的使用权权属。然而，我国湿地资源的使用权主体又非常复杂，既有林业、农业、水利等行政管理部门，也有依法或约定对国有或集体所有湿地资源占有、使用、收益的个人或单位，由此导致两类问题：一是管理部门之间的利益冲突；二是管理部门与个人、社区或单位之间的利益冲突。湿地使用权主体多样化，产权不明晰，以及不同权利主体之间的目标存在差异，导致各自行动的差异或背离，最终使得湿地保护管理目标难以实现。因此，要在立法上完善湿地资源权属制度，就是要明确湿地资源所有权、湿地资源使用权及湿地资源的其他权利。

（1）明确湿地资源所有权。湿地资源所有权是指湿地所有人在法律规定范围内占有、使用、收益、处分湿地资源的权利。我国湿地所有权表现为两种形式，即国家所有和集体所有。国有湿地所有权由国务院代表国家行使，对此湿地保护立法中应当明确规定，只有国务院才能代表国家行使国有湿地的所有权，其他任何组织或单位非经国务院授权或批准，不能享有国有湿地所有权的任何权能；对于集体所有的湿地，可以由村农民集体、乡（镇）农民集体以及村内两个以上农民集体经济组织所有，禁止所有权买卖和非法转让。

（2）明确湿地资源使用权。湿地资源使用权是单位和个人依法或约定对国有或集体所有湿地资源占有、使用、收益的权利。湿地资源使用权的取得要通过授予或确定开发利用及出让等方式取得，必须经过一定程序，进行登记注册，通过办理法律规定的手续而确认，产权变更也要经过登记注册。

（3）明确湿地资源的其他权利。湿地资源的许多其他使用权益不能包括在一般的湿地资源所有权和使用权范围内，需要由湿地保护法做出专门性规定。

2. 建立湿地生态补偿制度

生态补偿是 20 世纪 50 年代以来，一些国家或地区为了应对经济社会发展中存在的资源耗竭和生态破坏问题所尝试采用的一种经济解决手段，对于平衡和协调经济社会发展与生态保护之间的紧张关系发挥了积极的作用。就其实质而言，生态补偿通过对从事生态建设的行为进行经济补贴，以弥补其所受损失和支付的代价；通过对生态建设的正外部性行为进行奖励，实现公益外溢的补偿，从根本上调动生产者从事生态建设的积极性，保证生态建设的持续进行。

所谓湿地生态补偿制度，是指通过生态补偿制度的建立和相关机制的设定，针对破坏湿地生态环境、占有湿地、利用湿地资源等，通过收取税费等形式进行的补偿、恢复、综合治理等行为，以保护和恢复湿地生态系统功能或生态服务价值，并对由于湿地保护而丧失发展机会的区域及相关群体给予资金、技术、实物上的补偿和政策上的优惠。湿地生态补偿具体包括两种情况：一是因政府实施湿地开发建设、规划等湿地保护行为而受到损害的单位和个人从政府获得的利益补偿；二是单位或个人对湿地生态保护、改善或恢复建设时，可以就其保护和改善湿地生态而遭受的损失从政府那里得到利益补偿。

依据生态规律和经济规律，建立健全滨海湿地生态补偿制度，有助于保证湿地保护与合理利用获得稳定的资金来源，实现生态保护与生态建设投入的制度化、规范化、市场化。

我国很多生态功能强大的自然湿地包括很多沼泽湿地、湖泊湿地和湿地的生态功能都遭受了严重的破坏，恢复湿地环境和扩大湿地面积是我国湿地保护工作所迫切需要解决的问题。《国务院关于落实科学发展观加强环境保

护的决定》（国务院常务会议 2005 年 12 月 14 日通过）指出："要完善生态补偿政策，尽快建立生态补偿机制。中央和地方财政转移支付应考虑生态补偿因素，国家和地方可分别开展生态补偿试点。"湿地生态补偿的主要手段是建立湿地生态效益补偿基金。在现阶段，湿地资源的无偿使用、湿地保护管理工作资金投入不足、湿地保护缺乏经济手段，是我国湿地保护工作的薄弱环节。通过建立湿地生态补偿基金对造成湿地退化的开发利用活动进行调解，能够弥补湿地保护、恢复和重建工作和湿地保护管理工作的资金不足，补偿湿地保护工作中的合法权益受损者，缓解湿地保护与利用的冲突，形成全社会参与湿地保护的激励机制。

在我国现行法律法规中，生态补偿制度是一个比较薄弱的环节；特别是在湿地生态补偿方面，虽然国家政策中涉及这个问题，但是国家法律制度上是空白。只是在一些地方法规中对湿地生态效益补偿有所涉及，如《广东省湿地保护条例》第二十一条规定，"实行湿地生态效益补偿制度。因湿地保护需要使湿地资源所有者、使用者的合法权益受到损害的，政府应当给予补偿，并对其生产、生活作出妥善安排"。由于湿地生态补偿机制未建立，群众为保护湿地所遭受的损失得不到补偿，群众保护湿地的积极性受到挫伤，由此造成湿地保护部门与当地政府和群众关系难以协调，保护压力越来越大，故业界人士呼吁建议国家尽快建立湿地生态补偿制度。

我国应当在借鉴国外经验的基础上建立符合中国国情的湿地生态补偿制度。地方性湿地保护条例对湿地补偿立法进行了探索和尝试，在具体设计方面：（1）湿地生态补偿的主体可以具有多元化，包括国家、地方、企业和个人。地方、企业和个人开发利用湿地生态资源损害了湿地的生态功能或导致湿地生态价值丧失，应当对湿地生态功能的损失作出补偿，此外国家也应对湿地保护和建设给予政策和财政支持；（2）湿地生态补偿的对象既包括为湿地生态环境作出贡献者，又包括因湿地保护管理而丧失发展机遇、利益受损者，同时还应当包括对湿地生态价值损害的补偿；（3）补偿方式的多元化。补偿方式可以包括经济补偿、生态补偿和可持续发展能力的补偿。经济补偿主要是指补偿金，生态补偿主要是指湿地生态修复和重建等措施，可持续发展能力的补偿主要是针对因湿地保护而丧失发展机遇者。

3. 完善湿地保护的公众参与制度

分析国际公约和主要国家有关湿地保护的法律规定可知，以生态系统管理为中心的制度建设是湿地保护立法的发展趋势，而公众参与制度在湿地保护与管理制度中占据重要地位。我国目前的环保理念强调的是预防为主的法律约束，更多依靠的是政府的作用，公众的法律理念仍非常薄弱。应通过新闻媒体宣传湿地保护法律法规和政策，普及环保知识等方式提高公众的湿地保护意识和观念，形成环境评价理念。公众参与评价的前提是公众享有知情权和参与决策权，这两者都有赖于政府的环境信息公开制度，中国应当制定专门立法，明确公开信息的内容和范围，依法保障公众的知情权和参与权。公众参与评价落不到实处的另一原因则是我国《环境影响评价法》没有规定涉及公众参与受到侵害如何救济，规划部门或建设单位不考虑公众意见应当承担何种法律责任等条款。法律应当规定公众享有寻求司法救助的权利，在建设单位和相关责任人未能遵守公众参与程序时，公众可以通过司法途径维护环境权益，促使行政机关谨慎行使审批权，从而为公众参与环境影响评价提供最终保护。

4. 建立湿地开发的环境影响评价制度和资源开发利用评价制度

环境影响评价是预防原则的体现，湿地环境影响评价是通过分析湿地风险评估因素来确定湿地潜在的负面影响、可能会对湿地造成的伤害、湿地状况可能发生的变化、湿地潜在损害的程度及其影响。湿地环境影响评价的内容包括：湿地资源开发影响评价因子选择与标准的订立，湿地资源开发社会环境影响评价深度与广度的确定，湿地资源开发环境影响特别是对水禽等影响程度的量化等。湿地环境影响评价的目的是通过评价湿地利用带来的冲击结果维持湿地生态系统和生物多样性，对湿地生态系统整体和每一个生态因子提供全过程、全方位、动态的管理和保护。湿地环境影响评价能够加强湿地风险的总体控制，了解湿地生态系统退化状况，制定湿地保护的有效措施，确定科学合理的湿地资源利用形式和数量，是遏制湿地生态系统退化的重要基础工作，也是湿地保护和社会经济可持续发展的客观需要。

实行湿地环境影响评价制度，可以使建设项目在决策阶段，不仅注重其对经济发展的意义，还考虑其对环境的影响以及这种影响的反馈作用，并采取必要的防范措施，在符合生态规律的基础上，合理布局湿地区域内的建设

项目。

湿地资源开发利用评价制度，是指针对湿地资源的开发利用行为所产生的综合价值进行判断，以便制定出可持续利用湿地的决策。它通过分析湿地资源开发利用行为产生的直接影响、间接影响、潜在影响，评价出湿地资源开发利用效果，探求出充分利用湿地价值的途径，为进行湿地资源保护、管理提供科学依据。其评价内容包括：湿地资源分布数量、开发现状调查及其存在问题的系统分析、湿地开发经验与教训、湿地开发效益预测、湿地资源开发经济效果分析以及湿地资源开发利用适宜性评价等。

通过执法，对开发建设、规划、策略及进行环境影响评估等工作提供有关湿地及自然保护方面审议的意见。在有关生态影响评估方面，所有工程项目均需要在工程开展运作前，进行包括生态评估的环境影响评估及申请许可证。为保存生物多样性、重要物种及生境，由政府湿地与自然保护管理部门在动植物、生境及被认定为具有保护价值地带等各方面，向环保部门提供专业审议意见及技术援助。在涉及湿地开发利用的重大问题方面，通过部门间的联合行动，采取协调一致的保护行动，严格依法论证、审批并监督实施。①

5. 在湿地保护管理中落实经济激励性制度

我国湿地污染、破坏的严重现实和治理的复杂性、长期性决定了政府依然是湿地保护管理的主导力量。传统的行政强制手段虽不能摒弃，却存在难以克服的弊端。借鉴美国湿地保护管理以市场激励手段为主的经验，我国在湿地保护管理及其法制建设中应当更加注重行政指导法律手段的运用。行政指导手段是指行政主体在法定职权范围内，为实现特定行政目的，针对特定相对方采用具体的非强制方式，并施以利益诱导，促使相对方为或不为某种行为之非强制性行政手段。② 行政指导法律手段具有灵活性、及时性、应变性、民主性等特点，有利于引导行政相对方积极、有效地保护、管理湿地，

---

① 王熔：《构建我国湿地立法的几点建议》，《生态文明与林业法治——2010 全国环境资源法学研讨会（年会）论文集（上册）》。

② 郭润生、宋功德：《论行政指导》，中国政法大学出版社 1999 年版，第 59 页。

平衡不同利益之间的冲突。① 市场经济的确立和发展为经济激励法律手段的运用提供了社会基础。因此，政府可以采用行政指导法律手段，以优惠政策、资金援助等措施鼓励和支持市场主体开发环保技术、发展环保产业。对于比较成熟的环保技术，可以通过行政指导的方式试行和推广，建立政府与市场的合作机制，实现经济效益、环境效益和社会效益的统一。国家应当通过立法规定相关的法律制度，例如，湿地环保产业主体制度、湿地环保产业促进与保护制度、湿地环保产业责任制度等等，为湿地区域环保产业的发展提供有效的法律保障。

　　除了上述湿地保护制度亟待建立，我国在完善湿地保护法制时，还应考虑完善现行法中已有规定的湿地监测制度、湿地资源调查和普查制度、湿地分级分类保护和名录制度、湿地自然保护区制度、湿地公园制度、湿地保护小区与湿地多用途管理区制度、湿地征用与湿地占用制度、湿地资源有偿使用制度、湿地有害生物和野生动植物疫源疫病防治制度、湿地生态补水制度、湿地污染或破坏应急处理制度、湿地保护教育制度，等等。

　　相比建立综合协调、分部门实施的管理体制的难度，各项湿地保护法律制度的建立、完善及制度实施相对容易实现，故应成为我国湿地保护法制建设的当务之急。通过湿地保护教育的深入开展，使湿地生态系统管理的思想日益得到全民的接受，这将为我国湿地保护立法确立湿地生态系统管理机构、进而在实践中实行基于生态系统的综合管理准备条件。由此看来，我国湿地保护法制建设，特别是改革湿地管理体制，将是一个循序渐进、不断推进的过程。

---

① 蔡守秋、张百灵：《论我国滨海湿地综合性法律调整机制的构建》，《长江流域资源与环境》2011 年第 5 期。

第二章　水土保持法制建设

　　水土保持至关重要，也是立法关注点。新中国成立以来，我国颁布了许多水土保持方面的规范性法律文件来应对水土流失问题，取得了很好的效果。每一阶段的水土保持立法成果都凝聚着中国人对于水土流失治理的期望和决心。近年来，经济发展所带来的人为水土流失的治理任务越来越艰巨，而我国以立法方式来推进水土保持工作的力度也越来越大。2010 年，以《水土保持法》修订为契机，我国掀起了新一轮的水土保持立法、执法、守法及法制教育的热潮。值此难得的机遇，回顾过去的水土保持立法成就，展望未来的水土保持立法工作，必将有利于推动我国的水土保持法制建设的步伐。

第一节　我国水土保持工作的任务与进展

一、水土保持工作任务艰巨

　　水和土壤是一切生物繁衍生息的根基，是人类社会可持续发展的基础性资源。水土资源将无机界和有机界、生物界和非生物界连接起来，推动自然生态系统进行物质能量交换和人类社会发展。如果离开水和土壤，那么人类将失去生存基础，文明也将难以继续。从世界范围看，由于长期盲目地、不尊重自然规律无节制地开发水土资源，造成如今水土流失日趋严重，严重影

响了人与自然协调发展。科学家认为，水土流失是人类不合理开发、滥用水土资源产生的严重后果，水土流失状况是衡量水土资源和生态环境优劣程度的重要指标。

我国幅员辽阔，国土总面积960万平方公里，约占世界陆地总面积的十五分之一，仅次于俄罗斯（1710万平方公里）和加拿大（997万平方公里），居世界第三位。在960万平方公里的国土面积中，山地占33%，高原占26%，丘陵占10%，盆地占19%，平原占12%。同世界上其他国土面积较大的国家相比，我国是一个多山的国家，山区和丘陵区占整个国土面积的三分之二以上。这种自然条件决定了我国更易遭受水土流失的危害。另外，我国属于季风降水的不稳定地区，人为因素引起水土流失的几率很大。

我国农业开发历史悠久、人口众多等人文因素是造成水土流失严重的最主要因素。自12000年前以来，我国先后经历了原始农业（约公元前500年以前）、传统农业（前500—1950）和现代农业（1950年以后）三个发展时期①。在不同的农业发展阶段，中国的水土流失不断加剧。原始农业时期，由于开发区域相对集中在较平坦的地段，人口数量以及人们对自然的影响有限，水土流失基本上是以自然侵蚀为主。例如，在公元前6000年至公元前3000年，黄土高原土壤年均侵蚀量仅为10.8亿吨。而同时期，长江流域的水土流失也较轻微，冰后期长江年均输沙量2.36亿吨，仅相当于1951至1985年长江年均输沙量4.68亿吨的一半。② 但是，到西汉时期，水土流失问题已显现。主要是因为这一时期人类改造自然的能力大增，土地利用率提高。在公元前200年，西汉人口增加近10倍，达到5900万人。人口的增加要求必须将扩大土地开垦面积作为最基本的谋生手段。据史料记载，公元2年，以黄河中游为中心的北方地区已有垦田5510万公顷，较汉初耕地面积增加6.4倍。西汉农业区的拓展加剧了我国自然侵蚀的过程。根据《汉书·沟洫志》的记载可以推断，至少从西汉时起，黄土高原等北方地区农业开垦引起的水土流失已很明显。③ 这是黄河水患以后产生的重要原因之一。继西汉在北方地区扩大土地开垦面积之后，人们也加大了向南方地区发展农、

① 彭世奖：《从中国农业发展史看未来的农业与环境》，《中国农史》2000年第3期。
② 李保华等：《冰后期长江三角洲沉积通量的初步研究》，《中国科学（D辑）》2002年第9期。
③ 《汉书·沟洫志》上曾有"泾水一石，其泥数斗"，"河水重浊，号为一石水而六斗泥"的记载。

林、牧、渔业等的步伐。西汉之后的几个朝代，移民开发南方地区的活动愈演愈烈。人类对于丘陵山地植被的破坏、开发的层次和空间都极大发展。至唐宋以后，水土流失区已扩展到了南方地区。例如，南宋中期，在四川盆地，耕地面积达到 600 万公顷左右，平均垦殖指数约 10.7%，水土流失开始出现。① 清代中叶以后中国的水土流失明显加重。加重的原因除生产力的提高之外，主要在于人口的增加。在人口压力之下，全国对山地开发的强度越来越大，森林被大量砍伐，植被遭受破坏严重，从而诱发大规模的水土流失。在南方，长江泥沙含量增加，导致洪涝频发，中下游湖泊面积明显缩小。例如，洞庭湖的面积在清初为 6000 平方公里，但是到 1894 年缩小到了5400 平方公里。在北方，平地被开垦殆尽，陡坡地、高山区也被逐步开垦。② 明清时期，子午岭地区的土壤侵蚀模数估计在 8000—10000 吨/平方公里·年。③ 而据景可与陈永宗两位学者的推算，1494—1855 年，黄土高原土壤年均侵蚀量 13.3 亿吨，侵蚀量增长率约 14.6%；至 20 世纪上半叶，水土流失不断加剧，1919—1949 年黄土高原土壤年均侵蚀量约 16.8 亿吨，较1494—1855 年增加约 26.3%。④

由以上分析可见，新中国建立之前，我国在水土保持方面的历史负担很重。其中的原因，除了自然条件之外，主要是人口及农业扩展需要的开垦、滥伐和滥采等人文因素。据统计，到解放初期，全国水土流失面积达 153 万平方公里，约占国土面积的六分之一，是世界上水土流失面积大、流失严重的国家之一。但是，前车之鉴并未成为后事之师。新中国成立后，百废待兴，国贫家困，加之人口迅速增长，实现工业化，发展经济，解决基本生活问题压倒了对生态环境问题的关注程度。从 20 世纪 50 年代至 70 年代，开垦荒地、砍伐森林等活动致使水土流失加剧。据推算，1949—1957 年和1969—1979 年，全国耕地分别净增 1390 万公顷和 1940 万公顷。20 世纪 80年代长江流域的森林覆盖率只有 20 世纪 50 年代的 1/2。⑤ 20 世纪 80 年代

---

① 郭声波：《四川历史上农业土地资源利用与水土流失》，《中国农史》2003 年第 3 期。
② 孟庆枚等：《黄土高原水土保持》，黄河水利出版社 1996 年版；吴晓军：《论西北地区生态环境的历史变迁》，《甘肃社会科学》1999 年第 4 期。
③ 郑粉莉等：《自然侵蚀和人为加速侵蚀与生态环境演变》，《生态学报》1995 年第 3 期。
④ 景可、陈永宗：《黄土高原侵蚀环境与侵蚀速率的初步研究》，《地理研究》1983 年第 2 期。
⑤ 方修琦等：《中国水土流失的历史演变》，《水土保持通报》2008 年第 1 期。

后，水土保持工作得以恢复，全国水土流失恶化的趋势得以扭转。[①] 但随着改革开放政策的实行，全国展开了轰轰烈烈的大规模工程建设和矿产资源的开发，新的水土流失问题却又出现。据 1996 年普查统计，黄土高原地区因大规模的矿产资源开发及基本建设等原因，新增人为水土流失面积 2.82 万平方公里，超过同期已治理的水土流失面积。[②] 另外，这一时期，全国城市化的进程加快，又产生了城市水土流失问题。调查显示，1986 年至 1995 年10 年间，人为造成的城市水土流失面积达 475 平方公里。[③]

据根 2002 年 1 月水利部公布的"全国第二次水土流失遥感调查成果"，20 世纪 90 年代末，全国水土流失总面积 356 万平方公里，其中水力侵蚀（简称水蚀）面积 165 万平方公里（占 46%），风力侵蚀（简称风蚀）面积191 万平方公里（占 54%）。在上述面积中，水蚀与风蚀交错地区水土流失面积 26 万平方公里（占水土流失总面积的 7%）。

新中国成立以来，中国水土保持虽然取得了巨大成效，但是，从全国水土流失发展趋势看，水土流失严重、生态环境恶化的局面尚未得到遏制，水土流失已成为中国现代化进程中的严重制约因素。[④] 水土流失直接导致我国水土资源破坏，生态环境恶化，进而危及民族的生存和发展。主要表现为：第一，表土流失，肥力下降。水土流失使耕地表土变薄，质地粗化，土壤肥力下降，蓄水能力降低，给农业生产带来严重的威胁。以当前侵蚀速度测算，40 年至 50 年后东北 93 万公顷耕地的黑土层将流失掉[⑤]，而 35 年后西南石漠化面积将翻一番。[⑥] 第二，水库淤积，河床抬高。水土流失使大量泥

[①] 20 世纪 90 年代中期的遥感普查表明，全国水土流失面积 356 万平方公里，占国土总面积的37.4%。与 80 年代中期相比，水土流失总面积减少了 11 万平方公里，其中水蚀面积减少了 14.5 万平方公里，但风蚀面积有所增加。

[②] 中国土壤学会土壤侵蚀专业委员会：《关于加强防治土壤侵蚀的建议》，《水土保持通报》1986年第 2 期。

[③] 李爱峰等：《城市水土流失特点及防治对策》，《水土保持科技情报》2002 年第 2 期。

[④] 据中国水土流失与生态安全科学考察估算，每年水土流失给我国带来的经济损失相当于 GDP 的2.25%左右，带来的生态环境损失难以估算。但是，据亚洲开发银行估算，中国每年因水土流失造成的经济损失约相当于同年 GDP 的 4%。

[⑤] 彭利国：《东北黑土层 40 至 50 年后可能流失殆尽》，http://www.china.com.cn，访问日期：2010 年 7 月 10 日。

[⑥] 鄂竟平：《中国水土流失与生态安全：综合科学考察总结报告》，《中国水土保持 SWCC》2008年第 12 期。

沙淤塞了下游河道和水库，削弱了河道的泄洪和通航能力，降低了水库调蓄洪水能力，加剧了防洪压力。我国水土流失每年造成水库淤积 16.24 亿立方米，水库调蓄能力下降。[①] 第三，沙漠化扩大，沙尘暴加剧。严重的风蚀使土地沙漠化迅速扩大，同时为沙尘暴的持续加剧提供沙尘来源。第四，滑坡、泥石流频发。泥石流易形成急流险滩，穿越山区的铁路，冲毁路基桥涵，造成重大财产损失和人员伤亡。同时威胁工矿交通设施安全，在高山深谷，水土流失常引起泥石流灾害，危及工矿交通设施安全。第五，水质恶化。水土流失常携带大量的化肥、农药等的残余有害有毒物质进入江河湖库，污染水体，使水体富营养化，水质恶化。第六，生态恶化，贫困加剧。严重的水土流失导致生态恶化，水旱等自然灾害加剧，农林牧业生产量降低，人们生活贫困，贫困县几乎分布在水土流失严重的地区。中国现有严重水土流失县 646 个，近 70% 以上的贫困县和贫困人口分布在水土流失区。[②]

面对艰巨的水土保持任务，我国将水土保持生态建设确立为 21 世纪经济和社会发展的一项重要的基础工程，明确了中国水土保持生态建设的战略目标和任务。其近期目标与任务是：从 2000 年到 2010 年每年综合治理水土流失面积 5 万平方公里，到 2010 年新增治理水土流失面积 55 万平方公里，七大流域特别是长江、黄河中上游水土流失严重地区的重点治理工程初见成效，森林覆盖率达 17%，大江大河减少泥沙 10%（南方）至 20%（北方），在全国水土流失区基本建立水土保持预防监督体系和水土流失监测网络，水土保持法律法规进一步完善，基本遏制水土流失和生态环境恶化的趋势。其中期目标与任务是：从 2011—2030 年，使全国 60% 以上适宜治理的水土流失地区都得到不同程度的治理，重点治理区生态环境开始走上良性循环轨道，森林覆盖率达 20% 以上，大江大河减沙 20%（南方）至 30%（北方），全国建立起健全的水土保持预防监督体系和动态监测网络，形成完善的水土保持法律法规体系，全面制止各种人为造成的新的水土流失。其远期目标与任务是：从 2031—2050 年，全国建立起适应经济社会可持续发展的良性生

---

① 高云才：《工程院院士：水土流失系洪灾频发元凶》，http://news.eastday.com，访问日期：2010 年 8 月 5 日。

② 鄂竟平：《中国水土流失与生态安全：综合科学考察总结报告》，《中国水土保持 SWCC》2008年第 12 期。

态系统，适宜治理的水土流失区基本得到整治，水土流失和沙漠化基本得到控制，坡耕地基本实现梯田化，宜林地全部绿化，"三化"草地得到恢复，全国生态环境明显改观，人为水土流失得到根治，大部分地区基本实现山川秀美。为了实现上述目标，我们需要在水土保持工作上取得突破。

二、我国水土保持事业稳步发展

新中国成立以来，中国十分重视水土保持工作，中央和地方都建立了水土保持的管理机构和科研机构，制定了有关水土保持的方针、政策。在水土流失防治政策实施过程中，中国采用综合防治措施，包括试验推广以改变小地形和高效利用水土资源为主的各种耕作措施；以恢复植被、增加地面覆盖为中心的造林种草技术；以减少径流、拦蓄泥沙为重点的各种水土保持工程措施等，因地制宜地提出一整套优化配置模式，取得了显著的生态、经济和社会效益。实施封育保护后，保护区内灌草植物自然萌生速度明显加快，裸地自然郁闭，植被覆盖度大幅度提高，生态环境明显改善。20 世纪末期以来，随着一些大型水土保持工程及退耕还林政策的落实，有效改变了我国水土流失现状。资料显示，1998 年全国水土保持综合治理面积首次突破连续 5 万平方公里。截至到 2003 年底，我国东部地区共完成水土流失治理面积 9.76 万平方公里，重点小流域累计治理面积达 39.3 万平方公里，中部地区共完成水土流失治理面积 38.9 万平方公里，重点小流域累计治理面积达 13.8 万平方公里，西部地区共完成水土流失治理面积 41.1 万平方公里，重点小流域累计治理面积达 17.9 万平方公里。[①] 这些工作成效是建立在以下工作思路之上的。

（一）政策引导

面对水土流失在我国的严重程度以及危害程度，新中国成立以来，党中央、国务院十分重视水土保持工作，将水土保持作为我国必须长期坚持的一项基本国策。目前，又将水土流失作为我国的头号环境问题来对待。[②]

---

① 参见《2003 年水土保持公报》。
② 全国人大环资委主任、原国家环保局局长曲格平于 1996 年 6 月在纪念水土保持法颁布实施 5 周年座谈会上发表讲话，认为"水土流失是我国头号环境问题"；2001 年 7 月，在"长江流域可持续发展论坛"上再一次重申了这一观点。目前，水土流失是我国头号环境问题，在社会上逐步形成了共识。

1952 年 10 月，毛泽东主席第一次离京外出巡视，首先就是视察黄河，作了很多重要指示，提出了"要把黄河的事情办好"。1959 年毛泽东在《中国农村社会主义高潮》一书中，为《看，大泉山变了样子!》一文写了按语："有了这样一个典型例子，整个华北、西北以及一切有水土流失问题的地方，都可以照样去解决自己的问题了。要全面规划，要加强领导。我们要求每个县委书记都学阳高县委书记那样，用心寻找当地群众中的先进经验，加以总结，使之推广。"为离山县《依靠合作化开展大规模的水土保持工作是完全可能的》一文写的按语是："离山县委的这个水土保持规划，可以作黄河流域各县以及一切山区做同类规划的参考。"

周恩来总理更是直接领导治黄工作，从 1949 年前的"反蒋治黄"斗争到编制"黄河综合利用规划"和三门峡工程建设，以及 1958 年大洪水的抗洪斗争等等，所有治黄工作的重大决策，几乎都是由他亲自主持作出的。1952 年 12 月 19 日，周恩来在中央人民政府政务院《关于发动群众继续开展防旱、抗旱运动并大力推行水土保持工作的指示》中指出："水土保持工作是一种长期的改造自然的工作。由于各河治本和山区生产的需要，水土保持工作，目前已属刻不容缓。……在 1953 年除去已经开始进行水土保持的地区，仍应继续进行以外，应以黄河的支流、无定河、延水，及泾、渭、洛诸河流域为全国的重点，其他地区亦要选择重点进行试办，以创造经验，逐步推广。"

1957 年 12 月 19 日，朱德在全国第二次水土保持会议上的报告中指出："水土保持是农业的一项基本建设。水土保持对于开展山区的社会主义建设，根治河流水患，保证农、林、牧业发展都有极大的意义。我国地广人多，每年都有水旱灾害发生，不是北方旱灾就是南方水灾，或是北方水灾，南方旱灾。多建设水利，搞好水土保持就可以解决水旱灾害。建设社会主义主要是要征服自然，保持水土，根治水害，这是保证发展农业生产的一项根本性措施。水土保持是一个全国性、艰巨性的工作，必须依靠广大群众才能做好。据说治理每平方公里就需要 6000—7000 工，这样看来，离开群众的力量，水土保持工作是绝对做不好的。水土保持工作还必须全面规划，加强领导。水土保持必须从山顶到山脚，从上游到下游，根据自然条件，因地制宜地进行，必须把水土保持规划纳入省、县、乡、社生产规划中去，从上到

下，下达指标，从下而上汇总规划，不仅制定长远规划，同时也订出年度计划。并且要有步骤有计划地进行。这项工作牵扯到农、林、水、畜牧、交通、科学研究等各个方面，各有关部门必须在党政统一领导下，密切协作。"

1957 年 12 月 21 日，谭震林在全国第二次水土保持会议上的报告中指出："水土保持是治面的工程，不是治一个点，而是整个面，是从面上达到兴利除害的目的。水土保持是治面的工程，要在面上去治理，就必然要依靠群众，依靠合作社，而不是依靠国家，整个面的治理依靠国家是行不通的。水土保持既然是依靠群众，依靠合作社，就必须与当前生产密切结合，必须把群众的长远利益与当前利益结合起来，只有这样才能发动群众，发挥群众积极性与创造性，才能成为一个群众性的运动。"

1957 年 12 月 16 日，邓子恢在全国第二次水土保持工作会议上的报告中指出：要集中治理，就必须要"综合利用，全面规划"，农、林、水、牧结合，而且要"坡沟兼治，治坡为主"，生物措施结合工程措施，点、线、面要密切结合。在南方和目前水土流失还不严重的地区要"防重于治"，在一切水土流失严重的地区，必须是"治理与巩固结合"，边发展，边巩固。

1997 年 8 月 5 日，江泽民发出了"治理水土流失，改善生态环境，建设秀美山川"的伟大号召。2002 年 3 月 26 日—4 月 2 日，江泽民在视察陕西时，再次指出："生态环境建设不仅关系到西部地区的发展和人民生活的改善，也关系到整个中华民族的生存与发展环境，一定要坚持不懈地抓好，只要一代一代人坚持不懈努力，西部的生态环境一定能得到根本改善。"[①]随后，中央领导又多次指出，水土保持是改善农业生产条件、生态环境和治理江河的根本措施，要求"各地一定要抓好这件关系子孙后代的大事"。

胡锦涛同志也指出："黄河是中华民族的母亲河，黄河治理开发事关我国现代化建设全局。"这是党的中央领导集体高瞻远瞩做出的又一重大战略

---

① 江泽民同志治理水土流失、建设秀美山川的重要批示发表 5 年来，水土保持的地位得到了进一步加强。"九五"期间，中央财政安排用于生态建设的基建投资比"八五"期间增长了 8 倍多。1998 年起，每年完成的综合治理面积均超过 5 万平方公里，水土保持综合治理措施累计保土 425.64 亿吨，增产粮食 2492.72 亿公斤，发挥了巨大的生态、经济和社会效益。具体参见焦居仁《贯彻秀美山川重要批示五年来的回顾》，《中国水土保持 SWCC》2002 年第 5 期。

部署，从历史和战略的高度，深刻阐明了治理水土流失、建设生态家园的重要性和紧迫性，提出了明确的策略和奋斗目标。目前，国家已全面启动了跨世纪生态环境建设工程，水土保持已成为我国生态环境建设的主体。①

我国领导人对水土保持工作的指示成为不同时期开展水土流失防治的方针和目标。在水土保持法制建设滞后的时期，这些指示实际上起到了法律的作用。在水土保持法制建设快速展开的时期，这些指示又成为落实法制精神的重要政策保障。

（二）法制推进

1. 构建水土保持法律体系

新中国成立初期我国法制建设处于起步阶段，因而水土流失问题严重，水土保持立法工作滞后。面对严重的水土流失问题，只能依赖于政策来解决。之后虽制定了一些水土保持行政法规和规章，但它们在实践中发挥的作用很有限。随着《水土保持法》（1991）的颁布，中国水土保持工作才真正迈入法制时代。作为基本法地位的《水土保持法》为水土保持法律体系的完善奠定了基础。目前，已初步形成了以水土保持法律、法规、规章为表现形式的水土保持法律体系框架。下一步，在不断完善现行水土保持法律、法规的基础上，必然要加强水土保持单行法的制定。如此，我国水土保持法律体系将最终形成。

2. 健全水土保持监督执法体系

《水土保持法》（1991）颁布之前，全国水土保持监督执法人员不过 400人。《水土保持法》（1991）颁布实施以来，各个省、自治区、直辖市，200多个地市，2400 多个县建立了水土保持监督管理机构，共有专兼职监督执法人员 7.4 万人，累计开展水土保持执法检查 3.56 万次，查处违法案件 1万多起。此外，还在村级配备群众水土保持管护员约 10 万人。启动实施了全国水土保持监督执法专项行动，共调查生产建设项目 10.48 万个，对 2.68万个水土保持违法违规项目印发了限期整改通知书，对 2201 个项目进行了通报曝光。1991 年至 1999 年连续开展了两批执法试点，先后三次召开了全

---

① 以上引文均来自《原党和国家领导人对水土保持工作的指示摘编》一文，《中国水土保持》2000 年第 2 期。

国预防监督工作会议。水土保持监督执法体系建设及执法队伍的组建对水土保持法的贯彻执行，起到了重要的保障作用。①

3. 落实《水土保持法》（1991）基本原则和主要制度

第一，落实预防为主、保护优先和综合防治原则。1983年我国启动了水土流失综合治理的国家生态建设重点工程——八片国家水土流失重点治理工程，此后，实施了长江上中游水土保持重点防治工程、黄河上中游水土保持重点防治工程、黄土高原水土保持世行贷款项目、农业综合开发水土保持项目、国债水土保持项目、京津风沙源治理水土保持工程、首都水资源水土保持项目、晋陕蒙砒砂岩区沙棘生态工程、黄土高原淤地坝、京津风沙源、东北黑土区、珠江上游南北盘江、丹江口库区及上游、云贵鄂渝世行贷款和岩溶地区石漠化治理等一批水土流失重点防治工程，治理范围从传统的黄河、长江上中游地区扩展到全国主要流域，正在开展的国家级水土保持重点治理工程已覆盖了600多个水土流失严重的县、市。②

第二，在水土保持方案审批、水土保持设施验收方面，截至2009年，全国总共审批生产建设项目水土保持方案25万多项，其中国家大中型项目1800多个；全国1.5万公里新建公路、1.2万公里新建铁路实施了水土保持方案；先后完成1000多个项目的水土保持验收，其中国家重点项目上百个。③

第三，发布了水土流失重点防治区（即重点预防保护区、重点监督区和重点治理区）公告。2006年4月29日，我国首次确定并向社会公布的国家级水土流失防治重点区域。公告确立了42个国家级水土流失重点预防保护区、重点监督区和重点治理区，面积222.98万平方公里，占国土总面积的23.2%。其中水土流失面积95.46万平方公里，占全国水土流失总面积的26.8%。④ 国家级水土流失重点防治区划分成果将成为国家宏观决策和各级政府指导水土流失防治的依据，对更好地实施分区防治战略、加快水土流失

---

① 曾大林、王瑞增：《水土保持执法实践与问题——写在水土保持法颁布10周年之际》，《中国水土保持SWCC》2001年第6期。

② 刘震：《水土保持60年：成就·经验·发展对策》，《中国水土保持科学》2009年第4期。

③ 陈法扬：《水土保持方案编制技术探讨》，《中国水土保持》2009年第11期。

④ 参见《水利部关于划分国家级水土流失重点防治区的公告》，2006年4月29日。

防治进程有重要意义。在国家级水土流失重点防治区划定后，各省也陆续确定了本省的水土流失重点防治区，从而形成了上下齐抓、重点防治水土流失的良好局面。

第四，生态修复制度逐步推开。《水土保持法》（1991）颁布后，水利部先后启动实施了两批水土保持生态修复试点工程，涉及29个省（区）的200多个县，并在青海省"三江"源区安排了专项资金，实施了水土保持预防保护工程，封育保护面积30万平方公里。北京、河北、陕西、青海、宁夏、山西6省、自治区、直辖市先后实施了封山禁牧的决定，全国27个省、自治区、直辖市的136个地市和近1200个县实施了封山禁牧。截至目前，全国已经治理和正在治理的小流域累计近5万条。①

（三）宏观规划和机制创新

第一，做好水土保持宏观规划。新中国成立以来，按照"防治结合，保护优先，强化治理"的水土保持方略，研究生态演替变化，探讨生态系统发展规律，对加强生态环境建设、建设秀美山川、发展国民经济、生态系统调整具有重要意义。围绕此方针，国务院印发了《国务院关于加强水土保持工作的通知》；水利部、国家计委和国家环保局联合发布了《开发建设项目水土保持方案管理办法》；水利部依法先后与煤炭、电力、有色金属、铁道、交通、国土等部门联合发文，具体贯彻落实水土保持工作和要求。在这些文件确立的水土保持工作战略基础上，水土保持被纳入了《全国生态环境建设规划》、长江、黄河等七大流域治理规划和水利部制定的水土保持专业方面的一系列规划。在调查研究的基础上，水利部还划分了全国水土保持重点预防保护区、重点监督区、重点治理区，按照不同功能区，突出重点，加大防治工作力度。从1998年起，国家和地方加大了水保生态建设投入和综合防治力度，水土保持从单纯财政投入，登上了国家基本建设程序管理序列的新台阶，我国水土保持生态建设进入了前所未有的发展新时期。

第二，遵循经济规律，创新发展机制。20世纪80年代初水利部组织推广了山西"户包治理小流域"的经验；1994—1998年，水利部又召开现场经验交流会，总结推广黑龙江穆棱、山西吕梁、河北怀来等地的经验，表彰

---

① 刘震：《水土保持60年：成就·经验·发展对策》，《中国水土保持科学》2009年第4期。

了户包、租赁、股份合作、拍卖"四荒"和治沙的先进个人；21 世纪初，总结推广了陕北地区淤地坝产权制度改革和大户治理的新经验，通过"明晰所有权、拍卖使用权、搞活经营权、放开建设权"，进一步调动社会各界治理水土流失的积极性，把"要我干"变成"我要干"，促进水保生态建设形式多样化，资金渠道多元化，依靠社会力量治山治水，走产业化开发的路子，为农村经济发展开辟了新途径。经过长期的实践探索，初步探索总结出了具有中国特色的水土保持综合治理技术路线，即以大流域为骨干，以小流域为单元，山水田林路电村统一规划；坚持工程措施、生物措施和农技三大措施，因地制宜，科学配置，综合治理；坚持生态、经济和社会三大效益统筹兼顾。至此，我国水土保持工作的发展机制逐步健全，体系完善、思路明确。目前，水土保持工作逐步形成了四大工作体系，即以小流域为单元的大江大河水保生态建设体系、以行政执法为中心的预防监督和保护环境体系、以水保持方案与"三同时"制度为核心的建设项目水保生态建设体系、以"3S"技术应用为突破口的监测网络与信息系统建设和科技服务体系。

（四）重大项目推动

1. 以小流域为单元的全面规划、综合治理

小流域单元一般指流域面积在 5—30 平方公里的集水区，最大不超过 50 平方公里，也有 2—4 平方公里的更小的流域。以小流域为单元的综合治理起始于 20 世纪 50 年代，到 1980 年正式试点、推广和全面发展。在小流域治理中，以小流域为单元，实行山、水、田、林、路的全面规划，综合治理；对工程措施、农业技术措施和林草措施进行优化配置，形成综合防治体系。以可持续发展为目的，治理与开发相结合，治理与治穷致富相结合；突出生态效益，重视经济效益和社会效益。[①]

2. 实行城市水土保持试点工程

城市是我国人口高度密集区，城市环境质量的好坏直接影响着我国人民的生活水平。随着我国城市化进程的加快，以小区为单元的房地产开发造成水土流失已成为城市水土流失防治重点。[②] 1997 年水利部确定的 10 个水土

---

① 陈雷：《中国的水土保持》，《中国水土保持》2002 年第 7 期。

② 陈霞、吴长文：《房地产开发水土流失防治要点》，《中国水土保持》2002 年第 1 期。

保持试点城市，通过广泛宣传、成立机构、制定法规、多方筹资和建设水土保持示范工程，有效地防治了城市水土流失，提高了城市环境质量，被水利部、财政部联合命名为"全国水土保持生态环境建设示范城市"①。

3. 大江河的水土保持重点治理工程

中国的水土保持与治河有着紧密的联系，尤以黄河、长江、松花江、辽河、海河、淮河和珠江七大流域的水土流失比较严重，直接影响江河河床泥沙淤积及河患。自1983年开始建立了七大流域水土保持重点工程体系，先后在25片水土流失严重地区的50万平方公里范围内开展了以小流域为单元的规模化治理。1983年至1995年为一、二期工程，共完成治理面积33196平方公里，1996年进入三期治理工程，探索市场经济条件下的水土保持工程。②

4. 全国八大片治理工程

全国八大片治理工程是经国务院批准，从1983年开始在黄河流域、海河流域、辽河流域和长江流域选择了八片水土流失严重地区，包括无定河、皇甫川、三川河、永定河、柳河、葛洲坝库区、定西县、兴国县，总面积79719平方公里，开展重点治理。对确定的重点治理范围进行集中连片的集约化、规模化治理，为全国建立高标准、高质量、高效益的示范工程。这是我国开展最早的一项国家级水土保持重点治理项目。③

5. 长江上游水土保持重点防治工程

为了减轻长江中下游的洪涝灾害和水土流失，同时服务于三峡工程建设的需要，1988年经国务院批准设立长江上游水土保持重点防治工程。自1989年开始，选定水土流失严重的金沙江下游和毕节地区、陇南及陕南地区、嘉陵江中下游地区、三峡库区等四片为首批重点防治区，总面积3014万平方公里。④

---

① 姜安琴：《城市水土保持的成功实践》，《中国水土保持》2002年第1期。
② 钮茂生：《全国七大流域水土保持工程重点治理成效显著》，《中国水土保持》1996年第11期。
③ 杨光等：《中国水土保持发展综述》，《北京林业大学学报》（社会科学版）（增刊），2006年9月。
④ 长江上游水土保持委员会办公室：《"长治工程"的建设成就与经验》，中国水利水电出版社1997年版。史立人：《总结提高，再创"长治工程"新辉煌》，《中国水土保持》2000年第8期。

6. "三北"防护林带防风治沙工程

"三北"防护林系为我国防风固沙最宏伟的工程，有绿色长城之称。该工程东起黑龙江宾县，西至新疆乌孜别里山口，东西长约7000公里，南北宽400—1700公里，包括东北、华北、西北12个省（市），466个县，总面积395万平方公里。该区域沙漠化土地百年来扩展了5万多平方公里，也是黄河粗泥沙重要来源地。[①]

（五）配套措施跟进

1. 建立水土流失普查、监测网络

新中国成立以来，水利部先后开展了3次全国水土流失遥感普查，初步建成了由水利部水土保持监测中心、7个流域中心站、29个省级总站和151个分站组成的水土保持监测网络，建立了全国、大流域和省区水土保持基础数据库，从2003年起连续7年发布全国及部分省区水土保持公报，先后对水土保持重点治理工程，金沙江流域、丹江口库区等重点区域以及160个大型开发建设项目实施了水土保持动态监测。[②]

2. 重视宣传教育、信息公示和公众参与

全国人大常委会和各级人大连续多年开展了一系列检查工作，加强了对水土保持法的执法监督检查。2000年6月29日，李鹏委员长主持召开了贯彻实施水土保持法座谈会，极大地推动了水土保持法的贯彻执行。当年，中共中央宣传部和水利部又联合发出《关于加强水土保持宣传工作的意见》。全国人大和水利部还从立法调研入手，加大立法前期的宣传力度。例如1999年，由水利部牵头组织中央各大媒体，开展了以水土保持生态建设为主要内容的中华环保世纪行等一系列宣传活动。另外，新华社、《人民日报》、中央电视台、中央人民广播电台等中央和地方各大媒体以及《中国水利》、《中国水土保持》等杂志对水土保持的宣传一直持续。例如，水利部曾配合《焦点访谈》栏目策划了10多期水土保持宣传节目，先后就甘肃定西等地水保生态建设先进经验、深圳为典型的开创城市水土保持工作的新局面以及推进水土保持"三同时"制度的实施等方面做了专题报道。1991年

---

① 杨光等：《中国水土保持发展综述》，《北京林业大学学报》（社会科学版）（增刊），2006年9月。

② 参见鄂竟平在中国水土保持学会第三届会员代表大会上的讲话。

《水土保持法》颁布后，从中央到地方，各级水土保持部门采取印发宣传册、宣传画，刷写标语，举办座谈会、街头咨询、广播讲座、知识竞赛、法律培训，邀请领导讲话，组织拍摄电视剧、文艺演出、案例选登等各种形式，开展了卓有成效的宣传工作。[①] 从 2003 年起我国连续七年发布全国及部分省区水土保持公报，在社会上产生了重要影响。

3. 提升水土保持生态建设的科技水平

1949 年以来，我国不仅掌握了大部分土壤侵蚀发展规律，而且在水土保持、建设优良生态、促进地区开展科学试验。水土保持生态建设动态监测评价关键技术研究、生物工程治理、土地集约化利用和人口承载力研究以及退耕还林还草治理措施等研究取得一定成果，使已得到治理的不反弹，生态环境进一步得到改善，未得到治理的尽快治理。另外，为推动水土保持科学研究，国家先后建立了一批水土保持科学研究试验站、国家级水土保持试验区和土壤侵蚀国家重点试验室。通过科学技术的研究与推广应用，水土保持工作取得突破性进展。

4. 加大资金投入和规制

治理水土流失，资金投入是重要保障。每年除了专项资金外，国家和地方还积极采取各种筹资渠道，加大水土流失治理的资金投入力度。例如，"九五"期间，中央财政安排用于生态建设的基建投资比"八五"期间增长了 8 倍多。[②] 按照《东北黑土区水土流失综合防治规划》，从 2006 — 2020 年，国家计划将陆续投入 260 亿元资金进行治理。另外，在资金投入上国家也注重监督和规制。1987 年财政部、原水利电力部联合制定《小型农田水利和水土保持补助费管理的规定》，1998 年水利部制定《中央财政预算内专项资金水土保持项目管理试行办法》，2006 年财政部、水利部下发《中央财政小型农田水利工程建设补助专项资金管理办法（试行）》，2009 年 10 月财政部、水利部又联合下发了《中央财政小型农田水利设施建设和国家水土保持重点建设工程补助专项资金管理办法》。为了鼓励民间参与水土流失治

---

① 随着国家水土保持行政机构的单设，中央、省、地（市）各级水土保持监测事业单位的相继诞生，社会上从事水土保持工作的企业异军突起，涌现出一批新注册的股份制公司和改行开展水土保持工作的单位，形成了行政、事业、企业不同性质、不同层次的水土保持生态建设服务单位。

② 焦居仁：《贯彻秀美山川重要批示五年来的回顾》，《中国水土保持 SWCC》2002 年第 5 期。

理，水利部将要制定《鼓励和引导民间资本参与水土保持工程建设实施细则》。据统计，目前已有878万户农民、专业大户和企事业单位参与"四荒"土地的治理开发，注入资金108亿元，生产建设单位投入水土保持资金1450多亿元。[①]

（六）开展国际合作和科学考察

2002年5月，水利部在北京成功主办了第12届国际水土保持大会，时任国务院副总理的温家宝出席大会，并发表了重要讲话。会后，世界水土保持协会做出决定，并于2003年4月把其秘书处从美国改迁到北京，就设在水利部。水利部水土保持植物中心作为国际沙棘协调委员会（后更名为国际沙棘协会）的倡导者和主办者，多次举办了国际沙棘研讨会。国际泥沙研究中心和许多水土保持科研院所、大专院校，都积极开展了国际合作和交流，发挥了应有的作用，使我国水土保持工作走向世界，登上了国际舞台。

2005年7月，水利部、中国科学院和中国工程院联合开展了"中国水土流失与生态安全综合科学考察"活动。参与考察的两院院士包括钱正英、孙鸿烈、沈国舫等多达23位，是我国水土保持生态建设领域层次最高、规模最大、范围最广、参与人员最多的一次跨部门、跨行业、跨学科的综合性科学考察。此次考察成果丰硕、水平高、科学性强，对于我国水土保持生态建设有非常重要的指导意义。

第二节　我国水土保持立法历程

从新中国成立至今，我国的水土保持立法走过了三个历程，即1949年至1982年，1983年至1991年，1992年至2010年。[②]这三个时期的水土法制建设的特征很明显。1949年至1982年，主要以制定行政法规为主；1983

---

① 参见鄂竟平在中国水土保持学会第三届会员代表大会上的讲话。

② 从狭义上看，我国水土保持立法工作肇始于1991年，其标志是《水土保持法》的颁布。但是，我国的水土保持工作从新中国成立后就步入正常轨道。当时，为了搞好水土保持工作，政务院及其部委发布了一些水土保持"指示"、"决定"和"通知"。在那个年代，这些关于水土保持工作的"指示"、"决定"和"通知"发挥了立法的作用，具有行政法规或部门规章的属性。而事实上，基于当时的特殊环境，我们很难将这些"指示"、"决定"和"通知"做政策或法规、规章的区别。因此，从广义上看，我国的水土保持立法史可追溯至新中国成立初。

年至 1991 年，主要以水土保持基本法建设为主；而 1992 年至 2010 年则以完善水土保持法律体系为主。可分别视为我国水土保持立法的奠基期、发展期和完善期。每个时期，水土保持立法都取得了很大的成就，其标志就是以《水土保持暂行纲要》（以下简称《纲要》）、《水土保持工作条例》（以下简称《条例》）、《水土保持法》（1991）、《水土保持法》（2010）和相关水土保持单行法的创制。另外，根据国家层面的法律法规，地方也在不同时期出台了一些地方性的水土保持法规和规章。至 2010 年《水土保持法》的修订，我国初步形成了以《水土保持法》为统率、国家层面立法与地方层面立法相呼应的水土保持法律体系。

一、奠基期（1949—1982）：以《水土保持暂行纲要》和《水土保持工作条例》为代表的水土保持法

新中国成立至《条例》颁布前，中央先后发布了一些水土保持"指示"，召开了多次全国水土保持工作会议，在不同的时期对水土保持工作进行了部署，坚持不懈地推动了水土流失防治工作。水土保持大会的精神也能迅速地被转化为"指示"，用于指导水土保持工作。从 1950 年 4 月，农业部就召开了全国土壤肥料会议，讨论全国分区设立水土保持实验区的意见。10月，政务院发布了《关于治理淮河的决定》，要求普遍推行水土保持工作。1953 年 7 月，中央人民政府政务院颁布了《关于发动群众开展造林、育林、护林工作的指示》。另外，这一时期，国家也颁布了一些质量较高的水土保持行政法规。其中，《纲要》和《条例》最有代表性。

国务院于 1957 年 5 月 24 日颁布了《中华人民共和国水土保持暂行纲要》。《纲要》是我国第一部水土保持行政法规，是第一个对我国水土保持工作进行系统规划的法律文件。《纲要》虽然只有 21 条，可操作性不太强，但是，这 21 条体现了我国在水土保持工作上的基本思路，为我国后期的水土保持工作绘制了一个蓝图。在《纲要》之后，围绕如何贯彻《纲要》、如何开创我国水土保持工作的新局面，有关部门又发布了一系列的规范性法律文件。

在《纲要》施行 20 多年后，我国又着手制定《水土保持工作条例》。《水土保持工作条例》的颁行有多方面的原因。一是水土流失防治形势依然

严峻；二是环境保护立法迈出了实质性的步伐，环境保护实践取得突破性的进展。这一时期，我国颁布了大量的环境法律、行政法规、规章和其他规范性法律文件，立法成就显著；三是在水土保持立法方面，这一时期国家发布了一系列法规和规章，而且这些法规和规章客观上对于遏制我国水土流失日益恶化的势头起到了很大的作用。然而，纵观这一时期的水土保持法，除《纲要》之外，大部分的水土保持法是以"指示"、"决定"、"通知"等形式发布的，其层次之低、内容之简单及互相缺乏统摄性使得它们已经远远跟不上我国环境保护的步伐。它们既不能实现《环境保护法（试行）》的理想，也不能满足有效防治水土流失的工作要求。另外，从内容上看，由于种种原因，有些方面措施不力，全面贯彻执行不够，水土保持的一些重大问题未能从根本上得到解决，使一些地方的工作发展几起几落，时干时停，不能持续进行。

在上述背景下，制定一部系统的水土保持法就很必要。然而，由于我国水土流失面积太大，水土保持立法经验不足以及水土保持实践问题的复杂等原因，水土保持立法注定不能草率行之。因此，国家最终仍选择了以行政法规的形式来规范水土保持工作。党的十一届三中全会以后，国家对法制建设更为重视，要求对已制定的水土保持法规进行全面修订。根据上述要求，水利部从 1979 年开始，在修订《纲要》的基础上，系统总结了 30 年的经验，经过 3 年的努力，制定了《水土保持工作条例》，于 1982 年 6 月 30 日由国务院发布实施。

《条例》共 6 章 33 条，规定了我国水土保持工作的宗旨，即"防治并重，治管结合，因地制宜，全面规划，综合治理，除害兴利"，确立了水土保持工作的主管机关及其任务。为了提高水土保持工作效率，确立了建立水土保持工作协调机制的制度。《条例》根据"防治并重"的水土保持工作方针，确立了分区、分类的预防思路和以小流域为单位的治理模式。

《条例》是对过去一个阶段水土保持立法和实践经验的总结，在我国水土保持立法上起到了承前启后的作用。

二、发展期（1983—1991）：《水土保持法》（1991）的制定

从新中国成立到 1991 年的 40 多年间，我国在水土流失的治理方面做了

大量的工作，取得了很大的成绩，累计治理水土流失面积 52 万平方公里。但是，由于种种原因，一些地方在治理水土流失的同时，又有许多水土资源受到破坏，造成一边治理一边又产生新的水土流失，甚至出现一方治理、多方破坏的状况，尤其是随着能源开发和工程建设规模的不断扩大，进一步加剧了水土流失。通过遥感技术对全国的水土流失情况进行的普查，发现我国现有水土流失面积远大于 50 年代初的面积。严重的水土流失，会产生严重的后果，造成严重的危害。我们知道，土地是人类社会最宝贵的自然资源，是人类赖以生存和进行一切生产、建设活动不可缺少的最基本的物质条件。据有关方面测算，自然界每形成一厘米厚的表土层，需要 400 年左右的时间，而我国西北黄土高原平均每年就流失表土一厘米，而且还伴随着流失大量的氮、磷、钾等肥料，使农牧业生产难以发展。由于土地资源的破坏，给国民经济和人民生命财产造成的危害也很大。山区、丘陵区的水土流失，使大量泥沙泄入江河，现在全国平均每年泄入江河的泥沙约为 35 亿吨，其中 1.1 亿吨淤积在江河、湖泊、水库和灌区；黄土高原的水土流失，造成当地低产贫穷，陷入"越垦越穷，越穷越垦"的恶性循环之中。同时，黄河下游河道，因泥沙淤积平均每年淤高一厘米，成为闻名世界的地上悬河，造成"越险越加，越加越险"的危险局面，一旦发生什么事情，后果不堪设想，已成为我国的一大心腹之患。另外，由于河道淤塞堵高，我国的水路航程日益缩短。据有关部门统计，1961 年全国内河通航里程曾达 17.2 万公里，1979 年已缩短为 10.78 万公里，影响了交通运输业的发展，同时又给防洪、供水、灌溉、发电等带来了很大的困难。因此，为了更好地保护水土资源，切实有效地预防和治理水土流失，很有必要在总结 1982 年国务院《条例》发布以来的经验教训基础上，制定一部水土保持方面的基本法律。①

　　另外，自 1982 年国务院《条例》发布后，我国的环境法制建设出现了翻天覆地的变化。第一，环境立法活跃。从 1983 年至 1991 年，从中央到地方，都掀起了环境立法的热潮。环境立法的活跃某种程度上也刺激了水土保持法的进一步完善。第二，环境保护基本法律制度日益完善。其中，环境影响评价制度、"三同时"制度、限期治理制度、环境规划制度、环境标准制

---

① 张桂龙：《第一讲：制定水土保持法的必要性及过程》，《中国水土保持》1991 年第 11 期。

度、环境监测制度、监督检查制度在水土保持方面都可完全加以引用。环境法律的完善客观上也要求水土保持法也应得到完善。因此，水土保持法的完善具有现实的需要。其一，水土保持法是环境法律体系的一部分，水土保持法不完善就会影响到环境法律体系的建立。其二，水土保持法不仅应体现环境法的基本法律制度，而且应结合该部门法的特点制定具体的落实规范。其三，水土保持实践要求水土保持法不断地得到完善。

为此，全国人大常委会法制工作委员会在1987年工作安排要点中将水土保持法列入立法规划。此后，水利部组织了由水土保持专家和实际工作者参加的水土保持法起草小组。起草小组在进行广泛深入调查研究的基础上，拟定了《水土保持法》草案初稿，然后多次邀请有关专家学者、实际工作者和一些县、乡、村的基层干部以及部分工矿企业的同志进行讨论研究，并先后四次书面征求各省、自治区、直辖市和中央有关部门的意见，在此基础上形成了《中华人民共和国水土保持法（送审稿）》，于1989年8月15日报送国务院。国务院法制局对水利部提交的水土保持法（送审稿）进行了审查，并于1990年7月初和8月初与水利部的同志赴山西、陕西、内蒙古、河北等水土流失区进行调查研究，征求有关方面的意见，然后又会同有关部门对送审稿进行了认真的修改，形成了《中华人民共和国水土保持法（草案）》。其间，国务院对《水土保持法（草案）》经多次修改后最终形成了《中华人民共和国水土保持法（草案）》的审议稿并决定提交全国人大常委会审议。1991年2月25日，在第七届全国人大常委会第十八次会议上，委员们对草案进行了初步审议，提出了一些审议意见。会后，全国人大法律委员会和全国人大常委会法制工作委员会即将草案发给各省、自治区、直辖市和中央有关部门以及部分科研院校征求意见。与此同时，全国人大常委会法制工作委员会经济法室的同志和水利部农村水利水土保持司的同志深入北京市昌平县调查该县水土流失和水土保持工作的情况。另外，全国人大法律委员会、法制工作委员会还会同水利部组成了水土保持法调查组赴山西省吕梁地区、陕西省延安地区和榆林地区、内蒙古自治区伊克昭盟考察了8个县（市、旗）的11个点，并召开座谈会征求有关方面对草案的意见。这次调查后，法律委员会又先后召开了3次会议，根据委员们的审议意见和地方、部门对草案的意见，审议了《中华人民共和国水土保持法（草案）》，提出

了《水土保持法》草案修改稿，并决定将草案修改稿提请全国人大常委会审议。1991年6月21日，第七届全国人大常委会第二十次会议在北京召开。在这次会议上，委员们对草案修改稿进行了审议，又提出了一些意见。6月26日，法律委员会再次召开会议，逐条研究了委员们的意见，对草案修改稿又进行了一些修改。1991年6月29日下午，第七届全国人大常委会第二十次会议举行全体会议对《水土保持法》进行表决，通过了《中华人民共和国水土保持法》。国家主席杨尚昆于当日以中华人民共和国主席令第四十九号公布了《中华人民共和国水土保持法》。至此，我国第一部水土保持工作方面的基本法律正式诞生了。综上所述，水土保持法的起草和审议，是广泛地吸收了各方面的意见，经过周全的立法程序，反复修改后审议通过的。①

《水土保持法》（1991）共6章41条，立法内容丰富。第一，首次在立法上明确了"水土保持"的含义。第二，科学地确立了"预防为主"的水土保持方针。第三，确定了我国水土保持法律的基本体系结构。随着《水土保持法》（1991）的贯彻实施，水土保持立法工作取得了很大进步，初步形成了一个较为完整的、具有一定的内在联系的、不同层次相组合的水土保持法律体系。具体地讲，主要由以下几个方面的内容组成：其一，水土保持基本法。《水土保持法》（1991）是我国水土保持法律体系中的基本法，主要是规定国家在水土保持方面的基本方针和基本政策，而一些具体的规定，将由其他水土保持法规去解决。其二，水土保持单行法。这类法律目前还是空白。其三，水土保持行政法规。在《水土保持法》（1991）颁布之前，在水土保持方面，绝大部分的水土保持法是行政法规和规章，甚至是其他规范性法律文件。其四，环境保护部门规章。其五，水土保持地方法规和地方规章。第四，确定了我国水土保持法的基本原则。主要有"预防为主，重在保护"原则、"破坏者恢复，受益者补偿"原则和"共同协作，鼓励参与"原则。

《水土保持法》（1991）的制定和颁布，是我国水土保持工作的一件大

_____

① 以上内容和信息均来自于全国人大《关于〈中华人民共和国水土保持法（修订草案）〉的说明》。

事，具有十分重要的意义。正如 1991 年 7 月 1 日《法制日报》社论所说的那样，"对于预防和治理水土流失，保护和合理利用水土资源，从根本上减轻我国的水、旱、风沙灾害，改善生态环境，发展生产，具有极为重要的意义"①。《水土保持法》（1991）正式实施后，在国内被广泛宣传，得到了各级人民政府、各行各业、每个公民的积极响应。各地区、各部门以前制定的有关水土保持工作方面的规定和地方性法规以及农民群众制订的乡规民约，都以《水土保持法》（1991）为准绳进行了清理，凡不符合规定的，或修改或废止，对于符合《水土保持法》（1991）规定的，仍被继续执行。《水土保持法》（1991）的颁布和实施，使我国的水土保持工作进入一个新的阶段。

学界认为，《水土保持法》（1991）是我国继《森林法》、《草原法》、《渔业法》、《矿产资源法》、《土地管理法》、《水法》以及《野生动物保护法》之后的又一部有关自然资源方面的法律。但是，《水土保持法》（1991）与其他 7 部自然资源方面的法律相比，有一个明显的特征，即它的重点不在于资源的开发和利用，而在于资源的保护，它针对生产和建设活动过程中可能产生的破坏水土资源的行为，作了一些要求生产者和建设者必须采取水土保持措施的规范性规定。因此，《水土保持法》（1991）的制定和颁布施行，标志着我国水土保持工作走上了真正意义上的法制轨道，为我国依法保护水土资源，依法治理水土流失提供了有力的法律武器。而作为我国真正意义上的水土保持法，即《水土保持法》（1991），既顺应了环保实践需要又总结了水土保持立法经验，它见证了我国水土保持立法的健康发展势头。总之，《水土保持法》（1991）的颁布实施在我国水土保持立法史上具有里程碑的意义，这主要表现在以下五个方面：

第一，《水土保持法》（1991）标志着我国水土保持立法步入法制轨道。这部法律的颁布体现了水土保持的重要，表明了水土保持法在我国环境法律体系中占有一席之地。我国以往有关水土保持的法律文件都属于法规、规章的范畴，不存在狭义上的水土保持法律。《水土保持法》（1991）的颁布使得我国的水土保持立法正式进入国家立法的层次。从此，有关水土保持的立

①　转引自张桂龙《第一讲：制定水土保持法的必要性及过程》，《中国水土保持》1991 年第 11 期。

法活动不断展开，水土保持工作开始步入法制轨道。同时，《水土保持法》（1991）的通过并实施，表明了国家对水土流失问题的重视，防治水土流失的确应该作为国策不断来强化。

第二，《水土保持法》（1991）作为我国水土保持的基本法，使水土保持有了统括性的法律。《水土保持法》（1991）颁行之前的水土保持法，由于立法效力等级低、相关制度不完善、执法机构不健全等原因导致的统括性、实用性很差，不仅缺乏宏观的指导，而且很多具体规定无法在实践中落实。虽然早在1952年我们就制定了《纲要》，其中也确定了我国水土保持的指导思想和基本原则，也尝试着规定了几项具体制度，它们客观上为当时的水土保持工作和以后的立法作出了很大贡献。但是，《纲要》毕竟是一部很不完善的行政法规，不是"法律"，在实践中它无法总揽我国水土保持工作的全局。之后，我国于1982年又制定了《条例》，并从体系、指导思想、原则和具体制度等方面对《纲要》做了完善。《条例》的颁行对于我国的水土保持工作起到了推动作用，在我国水土保持立法上处于承上启下的地位。然而，《条例》仍是一部行政法规，它的性质和地位决定了它还不能承担起规范我国水土保持工作的重任。直到《水土保持法》（1991）的颁行，我国水土保持工作才有了基本法的指导，它是我国水土保持立法的新起点。

第三，《水土保持法》（1991）促进了我国水土保持管理体系的健全，推动了水土保持管理工作的开展。《水土保持法》（1991）为我国水土保持管理机构的设立提供了法律依据，为水土保持管理提供了基本的制度和具体的措施。

第四，《水土保持法》（1991）为水土保持单行法的产生提供了基本依据。目前，我国还没有制定水土保持单行法，只是在其他环境单行法里部分地涉及了水土保持的内容。但是，我国有制定相关水土保持单行法的可能性。首先，制定水土保持单行法有基本法依据。其次，水土保持工作实践和环境法学研究成果给水土保持单行法的制定提供了可能性。《水土保持法》（1991）规定了分区重点防治、因地制宜内容，这些区域的水土流失防治仅仅依靠水土保持基本法和其他法律显然不够，还须制定一些相关的水土保持单行法。例如，为了减轻黄河、长江等流域的水土流失及达到对它们的综合治理，就有必要制定《长江法》、《黄河法》等法律。我们相信，随着水土

保持工作的深入开展，一系列水土保持单行法律的出台已为时不远。因此，从这个意义上说，《水土保持法》（1991）会促进我国水土保持单行法的诞生，为未来我国水土保持法律体系的完善做出了贡献。

第五，《水土保持法》（1991）是对新中国成立以来我国水土保持立法及实践经验的总结。

三、完善期（1992—2010）：《水土保持法》（1991）的修订

时至今日，《水土保持法》（1991）已经走过了 20 年的辉煌历程，为我国的水土保持事业做出了很大的贡献。然而，在实践中，它也遇到了诸多问题，需要及时完善。在此背景下，《水土保持法》的修订也是必然的。

第一，我国水土流失更加严重，任务十分艰巨。截至 2009 年，全国水土流失面积达 367 万平方公里，占国土面积的 38.2%。全国每年减少 100 多万亩耕地，每年沙化面积扩展 2460 平方公里。

第二，环境治理理念改变。这一阶段，科学发展、生态文明和可持续发展是时代的主题，也是环境治理的重要指导方针。这些方针的确立，表明我国在环境治理上基本上达成了几个共识，即必须以生态文明为基本理念，以环境友好为基本态度，以与自然和谐相处为价值取向来进行科学发展。在此理念下，必须以环境的承载力、以当代人和后代能够可持续性发展为底线，以保护生态为重任，通过生态的保护和恢复手段来不断调整环保的思路。若与上述环境保护的精神及理念对照，《水土保持法》（1991）显然已经不能适应新形势、新任务的要求。

第三，《水土保持法》（1991）的有些规定存在缺陷。一是各级地方人民政府的水土保持责任不明确，水土保持公共服务和社会管理职责不完善，影响了水土保持工作的开展；二是随着各类生产建设活动的大量增加，人为水土流失仍在加剧，而原法规定的生产建设项目水土保持制度对象范围过窄、管理措施单一、管理机制不健全，与水土流失预防和治理任务要求不相适应；三是水土保持行政许可方面的规定不具体。行政许可法出台以后，原法许多规定已不适应依法行政的要求；四是水土保持预防、保护、治理的措施不够健全。特别是近年来，各地在预防和治理措施方面有许多创新、发展，积累了丰富的经验，需要以法律的形式固定下来；五是法律责任的种类

和手段较为单一，处罚力度不够，可操作性差，存在守法成本高、违法成本低的问题。①

第四，执法不力情形仍然存在。在一些水土流失严重的地区，环境管理、治理理念落后，对国家的水土保持政策贯彻不力、对水土保持法的一些制度落实不到位。从预防的角度来看，在这些地区，农业生产结构明显不合理，没有摆正农、林、牧业关系，大量开垦陡坡荒地，水土流失明显加剧。从治理的角度来看，在这些地区，水土流失治理的速度不快。资料显示，全国每年只能治理 3.5 万平方公里，而每年人为新增加的水土流失面积就有 1 万多平方公里。

为此，2005 年 6 月，水利部正式启动了水土保持法的修订工作，成立了分管部领导挂帅的修订工作领导小组，组建了专门的起草班子。5 年来，起草班子围绕政府目标责任制、规划制度、方案制度、验收制度、补偿费制度等开展了大量专题研究，多次深入基层进行实地调研，召开了 200 多场不同层次和规模的座谈会、研讨会、咨询会和协调会等，完成了近 100 万字的文字材料，在各阶段广泛征求了全国水利系统、国务院有关部门、省级人民政府的意见，易稿几十次，形成了水土保持法修订草案送审稿，经部务会议审议后，于 2008 年 10 月上报国务院。2010 年 7 月 21 日，温家宝总理主持召开了国务院常务会议，陈雷部长作了关于水土保持法修订的说明，会议讨论并原则通过了修订草案，提请全国人大常委会审议。2010 年 12 月 25 日，第十一届全国人大常委会第十八次会议审议通过了修订后的水土保持法。一般来说，全国人大常委会审议的法律案要经过 3 次审议，而新水土保持法只经过两次审议并获高票通过，说明新法得到了第十一届全国人大常委会组成人员及社会各界的高度认可。近年来，社会各界对于保护水土资源、保护和改善生态环境、加强水土流失预防和治理的呼声很高，在两次审议期间，第十一届全国人大常委会组成人员一致肯定了对《水土保持法》（1991）修订的必要性和重要意义，特别是在舟曲特大泥石流灾害发生不久，常委会组成人员多次强调要实行更加严格的水土保持监督管理制度，有效控制人为水土流失。开展水土保持法修订的 5 年是一个异常艰辛的历程，能取得这样的成

① 刘震：《谈谈水土保持法修订的过程和重点内容》，《中国水土保持 SWCC》2011 年第 2 期。

果非常不易。当前国家高度重视立法工作，各级立法领导机关对修订草案进行了层层严格审查，大家将这段经历比作"过五关"，即要经过国务院法制办、国务院常务会议、全国人大环资委、全国人大法律委和常委会法工委、第十一届全国人大常委会的审议审查。为充分听取各方面的意见和建议，修订期间先后5次正式向国务院有关部门、省级人民政府及其他有关单位征求意见，其中水利部1次、国务院法制办2次、全国人大环资委1次、全国人大法律委和常委会法工委各1次，共收到修改意见和建议1000余条，同时全国人大常委会通过全国人大网站征集社会公众意见8000多条。为切实掌握第一手资料，国务院法制办于2009年9月赴四川、广东开展修订调研，重点解决了"三区"范围外水土保持方案编报和水土保持设施验收等问题；全国人大环资委于2010年5月赴广东、陕西开展修订调研，重点解决了水土保持设施专项验收等问题，全国人大法律委和常委会法工委于2010年11月赴河南、山西等开展修订调研，重点解决了水土保持补偿费等问题。在向国务院法制办两次征求意见期间，国家发展改革委、财政部、环境保护部、交通运输部、铁道部等对水土保持方案制度、补偿费制度等提出了很多修改意见。为争取国务院法制办和有关部门对修订工作的支持和配合，水利部领导多次亲自出面协调，陈雷部长与国务院法制办领导协调解释修订法律的背景和重要性；周英副部长参加专家论证会，多次对修订工作提出具体要求；刘宁副部长率水利部政策法规司、水土保持司的同志专门拜会了国家发展改革委、财政部、环境保护部、交通运输部、铁道部和国家林业局等六部委（局）的领导，就水土保持法修订有关问题阐明情况，争取支持。这些协调沟通工作取得了明显效果，在国务院法制办阶段修改后期，不同意见明显减少。为了使全国人大常委会组成人员更好地审议这部法律草案，起草班子精心策划，积极运作，在2010年10月28日第十一届全国人大常委会第十七次会议闭幕后，全国人大常委会举行了第十八讲专题讲座，题目是《我国水土流失问题及防治对策》，主讲人是中国科学院地理科学与资源研究所研究员、中国科学院院士、中国科学院原副院长孙鸿烈。他利用中国水土流失与生态安全综合科学考察成果，从我国水土流失基本状况、当前水土流失预防和治理中存在的主要问题、对策措施和建议3个方面作了深入讲解。这次讲座的听讲人员包括第十一届全国人大常委会组成人员、第十七次会议列席

人员和各专门委员会工作人员，总计 400 多人，针对高层宣传的效果非常好，增进了委员们对水土保持的了解，统一了对水土保持法重要条款的认识，为修订草案顺利通过第二次审议奠定了重要基础。在水土保持法修订期间，全国人大法律委、环资委、全国人大常委会法工委、国务院法制办、水利部政策法规司、修订工作领导小组和起草工作小组的同志高度负责，对修订草案进行了认真研究、修改、把关；在修订调研期间，地方人大、政府、水行政主管部门和有关部门的同志，提出了许多建设性意见，使修订草案日臻完善，都为新水土保持法的出台作出了重要贡献。①

与 1991 年颁布实施的《水土保持法》相比较，《水土保持法》（2010）在章节上增加了"规划"一章，并将原法"监督"一章修订为"监测和监督"一章；在条文上增加了 18 条，并对原法的大部分条文进行了修订、调整和完善。新法是对原法的全面修订，在指导思想、原则理念、制度构建、法律实施等方面都有许多新发展、新突破、新进步，充分体现和贯彻了科学发展观的精神和要求，主要表现为：第一，新增水土保持规划一章。第二，对水土流失的预防作了进一步的完善。第三，明确建立水土保持生态效益补偿制度。第四，强化了水土保持监测与监督制度。第五，健全了水土保持法律责任。第六，水土保持管理体系及执法体系更加完善。第七，对政府、水行政主管部门、相关部门、生产建设单位的水土保持职责做了详细的规定。

修订后的《水土保持法》正式施行，对进一步加快水土流失防治步伐，有效保护水土资源，减轻水土流失危害，改善生态环境，促进经济社会可持续发展具有重要意义。《水土保持法》（2010）的贯彻落实必将开创我国水土保持事业的新篇章，标志着我国水土保持立法已经发展到一个新的阶段，水土保持立法趋于成熟。

第一，《水土保持法》（2010）的颁布实施必将有力地促进水土保持工作思路的深刻转变。《水土保持法》（1991）的修订以科学发展观为指导，坚持人与自然和谐，充分吸收了多年来水土保持实践中的成功经验。新《水土保持法》的颁布实施，必将进一步促进水土流失治理从重点治理向预

---

① 以上资料来源于刘震《谈谈水土保持法修订的过程和重点内容》，《中国水土保持 SWCC》2011 年第 2 期。

防保护、综合治理、生态修复相结合方式转变，加快构建科学完善的水土流失综合防治体系，把水土保持生态建设推向一个新的水平。

第二，《水土保持法》（2010）的颁布实施必将有力地促进水土流失区经济社会的健康发展。《水土保持法》（2010）的颁布实施，将进一步加强水土流失重点预防区和重点治理区的坡耕地综合治理、淤地坝等水土保持重点工程建设，加快改善山区群众生产生活条件，保障当地群众粮食自给，促进农业结构调整，提高农业综合生产能力，增强农民持续增收能力，为全面建设小康社会奠定坚实基础。

第三，《水土保持法》（2010）的颁布实施必将有力地促进我国生态文明建设。《水土保持法》（2010）强化了政府和部门责任，强化了水土保持投入保障机制，明确国家加强对水土流失重点预防区和重点治理区的水土保持重点工程建设，加大生态修复力度，引导和鼓励国内外单位和个人参与水土流失治理，建立和完善生产建设项目水土保持补偿费制度，多渠道筹集资金，为我国水土保持生态建设提供了坚实的政策支撑和投入保障，必将进一步推进长江上中游、黄河中上游、西南石漠化地区、东北黑土区等重点区域水土流失治理，构筑更加可靠的生态安全屏障。

第四，《水土保持法》（2010）的颁布实施必将有力地促进经济发展方式加快转变。《水土保持法》（2010）的颁布实施，将对基础设施和资源开发规划、生产建设项目实行更加严格的水土保持监管，从根本上扭转一些地区长期以来以牺牲资源和环境为代价换取短期经济增长的行为和方式，有力地促进资源节约型、环境友好型社会建设。同时，进一步发挥水土保持在改善农业生产条件、调整土地利用和产业结构、培育主导产业、促进生产方式转变的优势，通过科学配置水土资源，促进水土资源高效集约利用，提高水土资源的利用效率和效益，实现生态效益、经济效益和社会效益的统一。

第五，《水土保持法》（2010）的颁布实施必将有力地促进水土保持依法行政的步伐。《水土保持法》（2010）对水土流失预防和治理的管理职能和制度、管理对象和措施、法律义务和责任都做出了明确规定，进一步确立了各级政府的水土保持职责，强化了水行政主管部门的水土保持管理职能，规定了水土保持机构、人员对水土保持工作的监督管理权限，明确了单位和个人预防和治理水土流失的法律义务；建立了政府水土保持目标责任和考核

奖惩、水土保持补偿费和生产建设项目水土保持监测等制度；完善了水土保持规划管理、水土保持方案审批、水土保持设施验收和水土保持监测公告等制度；强化了对水土保持违法违规行为的法律责任。《水土保持法》（2010）的实施，为提高水土保持社会管理和公共服务能力，强化生产建设项目水土保持监管，推进水土保持依法行政，提供了强有力的法律支撑。

第三节　我国水土保持法制建设的成就及经验

60多年来，在水土保持法制建设方面，我国取得了丰硕的成果。一方面，水土保持立法成果丰富、制度建树颇多；另一方面，总结了一些成熟的水土保持法制建设的经验。

一、立法成就

纵观我国60多年的水土保持历程，我们基本上是举全国之力来做好水土保持工作。其中，在水土保持立法不断推进之余，水土保持法的实施环节也得到了加强。可以说，如果水土保持法没有很好地被实施，我们的水土保持工作就不可能顺利开展，也不可能取得现在的成果。因此，回顾我国水土保持法的实施历史，无论对于今后的水土保持立法还是水土保持法的实施都很有意义。

60多年来，我国水土保持法规体系建设逐步加强。目前，水土保持立法呈现出以基本法为统率，以行政法规和部门规章为主体，以地方性法规和各级政府的规范性法律文件为辅助的格局。而且，每次颁布一部重要水土保持法之后，国家和地方都比较重视以立法方式来促进新法的实施。在我们看来，不同法律文件之间若存在下位法和上位法关系，那么，"新法"之于"旧法"，其关系主要是一种实施和被实施的关系。[1] 这种特质在水土保持法之间表现得尤为突出。[2] 因此，水土保持立法的加强也是水土保持法实施的重要手段之一。在此，我们可以以发布的时间先后对相关实施性水土保持法

---

[1]　例如，法律和宪法之间，不管何种法律其首要的目标是贯彻落实宪法的精神，否则，就会被认为违宪。

[2]　例如，相对《水土保持法》，《水土保持法实施条例》是下位法，主要是执行性质的规范。

进行排序。①

（一）国家层面的立法

1957 年 5 月，《水土保持暂行纲要》；

1982 年 6 月，《水土保持工作条例》；

1958 年 8 月，《中共中央关于水利工作的指示》；

1959 年 8 月，《国务院水土保持委员会关于抓紧时机力争完成今年水土保持任务的通知》；

1960 年 6 月，《中共中央关于水利建设问题的指示》；

1962 年 2 月，《国务院关于开荒、挖矿、修筑水利和交通工程应注意水土保持的通知》；

1962 年 4 月，国务院批转《国务院水土保持委员会关于加强水土保持工作的报告的通知》；

1962 年 6 月，《国务院关于奖励农村人民公社兴修水土保持工程的规定》；

1962 年 8 月，《国务院农林办公室关于迅速采取有效措施严格禁止毁林开荒陡坡开荒的通知》；

1963 年 4 月，国务院《关于黄河中游地区水土保持工作的决定》；

1964 年 3 月，《国务院水土保持委员会关于水土保持设施管理养护办法（草案）》；

1967 年 9 月，《中共中央、国务院、中央军委、中央"文革"小组关于加强山林保护管理、制止破坏山林、树木的通知》；

1978 年 11 月，《国务院批转国家林业总局关于在西北华北东北风沙危害和水土流失重点地区建设大型防护林的规划》；

1980 年 5 月，水利部《水土保持小流域治理办法》（草案）；

1985 年 5 月，《国务院办公厅转发水利电力部关于改革水利工程管理体

---

① 在我国，除了规范性法律文件之外，还存在大量的诸如《指示》、《通知》、《批复》之类的行政规则。从性质上看，它们不是法律文件。但是，在实践中，这些规则发挥着很重要的"法律"功能，有些规则甚至能发挥出法律起不到的作用。而且，其中的有些规则会被以后的法律吸纳。从这个意义上看，《指示》、《通知》、《批复》之类的行政规则是准规范性法律文件。因此，我们也将它们作为立法文件予以列举，完全是基于它们的实际作用的考虑。

制和开展综合经营问题报告的通知》；

1985 年 8 月，《全国水土保持工作协调小组关于开矿、修路、建厂和其他基本建设必须做好水土保持的紧急通知》；

1985 年 9 月，《全国水土保持工作协调小组办公室关于转发陕西人民政府颁布〈关于制止开荒和在采矿、筑路等基本建设中做好水土保持工作的暂行规定〉的通知的函》；

1990 年 4 月，《全国水资源与水土保持工作领导小组关于当前水土保持工作的几点意见》；

1991 年 7 月，《水利部关于加强水土保持工作的通知》；

1992 年 6 月，《水利部农村水利水土保持司关于开展水土保持监督执法试点的通知》；

1993 年 1 月，《国务院关于加强水土保持工作的通知》；

1993 年 8 月，《水土保持法实施条例》；

1993 年 12 月，《国务院关于全国水土保持规划纲要的批复》；

1993 年 10 月，《地矿部、水利部关于贯彻执行〈水土保持法实施条例〉有关规定的通知》；

1994 年 11 月，水利部、国家计委、国家环境保护局《开发建设项目水土保持方案管理办法》；

1995 年 5 月，《水利部水土保持司关于转发山东省计划委员会、山东省水利厅印发〈山东省水土保持规划的通知〉的通知》。

（二）地方层面的立法

2010 年 12 月 23 日，北京市实施《中华人民共和国水土保持法》办法（2010 修正）；

2010 年 12 月 13 日，《浙江省水利厅关于确定全省第一批水土保持监督管理能力建设县的通知》；

2010 年 11 月 26 日，《邵阳市人民政府关于进一步加强水土保持工作的通知》；

2010 年 11 月 25 日，《济南市水土保持管理办法》（2010 修正）；

2010 年 10 月 25 日，《大连市水土保持办法》（2010 修正）；

2010 年 9 月 30 日，《邯郸市水土保持管理条例》（2010 修正）；

2010 年 9 月 29 日，广西壮族自治区实施《中华人民共和国水土保持法》办法（2010 修正）；

2010 年 9 月 29 日，山东省实施《中华人民共和国水土保持法》办法（2010 修正）；

2010 年 9 月 18 日，中卫市人民政府关于进一步加强水土保持工作的通知；

2010 年 9 月 17 日，江西省实施《中华人民共和国水土保持法》办法（2010 修正）；

2010 年 9 月 13 日，玉林市人民政府办公室关于印发玉林市加强开发建设项目水土保持工作管理办法的通知；

2010 年 8 月 13 日，黑龙江省实施《中华人民共和国水土保持法》办法（2010 修正）；

2010 年 7 月 28 日，广东省水利厅关于印发《开发建设项目水土保持方案审查和审批管理制度》、《开发建设项目水土保持监测管理规定》、《开发建设项目水土保持设施评估管理规定》、《开发建设项目水土保持设施验收管理规定》四个文件的通知；

2010 年 5 月 17 日，陕西省发展和改革委员会、省水利厅关于改进水土保持项目投资管理方式的通知；

2010 年 4 月 15 日，九江市人民政府办公厅关于进一步加强水土保持预防监督工作的通知；

2010 年 3 月 25 日，内蒙古自治区实施《中华人民共和国水土保持法》办法（2010 修正）；

2010 年 1 月 8 日，《南京市水利局关于开展全市水土保持监督管理能力建设的通知》；

2010 年 1 月 5 日，《辽阳市开发建设项目水土保持方案编报审批和设施验收管理办法》；

2010 年 1 月 1 日，《江西省小型农田水利工程建设和水土保持重点建设工程补助专项资金管理办法》；

2009 年 10 月 14 日，《重庆市水利局关于修改完善 2009 年国家农业综合开发水土保持项目小流域初步设计报告的通知》；

2009 年 10 月 14 日，《惠州市人民政府办公室关于加强开发建设项目水土保持方案申报审批工作的意见》；

2009 年 9 月 15 日，《双江拉祜族佤族布朗族傣族自治县人民政府办公室关于进一步加强开发建设项目水土保持方案编报审批管理的通知》；

2009 年 9 月 10 日，北京市海淀区人民政府关于修订本区贯彻《水土保持法》试行办法的通知（2009）；

2009 年 9 月 8 日，《重庆市水利局关于印发重庆市水土保持项目小流域重点实施区域技术施工设计编制提纲（试行）的通知》；

2009 年 8 月 3 日，《浙江省水利厅关于开展全省水土保持监督管理能力建设的通知》；

2009 年 8 月 3 日，《浙江省水利厅关于加强省级开发建设项目水土保持方案编报评审管理工作的通知》；

2009 年 7 月 24 日，大同市人民政府办公厅关于转发市发展和改革委员会等部门《关于进一步加强开发建设项目水土保持方案审批管理的通知》的通知；

2009 年 6 月 23 日，《重庆市水利局关于印发重庆市水土保持工作信息报告制度的通知》；

2009 年 5 月 8 日，《浙江省人民政府办公厅关于调整设立省水资源管理和水土保持工作委员会的通知》；

2009 年 5 月 6 日，南宁市人民政府办公厅关于印发《南宁市水土保持行政审批工作实施方案》的通知；

2009 年 4 月 24 日，《十堰市人民政府办公室关于加强丹江口库区水污染防治和水土保持项目建设实施和管理工作的通知》；

2009 年 4 月 20 日，《贵州省 2009—2011 年水土保持重点工程建设规划》；

2009 年 3 月 26 日，《武汉市水土保持条例》；

2009 年 3 月 24 日，《贵州省水土保持设施补偿费征收管理办法》；

2009 年 3 月 18 日，《洛阳市人民政府办公室关于印发洛阳市水土保持国策宣传教育行动实施方案的通知》；

2009 年 1 月 14 日，《浙江省水利厅关于进一步规范开发建设项目水土

保持工程概（估）算编制工作的通知》；

2009 年 1 月 11 日，《甘肃省东乡族自治县水土保持管理条例》；

2008 年 12 月 18 日，重庆市水利局、市财政局关于印发《重庆市水土保持监测站点建设与管理（暂行）办法》的通知；

2008 年 12 月 11 日，辽宁省水利厅关于印发《辽宁省开发建设项目水土保持生态环境监测管理暂行办法》的通知；

2008 年 11 月 11 日，《吉林省人民政府办公厅关于加强开发建设项目水土保持监督执法工作的通知》；

2008 年 10 月 22 日，《丽水市人民政府办公室关于成立丽水市水资源管理和水土保持工作委员会的通知》；

2008 年 7 月 7 日，《陕西省人民政府办公厅关于加强开发建设项目水土保持监督执法工作的通知》；

2008 年 5 月 2 日，《三亚市人民政府关于三亚市建设项目水土保持方案审批列入项目报批程序的通知》；

2008 年 3 月 26 日，嘉峪关市人民政府办公室关于批转《嘉峪关市开发建设项目水土保持监督执法专项检查实施方案》的通知；

2008 年 3 月 17 日，阳泉市人民政府办公厅《关于国家水土保持重点建设工程实施民营水保生态户治理的办法》；

2008 年 2 月 3 日，《江门市人民政府办公室转发市水利局关于进一步加强水土保持工作意见的通知》；

2008 年 1 月 28 日，新乡市人民政府关于加强开发建设项目水土保持工作的通知；

2008 年 1 月 21 日，《深圳市水务局关于进一步落实深圳市水土保持监测网络制度的通知（2008）》；

2008 年 1 月 7 日，《阳泉市人民政府办公厅关于印发阳泉市城市水土保持暂行规定的通知》；

2008 年 1 月 1 日，《陕西省丹江口库区及上游水土保持工程建设管理办法》；

2007 年 12 月 18 日，陇南市人民政府办公室关于转发《陇南市开发建设项目水土保持监督执法专项行动实施方案》的通知；

2007 年 12 月 18 日，《南京市水利局关于进一步加强水土保持工作的通知》；

2007 年 11 月 26 日，《吕梁市人民政府办公厅关于印发吕梁市开发建设项目水土保持监督执法专项行动工作方案的通知》；

2007 年 8 月 21 日，《安康市人民政府办公室关于加强我市开发建设项目水土保持工作的通知》；

2007 年 7 月 28 日，陕西省人大常委会关于修改《陕西省实施〈中华人民共和国水土保持法〉办法》的决定（2007）；

2007 年 6 月 25 日，《甘肃省水利厅转发水利部办公厅关于做好黄河上中游地区水土保持淤地坝防汛工作的通知》；

2007 年 6 月 20 日，《江苏省水利厅关于命名全省首批开发建设项目水土保持示范工程的通知》；

2007 年 5 月 31 日，石家庄市水利局关于印发《石家庄市水土保持方案编报审批管理办法》（试行）的通知；

2007 年 4 月 6 日，《滨州市人民政府办公室关于进一步加强水土保持工作的通知》；

2007 年 2 月 27 日，《海口市人民政府办公厅关于贯彻执行海南省水土保持设施补偿费征收管理暂行办法的通知》；

2007 年 1 月 4 日，《陕西省人民政府关于建立陕西省汉、丹江水污染防治和水土保持联席会议制度的通知》；

2006 年 11 月 10 日，《云南省开发建设项目水土保持生态环境监测管理暂行办法》；

2006 年 9 月 18 日，湖南省财政厅、湖南省物价局、湖南省水利厅关于印发《湖南省水土保持设施补偿费水土流失防治费征收使用管理办法》的通知；

2006 年 9 月 1 日，《玉林市人民政府关于进一步加强水土保持工作的通知》；

2006 年 8 月 31 日，《海南省人民政府办公厅关于印发海南省水土保持设施补偿费水土流失防治费征收管理暂行办法的通知》；

2006 年 6 月 29 日，《河池市人民政府关于加强水土保持工作的通知》；

2006 年 6 月 27 日，《湖南省水利厅关于加强水利建设项目水土保持工作的通知》；

2006 年 4 月 10 日，《自贡市人民政府办公室贯彻落实省政府办公厅关于进一步加强水土保持工作的通知的意见》；

2006 年 3 月 16 日，《衢州市人民政府关于衢州市水土保持总体规划（2006—2020 年）的批复》；

2006 年 3 月 1 日，《内江市人民政府办公室关于进一步加强水土保持工作的通知》；

2006 年 1 月 12 日，梅州市人大常委会关于批准市人民政府《关于把水土保持经费列入市财政预算议案办理结果报告》的决议；

2005 年 12 月 30 日，《重庆市水利局、重庆市环境保护局关于印发重庆市开发建设项目水土保持方案报批管理办法的通知》；

2005 年 11 月 25 日，《包头市水土保持条例》；

2005 年 9 月 5 日，重庆市水利局关于切实加强矿山开采水土保持监督管理工作的通知；

2005 年 8 月 1 日，重庆市水利局关于印发重庆市水土保持重点工程农民投劳管理实施细则（试行）的通知；

2005 年 7 月 31 日，四川省人民政府办公厅关于进一步加强水土保持工作的通知；

2005 年 7 月 11 日，《贵阳市水土保持管理办法》；

2005 年 7 月 1 日，《齐齐哈尔市水土保持条例》；

2005 年 6 月 22 日，重庆市水利局关于印发《重庆市水土保持生态环境监测管理实施细则》（试行）的通知；

2005 年 6 月 3 日，《深圳市人民政府关于加强水土保持生态建设工作的决定》；

2005 年 5 月 29 日，秦皇岛市人民政府关于印发《秦皇岛市城市水土保持生态建设工作实施方案》的通知；

2005 年 5 月 20 日，重庆市水利局关于印发《重庆市水土保持重点工程项目公示制实施细则》（试行）的通知；

2005 年 4 月 6 日，《南昌市城市水土保持条例》；

2004 年 9 月 24 日，《重庆市水利局关于进一步规范水土保持方案编制工作的通知》；

2004 年 9 月 14 日，天津市实施《中华人民共和国水土保持法》办法（2004 修正）；

2004 年 8 月 15 日，西安市实施《中华人民共和国水土保持法》办法（2004 修正）；

2004 年 8 月 13 日，《岳阳市人民政府办公室关于加强水土保持工作的通知》；

2004 年 8 月 3 日，陕西省实施《中华人民共和国水土保持法》办法（2004 修正）；

2004 年 7 月 30 日，《淄博市水土保持若干规定（2004 修正）》；

2004 年 7 月 20 日，《重庆市水利局、重庆市国土资源和房屋管理局转发水利部国土资源部关于进一步加强土地及矿产资源开发水土保持工作的通知的通知》；

2004 年 6 月 30 日，辽宁省实施《中华人民共和国水土保持法》办法（2004 修正）；

2004 年 6 月 28 日，重庆市人民政府办公厅关于进一步加强水土保持工作的通知；

2004 年 6 月 26 日，安徽省实施《中华人民共和国水土保持法》办法（2004 修正）；

2004 年 6 月 4 日，甘肃省实施《中华人民共和国水土保持法》办法（2004 修正）；

2004 年 6 月 3 日，广西壮族自治区实施《中华人民共和国水土保持法》办法（2004 修正）；

2004 年 5 月 27 日，青岛市实施《中华人民共和国水土保持法》的若干规定（2004 修正）；

2004 年 5 月 1 日，江苏省实施《中华人民共和国水土保持法》办法（2004 修正）；

2004 年 4 月 16 日，《江苏省实施〈中华人民共和国水土保持法〉办法的决定》（2004 修正）；

2004 年 3 月 1 日，重庆市水利局关于印发《重庆市水土保持生态工程十项制度（试行）》的通知；

2003 年 8 月 15 日，《贵州省人民政府办公厅转发省水利厅等部门和单位关于开发建设项目水土保持执法检查情况及整改工作意见的通知》；

2003 年 6 月 28 日，《重庆市人民政府关于切实加强三峡移民迁建工程水土保持工作的通知》（失效）；

2003 年 5 月 7 日，《益阳市人民政府关于切实加强水土保持工作的通知》；

2003 年 4 月 16 日，《新疆维吾尔自治区水利建设项目水土保持方案管理办法》；

2003 年 4 月 10 日，《重庆市水利局关于加强开发建设项目水土保持方案监理工作的通知》；

2002 年 12 月 20 日，《江苏省水利厅、江苏省发展计划委员会、江苏省环境保护厅关于进一步加强建设项目水土保持监督工作的通知》；

2002 年 10 月 28 日，《南宁市人民政府关于加强水土保持工作的通知》；

2002 年 10 月 13 日，重庆市水利局、重庆市交通委员会关于转发《公路建设项目水土保持工作规定》的通知；

2002 年 9 月 28 日，海南省实施《中华人民共和国水土保持法》办法；

2002 年 9 月 28 日，《济南市水土保持管理办法（2002 修订）》；

2002 年 9 月 26 日，《重庆市财政局、重庆市物价局关于核定水土保持设施补偿、水土流失防治费收费标准的通知》；

2002 年 9 月 24 日，《河北省大中型水利水电工程水土保持办法（2002 修订）》；

2002 年 9 月 3 日，《陕西省人民政府、水利部、中国科学院关于联合创建陕北水土保持生态建设示范区的决定》；

2002 年 8 月 27 日，《重庆市人民政府关于重庆市水土保持生态建设规划的批复》；

2002 年 8 月 27 日，《深圳市水务局关于进一步落实深圳市水土保持监测网络制度的通知》；

2002 年 5 月 31 日，《互助土族自治县水土保持条例》；

2002年5月25日，《呼和浩特市水土保持条例》；

2002年2月22日，《福建省物价局关于收取水土保持补偿费有关问题的批复》；

2001年9月27日，《丰宁满族自治县水土保持条例》；

2001年8月27日，《西宁市水土保持管理办法》；

2001年7月22日，杭州市人民政府印发《杭州市水土保持总体规定》的通知；

2001年7月13日，《内蒙古自治区水土保持生态建设项目管理办法（试行）》；

2001年6月26日，重庆市实施《中华人民共和国水土保持法》办法（2001修正）；

2001年6月15日，《济南市水土保持管理办法（2001修正）》；

2001年3月30日，长阳土家族自治县实施《中华人民共和国水土保持法》的补充规定；

2001年3月28日，《哈尔滨市水土保持办法》；

2001年2月7日，《浙江省人民政府关于印发浙江省水土保持总体规划的通知》；

2001年1月12日，《吉林省水土保持条例（2001修改）》；

2000年10月27日，《深圳市人民政府批转市水务局关于水土保持生态环境建设规划的通知》；

2000年7月21日，河南省财政厅、物价局、水利厅关于修订《河南省水土保持补偿费、水土流失防治费征收管理办法》的通知（2000）；

2000年6月20日，《重庆市水利局关于做好水利电力工程水土保持方案编报审批工作的通知》；

2000年6月12日，新疆维吾尔自治区人民政府关于印发《新疆维吾尔自治区水土保持设施补偿费、水土流失防治费收缴使用管理暂行规定》的通知；

2000年5月19日，《湖北省人民政府关于征收水土保持设施补偿费和水土流失防治费的通知》；

2000年4月30日，《北京市财政局、北京市水利局关于印发北京市小

型农田水利和水土保持补助费使用管理办法的通知》；

2000 年 1 月 10 日，《黑龙江人民政府办公厅转发黑龙江省水土保持生态环境建设规划纲要的通知》；

1999 年 12 月 29 日，《安徽省人民政府关于划分全省水土流失重点防治区加强水土保持工作的通知》；

1999 年 12 月 15 日，中山市人民政府印发《中山市水土保持管理办法》的通知；

1999 年 12 月 1 日，《青岛市政府办公厅关于治理开发农村"四荒"资源进一步加强水土保持工作的通知》；

1999 年 9 月 24 日，《石家庄市水土保持条例》；

1999 年 6 月 18 日，山东省实施《中华人民共和国水土保持法》办法（1999 修正）；

1999 年 5 月 26 日，《南京市水土保持方案审批办法》；

1999 年 5 月 13 日，西安市人民政府关于发布《西安市实施〈中华人民共和国水土保持法〉办法》的通知；

1999 年 4 月 9 日，《宜昌市水土保持实施细则》；

1998 年 12 月 9 日，《南京市水土保持办法》；

1998 年 11 月 11 日，银川市实施《中华人民共和国水土保持法》办法；

1998 年 10 月 26 日，《广州市水利局关于加强"水土保持方案"编报工作和征收水土保持补偿费的通告》；

1998 年 9 月 29 日，《太原市水土保持条例》；

1998 年 9 月 2 日，《深圳市人民政府关于生产建设项目实施水土保持方案申报审批制度的通知》；

1998 年 8 月 11 日，《广西壮族自治区人民政府关于加强水土保持工作的通知》；

1998 年 5 月 29 日，青海省实施《中华人民共和国水土保持法》办法（1998 修正）；

1997 年 12 月 31 日，《北京市实施〈中华人民共和国水土保持法〉办法》罚款处罚规定（1997 修正）；

1997 年 12 月 4 日，山西省实施《〈中华人民共和国水土保持法〉办法》

（1997 修正）；

1997 年 12 月 4 日，《大同市水土保持管理办法》（1997 修正）；

1997 年 11 月 28 日，重庆市实施《中华人民共和国水土保持法》办法；

1997 年 11 月 14 日，《吉林省水土保持条例》（1997 修正）；

1997 年 11 月 13 日，《天津市人民政府批转市水利局拟定的天津市水土保持设施补偿费水土流失治理费征收使用管理办法的通知》；

1997 年 11 月 2 日，安徽省实施《中华人民共和国水土保持法》办法（1997 修改）；

1997 年 10 月 25 日，福建省实施《中华人民共和国水土保持法》办法（1997 修改）；

1997 年 10 月 17 日，宁夏回族自治区实施《中华人民共和国水土保持法》办法（1997 修改）；

1997 年 10 月 17 日，四川省《中华人民共和国水土保持法》实施办法（1997 修改）；

1997 年 10 月 5 日，《山西省开发建设河保偏地区水土保持实施办法（试行）（1997 修改）》；

1997 年 10 月 5 日，广州市人民政府转发省人民政府颁布《广东省水土保持补偿费征收和使用管理暂行规定》的通知；

1997 年 9 月 24 日，广西壮族自治区实施《中华人民共和国水土保持法》办法（1997 修改）；

1997 年 9 月 24 日，内蒙古自治区实施《中华人民共和国水土保持法》办法（1997 修正）；

1997 年 9 月 22 日，广东省实施《中华人民共和国水土保持法》办法（1997 修正）；

1997 年 9 月 3 日，《邯郸市水土保持管理条例》（1997 修正）；

1997 年 8 月 22 日，《大同市水土保持管理办法》（1997 修正）；

1997 年 8 月 20 日，《吉林市水土保持条例》（1997 修改）；

1997 年 8 月 16 日，青岛市实施《中华人民共和国水土保持法》的若干规定（1997 修改）；

1997 年 8 月 14 日，《云南省人民政府关于进一步加强水土保持工作的

通知》；

1997 年 7 月 31 日，江苏省实施《中华人民共和国水土保持法》办法（1997 修正）；

1997 年 7 月 26 日，鞍山市实施《中华人民共和国水土保持法》规定；

1997 年 6 月 9 日，《汕头市水土保持补偿费征收和使用管理规定》；

1997 年 6 月 4 日，湖南省实施《中华人民共和国水土保持法》办法（1997 修正）；

1997 年 5 月 28 日，甘肃省实施《中华人民共和国水土保持法》办法（1997 修正）；

1997 年 5 月 23 日，河南省实施《中华人民共和国水土保持法》办法（1997 修改）；

1997 年 4 月 15 日，北京市实施《中华人民共和国水土保持法》办法（1997 修正）；

1997 年 4 月 1 日，《湖南省人民政府办公厅关于治理开发农村"四荒"资源切实加强水土保持工作的通知》；

1997 年 3 月 29 日，西藏自治区实施《中华人民共和国水土保持法》办法；

1997 年 2 月 26 日，《深圳经济特区水土保持条例》；

1997 年 1 月 17 日，《云南省水土流失防治费及水土保持设施补偿费的征收标准和使用管理暂行办法》；

1996 年 12 月 20 日，江西省实施《中华人民共和国水土保持法》办法（1996 修改）；

1996 年 12 月 19 日，《河北省大中型水利水电工程水土保持办法》；

1996 年 11 月 24 日，《呼和浩特市水土保持管理办法》（1996）（失效）；

1996 年 10 月 21 日，《青岛市人民政府关于认真贯彻执行水土保持有关规定，做好水土保持"两费"征收使用管理工作的通知》；

1996 年 10 月 4 日，《江苏省水土保持设施补偿费水土流失防治费征收和使用管理办法》；

1996 年 8 月 31 日，《长春市水土保持条例》；

1996 年 8 月 21 日，北京市财政局、北京市水利局关于发布《北京市小

型农田水利和水土保持补助费使用管理办法》的通知（失效）；

1996年7月28日，《抚顺市水土保持条例》；

1996年7月9日，浙江省实施《中华人民共和国水土保持法》办法；

1996年5月21日，《广西壮族自治区水土保持设施补偿费、水土流失防治费征收使用管理试行办法》；

1996年4月8日，《安徽省水土保持补偿费、水土流失防治费收缴标准和使用管理办法》；

1996年1月19日，《大同市水土保持管理办法》；

1995年12月4日，《浙江省水土保持监督执法试点县水土保持设施补偿费、水土流失防治费征收和使用管理试行办法》；

1995年11月23日，《大连市水土保持办法》；

1995年11月15日，《河北省人民代表大会常务委员会关于加强山区水土保持工作的决议》；

1995年11月13日，《广东省水土保持补偿费征收和使用管理暂行规定》；

1995年10月12日，《淄博市水土保持若干规定》；

1995年9月1日，《四川省水土保持设施补偿费、水土流失防治费征收管理办法》（试行）；

1995年8月2日，《厦门市水土保持补偿费和水土流失治理费收费标准和使用管理暂行办法》；

1995年7月28日，《恩施土家族苗族自治州水土保持条例》；

1995年6月30日，《青岛市水土保持设施补偿费和水土流失防治费收取使用管理暂行办法》；

1995年5月22日，《山东省水土保持设施补偿费、水土流失防治费收取标准和使用管理暂行办法》；

1995年5月19日，《江西省水土保持设施补偿费、水土流失防治费的收费标准和使用管理办法》；

1995年4月18日，《河南省水土保持补偿费、水土流失防治费征收管理暂行办法》；

1995年1月18日，天津市实施《中华人民共和国水土保持法》办法；

1995 年 1 月 13 日，福建省实施《中华人民共和国水土保持法》办法；

1994 年 12 月 30 日，厦门市人民政府关于颁布《厦门市水土保持规定》的通知；

1994 年 12 月 30 日，江苏省实施《中华人民共和国水土保持法》办法；

1994 年 12 月 2 日，湖北省实施《中华人民共和国水土保持法》办法；

1994 年 11 月 23 日，青海省实施《中华人民共和国水土保持法》办法；

1994 年 11 月 10 日，湖南省实施《中华人民共和国水土保持法》办法；

1994 年 11 月 2 日，《邯郸市水土保持管理条例》；

1994 年 10 月 14 日，《宁夏回族自治区水土保持设施补偿费、水土流失防治费收缴、管理和使用规定》；

1994 年 9 月 24 日，新疆维吾尔自治区实施《中华人民共和国水土保持法》办法；

1994 年 9 月 10 日，宁夏回族自治区人民政府关于发布《宁夏回族自治区生产建设项目水土保持方案报批管理规定》的通知（失效）；

1994 年 8 月 24 日，《海南省财政税务厅、省水利局、省物价局关于澄迈县水土保持设施补偿费、水土流失防治费计收管理规定的通知》；

1994 年 8 月 19 日，《济南市水土保持管理办法》；

1994 年 8 月 9 日，青岛市实施《中华人民共和国水土保持法》的若干规定；

1994 年 7 月 27 日，云南省实施《中华人民共和国水土保持法》办法；

1994 年 7 月 21 日，山西省实施《中华人民共和国水土保持法》办法；

1994 年 6 月 16 日，宁夏回族自治区实施《中华人民共和国水土保持法》办法；

1994 年 5 月 27 日，《北京市水土保持设施补偿费、水土流失防治费的收费标准和使用管理办法》；

1994 年 5 月 27 日，北京市物价局、北京市财政局、北京市水利局关于试行《北京市水土保持设施补偿费、水土流失防治费的收费标准和使用管理办法》的通知；

1994 年 5 月 26 日，辽宁省实施《中华人民共和国水土保持法》办法；

1994 年 4 月 23 日，江西省实施《中华人民共和国水土保持法》办法；

1994年4月2日，广西壮族自治区实施《中华人民共和国水土保持法》办法；

1994年1月10日，陕西省实施《中华人民共和国水土保持法》办法；

1994年1月8日，《河北省水土保持设施补偿费、水土流失防治费计收管理暂行规定》；

1993年12月15日，四川省《中华人民共和国水土保持法》实施办法；

1993年12月2日，《呼和浩特市水土保持管理办法》（失效）；

1993年11月23日，黑龙江省实施《中华人民共和国水土保持法》办法；

1993年10月30日，内蒙古自治区实施《中华人民共和国水土保持法》办法；

1993年10月13日，广东省实施《中华人民共和国水土保持法》办法；

1993年9月29日，《甘肃省实施水土保持法办法》（失效）；

1993年9月29日，甘肃省实施《中华人民共和国水土保持法》办法；

1993年8月26日，河南省实施《中华人民共和国水土保持法》办法；

1993年7月10日，《吉林省人民政府批转省水利厅关于贯彻落实国务院通知精神加强水土保持工作意见的通知》；

1993年7月1日，《青海省人民政府关于大力加强水土保持工作的通知》；

1993年6月4日，《长沙市水土保持监督管理暂行规定》；

1993年4月23日，新疆维吾尔自治区人大常委会关于进一步贯彻实施《中华人民共和国水法》和《中华人民共和国水土保持法》的决议；

1993年2月27日，河北省实施《中华人民共和国水土保持法》办法；

1992年12月10日，贵州省实施《中华人民共和国水土保持法》办法；

1992年11月21日，山东省实施《中华人民共和国水土保持法》办法；

1992年9月24日，《北京市实施〈中华人民共和国水土保持法〉办法》罚款处罚规定；

1992年9月14日，《吉林省水土保持条例》；

1992年6月19日，北京市实施《中华人民共和国水土保持法》办法；

1990年4月6日，《陕西省开发建设神府榆地区水土保持实施办法》；

1989 年 12 月 22 日，《山西省开发建设河保偏地区水土保持实施办法》（试行）；

1989 年 6 月 2 日，《长春市水土保持工作管理办法》；

1988 年 1 月 14 日，北京市实施《水土保持工作条例》的若干规定（失效）；

1987 年 12 月 11 日，《陕西省人民政府办公厅转发省水利水土保持厅关于加速发展水产业若干意见的报告的通知》；

1987 年 7 月 1 日，《河南省水土保持工作条例实施细则》（失效）；

1985 年 8 月 15 日，《陕西省关于制止开荒和在采矿、筑路等基本建设中做好水土保持工作的暂行规定（失效）》；

1985 年 4 月 8 日，《黑龙江省水土保持工作实施细则（失效）》；

1984 年 4 月 1 日，《福建省水土保持工作条例实施细则（试行）（失效）》；

1983 年 11 月 26 日，《辽宁省水土保持工作实施细则（失效）》；

1983 年 5 月 9 日，四川省水土保持工作细则。

二、制度建设成就

60 多年来，在治理水土流失的过程中，在总结教训、吸收经验的基础上，通过一系列的改革、尝试，最终形成了一些好的制度，它们是水土保持法的基本组成部分。实践证明，这些制度有利于促进水土保持工作。

（一）水土保持规划制度

环境规划制度是国民经济和社会发展的重要组成部分，是规划者对于一定时期内的环境保护目标和措施所作的具体规定，目的在于发展经济的同时保护环境，促进经济发展与环境保护协调进行。水土保持需要做好规划工作。早在 1952 年的《纲要》中就有水土保持规划的内容。其中，第 3 条规定，省水土保持委员会负责水土保持的统一规划和布置，交通、铁道、工矿部门应在当地水土保持委员会的统一规划领导下负责有关的水土保持工作。另外，水土流失地区的各级人民委员会应该将水土保持工作规划列入农业生产和土地利用规划以内，山区也要根据实际需要合理规划生产。① 若以水土

---

① 《中华人民共和国水土保持暂行纲要》第四、五条。

保持规划的性质、任务来衡量，《水土保持暂行纲要》中的水土保持规划内容显然太粗糙，更谈不上系统性和全局性。这是因为，在 20 世纪 50—60 年代，我国对于环境保护与发展经济的关系还没有理顺，缺乏环境规划理念。因此，相较同时期颁布的其他环境法，《纲要》能树立起水土保持规划的理念已经算是超前了。尽管对规划意义的理解是狭隘的且相关内容比较空洞，但是，它客观上为我国环境规划制度的确立起到了一定的推动作用，为我国水土保持规划制度的正式确立提供了基础和经验。在《纲要》颁行 20 年后，《关于保护和改善环境的若干规定（试行草案）》才提出环境规划的理念。① 该草案规定："各地区、各部门制定国民经济发展规划，既要从发展生产出发，又要充分注意到环境的保护和改善，把两个方面的要求统一起来，统筹兼顾，全面安排。"之后，1979 年的《环境保护法（试行）》首次在法律上对于这一制度做出了规定。该法第五条对于环境规划制度做出了具体规定，即："国务院和所属各部门、地方各级人民政府必须切实做好环境保护工作；在制定发展国民经济计划的时候，必须对环境的保护和改善统筹安排，并认真组织实施；对已经造成的环境污染和其他公害，必须做出规划，有计划有步骤地加以解决。"这些法律规定为水土保持规划制度的确立提供了更充分的依据。由此，1983 年《条例》确立了水土保持规划制度，其第二条规定："水土保持工作的方针是：防治并重，治管结合，因地制宜，全面规划，综合治理，除害兴利。"而且，该法规定，编制水土保持规划应由水土保持工作机构和各江河流域机构来负责。另外，《条例》也规定了相关部门落实水土保持规划制度的职责，即"山区、丘陵区、风沙区的各级人民政府必须把水土保持工作列入计划，加强领导，统一规划，组织协调，进行宣传教育，发动群众做好这项工作"②，"农村社队和国营农、林、牧场，应在当地人民政府制定的水土保持整体规划指导下，根据当地自然条件和群众生产、生活的实际需要，制订具体的水土保持计划，组织实施"③。至此，《水土保持法》（1991）首次从法律上确立了水土保持规划制度并做

---

① 有学者认为，《关于保护和改善环境的若干规定（试行草案）》是我国最早出现的涉及环境规划理念的法律文件。

② 《水土保持工作条例》第四条。

③ 《水土保持工作条例》第五条。

了比较完整的规定。首先，它不仅要求从全局上规划，而且对规划的编制及批准程序也做了详细规定。例如，其第 7 条规定："国务院和县级以上地方人民政府的水行政主管部门，应当在调查评价水土资源的基础上，会同有关部门编制水土保持规划。水土保持规划须经同级人民政府批准。县级以上地方人民政府批准的水土保持规划，须报上一级人民政府水行政主管部门备案。水土保持规划的修改，须经原批准机关批准。县级以上人民政府应当将水土保持规划确定的任务，纳入国民经济和社会发展计划，安排专项资金，并组织实施。县级以上人民政府应当依据水土流失的具体情况，划定水土流失重点防治区，进行重点防治。"其次，法律还对水土保持规划制度的组织实施做了规定，力求提高其操作性。例如，在"治理"部分，法律要求区分地区、有计划地全面落实水土保持规划制度。① 但是，法律对违反水土保持规划制度的相关主体没有规定法律责任。

（二）水土流失监测和公告制度

关于水土流失监测和公告制度，《条例》未做规定。直到 1991 年，《水土保持法》才第一次作出了规定。该法第二十九条规定："国务院水行政主管部门建立水土保持监测网络，对全国水土流失动态进行监测预报，并予以公告。"从水土流失监测实践要求看，水土流失监测机构应建立起监测网络中心、中心站、站、分站，这样才有可能达到动态监测预报的目的。而且，公告的内容要全面，至少包含水土流失面积、分布状况、流失程度、水土流失造成的危害及其发展趋势、水土流失防治情况及其效益等。如果监测机构健全且负责，那么我们就能准确、及时、全面地掌握我国水土流失的状况和发展趋势，为水土保持管理、水土保持规划等提供科学依据。因此，从这个意义上看，水土流失监测和公告制度是预防水土流失的重要手段，应该是水土保持法执法体系的基本组成部分。

（三）"三同时"制度

在环境法中，"三同时"制度"是一项严格控制新的污染源、防止环境遭受新的污染和破坏的根本性措施和重要的法律制度，是防止我国环境质量

---

① 《水土保持法》第二十一、二十二、二十四条。

继续恶化的有效办法，是我国环境保护工作的创举"①。环境法中的"三同时"制度最早可以追溯到1972年国家计委、国家建委发布的《关于官厅水库污染情况和解决意见的报告》和《关于保护和改善环境的若干规定（试行草案)》中的规定。其后，在《环境保护法（试行)》以法律形式正式确定下来。我国《水土保持法》（1991）第十九条对水土保持"三同时"制度初步做了规定。该条指出，"建设项目中的水土保持设施，必须与主体工程同时设计、同时施工、同时投产使用。建设工程竣工验收时，应当同时验收水土保持设施，并有水行政主管部门参加"。从我国水土流失的状况及水土保持工作的要求来看，该条所规定的"三同时"制度涉及的项目范围还比较狭窄，仅限于"建设项目中的水土保持设施"。但是，1984年国务院发布的《关于环境保护工作的决定》已将"三同时"制度的适用范围扩大，即"新建、扩建、改建项目（包括小型建设项目）和技术改造项目，以及一切可能对环境造成污染和破坏的工程建设和自然开发项目，都必须严格执行防治污染和生态破坏的措施与主体工程同时设计、施工、投产的规定。环境保护设施的建设投资、材料、设备，都必须与主体工程一样，纳入固定资产投资计划，由各级计委、经委和主管部门负责落实，环境保护部门负责监督。正在建设的或者已经投产的项目，没有采取防治污染措施的，一律要补上，所需资金、材料由原批准项目的部门和单位负责安排解决"②。所以，水土保持法中的"三同时"制度也应全面适用于可能造成水土流失的一切工程项目和自然开发项目。2000—2008年，全国共审批生产建设项目水土保持方案25万多项，其中包括国家大中型项目1800多项，全国新建公路1.5万公里、新建铁路1.2万公里；先后完成1000多个项目的水土保持设施验收，其中国家重点项目上百个；生产建设单位投入水土保持资金1450多亿元，防治水土流失面积8万平方公里，减少水土流失量17亿吨，大规模生产建设活动导致的人为水土流失得到有效遏制。

（四）水土保持监督检查制度

监督检查制度是环境保护法中的一项重要的制度，最初，监督检查制度

---

① 徐杰、赵儒基主编：《经济法教程》，中国政法大学出版社1988年版，第460页。

② 《国务院关于环境保护工作的决定》第四条。

只适用于污染防治领域。环境法律实践表明，监督检查制度能够保证我国环境保护部门掌握环境状况，掌握真实、可靠的第一手环境数据和资料，能够使得监督检查机关和相关主体及时发现危害环境的问题。即使危害发生了，也可以通过监督检查制度早些预测危害的程度，进而采取合理措施，防止危害的蔓延。在环境法领域，《环境保护法（试行）》较早对监督检查制度做了规定。其中，国务院设立环境保护机构应"会同有关部门制定环境保护的长远规划和年度计划，并督促检查其执行"①，地方各级环境保护机构"检查督促所辖地区内各部门、各单位执行国家保护环境的方针、政策和法律、法令"②。作为环境法的水土保持法应该确定监督检查制度。但是，1991 年之前的水土保持法未涉及该制度。《水土保持法》（1991）专列一章并主要在第三十条规定了水土保持监督检查制度。该条规定："县级以上地方人民政府水行政主管部门的水土保持监督人员，有权对本辖区的水土流失及其防治情况进行现场检查。被检查单位和个人必须如实报告情况，提供必要的工作条件。"联系到我国水土流失的严峻形势，从立法层面看，单列一章规定监督检查制度，体现了立法者对水土保持法的执行的重视。但遗憾的是，该章只有 3 个法条组成，其中的第二十九条和第三十一条还不是严格意义上的监督检查内容。因此，实质上涉及监督检查制度的只有第三十条。而且，由于水土保持工作涉及的机关比较多，包括管理机关和执法机关，这些机关应该具有一定的监督权力。但是，《水土保持法》（1991）只赋予了水行政主管部门的水土保持监督人员的现场检查权力，至于其他机关的监督权和检查权，《水土保持法》（1991）未提及。

（五）水土保持生态补偿制度

在我国，水土保持生态补偿制度进入法律层面是在 20 世纪末。《水土保持法》（1991）强调"谁造成水土流失谁负责治理"的原则，即"建设过程中发生的水土流失防治费用，从基本建设投资中列支；生产过程中发生的水土流失防治费用，从生产费用中列支"。这些规定体现了水土保持生态补偿的理念。《水土保持法》（2010）进一步对该制度做了完善。其第三十二条

---

① 《环境保护法（试行）》第二十六条。
② 《环境保护法（试行）》第二十七条第二款。

规定："开办生产建设项目或者从事其他生产建设活动造成水土流失的，应当进行治理。"如果不治理，执法机构可以采取强制措施，即"违反本法规定，开办生产建设项目或者从事其他生产建设活动造成水土流失，不进行治理的，由县级以上人民政府水行政主管部门责令限期治理；逾期仍不治理的，县级以上人民政府水行政主管部门可以指定有治理能力的单位代为治理，所需费用由违法行为人承担"①。另外，《水土保持法》（2010）规定："在山区、丘陵区、风沙区以及水土保持规划确定的容易发生水土流失的其他区域开办生产建设项目或者从事其他生产建设活动，损坏水土保持设施、地貌植被，不能恢复原有水土保持功能的，应当缴纳水土保持补偿费，专项用于水土流失预防和治理。专项水土流失预防和治理由水行政主管部门负责组织实施。水土保持补偿费的收取使用管理办法由国务院财政部门、国务院价格主管部门会同国务院水行政主管部门制定。"②该规定正式确立了水土保持补偿费制度。

（六）水土保持自然修复制度

进入新世纪，水利部适应新形势，积极调整工作思路，基于对人与自然关系的科学认定，做出了在加大水土流失综合治理力度的同时，充分依靠大自然的自我修复能力，加快植被恢复、减少水土流失、改善生态环境的战略选择。为了推动这项工作，水利部先后启动实施了两批水土保持生态修复试点工程，涉及 29 个省（区）的 200 多个县，并在青海省"三江"源区安排了专项资金实施了水土保持预防保护工程，封育保护面积 30 万平方公里，初步探索出不同地区开展水土保持生态修复的模式和措施，成为各地开展生态修复工作的示范和样板。生态自然修复理念逐步得到全社会的广泛认同。北京、河北、陕西、青海、宁夏、山西 6 省、自治区、直辖市先后发布了实施封山禁牧的决定，全国 27 个省、自治区、直辖市的 136 个地市和近 1200 个县实施了封山禁牧，国家水土保持重点工程区全面实施了封育保护，全国共实施生态自然修复 72 万平方公里，其中 39 万平方公里的生态环境已得到初步修复。③

---

① 《中华人民共和国水土保持法》（2010）第五十六条。
② 《中华人民共和国水土保持法》（2010）第三十二条。
③ 刘震：《水土保持 60 年：成就·经验·发展对策》，《中国水土保持科学》2009 年第 4 期。

三、成功经验

第一，必须依靠立法来推进水土保持工作。水土保持的历史证明，凡是在政治平稳、立法活跃时期，水土流失防治的成效就好。

第二，必须通过不断提高公众的水土保持意识来提升水土保持立法实施效果。实践证明，增强民众的水土保持意识既能促进水土保持立法进程，也能影响水土保持法律的实施效果。新中国成立后，在国民经济恢复时期，由于从中央到地方，从官员到民众，兴国的情绪普遍高昂，法制建设得到健康推进，大部分法律都发挥了其应有的作用。在水土保持方面，这时期，国家虽只发布了少量的水土保持法，但人民因饱受水土流失的困苦，深知水土保持工作的重要性，他们守法的积极性和自觉性都很高。因此，这时期的水土保持法尽管有诸多缺陷，却也发挥了很大的作用。相反，在"文革"中，法制遭到破坏，民众的法律意识一落千丈，水土保持立法几近停滞，水保机构瘫痪，水土保持法得不到很好的遵守，水土流失面积扩大。十一届三中全会后，在法制恢复情况下，环境立法相对活跃，数量增加、质量提高，民众的水土保持意识又逐渐提高，这无疑对水土保持立法、执法和守法产生了极大影响。这时期，国家发布了《条例》，水土流失防治初步取得成效。

第三，必须重视水土保持立法经验的积累。纵观我国前期的水土保持法，立法等级效力之所以低、质量不高，一个很重要的原因是我们在这方面缺乏经验。这一时期，水土保持法的"立、改、废"工作做得很有限，立法经验自然就积累得少。从《纲要》到《条例》，我们历时 26 年，而对《条例》的完善及至升格为《水土保持法》，我们也耗时 10 年之久。26 年和10 年不是立法先进的表征，也不是立法积极性缺乏的缘故，而是我们缺乏驾驭水土保持立法工作的能力。因此，可以毫不夸张地说，水土保持立法处于滞后状态，远远不能满足水土保持工作的当前需要。由于立法经验欠缺，立法者自然是顾虑重重，从而给立法本身及实践带来很多危害。水土保持立法工作确立的一些做法是我们水土保持法制建设成就的重要组成部分，也是今后立法需要借鉴和巩固的重要方面。一是在立法上明确了"水土保持"的含义。《水土保持法》（1991）第二条规定："本法所称水土保持，是指对自然因素和人为活动造成水土流失所采取的预防和治理措施。"在《水土保

持法》（1991）之前，对水土保持的内涵，学界有不同的看法，立法上也没有做过界定。这次，从立法上界定水土保持的含义在理论上和实践上都具有重要意义。首先，确立了水土保持的对象，即自然因素和人为活动造成水土流失；其次，确立了水土保持的工作方法，即预防和治理。第二，科学地确立了"预防为主"的水土保持方针。我国在《条例》之前的法律文件中，还没有明确指出水土保持的基本方针。1952年《条例》规定，我国水土保持的基本方针是"防治并重，治管结合，因地制宜，全面规划，综合治理，除害兴利"，将"防"与"治"并重。《水土保持法》（1991）规定，"国家对水土保持工作实行预防为主，全面规划，综合防治，因地制宜，加强管理，注重效益的方针"。其核心内容是"预防为主"。这一方针为以后水土保持立法所采纳。例如，2010年《水土保持法》修订时指出，"水土保持工作实行预防为主、保护优先、全面规划、综合治理、因地制宜、突出重点、科学管理、注重效益的方针"。

从基本方针的制定历程来看，立法者对水土保持工作的基本方针有了科学的认识。水土保持工作的基本方针经历了从无到有、由点到面的转变。首先，在防与治的关系上，逐步地认识到了水土保持要预防为主，治理跟进。其次，在内容上，《水土保持法》（1991）指出，不仅要综合治理而且要综合预防；指出水土保持管理的重要性，增加了加强管理的措辞；而《水土保持法》（2010）在预防为主之后增加了保护优先、突出重点和科学管理的内容。水土保持工作方针从变化到最终确定，反映了立法者对水土流失的特点及我国防治水土流失的方法、策略有了更加科学的认识，即要点面结合，这无疑对于水土保持工作的展开具有重要意义。这些规定初步确立了我国水土保持工作的大方向。

第四，必须建立水土保持法律的基本体系结构。《水土保持法》（1991）作为基本法，对于水土保持的任务、预防与治理的方法和措施、相关主体的权责利以及水土保持管理机构等方面只是做出了原则性的规定，还需要制定相应的单行法律、行政法规、地方性法规和规章，使水土保持法的规定具体化，并使其不断充实和完善。随着《水土保持法》（1991）的贯彻实施，水土保持立法工作取得了很大进步，初步形成了一个较为完整的、具有一定的内在联系的、不同层次相组合的水土保持法律体系。具体地讲，主要由以下

几个方面的内容组成：其一，水土保持基本法。《水土保持法》（1991）是我国水土保持法律体系中的基本法，主要是规定国家在水土保持方面的基本方针和基本政策，而一些具体的规定，将由其他水土保持法规去解决。其二，水土保持单行法。这类法律目前还是空白。其三，水土保持行政法规。在《水土保持法》（1991）颁布之前，在水土保持方面，绝大部分的水土保持法是行政法规和规章，甚至是其他规范性法律文件。其四，环境保护部门规章。其五，水土保持地方法规和地方规章。

第五，必须不断修正水土保持法的基本原则。《水土保持法》（1991）规定的水土保持的基本原则有四个。其一，"预防为主，重在保护"原则。"预防为主"是基于生态问题的特殊性所提出的，是对先破坏、后整治，先开发、后保护道路的反思和颠覆，是科学技术发展对环境认识的提高的要求，也是国内外水土保持经验和教训的总结。与一切环境问题相同，水土流失防治的起点是"预防"。"预防"就是要基于现实的科学知识去评价风险，以避免水土流失带来的损害。我们应尽可能采取预防措施，避免一切人为的水土流失并尽可能地减轻自然力引发的水土流失。因此，"预防为主"在水土保持法中的含义为：在水土保持工作中要以预防水土流失为主，事先采取防范措施，防治人类活动对水土资源造成的破坏，做到防患于未然，对不可避免的自然力作用下的水土流失，应采取积极预警措施。同时，针对水土资源的特殊性和水土保持工作的重点，对于生态优良地区、生态脆弱区（易发生水土流失地区）的保护也应放在重要地位。这些区域水土一旦破坏就极难恢复。为此，应重点地采取保护措施，最大限度地减少水土流失。因此，预防和保护是相辅相成，不能偏失。重在保护原则不仅是对水土保持法立法目的的最直接贯彻，更是对现有水土保持工作成果和经验在法律上的回应和总结。

其二，"破坏者恢复，受益者补偿"原则。在环境法中，这一原则强调的是行为主体对环境所负有的义务和责任。具体到水土保持法领域，"破坏者恢复"，是指因开发环境资源而造成环境资源破坏的单位和个人，对环境负有恢复治理的义务。水土资源是国家发展之根本，它对维护生态平衡，促进生态系统良性循环和经济的可持续发展具有基础性作用，但有些地方为追求短期经济效益，以牺牲环境为代价，乱砍滥伐、超载放牧、过量采矿等，

造成的水土流失不仅是对当地经济的损失，更是对生态效益的破坏。因为水土资源归国家（即全民）所有，它不仅是一种公共物品，而且是承载着其他环境资源平衡存续的基础性资源，具有极强的公共利益性，所以，对于破坏环境造成水土流失的行为就应为此付出代价而填补其损失。当然，这种恢复不是一蹴而就的。破坏者对其破坏负有恢复其本来状态的责任应该以治理或付费等方式使被破坏的水土资源得到最大限度的恢复。"受益者补偿"是从污染者负担原则发展而来。其含义是，只要从环境或资源的开发、利用过程中获得实际利益者，都应就环境与自然资源价值的减少付出应有的补偿。那么，开发利用水土资源所带来的经济价值和社会价值的享用者都是实际受益者。个体对水土资源的开发利用和实际享有其效益，无疑是占用了公共资源和花费了公共成本而从中获益。因此，开发利用者和实际享有利益者，不仅有恢复的义务，同时还应对其利用水土资源价值而给社会不特定公众带来的利益减损予以合理补偿。另外，因他人为水土保持的牺牲和贡献行为而享有生态效益，乃至享有生态效益所派生的经济效益和社会效益的不特定公众也属于受益者的范畴。因水土保持而作出特别牺牲和贡献主体的经济利益和生存发展利益会受到不同程度的损失，而其创造的生态效益却为一定范围的不特定公众所享有，这显然造成了利益的失衡状态。因此，这一部分受益者也负有补偿义务，是对特定水土保持牺牲者和贡献者丧失利益的补偿义务。总之，"破坏者恢复、受益者补偿"原则明确了开发和破坏水土资源者相应的责任，同时还扩大了补偿责任人的范围，有利于增强其合理利用水土资源的责任感，正确对待开发与保护的关系，同时也能为水土流失治理和水土资源生态系统恢复积累大量资金。

其三，"共同协作，鼓励参与"原则。这一原则与公众参与的原则有相通之处，二者都是环境民主的体现，都有社会参与之内涵。但公众参与原则主要强调的是公众在环境事务中的参与权和知情权，原则所指向的权利主体为社会公众，政府作为义务主体，应保证公众环境权的实现。而共同协作、鼓励参与原则是在水土保持法行政调控为主的基础上，应更多强调政府与社会公众在水土保持事务中的协调合作。其关键词在"协作"和"鼓励"两个方面，"协作"包括各级政府部门之间的合作、政府与社会公众的合作，也可以扩及到国际合作。"鼓励"强调国家在水土保持中的指导和激励作

用，通过物质和精神等方面的鼓励，引导社会各界以多种形式参与水土保持工作。同时也表明了水土保持的公益性，作为社会个体，每个公民都有义务对水土资源的保护贡献一份力量。我国水土流失面积大、治理任务艰巨，仅靠国家投入进行治理速度缓慢，难以满足社会经济发展的要求。因此，动员社会力量、加强各方合作、鼓励参与是加快水土流失治理速度，提高社会各行业和群众保护水土资源的自觉性和积极性的重要途径。

第六，整合了我国水土保持管理机构并规定了其职能。在《水土保持法》（1991）颁布之前，为了加强统一领导和使有关部门密切配合，根据《纲要》的规定，在国务院领导下成立全国水土保持委员会，下设办公室，进行日常工作。有水土保持任务的省，在省人民委员会领导下成立水土保持委员会，下设办公室；任务繁重的省还可以成立水土保持工作局，水土流失严重地区的专区、县也应该成立水土保持委员会和专管机构或设专职干部（人员由农、林、水等有关部门抽调，不另增加编制）；一般地区的专区、县仍由原农林水利科（局）或建设科负责。另外，流域机构负责本流域内的水土保持工作。对于各机构的职责范围，《纲要》规定得很不清楚。显然，这种管理体制势必使正常的水土保持工作受到影响。为此，《条例》对水土保持管理机构做了精简并明确了各自的职责。《条例》规定，由水利电力部主管全国水土保持工作，在中央成立由相关部门组成的水土保持协调小组来协调各部门间的关系，研究水土保持方面的重大问题；在地方，设立专职水土保持工作机构做具体的水土保持工作，承担 5 项重要任务；流域机构负责本流域的水土保持工作。毫无疑问，在水土保持工作管理体制上，《条例》的做法比较科学且能够提高水土保持管理效率。但是，它还没有从根本上解决我国水土保持工作上"多龙治水"的局面。这个问题，在《水土保持法》（1991）中得到了进一步解决。根据该法，在中央，由国务院和水利部管理全国的水土保持工作；在地方，由县级以上人民政府及其水利厅（局）管理本辖区的水土保持工作。另外，对各水土保持管理部门的职责，《水土保持法》（1991）规定得也比较清楚：国务院及县级以上地方人民政府一般只批准水土保持规划和划定水土流失重点防治区。而水利部主要负责编制全国水土保持规划，指导全国的水土保持工作，地方水利厅（局）负责编制地方的水土保持规划。至此，我国的水土保持管理机构得到了整合，

职责也更分明。

第四节　我国水土保持法制建设中存在的问题

从环境保护工作的全局以及水土流失的形势来审视我国的水土保持立法，发现其中存在的问题并寻求解决之道无疑对于水土保持立法和水土保持工作实践都很有意义。从宏观上看，我国水土保持立法存在立法理念落后的问题。从微观上看，许多具体的水土保持法律规定也不适应当前水土保持工作的要求。

一、水土保持立法中义务意识不强

水是生命之源，土是生存之本。水土资源既是生态系统最重要的因子（组成要素），又是人类生存最重要的自然资源，也是社会经济发展的最重要的战略资源。水土资源保护和合理开发利用是生态建设的核心内容。我国是世界上水土流失比较严重的国家之一，从水土流失分布来看，分布广泛。全国七大流域（长江、黄河、淮河、珠江、松花江、海河、辽河）、五大区域普遍存在水土流失现象。产生水土流失的主要土地类型是坡耕地、荒山荒坡和沟壑，我国这种土地类型大量存在。从水土流失类型来看，我国水土流失多样，主要侵蚀类型有水力侵蚀、风力侵蚀、冻融侵蚀，同时还存在滑坡、泥石流等重力侵蚀。从水土流失造成的危害来看，一是危害耕地（国土安全），加剧人地矛盾，地力减退、面积减少。二是恶化生态（生态安全）。其一，危害江河湖库，加剧洪涝灾害和旱灾。造成小洪水、高水位、大险情（大灾害）；其二，加剧滑坡泥石流灾害；其三，扩大沙化，加剧风沙灾害；其四，加剧草原"三化"（退化、沙化、盐碱化）。三是危害城郊安全，加剧灾害。目前，全国亟待治理的水土流失面积仍有180多万平方公里，有24万平方公里坡耕地和44.2万条侵蚀沟亟待治理，东北黑土地保护、西南石漠化地区土地资源抢救任务仍十分迫切。按照我国每年4万—5万平方公里的水土流失治理速度，初步治理现有水土流失面积至少需要50年时间。从投入上看，长期以来，中央水土保持投入处于较低水平，近年来每年投入不足20亿元。由于投入不足，亟待开展的坡耕地整治、坡面水系

建设、沟道治理等措施安排得非常有限，难以满足群众改善生产生活条件的迫切要求。①

从水土保持的实践来看，我国大部分地方都面临三个难题。一是水资源、土地资源权属不分明；二是区域分割导致的工作协调有难度；三是水土流失防治的必备条件无法满足，例如技术、人才、财力、物力等。实践中，每种困难从形式上表现出的客观性都足以使我们在面对水土保持工作时表现出一种畏难的情绪，而这种情绪往往成为我们在水土保持任务面前不得不望而却步的理由。但是，这不过是表象而已，其本质还是利益的一种博弈。立足我国水土流失严峻的客观形势，考察我国水土保持工作中利益博弈的态势，进而来思考法律层面上该如何应对这一问题，既是观察水土流失这个老事物应有的科学态度，也是当前我国水土保持工作重视成效的必然要求。当下，在环境立法已经找到自己的使命、已经做出战略调整、已经找到义务本位立足点的情况下，我国的水土保持立法势必要调整其立法的理念了。我们认为，如果立足水土流失的特点，立足水土保持工作的要求，就不难得出我国的水土保持立法在从传统型向生态型转变道路上更多地需要立足义务本位这个结论。相反，如果我们人人要权利、人人争利益，而水土保持法也以权利为本位来迎合这种需求，那这种法律与传统的财产法和经济法还有何种区别？那么，在水土保持工作中，我们就会始终被困在利益博弈的十字路口徘徊不前，我们就永远不可能培养起进行水土保持的责任心。因此，只有树起义务这面旗帜，把它落实到水土保持立法、司法、执法和守法的每一个环节中，我们每一位法律主体才能真正增强防治水土流失的责任感、紧迫感和使命感，我国的水土保持法律才能真正落到实处并达到防治水土流失的目的。若此，摆脱水土流失的威胁，实现国土安全、拥有良好环境的理想就指日可实现了。

总之，如果立法者的立法理念落后于水土保持的实践和现实需求，那么即使再貌似完善的水土保持法充其量只能算作应急之作，其不可能具有前瞻性和可操作性，终究只是昙花一现而已。若与生态文明及可持续发展的要求对照，中国的水土保持法所秉持的立法理念的确还比较落后。其一，生态优

① 刘震：《水土保持 60 年：成就·经验·发展对策》，《中国水土保持科学》2009 年第 4 期。

先的理念还未落实；其二，义务本位的理念还未夯实；其三，传统的执法理念还未转变。毫不夸张地说，今后中国的水土保持立法的质量高低取决于立法者能否实现在上述三个理念上的转变。

二、相关具体规定已不适应水土保持工作的要求

从水土流失的分布区域、流失类型及危害后果来看，我国水土流失的特点很明显，即分布面积广、流失类型多样、危害后果严重。在这种情况下，我们不得不反思一个问题。新中国成立以来，我国很重视水土保持工作，除了综合性的环境法律之外，我国还颁布了许多专门针对水土流失的法律文件，比起民法等其他传统的部门法的立法文件，其数量可能偏少。但是，若和其他的专门性的单行环境法律文件数量相比，水土保持方面的专项立法可谓起步早、数量多了。这也能说明两个问题：其一，我们不仅很早就认识到了通过法律手段防治水土流失的重要性，还认识到了水土流失重在预防的道理；其二，在掌握了自然水土流失规律的基础上，我们很早就意识到了人为造成的水土流失的危害远远大于自然引起的水土流失的危害。以现在的眼光，面对水土流失的威胁，能摸清我国水土流失的整体状况，能发现我国水土流失的规律，并能够以此确定好每一时期防治水土流失工作的重点和难点，已实属不易。另外，从理论上，我们较早地从立法层面来应对水土流失，这不仅有助于提高我国公民防治水土流失的自觉意识、参与水土流失防治的积极性，而且为确立以政府为核心的相关主体的水土保持责任提供了法律依据。然而，纵观我国水土保持的立法，虽然我们取得了很大的成效，但是，在水土保持法数量逐步增加、立法水平不断提高、法律调整的关系越来越广泛的背后，我们不能不对水土保持立法的成效而担忧。若将水土保持立法的繁荣和进步与它所要达到的目的对照起来看，这种担忧还很有现实意义。

我们认为，造成水土保持立法与实践效果脱节的现状固然有执法、司法和守法的因素存在，但是追根溯源，立法的质量才是起决定作用的因素。因此，有必要对我国的水土保持立法状况做个全面的检视，以期寻找到解决问题的最佳方法。

第一，从立法宗旨来考察，我国水土保持法的立法宗旨历次都有修正，

而且基本的趋势是强化水土资源的生态功能，淡化水土资源的资源功能。通过表 2-1 我们可以感受到这种变化。

表 2-1：主要水土保持法的立法宗旨一览

法律名称	立法宗旨
《水土保持暂行纲要》	为了开展水土保持工作，合理利用水土资源，根治河流水害，开发河流水利，发展农林牧业生产，以达到建设山区，建设社会主义的目的。
《水土保持工作条例》	防治水土流失，保护和合理利用水土资源，是改变山区、丘陵地、风沙区面貌，治理江河，减少水、旱、风沙灾害，建立良好生态环境，发展农业生产的一项根本措施，是国土整治的一项重要内容。
《水土保持法》（1991）	为预防和治理水土流失，保护和合理利用水土资源，减轻水、旱、风沙灾害，改善生态环境，发展生产。
《水土保持法》（2010）	为了预防和治理水土流失，保护和合理利用水土资源，减轻水、旱、风沙灾害，改善生态环境，保障经济社会可持续发展。

上表显示，水土保持法的立法目的虽经多次修正，但是无论怎样调整，水土保持法立法目的的变化实质上还是环境保护与经济发展谁优先的问题。从《水土保持暂行纲要》我们领会到立法者的立场是：发展经济是主体任务，水土保持只是发展经济的一种手段。因为在这个立法文件中，没有关于水土资源的生态功能的表述，更多的是强调它的资源价值。当然，如果我们联系起《水土保持暂行纲要》颁布的时代背景，也许这样的安排是顺理成章的事情。在《水土保持工作条例》中，出现了几处变化：一是首次提出了"生态环境"这个概念，确立了水土保持工作的任务之一是"建设良好生态环境"；二是提出对水土流失不仅要"治"还要"防"；三是强调对水土资源不仅要"合理利用"还要注意"保护"；四是将保护生态与发展经济目标放到同一地位上来规范。在《水土保持法》（1991）中，立法目的的内容没有实质改变，只是表述更精练、更概括，体现了立法技术的提高。相较《水土保持法》（1991），《水土保持法》（2010）的立法目的虽只做了一处修正，但这个修正对水土保持立法和实践来说会产生重大影响。具体而言，《水土保持法》（2010）在立法目的中用"保障经济社会可持续发展"替换了原法中的"发展生产"，体现了生态建设保护和经济社会发展对水土保持

的新要求。因此，从"预防和治理"、"保护和合理利用"、"改善生态环境"和"可持续发展"这些措词中，我们可以看出，立法者在明确水土保持两大基本任务的基础上，更加注重从水土的生态功能角度来保持水土，初步体现了水土保持优先的理念。

然而，检视我国水土保持法的立法目的，其缺陷还是很明显的。水土保持法的立法目的始终未摆脱"功利"的束缚，即它坚持了经济效益优先、生态效益次之的立法理念。这与可持续发展理念的要求相悖。如果立足环境法的应有价值来设置水土保持法的立法目的，那么它的唯一的或者说主要的立法目的应是预防和治理水土流失，提高水土资源的生态效益。这也是我国目前面临的水土流失严峻形势决定的。在我国，大部分地区都存在水土流失问题，水土流失不但发生在山区、丘陵区、风沙区，而且平原地区和沿海地区也存在；不仅发生在农村，而且在城市、开发区和交通工矿区也大量产生，人民普遍受到水土流失的危害。因此，对于水土流失，从上到下都感同身受，就自然形成了对其防治的愿望和决心。这个因素对于水土保持工作来说是一种得天独厚的优势，因为人们对任何其他类型的环境问题危害的感受都远不如对水土流失造成的危害那么真实和强烈。那么，这种不教而化的效果对于水土保持法的实践来说是一大机遇。众所周知，环境法的最大难处在于它的实施。因为传统法律主要是通过给予利益来调整人们之间的关系的，而人们已经习惯了这种利益分配方式。现代的环境法却是要剥夺人们私益获得的传统方式，即尽量节欲以获取公益从而寻求人与自然的和谐之道。我们相信，接受自然之道对大部分人来说并不是一件难事，但是，让人们短期内放弃对传统法律的期望是很难的。因此，只有类似水土保持法的环境法才具有率先彻底地树立起环境法的旗帜，率先全面落实环境法的基本原则和制度的条件和可能。但遗憾的是，我们从水土保持法的立法目的里还看不到这种彻底性和全面性，我们所能看到的还是一种瞻前顾后的立法态度。

第二，从立法原则来考察，我国水土保持法的基本原则在经过几次修正后，最终确立了"预防为主、保护优先、全面规划、综合治理、因地制宜、突出重点、科学管理和注重效益"的原则。这些原则，特别是预防原则，是我国水土保持立法经验的积累，也是我国水土保持工作经验的结晶。所以，预防为主、保护优先原则的确立标志着我国水土保持立法达到了一个新

水平。借助表2-2，从《水土保持暂行纲要》、《水土保持工作条例》、《水土保持法》（1991）和《水土保持法》（2010）中，我们也许可以更充分地感受到这些原则的来之不易。

表2-2：主要水土保持法的基本原则一览

法律名称	对基本原则的表述	修正之处
《水土保持暂行纲要》	没有具体规定，体现了重在治理原则。	
《水土保持工作条例》	水土保持工作的方针是：防治并重，治管结合，因地制宜，全面规划，综合治理，除害兴利。	修正了"重在治理"原则，把"防"和"治"置于同等位置。
《水土保持法》（1991）	国家对水土保持工作实行预防为主，全面规划，综合防治，因地制宜，加强管理，注重效益的方针。	修正了"防治并重"原则，改为"预防为主"。
《水土保持法》（2010）	水土保持工作实行预防为主、保护优先、全面规划、综合治理、因地制宜、突出重点、科学管理、注重效益的方针。	完善了"预防为主"原则，增加"保护优先"规定。

但是，从表2-2中，我们也会发现水土保持法在确定其立法原则上普遍存在两个突出问题。其一，对基本原则的内涵把握不准。水土保持法的基本原则是指导水土保持工作的总则，它能够涵盖水土保持工作的全部内容，具有提纲挈领的作用。一般地，水土保持法的基本原则有两个来源，一是环境基本法中确立的适用于全部环境保护工作的基本原则；二是水土保持法特有的原则。对前者，水土保持法可直接借鉴；对于后者，需要仔细研究，找出能涵盖水土保持工作全部内容、并对整个水土保持工作具有指导价值的理念才能确立为基本原则。从这个角度来审视《水土保持法》（2010），只有"预防为主、保护优先"才可作为水土保持法的基本原则。至于"全面规划、综合治理、因地制宜、突出重点、科学管理、注重效益"等都只是工作经验的总结，不宜作为水土保持法的基本原则来理解。其二，体现水土保持法的特殊性的一些基本原则没有被确立在水土保持法中，如"破坏者恢复、受益者补偿原则"、"共同协作，鼓励参与原则"等。

第三，从水土保持法的基本制度和主要制度来考察，水土保持法中确立的制度有的是借鉴了环境基本法与其他环境单行法的成果，有的是水土保持

法的独创，是水土保持法的基本制度。虽然借鉴的制度也是结合了水土保持工作的特点和需要，因而不是简单照搬，但是我们认为它们是水土保持法的主要制度，而不是基本制度，因为基本制度是指一部法律中那些具有根本性、基础性、独特性、系统性的法律制度。据此来甄别水土保持法的有关制度，属于主要法律制度的有水土保持三同时制度、信息公开制度、行政问责制度、公众参与制度、监测与公告制度等，属于基本法律制度的有水土保持规划制度、方案审批制度、生态补偿制度、封育制度、自然修复制度、节水制度等。这些制度被确立在水土保持法中经历了很长的时间，体现了水土保持法从起步到发展乃至成熟的轨迹。而且，在不同的时代，这些以水土保持法为载体的制度也发挥了各自的作用。但是，若与水土保持法的目的和义务本位原则要求对应起来，这些制度的设计还存在一些问题。

在主要制度设计上，现行水土保持法未规定限期治理制度、行政问责制度。水土保持工作的两个核心主体是生产者与政府。生产者如果在生产过程中造成了水土流失问题，生产者就有义务来进行治理，如果不积极地履行这一义务，应该限期治理。在实践中，这类造成水土流失的比例比较大，所以往往需要监督检查到位，及时地矫正生产者的行为并限期让其治理。因此，限期治理应作为水土保持法的主要制度来予以规定。再者，水土流失的普遍性和广域性注定了水土保持工作的主要责任主体应是政府。在实践中，政府有权作出行政许可、有权进行监督检查和处罚，重要的是政府可以要求相关主体停产、停业，因此，政府是最大的水土保持的责任者。如果在水土保持执法过程中，政府能够以身作则、遵守法律并积极地引导公众做好水土保持工作，那么水土保持工作中的一切问题便迎刃而解。但是，确保政府这一职责落实的主要动力在于行政问责，可惜的是，现行水土保持法中并未体现这一制度。

在基本制度方面，现行水土保持法虽然规定了水土保持规划制度、方案审批制度、生态补偿制度等，但内容比较简单且不完善。首先，有关水土保持规划的内容存在两个问题：一是对政府规划管理权缺乏有效监督。目前，在国家和地方两个层面的水土保持规划立法中，有关监督制约的内容几乎没有；二是水土保持规划与有关专业规划不协调。众所周知，水土保持与水利、土地、城建、环保、林业、农业等行业息息相关，但是，现行水土保持

法并没有水土保持规划应与有关专业规划相协调的内容。其次，有关水土保持方案审批制度的适用范围不合理。根据现行水土保持法的规定，水土保持方案审批制度的空间效力仅限于山区、丘陵区、风沙区以及水土保持规划确定的容易发生水土流失的其他区域，除此以外的其他地貌类型区从事生产建设活动，不属于制度的调整范围。而且，该法所指生产建设活动主要指修建铁路、公路、水工程、开办矿山企业、电力企业等。这就使得诸如开办小型企业、房地产开发、市政建设等项目因为无需编制水土保持方案而可能造成严重水土流失。最后，有关水土保持生态补偿制度适用范围、程序等规定的比较简单，而且对水土保持补偿费的收取使用管理办法授权有关部门具体规定的方法使得这项制度的实施效果会受到影响。

另外，有些制度需要在实践中探讨并将其上升到法律的层次。例如，水土保持标准制度、自然修复制度。有些制度需要在水土保持法中明确化，例如退耕还林、还草制度。

从总体上看，现行水土保持法的主要缺陷在于并未形成主要制度与基本制度的科学体系。我们认为，对水土保持法的制度进行体系化的设计可以使这些主要制度与基本制度环环相扣、避免冲突。而且，立法者应以基本制度为主线来统帅主要制度，主要制度的设计应结合水土保持工作之需，不可机械地照搬。我们认为，一个基本的思路是以水土保持法所确立的"预防为主、防治结合"的基本原则来安排相关的制度。虽然这对于立法者的立法水平来说要求较高，但对于整个水土保持工作而言却是事半功倍。因此，如果立足水土流失防治的基本原则来安排，现行水土保持法将规划、预防、治理与监测和监督独立设置一章，体现了水土流失工作的特点。但是，预防、治理与监测和监督部分的内容衔接性不好，防和治的措施被人为地割裂开来了，监测、监督的措施与预防和治理部分的制度设计没有很好地对应起来。

第四，从水土保持法设置的管理体制及执行体制来看，现行水土保持法未能很好地顾及管理与执法之间的关系。从管理体制的设计来看，我国对水土保持采取集中与分散并行的管理模式，即在中央，由国务院水行政主管部门主管全国的水土保持工作；在地方，由县级以上地方人民政府水行政主管部门主管本行政区域的水土保持工作。但是，除了国务院水行政主管部门、县级以上地方人民政府水行政主管部门之外，水土保持法还授予林业、农

业、国土资源等有关部门、流域管理机构或专门机构一定的管理权限。另外，地方各级人民政府也有一定的管理权限。当然，立法者采取这种管理模式是考虑到水土保持工作的专业性与广域性，其目的在于充分调动起各相关部门对于水土保持工作的积极性。但是，也要看到这类管理模式发挥作用的首要条件是各相关部门之间必须具有良好的协作精神。如果它们不具有良好的协作精神，至少需要一个专门的协调机构来进行沟通。我们认为，在中国目前的环境保护任务面前，有关部门的协作意识虽然在逐步提高但远远未达到齐心共同应对水土流失问题的条件。在此情形下，从中央到地方成立专门的协调机构来协调各相关部门间的水土保持工作就很有必要。① 可是，现行水土保持法并未有设立这类协调机构的法律授权。相反，早在 1982 年的《水土保持工作条例》中就规定应成立全国水土保持工作协调小组来协调全国的水土保持工作。② 但是，令人不解的是，之后的《水土保持法》（1991）及《水土保持法》（2010）都没有做这样的规定。

从执行体制的设计来看，我国现行《水土保持法》采取的是综合性的执法理念，即规定主要由县级以上人民政府的水行政主管部门行使执法权，内容涉及水土保持方案批准、监督检查、监测、责令停止违法行为、责令限期改正、责令停止生产或使用、限期补办手续、限期清理、没收违法所得、采取补救措施、罚款、查封扣押实施违法行为的工具及施工机械、设备等。但是，这种综合性的执法理念并不彻底，在实践中还存在多头执法的现象。换言之，目前我国具有专门水土保持执法权的水行政部门并未真正实现"大权独揽"的立法设想。

一方面，从立法层面看，水行政主管部门全权行使水土保持执法权的授权受到了立法逻辑的非自洽性的羁绊。这种立法的非自洽性不仅仅在上位法

---

① 其实，一些发达国家通过成立专门性的协调机构来治理环境的做法已经有立法依据。例如，美国为达到环境治理上的实效，根据《美国环境政策法》在中央设置了国家环境质量委员会，该委员会其中一项重要职责就是监督、协调各行政部门有关环境方面的活动。另外，还有联邦环境执行官办公室和海洋资源综合管理委员会两个非专业性的机构，二者都具有议事协调的性质。前者的主要作用是协调一些大的部门和联邦环境保护局的关系，后者专门规划制定区域性的法律法规和解决区域性的冲突。

② 《水土保持工作条例》第三条规定："全国水土保持工作由水利电力部主管。并成立以水利电力部为主，有国家计划委员会、国家经济委员会、农牧渔业部、林业部参加的全国水土保持工作协调小组；以加强有关部门之间的联系，定期研究解决水土保持工作中的重大问题，做好水土保持工作。"

与下位法之间存在，在同等位阶的法律之间也存在。依据法治原则及法的效力等级原理，水土保持法执法机构的设立必须以《水土保持法》和《水土保持法实施条例》为据。根据《水土保持法》，"各级水行政主管部门主管本辖区水土保持工作"，而《水土保持法实施条例》则规定，"地方人民政府根据当地实际情况设立的水土保持机构，可以行使《水土保持法》和本条例规定的水行政主管部门对水土保持工作的职权"，"县级以上人民政府水行政主管部门其所属的水土保持监督管理机构"。因此，根据法律，水行政主管部门是我国唯一合法的水土保持执法机关①。而依据法规，水行政主管部门及其所属的水土保持监督管理机构和地方人民政府根据当地实际情况设立的水土保持机构都是代表水行政主管部门行使《水土保持法》执法权的职能机构。这一点，也可以从（水利部）《关于加强水土保持工作的通知》（水农水［1991］16号）中得到印证。② 正是基于对法律、法规的不同理解，实践中，有些省市没有另外设立水土保持执法机构，而有些省市则根据不同情形成立了一些诸如水政监察大队的执法机构。水土保持执法机构的这一设置状况使得法律实施不统一，也造成了一些执法混乱现象。为此，水利部水土保持司在《关于转发〈陕西省关于进一步明确水土保持行政执法主体的紧急通知〉的通知》（保监［1996］39号）中强调："只有水行政主管部门及其所属的水土保持监督管理机构是代表水行政主管部门行使《水土保持法》执法权的职能机构，各地应认真学习有关法律法规，稳定和健全水土保持监督执法机，加强监督执法工作。"但是，这个《通知》也没有扭转非法设置水土保持执法机构的现象。另外，《水土保持法》在与其他法律的执法权力协调上也存在一定问题。例如，《水土保持法》（1991）第五十二条规定："在林区采伐林木不依法采取防止水土流失措施的，由县级以上地方人民政府林业主管部门、水行政主管部门责令限期改正，采取补救措施；造成水土流失的，由水行政主管部门按照造成水土流失的面积处每平方

---

①　当然，在水土保持执法方面，还存在一些专业性和专门性的执法机构。但是，它们属于相关执法机关的派出机构或委托机构。因此，从本质上看，它们不影响水行政主管部门的执法独立地位。

②　《水利部关于加强水土保持工作的通知》第三项明确规定："对已另设的水土保持机构，不能撤并，只能加强；如有变动，要事先征得水利部同意并经省级人民政府批准，这些机构可以行使水土保持法规定的水行政主管部门对水土保持工作的职权。"

米二元以上十元以下的罚款。"显然，本条规定的法律责任由县级以上地方人民政府林业主管部门、水行政主管部门依法追究。具体来说，在林区采伐林木不依法采取防止水土流失措施的法律责任，由县级以上地方人民政府林业主管部门、水行政主管部门追究，但是，造成水土流失的法律责任，由水行政主管部门追究。虽然法律从原理上理清了林业主管部门、水行政主管部门在水土保持工作上的分工，但是这样的规定在实践中很难把握，缺乏可操作性。

另一方面，我们注意到《水土保持法》（1991）对各级人民政府在水土保持中的责任做了较多的规定。根据《水土保持法》（1991），监督政府让其落实水土保持法上的责任主体首先是各级水行政主管部门。从法律层面讲，政府和一般行为主体在法律面前应该是平等的，即政府若有违反《水土保持法》（1991）的行为也应受到执法机关的制裁。但是，在我国，水行政主管部门仅仅是人民政府的一个职能部门，它天然地具有接受政府命令的义务，怎么可能起到监督政府的作用呢？相反，国内外环境立法及执法的经验告诉我们，"多龙治水"的执法体制永远难以根除环境执法上的弊病。为根除这一弊病，国外许多国家在环境法执法体制选择上主要有两个举措：一是从纵向上扩大环境执法机关的职权，尽量使它们在相关事务上集中农业、林业、畜牧、水利等部门的执法权。而且，中央的环境执法机关和地方的环境执法机关与各级人民政府之间并不存在隶属关系，地方的环境执法机关只受命于中央的环境执法机关。① 这种执法体制不仅能保证环境执法机关的"纯洁性"，而且能做到责任明晰；二是从横向上设置专门性的执法机构以应对特殊地域的特殊环境问题。这主要是针对区域性的环境问题的一项特殊措施。当然，这类执法机构的设立一般需要有事先的特别环境法的授权。②

---

① 例如，美国的国家环境保护局（EPA）代表联邦政府全面负责环境管理，是各项环境法案的执行机构。它是根据美国总统尼克松发布的《1970 年政府改组计划第 3 号令》成立的，其主要集中农业部、健康、教育和福利部（即今日的健康与保健部）、内政部及原子能委员会、联邦放射物管理委员会、环境质量委员会等部门的环境保护职能。为了保证执法质量，在环保局内专门设有环境执法办公室，其环境执法队伍实行严格的环境检察官制度。环保执法首先是对法律条款的适用者监测。另外，在环保局之下设有十个区域办公室，办公室在州内代表联邦环境保护局执行联邦的环境法律、实施联邦环境保护局的各种项目，并对州的环境行为进行监督。

② 例如，美国的旧金山湾养护与发展委员会、切萨比克执行理事会，澳大利亚新南威尔士州成立的海洋公园管理局等。

中国目前在水土保持法执行体制上的选择需要借鉴国外的相关立法经验，尽量减少导致"多龙治水"和监督执法机构无法监督的制度因素的影响。

第五，从水土保持法的责任体系来看，《水土保持法》（2010）对《水土保持法》（1991）的"法律责任"作了全面修订，由原来的9条增至12条，其中新增7条、修改5条，主要体现在四个方面：一是法律责任形式体系化，《水土保持法》（2010）涵盖民事、行政、刑事责任，理顺了公益与私益的关系；二是处罚种类体系化，违法行为与处罚种类对应，尤其是对新设定或新修订的法律制度规定了相应的法律责任和处罚类型，体现了处罚的法定性和相称性；三是完善了法律责任的履行方式，既规定了违法行为人亲自履行方式也规定了代履行等方式，加强了法律责任的可执行性和可操作性；四是注重与其他有关法律的衔接，精简了有关刑事责任、治安管理处罚、民事责任、行政复议等方面的内容。但是，《水土保持法》（2010）在这方面的缺陷也很明显。首先，行政责任规定的太简单，刑事责任的规定与《刑法》衔接不够；其次，在准用其他法律来追究相关责任人的责任时，现行水土保持法并未解决由谁来行使执法权的问题。而且，现行水土保持法涉及的准用性法律的范围非常有限，只涉及了《森林法》、《草原法》，其他与水土流失防治有关的法律没有涉及，例如《水法》、《土地管理法》、《矿产资源法》、《农业法》、《防洪法》、《防沙治沙法》等。那么，这些法律中涉及水土保持责任的规定该如何与现行水土保持法的相关规定协调呢？另外，水土流失往往伴随着污染、资源、生态问题，这就会导致水土保持执法易发生交错情况，那么这些领域的法律责任与水土保持法上的责任又该如何协调呢？从现行水土保持法中我们无法找到这些问题的答案。

第五节　我国水土保持法制建设展望

从1957年我国颁布第一部较为系统、全面、规范的水土保持法规——《中华人民共和国水土保持暂行纲要》，到1991年《中华人民共和国水土保持法》正式颁布实施，再到当前《中华人民共和国水土保持法》修订工作取得实质性进展，我国的水土保持工作逐步走上了依法防治轨道。然而，还应看到，我国是世界上水土流失严重的国家之一，水土保持工作面临的形势

仍然比较严峻。资料显示，尽管国家从未放松过对水土流失的治理，采取法律形式所进行的防范也一直在加强，然而，现实情况是，我国水土流失的面积还在扩大，水土保持与经济发展间的关系越来越不和谐。因此，今后，我国还应加快水土保持立法、司法和执法的步伐，防治水土流失的水土保持法需应势而有所作为；同时，我们还应重视水土法制教育工作。为了达到防治水土流失的目的，我国水土保持法制工作需要从以下几方面入手。

一、转变理念：水土保持法制建设的前提

立法理念是立法的先导，科学的立法理念不仅可以指导立法，而且对于法的实施会产生重大的影响。作为水土保持法，首先应该体现环境法的基本理念，这样它才可能完成自己的历史使命。其次，我国水土保持法目前具备率先、彻底践行环境法基本理念的条件和机遇。目前，水土保持法必须从三个方向上来实现立法理念的转型。

第一，落实生态优先理念。考查人类的生产，其实就是改变自然（资源）的结构和形态或进行能量互换的活动。这个过程，也是人类创造物质文明和精神文明的过程。水土作为资源在这个过程中发挥着无法替代的作用。水土不仅是一切生命的载体，也是一切经济财富获取的起点。因此，相比其他自然资源，水土资源更易于遭受破坏。从生态学的角度，水土具有强大的生态功能，是生态系统的主体，是自然功能最完善、最强大的资源库、基因库。从社会学的角度，水土资源也具有经济功能、社会功能等。但是，不论何种功能，水土资源的生态功能应该是最基本、最重要的功能。从此意义上，保护水土资源就是保护水土的生态功能。因此，作为人类最原始、最重要的一种生活和生产资料形式，水土资源很早就被纳入了法律的调整范围。但是，这些最初的法律更多关注的是水土资源的经济价值。近现代以来，人类的合理与不合理的利用都使水土资源遭受不同程度的破坏，这种破坏超出了环境的承受力并给人类带来灾难。在灾难降临的同时，各国也逐渐地转变了对水土资源功能的认识，逐渐地将目光转到对水土生态功能的保护上。目前，从世界范围来看，许多国家在其水土资源保护的法律中都确定了保护水土生态功能的宗旨，不同程度上确立了水土生态功能保护优先的立法理念。

　　水土流失是土地生态功能退化的表现之一。为了防治水土流失，世界各国在不同时期根据本国的国情制定了各自的水土保持法。我国也很重视水土保持的立法。然而，考察我国水土保持的立法史，水土资源的生态价值其实并未能决定水土保持法的价值取向。水土保持法趋向何种价值既受制于法律整体的演进规律，也囿于人们认识上的局限。时至今日，由于我国长期过度采伐和破坏森林资源，过度利用水资源等原因，我国土地退化比较严重。目前，加强水土保持，强化水土资源的生态功能应该成为我国水土保持法的首要宗旨已是学者们的共识。然而，这个共识并未见诸于具体的法律行动中。我国水土保持法虽几经发展，但水土保持法的本质并未发生改变，即以发挥水土资源的最大经济功用为第一要旨的价值取向没有动摇。考察我国各类水土保持法的立法宗旨、法律概念和具体制度的演进过程，水土保持法还未充分体现立法者对于水土生态价值的眷顾。由于立法理念上的缺陷，导致我国水土保持法受传统法思维的禁锢。事实上，在同一部水土保持法中，要同时兼顾两种矛盾的价值，即既重视水土的经济功能又同时保护水土的生态功能，是很难的。正由于受两种价值理念的羁绊，现行水土保持法对于水土流失的防治不力也在预料之中。在此背景下，与整个可持续发展的路子比较，我们认为，我国水土保持立法应该确定生态优先的价值理念，并以此来建立水土保持法的制度。我国水土保持法若不进行这样的价值理念的转型，其作为环境法的资格就会让人质疑。

　　第二，夯实义务本位理念。环境保护立法史表明，若因循传统法律之权利观念并以此来进行制度构建，终究摆脱不了权利主体之间利益博弈的窠臼。因此，逻辑地来分析，水土保持法应摆脱传统法律的权利本位束缚，落实义务为先的立法理念。前已述及，我国水土保持立法以义务为本位具有一定的条件和机遇。但是，面临的问题在于立法中如何落实义务本位理念。我们认为，首先，水土保持法应规定普遍的责任。因为水土是最主要的财富载体，所以人们普遍地都有利用它的欲望。因此，在中国境内的任何人、任何机关和组织都应该具有防治水土流失的义务。其次，应尽可能地将存在水土流失的土地都纳入水土保持法的防治对象。实践证明，水土流失一旦达到一定规模就很难恢复原状。因此，应防止过度利用对土地的破坏从而引起水土流失。最后，水土保持规划与其他专项规划，特别是土地利用规划，要保持

一致，尽可能地防止土地权利的滥用。事实上，在我国，由于监管不力，滥垦、滥伐、滥牧、滥开采等滥用土地权利的现象大量存在。因此，面对这种状况，水土保持法需要限权，对有些土地权利的行使应附加相关义务，不能因为有授权就可以在相关土地上为所欲为。而且，在水土规划中，应按照土地的功能划出不同的功能区并根据水土流失的程度来设置不同功能区上的权利内容，或限权、或禁止设权。

第三，转变执法理念。首先，应采取综合的执法模式，即将全国的水土保持执法权集中于一个部门，且该部门取得其他有权部门的执法权。现行水土保持法虽然将水土保持执法权力主要赋予了国务院水行政部门和县级以上人民政府的水行政部门，但是，也允许或默许了其他相关部门的执法权。这一授权模式必然造成多头执法的局面。国际经验和国内的实践都表明，只有尽可能地杜绝多头执法的现象，水土保持执法才能收到成效。其次，应在中央和地方分别设置水土保持议事协调机构。这既是水土保持工作的需要，也是许多发达国家在水土保持执法和实践上的成功经验。其实，早在《水土保持工作条例》中就做过这方面的尝试，但是实践中落实得不好，在以后的水土保持立法中也再没有坚持。[1] 现在，我们需要在水土保持法中重新作出这样的规定。最后，应重视诱导性、激励性的执法手段的应用。从现有的水土保持执法手段来看，我国基本上是以行政许可和处罚等传统执法手段为主。处罚措施主要是罚款、罚没和刑事处罚。这些处罚措施固然重要，然而它们在水土资源的保护过程中不可能独当一面。因为，水土资源，特别是生态比较脆弱的土地，一旦遭受破坏，非事后的惩罚能够弥补。目前，实践中，法律规范的一个发展趋势是，"在分析惩罚方式时不只将它们视为立法的后果或社会结构的表征，而是视为在其他行使权力方式的更普遍领域里具有自身特色的技术"，不应单纯限于其镇压效应和惩罚方面，而是将它们置于惩罚机制可能产生的一系列积极效应中[2]，即在惩罚时不要忽视规训手段

---

[1] 《水土保持工作条例》第 3 条规定："全国水土保持工作由水利电力部主管。并成立以水利电力部为主，有国家计划委员会、国家经济委员会、农牧渔业部、林业部参加的全国水土保持工作协调小组，以加强有关部门之间的联系，定期研究解决水土保持工作中的重大问题，做好水土保持工作。"

[2] ［法］米歇尔·福柯：《规训与惩罚》，刘北成、杨远婴译，生活·读书·新知三联书店 2007 年版，第 24—25 页。

的运用。根据水土保持预防为主、防治结合的原则，水土保持法的执法除了采用惩罚或处罚性质的手段和措施之外，更多需要诱导性、激励性的手段和措施。另外，由于水土资源的特殊性，水土保持执法的良好效果之途在于唤起公众的责任和良知，依赖社会的监督机制的完善。基于上述的认识，水土保持执法的措施和手段应包括综合决策类措施、直接管制类措施和间接诱导类措施。① 其中，综合决策类措施应包括许可、规划、审批等。直接管制类措施应包括监督、惩罚、检查、监测、恢复原状、补偿、停止违法行为等；间接诱导类包括行政合同、行政指导、行政奖励、环境协议、环境税等。

二、构建体系：水土保持法制建设的重点

法的体系通常指由一个国家的全部现行法律规范分类组合为不同的法律部门而形成的有机联系的统一整体。每一个完善的部门法都自成体系，而组成部门法的每一个分支法也应该有完善的体系。可见，不管法律部门还是每一个法律部门内部的分支法要自成体系，必须有一些同质的法律规范，而且这些同质的法律规范之间必须有一定的逻辑关系，否则就不可能形成有机联系的统一整体。水土保持法在环境法的体系中处于分支法的地位，它也应该有自己的体系。但是，目前，水土保持法还未形成自己的体系。之所以形不成体系，是因为之前水土保持法在环境法中的地位还不确定。学者们目前将水土保持法要么认定为资源保护法，要么认定为生态保护法。我们在前面的论述中，也已经认定水土保持法为环境退化防治法，是环境退化防治法的一个支系统。因此，就应该按照环境退化防治法的思路来构建水土保持法的体系。

第一，纵向上按照立法的效力层次思路来构建水土保持法的体系。宪法是制定环境法的依据，因此，宪法关于环境保护的规定是水土保持法的母法。目前，我国的水土保持法以部门规章居多，而全国人大及全国人大常委会制定的水土保持法律却很少。其中，水土保持法律只有一部，即《水土保持法》，地方性的水土保持法规多是《水土保持法实施办法》，国务院没有制定水土保持行政法规。作为环境退化防治法的支系统，应是由不同效力

---

① 罗熹：《水土保持基本法律制度研究》，中国政法大学研究生院 2008 年硕士论文，第 20 页。

层次的法律规范组成的有机整体。然而，目前，行政法规缺位，地方性的规范性法律文件也甚少。因此，从法律效力层次上来构建水土保持法的体系首先要丰富法律、行政法规的内容，同时应注重地方性的规范性法律文件的制定。

第二，横向上按照基本法和单行法的思路来构建水土保持法的体系。从基本法与单行法关系的角度来看，《水土保持法》具备基本法的作用。但是，在我国，除了《水土保持法》之外，还不存在水土保持单行法。因此，作为起统率作用的《水土保持法》并没有单行法可以统率，这不能不说是水土保持立法的一大缺憾。而实践中，并非不需要水土保持单行法，相反，水土保持工作迫切需要相关单行法来规范。因为《水土保持法》基本法的地位注定了它的规定大部分只能是统括性的、原则性的，不可能面面俱到、事无巨细。《水土保持法》这一作为基本法的"缺陷"需要单行法来弥补。从立法和实践的角度来看，目前我国在以下领域具有制定水土保持单行法的需求和可能。其一，针对一些重点流域和重点地域可以制定水土保持专门法。例如，《长江法》、《黄河法》、《黄土高原水土保持法》等。其二，在制度方面可以制定《水土保持标准化法》；其三，基于环境规划在水土保持工作中的独特价值，在《水土保持法》作出统括性规定的基础上，可以制定《水土保持规划法》。

第三，从宏观和微观上构建水土保持法的制度体系。做好水土保持工作，调查统计是前提，规划许可是关键，监督监测是手段，问责是保障。因此，水土保持立法的重点是：确立水土保持调查统计的法律地位，注重调查统计，强化监测意识，提高监测能力；细化规划程序并和经济发展规划及其他专项规划结合，杜绝制度之间的冲突；形成内在的责任体系，责任不仅要完善还要具体，需要和具体的主体和事项对应起来。为此，首先，要从宏观上理顺基本原则和一般原则、基本制度和主要制度的关系；其次，要改造现有制度，探索新制度，制定水土保持标准制度；最后，要完善保障制度，不断加强综合手段的运用，加强监督监管制度的创新、完善责任制度体系。

三、提高地方立法的实效：水土保持法制建设的基石

在我国，水土流失具有广阔性、全局性。引起水土流失的原因中有自然

的因素也有人为的因素，但人为的因素占主要成分。实践中，由于有自然的因素在里边，即使人为因素引起的水土流失也往往冠冕堂皇地被归咎于自然因素上。另外，水土流失不同于污染问题、生态破坏和资源问题，往往具有很大的主观性和隐蔽性。这要求水土保持工作要做到细致、深入实际，要重视地方水土保持立法质量的提升。

第一，从水土保持的实践来看，地方是水土保持的主阵地，地方政府及组织是水土保持工作的先锋。因此，地方政府及组织应该是水土流失治理的主要责任者，他们相关责任的落实决定着全国水土流失治理的成效。从立法的角度，地方在水土保持工作中的地位及地方政府的责任需要在地方的水土保持立法中体现出来。这既是地方的一项权利，也是健全水土保持法责任体系的基本要求。

第二，《水土保持法实施办法》是地方落实《水土保持法》的最主要立法形式，在《水土保持法》的实施过程中具有举足轻重的地位。没有实施办法类的水土保持法，《水土保持法》就不可能得到全面落实，也不可能做到因地制宜。另外，地方制定实施办法不是机械地执行上位法的规定，其过程也是一个创新，要考虑地方的实际情况，要调查研究。因此，实施办法的质量某种程度上决定着《水土保持法》的实施效果。

第三，地方各级人民政府及水土保持主管部门发布的有关水土保持工作的规范性法律文件对于水土保持工作会产生很大的影响。一般地，这些规范性法律文件除了细化和落实上位法的要求外，相当一部分内容涉及的是关于地方提供人力、物力、财力、技术等保障性措施的规定。因此，虽然它们的立法效力层次较低，但是，它们无疑是水土保持工作取得成效的最实用的保障。

第四，就制度执行而言，水土保持法的基本制度和主要制度都依赖于地方来执行，都要求地方有完善的执行程序来保障。这个执行程序除了宏观法的指引外，还需要地方立法来细化，做到有法可依。总体上来看，水土保持工作中的调查机制、监督机制、议事协调机制、问责机制、监测等机制的建立和完善都需依赖于地方立法来推进。

然而，纵观我国的地方水土保持立法，与上述要求并不相符，还存在诸多问题。一是对地方政府和组织的水土保持责任规范不多；二是缺乏动态的

监督；三是立法质量不高，配套的措施不具体、没有指标，可操作性不强；四是除实施办法外，对其他规范性法律文件的制定不重视，立法数量有限。

由于上述原因，目前，我国地方水土保持立法的优势及通过这种优势而应该发挥出的积极作用不能表现出来。近年来，我国水土保持立法方面的一个趋势是，往往忙于国家层面的立法却疏于地方立法，忙于国家法质量的提高却疏于地方法质量的提升。就地方水土保持立法来看，在有些方面，不仅立法数量有限而且质量不高；而在有些方面，片面追求立法数量的同时却忽视了立法质量的提高。这两方面的问题都说明在水土保持立法上，地方立法机关的立法积极性不高或者不重视立法质量的提高。因此，针对地方水土保持立法现状，我们认为，应加大对地方水土保持立法工作的考核和监管。一方面，必须将地方立法机关、地方政府的水土保持立法工作纳入考核机制中；另一方面，对地方水土保持立法质量的监督要实现从静态到动态的转变。目前，总体上看，我们对于整个地方立法还处于静态监督，即纸面上的监督。一般情况下，对于地方法律文件的质量及效力，只有在特定的诉讼程序中有当事人提出质疑时才有可能被审查。否则，便无人问津。因此，静态监督只是一种被动监督，不能实现对地方立法质量的评估。鉴于此，为了提高地方水土保持立法的实效，就有必要设置一种动态监督机制。

四、培养政府决策者的忧患意识和责任感：水土保持法制建设的永恒主题

环境治理的实践表明，人为因素导致的环境问题，特别是重大的环境事故背后或多或少都与政府决策者的忧患意识和责任感不强有关系。一个没有忧患意识和责任感的政府决策者如果他眼中只有政绩和本地的小区域利益，他就不可能担当起对国家及公众的环境责任。水土流失的严峻形势反证了政府也可能是导致水土流失的始作俑者，而水土保持工作的特性也决定了政府是水土保持工作的领导力量。在此意义上，水土保持法如何设置相关制度及约束机制来增强政府决策者的忧患意识及责任感应该是任何类型的水土保持立法的一个永恒主题。

政府在水土保持工作中的两面性表明，政府的决策者在水土保持工作中的责任异常重大。如果政府决策者缺乏一定的忧患意识和责任感，他们的意

志和决策给水土保持工作会带来很大的负面影响。其一，政府决策者会影响到水土保持立法、执法、司法工作。政府决策者的水土保持意志往往会上升为水土保持法律意志，进而转化为各种水土保持法律规范。由于法律规范非经法定程序一般不得随意停止执行，所以，一旦政府决策者缺乏责任感，那么基于他的意志所制定的水土保持法就会有缺陷，这时，损害的发生可能就难以避免。另外，如果缺乏责任感，在相关监督机制缺位或失灵的情况下，政府决策者就有机会干涉水土保持执法和司法工作，使本该被实施的水土保持法得不到实施或实施不到位，使本该通过司法途径可以弥补的损失无法得到弥补。其二，政府决策者的行为会影响公众对水土保持工作的信念。对公众而言，占有一定的土地并对其拥有一定的开发权利是获取经济财富的重要方式，因而对土地数量的争夺历来都很激烈。除了自然因素之外，人们争夺激烈的地方往往最终会演化为水土流失最为严重的区域。当然，对于一个没有忧患意识和责任感的政府决策者而言，他不仅对自然的水土流失问题不予治理，而且对于人为的水土流失也会缺乏一定的高瞻远瞩能力。这时，政绩观念、地方利益观念驱使他必须介入到这种经济财富的争夺战中。因此，公权与私权、公权之间的利益博弈会一幕幕上演，久而久之，公众就会对水土保持工作失去信念。

目前，在我国很多地方，水土流失形势异常严峻，而决定水土保持工作成败的权力和资源大部分掌握在政府手里。从规划、许可、审批到监测、监督和处罚，政府都处于主导地位。政府的决策者是政府的代表，他们往往决定着本地水土保持工作的方向和具体事项。那么，我们该不该质问这些地方政府的决策者们，为何在他们治理的区域，水土流失会越来越严重呢？这里面固然有许多客观的因素，但是政府决策者难辞其咎。而导致政府决策者决策失误的诱因是决策者普遍缺乏对水土流失的忧患意识及对国家和公众的责任意识。对大部分决策者而言，这种忧患意识和责任感的培养可能更多需要借助于法律制度的力量。当前，在我国，这样的法律制度还比较稀缺，监督机制还不完善，对政府及官员的考核机制还不科学。因此，面对此状况，水土保持法需要设置相关的监督制度、规定严格的责任并科学地设置政府及官员的考核制度，以此来激励或约束政府决策者的行为，增强他们对水土流失问题的忧患意识，加强其对国家和公众的水土保持责任感。若此，水土保持

工作才能收到实效。

五、国际合作：水土保持法制建设的新课题

　　水土流失是一个全球性的环境问题，每个国家都不同程度地存在。因此，建立水土保持国际合作交流机制很有必要。目前，在国际上成立了国际水土保持组织①，定期召开国际水土保持大会（ISCO）②。另外，地方政府间和民间的水土保持交流合作也取得了很大的进展。但是，水土保持领域的这种合作和交流成果还未上升到国际法的层面，充其量算作一些共识，而且合作的范围非常有限，主要是技术、资金层面的，缺乏法律机制的宏观指引和规范。这些局限性决定了目前水土保持国际合作的形式只能是建立一些松散型和临时性的沟通机制。而这些机制在促进水土保持合作的规模、范围和影响力上都非常有限，更谈不上对国际水土保持立法产生巨大的推动力。国际立法实践表明，没有政府主导的国际合作事务，其开展的速度注定是迟缓的。随着全球环境的恶化，环境保护的国际合作逐步向纵深的方向展开，水土保持方面的国际合作已经成为一个需要国际立法来予以应对的新课题。从我国参与水土保持的国际合作情况看，新中国成立后至今，我国积极参与了一些水土保持国际合作活动，取得了很大成果。目前，我国已同 60 多个国家和地区建立了多边或双边性的水土保持合作关系，同 40 多个国家或国际组织签署了水土保持方面的合作谅解备忘录和协议，成功举办了第 12 届国际水土保持大会。从水土保持的国际合作中我们也了解到了它国的水土保持工作情况，特别是一些国家在水土保持领域的立法经验很值得借鉴③。但是，我国从水土保持基本法到法规、规章都未涉及水土保持国际合作这个主题。在当代，国家的国际责任是多方面的，其中，环境责任的担当是一个很

---

　　①　根据 1983 年国际水土保持大会的决议成立，主要特色是非正式的机构，它没有正式的"宪章"、"规章"和会费。该组织的主要责任归于承办和组织会议的国家、机构和个人，包括指定首席主办者为现任主席。

　　②　一般每两年举办一届，国际上将其比喻为水土保持奥林匹克会议，是水土保持最高规格的国际会议。第一届 ISCO 于 1978 年在比利时召开，近几年会议规模逐渐扩大，会议代表 800 人左右，来自 150 多个国家和地区。

　　③　例如，美国注重依法推进小流域治理，澳大利亚注重依法协调土地保育，印度注重依法保障水土流失观测，日本注重依法管理砂防事业。

重要的方面，成为国家的国际环境责任。水土流失防治责任是任何有远见、有责任国家不得不面对的一个新课题。中国作为国际舞台上发挥重要作用的大国，不仅有防治本国水土流失的责任，也有积极推动国际水土保持立法的使命。目前，在国际环境法领域，已经有一些成熟的国际合作经验可循。不仅有具体的合作依据，而且也已确立了合作的原则、内容和形式，还有保障性的法律措施。在国际环境法领域，国际合作的依据是相关国家共同参与制定的国际环境法律文件。在合作的原则方面，主要是共同但有区别的责任。从合作的内容来看，主要是治理技术、人才交流、资金扶助和信息资源共享等方面。对于国际环境法的执行，主要是承认相关国际环境法在国内的效力。

　　因此，我们认为，水土流失防治的任务要求国际社会建立普遍的合作机制，尽量减少合作的政策壁垒并依靠水土保持国际法来规范。中国是世界上水土流失严重的国家之一，在水土保持国际合作方面应表现出积极的姿态。首先，要积极地参与国际水土保持立法活动，推动建立国际性的水土保持法律框架的步伐；其次，应自觉地完善国内法，认真落实一些水土保持国际共识，广泛吸收他国先进的水土保持工作经验，夯实国家在防治水土流失方面的义务。

第三章　环境标准制度建设

在现代法律体系中，环境法的科学技术性最为明显。环境关系是以自然环境为中介的社会关系，环境法对环境关系的调整必须遵循自然生态规律，依靠科学的手段、方法和成果，从而体现出鲜明的科学技术性的特点。环境法的科学技术性典型地体现在环境标准这样一种技术性规范在环境法中的大量应用。"环境保护规划、计划的制订，环境保护法律、法规的实施，都需要以通过一些具体数字、指标等量化的环境标准为依据。"[①] 环境标准是环境法制建设的基础，环境立法、执法、司法和守法都有赖于环境标准制度的建立。

第一节　环境标准在环境保护中的意义

标准一般指"衡量事物的准则"，"本身合于规则，可供同类事物比较核对的事物"[②]。标准的英语单词是standard，是规格、水准、准则的意思。一般而言，环境标准是指由特定的国家机关按照法定的程序，在综合考虑本国自然环境特征、科学技术水平和经济条件的基础上，对环境要素间的配比、布局和各环境要素的组成以及进行环境保护工作的某些技术要求加以限

[①]　韩广、杨兴、陈维春等：《中国环境保护法的基本制度研究》，中国法制出版社 2007 年版，第 376 页。

[②]　范庆华：《辞海》，黑龙江人民出版社 2002 年版，第 69 页。

定的技术规范。《中华人民共和国环境保护标准管理办法》第三条规定：
"环保标准是为保护人群健康、社会物质财富和维持生态平衡，对大气、
水、土壤等环境质量，对污染源、监测方法以及其他需要所制订的标准。环
保标准包括环境质量标准，污染物排放标准，环保基础标准和环保方法标
准等。"

　　环境标准是保护环境的重要工具，是环境保护法体系的重要组成部分，
在环境保护工作中发挥着十分重要的作用。"环境标准在加强环境监督管
理、控制环境污染和破坏、改善环境质量和维护生态平衡等方面具有重要意
义。"① 环境标准是环境保护规划和计划的重要依据，是实施环境法律法规
的基本保证，是强化环境监督管理的核心。

一、环境标准是立法机关制定环境法律规范的依据

　　法治建设的首要环节是"有法可依"。具体到环境保护领域，环境保护
事业需要立法机关制定完善的环境保护法律规范体系。立法机关制定环境保
护法律、法规，其立法目的是为了保护人类的健康，维护生态平衡，促进人
与自然的和谐关系。但究竟什么样的环境才能保护人类的健康？什么样的环
境才能维护生态平衡？这就需要依靠环境标准来确定。立法机关并不需要在
环境保护法律、法规中规定"良好环境"的具体指标，而只需要规定公民、
法人或其他组织应当遵守国家和地方环境标准即可。立法机关往往依据环境
质量标准和污染物排放标准等环境标准，设置环境法律规范中的行为模式和
法律后果，用以对社会主体的行为进行规范和指引，最终达到保护环境、保
护人类健康的目的。例如《大气污染防治法》的立法目的是"防治大气污
染，保护和改善生活环境和生态环境，保障人体健康，促进经济和社会的可
持续发展"，该法第四十八条规定："违反本法规定，向大气排放污染物超
过国家和地方规定排放标准的，应当限期治理，并由所在地县级以上地方人
民政府环境保护行政主管部门处一万元以上十万元以下罚款。"该条款认定
排污行为违法的依据是有关大气污染物国家和地方排放标准，并规定了超标
准排放大气污染物的法律责任，即承担限期治理和行政处罚的法律责任。

---

　　① 韩德培主编：《环境保护法教程》（第四版），法律出版社 2003 年版，第 102 页。

除环境保护法律规范的制定以外，政府机关制定环境保护规划也要以环境标准为依据，环境保护规划中的一系列环境目标和指标就是以环境标准来表示的。"我国环境质量标准就是将环境规划决策目标，根据环境组成要素和控制项目在时间上和空间内予以分解并定量化的产物，因而它是具有明显的阶段性和区域性特征的规划指标。污染物排放标准则是根据环境质量目标要求的规划措施，按照污染控制项目进行分解和定量化，它也是具有明显的阶段性和地域性特征的控制措施指标。"① 通俗地讲，环境规划就是在什么地方到什么时候达到什么标准。通过环境标准提供可列入国民经济和社会发展计划中的具体环境保护目标，为环境保护规划切实纳入各级国民经济和社会发展计划创作了条件，增强了规划的可执行性；同时也为其他行业部门提出了环境保护具体指标，有利于其他行业部门在制定和实施行业发展计划时协调行业发展与环境保护工作的关系。

二、环境标准是行政机关管理环境事务的依据

环境行政管理是现代国家的一项基本职能，环境保护行政主管机关采用行政、经济、法律、科技、教育等各种手段，对影响环境的行为活动进行规范、调整和监督。行政机关进行环境管理，贯彻执行环境保护法律法规，需要有一个定量的尺度，而环境标准则提供了这样一个尺度。环境标准的法律意义更多地体现在环境行政管理上，它是环境法的核心制度和环境行政的重要组成部分。

环境标准由一系列具体的数据、指标及相关技术规范组成，是特定条件下特定主体所应当遵守的行为规则与尺度。从其功能看，环境标准的作用主要在于将环境法律规则所规定的主体行为要求进一步细化与数量化，使其具有可操作性。在这个意义上，环境标准是国家实现环境资源管理的辅助性工具，对特定主体所为的、可能对环境产生不利影响行为的一种指引或强制性要求。虽然环境标准自身并不包含对于违反标准的行为的制裁性条款，环境标准自身也没有规定违反标准应当承担的法律责任，但环境行政执法机关可以结合相应的环境法律、法规对违反环境标准的行为进行制裁，追究违反环

---

① 韩德培主编：《环境保护法教程》（第四版），法律出版社 2003 年版，第 125 页。

境标准者的法律责任。环境标准作为一种特殊的行为规范，它是对社会组织和个人的行为进行数量上的限定和要求，是抽象法律规范的具体化，因而也更具可实施性，使得环境行政更易展开。环境标准成为严格环境执法、追究环境行政法律责任的重要依据。

环境标准主要是环境行政机构进行环境行政管理的科学依据和技术手段，是环境执法判定违法性的依据。行政相对人违反环境标准的行为构成行政违法；而行政主体超越环境标准的管理行为同样属于违法行为。环境标准的实施是政府环境行政职责的一部分，同时它也引导了政府其他环境行政活动的开展。许多重要环境法律制度的运行是建立在环境标准有效实施的基础上的，例如征收超标排污费、建设项目环评、"三同时"验收、环境监测的开展等等都无不以环境标准为基础和重要前提。可见，环境标准的作用贯穿整个环境行政过程，从环境行政目标的确定到实施、再到环境违法的纠正与责任的追究，环境标准法律意义在环境行政中可谓体现得既全面又彻底。

《中华人民共和国海洋环境保护法》第七十三条第（二款）规定：不按照本法规定向海洋排放污染物，或者超过标准排放污染物的，处二万元以上十万元以下的罚款。海洋行政执法机关在认定任何单位或个人行为构成违法，首先需要根据《海水水质标准（GB 3097—1997）》、《污水综合排放标准（GB 8978—1996）》、《海洋石油开发工业含油污水排放标准（GB 4914—85）》、《船舶工业污染物排放标准（GB 4286—84）》、《船舶污染物排放标准（GB 3552—83）》、《近岸海域环境功能区划分技术规范（HJ/T 82—2001）》等环境标准认定单位或个人超标排污，然后结合海洋环境保护法等法律、法规对违法者进行处罚。

三、环境标准是司法机关定案的依据

在日常的社会生产和生活中，自然人、法人或其他组织难免会因污染物的排放或其他环境侵权行为而发生纠纷，一方当事人可以因此诉诸法院要求赔偿。此外，在一些环境污染事件中，尽管没有具体的民事主体的权益受到直接的侵害，但造成环境损害的主体也可能作为环境公益诉讼的被告而被诉至法庭。《侵权责任法》第六十五条规定："因污染环境造成损害的，污染者应当承担侵权责任。"法院如何认定当事人的行为构成"污染环境"，将

成为整个诉讼的关键。只有认定构成"污染环境"的，污染者才承担相应的法律责任。如果不能认定当事人的行为构成"污染环境"，则当事人不承担法律责任。环境质量标准是判断排污者是否应承担法律责任的依据，也是确认环境是否已被污染的根据。如果法院经审理查明，一方当事人排放污染物超过国家或地方标准，在污染者不能证明自己存在"法律规定的不承担责任或者减轻责任的情形及其行为与损害之间不存在因果关系"的情形，那么依据《侵权责任法》第六十六条规定的"举证责任倒置原则"，污染者应当承担相应的法律责任。即使排放污染物的浓度符合国家和地方排污标准，但如果某一地区环境中的污染物排放使得该地区的环境质量达不到环境质量标准，污染物的排放者也应承担相应的法律责任。

污染物排放标准是为污染源规定的最高容许排污限额，是确认某排污行为是否合法的根据。而环保基础标准和环保方法标准是环境纠纷中确认各方所出示的证据是否为合法证据的根据。在环境纠纷中，争执双方当事人为了证明自己主张的正确，都会出示自己的"证据"。确认这些"证据"是否合法有效，就成了解决环境纠纷的先决条件。只有按照环保基础标准和环保方法标准得出的数据和证据才是合法的，才能作为法庭定案的依据。例如，只有按照《水质自动采样器技术要求及检测方法（HJ/T 372—2007）》获取的水质样本，才能作为检测样本，才能作为定案的依据。

四、环境标准是守法者自觉遵守环境法律、法规的依据

良好的环境需要全社会的公民、法人和其他组织共同维护，而环境保护法律、法规只要在广大社会主体主动遵守的情况下才能取得良好的社会效果，只靠强制力才能发生效力的法律规范注定因执法成本高昂而失败。对于从事生产的企业而言，环境标准尤为重要。企业从事生产，无法避免向环境排放污染物，在企业主动遵守环境标准的情况下，企业可以避免因违法排污而承担的巨额罚款等额外成本。根据环境标准，企业可以选择符合国家产业政策的投资方向，积极采用资源利用率高、污染少的生产工艺，从而抢占市场份额，甚至可以得到国家某些政策上的优惠。企业还可以依据环境标准判定污染治理的效果，检验执行国家环境保护法律法规的情况。在企业受到环境行政处罚时，掌握了环境标准，就可以知道受到的处罚是否合法，从而依

据环境标准维护自身的合法权益。

环境标准使得守法者对于环境守法目标更为明确，减少了守法信息成本，从而使主动守法的效益更高。而社会组织和个人主动守法的增多，也意味着违法现象的减少，相应也会降低环境行政主管部门执法的成本，提高政府机关环境保护的效率，这些都是对环境保护事业的推动。

五、环境标准是防止发达国家污染转嫁的有效屏障

环境保护已经成为全世界共同的目标，无论是发达国家还是发展中国家都不能置身事外。发达国家环境保护意识日益增强，环境保护标准严格，污染产业以及污染物的处置非常困难，费用高昂，而发展中国家普遍存在环境保护意识低，环境保护标准低的情况。发展中国家经济发展水平低，希望吸引更多的外资发展经济，而对外资带来的污染问题往往不能给予充分的重视，致使发达国家常常把一部分国内已经被淘汰、高能耗、高污染的产业转移到发展中国家。

作为发展中国家，中国也未能例外。改革开放以来，我国一直积极吸引外资。外商投资企业对我国经济发展起了较大的促进作用，但一些外商也将淘汰的技术、设备、生产工艺、危险废物等转移到我国，严重污染了我国某些地区的环境。虽然这些地区的经济得到一定程度的发展，但从长远看，环境恶化所产生的负面影响可能会远远大于短期的经济效益。因此，通过制定严格的环境标准，特别是借鉴发达国家制定的同类环境标准，推动行业、产业结构的调整和技术进步，防止境外污染向我国转移，维护我国环境权益。

第二节 环境标准与环境标准法的历史发展

我国的环境保护事业起步较晚，环境标准与环境保护事业几乎是同时产生、共同发展的。随着我国环境标准的数量不断增多、体系不断完善，环境标准法制建设也取得了一定的成就。环境标准法律制度成为完善我国环境标准体系建设的坚实基础。

一、环境标准的产生与发展

（一）环境标准的产生

新中国成立之后，环境保护事业没有受到应有的重视，导致在局部区域产生自然环境的污染和破坏的现象，有关政府部门开始对环境事务进行管理。我国政府于 1956 年颁布《工业企业设计暂行卫生标准》，这是我国颁布的第一个环境标准。接着我国先后颁布《生活饮用水卫生规程》、《放射性工作卫生防护暂行规定》、《污水灌溉农田卫生管理试行办法》等文件。这些文件只是对一些环境要素的质量标准作了比较简单而又抽象的规定，环境标准的概念还没有真正形成。

1973 年全国环境保护会议筹备小组办公室组织当时的国家基本建设委员会、农林部、卫生部、燃料化学工业部、冶金工业部、轻工业部、水利电力部、中国科学院和北京市、上海市、黑龙江省、吉林省等的有关单位，共同编制了我国第一个正式的环境保护标准——《工业"三废"排放试行标准》，并提交 8 月召开的第一次全国环境保护会议进行讨论。同年 11 月 17 日，该标准由国家计划委员会、国家基本建设委员会、卫生部颁布（标准编号：GBJ4—73），自 1974 年 1 月 1 日起实施。后来还相继颁布《生活饮用水卫生标准》、《渔业用水标准》、《工业企业设计卫生标准（修订）》等环境标准。当时，我国尚未对环境保护立法，因此该标准开创了我国环境标准工作的先河，为我国新生的环保事业提供了执法和管理的技术依据。

（二）环境标准的发展

环境标准作为我国环境保护领域的新生事物，自产生以来，伴随着我国环境保护法制的发展而发展，其发展历程大体可以分为三个阶段：20 世纪 80 年代是第一个阶段，起源于《环境保护法（试行）》的颁布；20 世纪 90 年代是第二个阶段，起源于《环境保护法》颁布实施；21 世纪初至今是第三阶段，起源于《大气污染防治法》颁布实施。

第一阶段：20 世纪 80 年代

1979 年 9 月，第五届全国人大常委会第十一次会议通过《中华人民共和国环境保护法（试行）》。该法对环境标准的制定、审批和实施权限等内容作了规定，使环境标准成为环境保护的重要工具，环境标准有了法律上的

保证。进入 80 年代以来，环境保护行政主管部门开始制定大气、水质和噪声等环境质量标准及钢铁、化工、轻工等 40 多个国家工业污染物排放标准。80 年代中期配合环境质量标准和污染物排放标准制定了相应的方法标准和样品标准。

由于 80 年代我国对环境保护事业还没有给予充分的重视，包括环境标准在内的环境保护手段还处于进一步的摸索当中，整个 80 年代制定的环境标准数量不多，而且主要集中在污染物排放标准，环境质量标准非常少。至今还继续有效的环境质量标准仅有《渔业水质标准（GB 11607—89）》（发布日期：1989 年 8 月 12 日；实施日期：1990 年 3 月 1 日）。

值得注意的是，20 世纪 80 年代我国对核辐射与电磁辐射环境保护标准比较重视，先后制定了一系列相关的环境标准，至今还继续有效的仍有 28 个，占全部有效标准的 45.9%，例如《建筑材料用工业废渣放射性物质限制标准（GB 6763—86）》（发布日期：1986 年 9 月 4 日；实施日期：1987 年 3 月 1 日）。

第二阶段：20 世纪 90 年代

经过 10 年的环境保护法制建设的实践，我国已经积累了丰富的环境保护经验，国家在努力发展经济的同时，积极探索符合中国国情的环境保护方式、方法。第七届全国人民代表大会常务委员会于 1988 年 12 月通过《中华人民共和国标准化法》，接着于 1989 年 12 月通过《中华人民共和国环境保护法》，这为我国环境标准的建设提供了科学的法律依据，环境标准迎来了快速发展时期。

这一时期不仅污染物排放标准继续大量制定，重要的环境质量标准也相继制定。如现行有效的 5 个水环境质量标准中，有 3 个是 90 年代制定的，分别是《海水水质标准（GB 3097—1997）》、《地下水质量标准（GB/T 14848—93）》、《农田灌溉水质标准（GB 5084—92）》；现行有效的 3 个大气环境质量标准中，有 2 个是 90 年代制定的，分别是《环境空气质量标准（GB 3095—1996）》、《保护农作物的大气污染物最高允许浓度（GB 9137—88）》；现行有效的 3 个声环境质量标准中，有 2 个是 90 年代制定的，分别是《机场周围飞机噪声环境标准（GB 9660—88）》、《城市区域环境振动标准（GB 10070—88）》。

20世纪90年代制定、至今继续有效的环境标准约215个，占现行有效的环境标准的22.7%。到90年代末期，我国的环境标准体系初具规模，各种环境标准在环境保护事业中发挥重要作用。

第三阶段：21世纪初至今

进入21世纪之后，我国的经济发展已经取得巨大的成就，但许多地区的环境却日益恶化，环境保护与经济发展的矛盾始终存在。为了贯彻可持续发展战略，保障人体健康，促进人与自然的和谐关系，根据前20年环境保护的经验和教训，国家立法机关开始修改已经颁布实施的单行环境保护法律、法规，环境标准也进入一个新的历史阶段。

2000年4月，第九届全国人大常委会第十五次会议修改了《中华人民共和国大气污染防治法》，贯彻了"超标即违法"的思想，进一步明确了环境标准的法律地位。国家环境保护行政主管机关联合质量技术监督机关等部门，制定并发布众多的环境标准，共计约700个环境标准，占全部有效环境标准的74%。环境保护行政主管机关根据环境标准内容的不同，将环境标准分为水环境保护标准、大气环境保护标准、环境噪声与振动标准、土壤环境保护标准、固体废物环境标准、核辐射与电磁辐射环境保护标准、生态环境保护标准和其他环境保护标准等类别，每一类别的环境标准又包含着许多具体的标准。截至2010年年底，现行有效的国家环境标准达到945项，我国已经基本形成比较完善的环境标准体系。

二、环境标准法制建设的历史进程

（一）《中华人民共和国环境保护法（试行）》

1979年9月，第五届全国人大常委会第十一次会议原则通过《中华人民共和国环境保护法（试行）》，明确了环境标准的制定、审批、实施权限，使环境标准成为环境保护的重要工具，环境标准有了法律上的保证。

《环境保护法（试行）》第十八条规定："加强企业管理，实行文明生产，对于污染环境的废气、废水、废渣，要实行综合利用、化害为利；需要排放的，必须遵守国家规定的标准；一时达不到国家标准的要限期治理；逾期达不到国家标准的，要限制企业的生产规模。超过国家规定的标准排放污染物，要按照排放污染物的数量和浓度，根据规定收取排污费。"第十九条

规定："一切排烟装置、工业窑炉、机动车辆、船舶等，都要采取有效的消烟除尘措施，有害气体的排放，必须符合国家规定的标准。"第二十条规定："排放污水必须符合国家规定的标准。"这些条款使环境标准成为任何排污企业必须遵守的法律规范，也使环境标准成为环境保护行政主管机构环境执法的重要依据，是构建我国环境标准法律体制的重要里程碑。

《环境保护法（试行）》第二十六条规定国务院设立环境保护机构，主要职责包括"会同有关部门拟定环境保护的条例、规定、标准和经济技术政策"。第二十七条规定省、自治区、直辖市人民政府设立环境保护局，市、自治州、县、自治县人民政府根据需要设立环境保护机构。地方各级环境保护机构的主要职责包括"拟定地方的环境保护标准和规范"。这些条款将环境标准分为国家环境标准和地方环境标准，国家环境标准由国务院设立的环境保护机构负责拟定，地方环境标准由地方环境保护机构负责拟定。

尽管《环境保护法（试行）》对环境标准的作用、制定的体制作了规定，但规定的比较简略，环境标准法制建设才刚刚起步，环境标准的种类和数量也比较少，环境标准在环境保护中还没发挥应有的作用。

从 1981 年起，国家标准总局决定将环境保护标准从工程建设标准口分出，改由国务院环境保护领导小组负责归口管理。自此环境标准工作开始阔步前进，有关大气、水质、噪声、固体废物等污染排放标准以及钢铁、化工、轻工等 40 多个国家工业污染物排放标准陆续出台。此阶段国家环境标准的立项，批准发布由环保部门单独管理，国家技术监督局对环境标准的计划、发布均不参与，只负责编号。

（二）《中华人民共和国标准化法》

1988 年 12 月 29 日第七届全国人民代表大会常务委员会第五次会议通过《中华人民共和国标准化法》，自 1989 年 4 月 1 日起施行。

《标准化法》是我国在各行各业建立标准体系的一部综合性法律，其中第二条规定"有关环境保护的各项技术要求和检验方法"应当制定标准，从而将环境标准纳入国家整体的标准体系之中。

《标准化法》第五条规定，国务院标准化行政主管部门统一管理全国标准化工作。国务院有关行政主管部门分工管理本部门、本行业的标准化工作。省、自治区、直辖市标准化行政主管部门统一管理本行政区域的标准化

工作。省、自治区、直辖市政府有关行政主管部门分工管理本行政区域内本部门、本行业的标准化工作。市、县标准化行政主管部门和有关行政主管部门，按照省、自治区、直辖市政府规定的各自的职责，管理本行政区域内的标准化工作。该条款设立了我国标准化工作的管理体制，具体到环境标准领域，由国务院技术监督局统一管理包括环境标准在内的全国标准化工作，由国务院环境保护行政主管部门管理环境标准的具体工作。自 1989 年 4 月 1 日《标准化法》颁布实施之后，环境标准的审批、发布由国家技术监督局与国家环保局联合发布。

《标准化法》第六条规定："对需要在全国范围内统一的技术要求，应当制定国家标准。国家标准由国务院标准化行政主管部门制定。对没有国家标准而又需要在全国某个行业范围内统一的技术要求，可以制定行业标准。行业标准由国务院有关行政主管部门制定，并报国务院标准化行政主管部门备案，在公布国家标准之后，该项行业标准即行废止。对没有国家标准和行业标准而又需要在省、自治区、直辖市范围内统一的工业产品的安全、卫生要求，可以制定地方标准。地方标准由省、自治区、直辖市标准化行政主管部门制定，并报国务院标准化行政主管部门和国务院有关行政主管部门备案，在公布国家标准或者行业标准之后，该项地方标准即行废止。"该条规定将标准分为国家标准、行业标准和地方标准三种类型，并规定三种标准的制定主体和效力等级，即国家标准效力最高，行业标准次之，地方标准效力最低，效力高的标准制定后，效力低的标准即行废止。在环境标准领域，也存在国家环境标准、行业环境标准和地方环境标准的分类。

《标准化法》第七条规定："国家标准、行业标准分为强制性标准和推荐性标准。保障人体健康，人身、财产安全的标准和法律、行政法规规定强制执行的标准是强制性标准，其他标准是推荐性标准。"第十四条规定："强制性标准，必须执行。推荐性标准，国家鼓励企业自愿采用。"该条按照标准是否具有强制性将标准分为强制性标准和推荐性标准，其中强制性标准是相关主体必须执行的标准，而推荐性标准不具有强制力，相关主体可以自行选择是否执行。

（三）《中华人民共和国环境保护法》

1989 年 12 月 26 日第七届全国人民代表大会常务委员会第十一次会议

通过并实施《中华人民共和国环境保护法》。《环境保护法》是在《环境保护法（试行）》实施 10 年之后，立法机关在总结环境保护法制建设经验的基础上制定的，反映了当时我国环境法制建设的最高水平。鉴于《标准化法》刚刚实施，作为环境保护的重要工具，环境标准在这部法律中得到充分的重视，环境标准法制建设取得重大成就。

《环境保护法》第九条规定："国务院环境保护行政主管部门制定国家环境质量标准。省、自治区、直辖市人民政府对国家环境质量标准中未作规定的项目，可以制定地方环境质量标准，并报国务院环境保护行政主管部门备案。"第十条规定："国务院环境保护行政主管部门根据国家环境质量标准和国家经济、技术条件，制定国家污染物排放标准。省、自治区、直辖市人民政府对国家污染物排放标准中未作规定的项目，可以制定地方污染物排放标准；对国家污染物排放标准中已作规定的项目，可以制定严于国家污染物排放标准的地方污染物排放标准。地方污染物排放标准须报国务院环境保护行政主管部门备案。凡是向已有地方污染物排放标准的区域排放污染物的，应当执行地方污染物排放标准。"

这两条规定了国家环境质量标准和污染物排放标准由国务院环境保护行政主管部门制定，而非国务院标准化行政主管部门制定。地方环境质量标准和地方污染物排放标准限于省、自治区、直辖市人民政府制定，其他各级、各类行政机关无权制定。其中对国家污染物排放标准中已作规定的项目，地方污染物排放标准可以严于国家污染物排放标准。地方环境质量标准和地方污染物排放标准在制定之后需要报国务院环境保护行政主管部门备案。

1991 年 12 月，环境标准工作座谈会在广州召开，会议提出了建设环境标准体系。在此之后，针对排放标准的时限问题和重点污染源控制问题，进一步明确了排放标准时间段的确定依据，综合排放标准及行业排放标准的关系，着手修订综合排放标准和重点行业的排放标准，进一步理顺和解决了在实施中的一些问题。到 1996 年，在国家环境标准清理整顿中，制定和颁布了一批水、气污染物排放标准，进一步贯彻执行了广州会议的精神。

（四）单行法律、法规中的环境标准法制建设

自《标准化法》和《环境保护法》实施之后，我国立法机关相继颁布了一系列有关环境保护的单行法律、法规，其中许多环境保护单行法律、法

规中都涉及环境标准法律规范，这进一步完善了我国环境标准法制体系。

1.《中华人民共和国大气污染防治法》

2000年4月，第九届全国人大常委会第十五次会议修改了《中华人民共和国大气污染防治法》，贯彻了"超标即违法"的思想，进一步明确了环境标准的法律地位。

《大气污染防治法》第六条规定："国务院环境保护行政主管部门制定国家大气环境质量标准。省、自治区、直辖市人民政府对国家大气环境质量标准中未作规定的项目，可以制定地方标准，并报国务院环境保护行政主管部门备案。"第七条规定："国务院环境保护行政主管部门根据国家大气环境质量标准和国家经济、技术条件制定国家大气污染物排放标准。省、自治区、直辖市人民政府对国家大气污染物排放标准中未作规定的项目，可以制定地方排放标准；对国家大气污染物排放标准中已作规定的项目，可以制定严于国家排放标准的地方排放标准。地方排放标准须报国务院环境保护行政主管部门备案。省、自治区、直辖市人民政府制定机动车船大气污染物地方排放标准严于国家排放标准的，须报经国务院批准。凡是向已有地方排放标准的区域排放大气污染物的，应当执行地方排放标准。"这两条规定了大气环境质量标准和大气污染物排放标准的分类、制定主体等内容。

《大气污染防治法》第十三条规定："向大气排放污染物的，其污染物排放浓度不得超过国家和地方规定的排放标准。"第四十八条规定："违反本法规定，向大气排放污染物超过国家和地方规定排放标准的，应当限期治理，并由所在地县级以上地方人民政府环境保护行政主管部门处一万元以上十万元以下罚款。限期治理的决定权限和违反限期治理要求的行政处罚由国务院规定。"该条款明确禁止排放大气污染物浓度超过国家和地方排放标准，并规定了超过的法律责任，即承担限期治理和行政处罚的法律责任，充分体现了"超标即违法"的理念，体现了环境标准在环境法体系中的地位和性质。

2.《中华人民共和国水污染防治法》

《水污染防治法》于1984年5月11日由第六届全国人民代表大会常务委员会第五次会议通过，根据1996年5月15日第八届全国人民代表大会常务委员会第十九次会议通过《关于修改〈中华人民共和国水污染防治法〉

的决定》对其加以修正，2008 年 2 月 28 日第十届全国人民代表大会常务委员会第三十二次会议又对该法进行了修订。

《水污染防治法》第十一条规定："国务院环境保护主管部门制定国家水环境质量标准。省、自治区、直辖市人民政府可以对国家水环境质量标准中未作规定的项目，制定地方标准，并报国务院环境保护主管部门备案。"第十二条规定："国务院环境保护主管部门会同国务院水行政主管部门和有关省、自治区、直辖市人民政府，可以根据国家确定的重要江河、湖泊流域水体的使用功能以及有关地区的经济、技术条件，确定该重要江河、湖泊流域的省界水体适用的水环境质量标准，报国务院批准后施行。"第十三条规定："国务院环境保护主管部门根据国家水环境质量标准和国家经济、技术条件，制定国家水污染物排放标准。省、自治区、直辖市人民政府对国家水污染物排放标准中未作规定的项目，可以制定地方水污染物排放标准；对国家水污染物排放标准中已作规定的项目，可以制定严于国家水污染物排放标准的地方水污染物排放标准。地方水污染物排放标准须报国务院环境保护主管部门备案。向已有地方水污染物排放标准的水体排放污染物的，应当执行地方水污染物排放标准。"第十四条规定："国务院环境保护主管部门和省、自治区、直辖市人民政府，应当根据水污染防治的要求和国家或者地方的经济、技术条件，适时修订水环境质量标准和水污染物排放标准。"第七十四条规定："违反本法规定，排放水污染物超过国家或者地方规定的水污染物排放标准，或者超过重点水污染物排放总量控制指标的，由县级以上人民政府环境保护主管部门按照权限责令限期治理，处应缴纳排污费数额二倍以上五倍以下的罚款。"

《水污染防治法》上述条款规定了水环境质量标准和水污染物排放标准的制定主体、分类等内容，并规定了超过标准排放水污染物的法律责任，即应当承担限期治理和罚款的法律责任。

3. 《中华人民共和国环境噪声污染防治法》

《环境噪声污染防治法》于 1996 年 10 月 29 日由第八届全国人民代表大会常务委员会第二十二次会议通过，自 1997 年 3 月 1 日起施行。

《环境噪声污染防治法》第十条规定："国务院环境保护行政主管部门分别不同的功能区制定国家声环境质量标准。县级以上地方人民政府根据国

家声环境质量标准，划定本行政区域内各类声环境质量标准的适用区域，并进行管理。"第十一条规定："国务院环境保护行政主管部门根据国家声环境质量标准和国家经济、技术条件，制定国家环境噪声排放标准。"第五十条规定："违反本法第十五条的规定，未经环境保护行政主管部门批准，擅自拆除或者闲置环境噪声污染防治设施，致使环境噪声排放超过规定标准的，由县级以上地方人民政府环境保护行政主管部门责令改正，并处罚款。"

《环境噪声污染防治法》上述条款规定了国家声环境质量标准和环境噪声排放标准的制定主体、分类等内容，并规定了超过标准排放环境噪声的法律责任，即应当承担责令改正和罚款的法律责任。

4. 《中华人民共和国放射性污染防治法》

《放射性污染防治法》于2003年6月28日第十届全国人民代表大会常务委员会第三次会议通过，自2003年10月1日起施行。

《放射性污染防治法》第九条规定："国家放射性污染防治标准由国务院环境保护行政主管部门根据环境安全要求、国家经济技术条件制定。国家放射性污染防治标准由国务院环境保护行政主管部门和国务院标准化行政主管部门联合发布。"该条款规定国家放射性污染防治标准由国务院环境保护行政主管部门制定，由国务院环境保护行政主管部门和国务院标准化行政主管部门联合发布。

5. 《环境标准管理办法》

为加强环境标准管理工作，国家环境保护总局依据《中华人民共和国环境保护法》和《中华人民共和国标准化法》的有关规定，于1999年1月5日制定《环境标准管理办法》，并发布施行。

《环境标准管理办法》第三条规定了环境标准制定的目的是"防治环境污染，维护生态平衡，保护人体健康"。环境标准制定的主体是国务院环境保护行政主管部门和省、自治区、直辖市人民政府。本条还对环境标准作了法定的分类，即环境标准分为国家环境标准、地方环境标准和国家环境保护总局标准。国家环境标准包括国家环境质量标准、国家污染物排放标准（或控制标准）、国家环境监测方法标准、国家环境标准样品标准和国家环境基础标准。地方环境标准包括地方环境质量标准和地方污染物排放标准

（或控制标准）。第五条将环境标准分为强制性环境标准和推荐性环境标准。其中环境质量标准、污染物排放标准和法律、行政法规规定必须执行的其他环境标准属于强制性环境标准，强制性环境标准必须执行。强制性环境标准以外的环境标准属于推荐性环境标准。国家鼓励采用推荐性环境标准，推荐性环境标准被强制性环境标准引用，也必须强制执行。

《环境标准管理办法》第七条规定了应当制定环境标准的五种情形，分别是：（一）为保护自然环境、人体健康和社会物质财富，限制环境中的有害物质和因素，制定环境质量标准；（二）为实现环境质量标准，结合技术经济条件和环境特点，限制排入环境中的污染物或对环境造成危害的其他因素，制定污染物排放标准（或控制标准）；（三）为监测环境质量和污染物排放，规范采样、分析测试、数据处理等技术，制定国家环境监测方法标准；（四）为保证环境监测数据的准确、可靠，对用于量值传递或质量控制的材料、实物样品，制定国家环境标准样品；（五）对环境保护工作中，需要统一的技术术语、符号、代号（代码）、图形、指南、导则及信息编码等，制定国家环境基础标准。

《环境标准管理办法》第十条规定了制定环境标准应当依据的原则，即：（一）以国家环境保护方针、政策、法律、法规及有关规章为依据，以保护人体健康和改善环境质量为目标，促进环境效益、经济效益、社会效益的统一；（二）环境标准应与国家的技术水平、社会经济承受能力相适应；（三）各类环境标准之间应协调配套；（四）标准应便于实施与监督；（五）借鉴适合我国国情的国际标准和其他国家的标准。

《环境标准管理办法》第十一条规定了制定环境标准应当遵循的程序，分别是：（一）编制标准制（修）订项目计划；（二）组织拟订标准草案；（三）对标准草案征求意见；（四）组织审议标准草案；（五）审查批准标准草案；（六）按照各类环境标准规定的程序编号、发布。

《环境标准管理办法》第十二条规定国家环境保护总局可委托其他组织拟订国家环境标准和国家环境保护总局标准。受委托拟订标准的组织应具备下列条件：（一）具有熟悉国家环境保护法律、法规、环境标准和拟订环境标准相关业务的专业技术人员；（二）具有与拟订环境监测方法标准相适应的分析实验手段。

《环境标准管理办法》第十六条规定了环境质量标准的实施，第十七条规定了污染物排放标准的实施，第十八条规定了国家环境监测方法标准的实施，第十九条规定了使用国家环境标准样品的情形，第二十条规定了执行国家环境基础标准或国家环境保护总局标准的情形。

《环境标准管理办法》第二十二条规定县级以上人民政府环境保护行政主管部门在向同级人民政府和上级环境保护行政主管部门汇报环境保护工作时，应将环境标准执行情况作为一项重要内容。第二十三条规定国家环境保护总局负责对地方环境保护行政主管部门监督实施污染物排放标准的情况进行检查。

尽管《环境标准管理办法》效力等级较低，但作为专门规定环境标准的规范性文件，对促进我国环境标准体系的建设和完善起了很大的促进作用。

6.《地方环境质量标准和污染物备案管理办法》

地方环境标准是我国环境标准体系的重要组成部分，在保护环境的过程中发挥着重要的作用。为了确保地方政府所制定的环境标准的合法性与科学性，2004 年 11 月 11 日原国家环境保护总局发布了《地方环境质量标准和污染物排放标准备案管理办法》。经过多年的实践，2010 年 1 月 28 日，国家环境保护部周生贤部长签署第 9 号环境保护部令，公布了修订后的《地方环境质量标准和污染物排放标准备案管理办法》（以下简称《备案管理办法》），进一步完善了地方环境标准的备案管理制度。

《备案管理办法》明确了标准制定主体，省、自治区和直辖市人民政府是唯一合法的地方环境质量标准和污染物排放标准审批主体。明确规定省级人民政府之外的任何机构（包括省政府的组成部门、直属机构）不得批准地方环境质量标准和污染物排放标准。《备案管理办法》还规定，地方环境质量标准和污染物排放标准包括省级人民政府依法制定的适用于本辖区全部范围或辖区内特定流域、区域的环境质量标准和污染物排放标准，进一步明确了适用于省内部分区域的地方环境质量标准和污染物排放标准也应通过省级人民政府批准后方可发布实施。

《备案管理办法》设立了备案公告制度，以提高备案工作的效率和透明度。要求省级人民政府或其委托的环境保护行政主管部门每年向环境保护部

报送当地制定或废止地方环境质量标准和污染物排放标准的情况，环境保护部每年发布公告，公布各省、自治区、直辖市地方环境质量标准和污染物排放标准的制定和备案情况，加强了对标准制定和备案工作的指导。《备案管理办法》对备案工作时限也提出了明确要求：省级人民政府或其委托的环保部门应当在地方环境质量标准和污染物排放标准发布之日起45日内向环境保护部报送备案材料，环境保护部在收到备案材料之日起45日内做出是否同意备案的决定。

　　《备案管理办法》规范了标准实施监测工作，规定地方环境质量标准和污染物排放标准中的污染物监测方法应当采用国家环境保护标准，尚无适用于地方环境质量标准和污染物排放标准中污染物的监测方法标准时，应通过实验和验证选择适用的监测方法，并将这一监测方法列入地方环境质量标准或污染物排放标准的附录。

　　《备案管理办法》的适用范围限于地方大气、水环境质量标准和污染物排放标准备案管理，不包括土壤、固废、噪声、放射性等方面的环境标准。《环境保护法》第九条和第十条对地方环境质量标准和污染物排放标准的制定和备案做出了一般性规定，其后制定的各环保专项法律又分别做出了具体规定。其中，《大气污染防治法》第六条、第七条和《水污染防治法》第十一条、第十三条关于地方环境质量标准和污染物排放标准的规定与《环境保护法》第九条和第十条是完全一致的，地方水污染物排放标准和大气污染物排放标准须报国务院环境保护行政主管部门备案。

（五）国际环境会议、国际环境法中的环境标准制度

　　我国在建立国内环境标准的同时，还积极参加了国际上的环境标准化活动。从1980年起我国陆续加入了国际标准化组织（ISO）的水质、空气质量、土壤等三个技术委员会。建立了日常工作制度，做了大量的国际标准草案投票验证的工作，派出多个代表团参加国际会议。1996年随着ISO14000（环境管理体系）系列标准的陆续发布，原国家环境保护局在跟踪研究国际标准的基础上，积极开展试点工作，并于1997年成立了中国环境管理体系认证指导委员会，为我国顺利推进这项国际标准，为环境管理服务奠定了有力的组织保障。

　　20多年来，我国环境标准工作者积极研究、制订、实施环境标准，为

推动我国的环境标准工作做出了不懈的努力，取得了显著的成绩，基本形成了种类齐全、结构完整、协调配套、科学合理的环境标准体系。

第三节　环境标准建设的成就

经过近几十年的发展建设，我国在环境标准建设方面已经取得了较为显著的成就。

一、建立了科学的环境标准分类体系

随着我国对于环境保护工作的重视，国家和地方先后制订了众多的环境标准，建立了科学的环境标准分类体系。

（一）依据职权范围分类

依据制定环境标准的职权以及环境标准适用的范围，可以将环境标准分为国家环境标准和地方环境标准。国家环境标准由国务院环境行政主管部门和国务院标准化行政主管部门共同发布，在全国范围内执行。地方环境标准由省、自治区、直辖市环境行政主管部门制定，报同级人民政府审批，并报国家环境保护行政主管部门备案，在本省、自治区或直辖市辖区内执行。为鼓励地方人民政府努力保护环境，地方环境标准可以对国家环境标准进行补充和完善，国家鼓励地方环境标准高于国家环境标准，并要求地方标准不得低于国家标准。《中华人民共和国环境保护标准管理办法》第五条规定："国家污染物排放标准，适用于全国范围。当地方执行国家污染物排放标准不适于当地环境特点和要求时，省、自治区、直辖市人民政府，可制订地方污染物排放标准。凡颁布地方污染物排放标准的地区，执行地方污染物排放标准，地方标准未做出规定的，仍执行国家标准。"

（二）依据是否具有强制性分类

依据环境标准是否具有强制性，可以将环境标准分为强制性环境标准和推荐性环境标准。法律、行政法规、地方性法规和规章规定必须执行的环境标准，属于强制性标准，任何单位或个人违反将受到法律的制裁，承担相应的法律责任。《标准化法》第七条规定：保障人体健康，人身、财产安全的标准和法律、行政法规规定强制执行的标准是强制性标准。《标准化法实施

条例》第十八条规定：环境保护的污染物排放标准和环境质量标准是强制性标准。强制性环境标准以外的其他标准属于推荐性标准，这些标准往往比强制性标准要求更高，国家鼓励单位或个人执行标准更高的推荐性标准，并给予一定的政策扶持，提高单位和个人保护环境、减少排放的主动性和积极性。

（三）依据环境标准的内容和功能分类

根据环境标准的内容、性质和功能，我国的环境标准分为环境质量标准、污染物排放标准、环境基础标准和环境方法标准四类。环境质量标准是指为保护人体健康、社会物质财富和维护生态平衡而对一定环境要素中所含有害物质或因素的容许浓度所作的规定。它是国家环境政策所追求的目标，也是制定污染物排放标准的依据。污染物排放标准是指为了实现环境质量标准目标，结合技术经济条件和环境特点，对排入环境的污染物或有害因素所做的控制规定，污染物排放标准直接规定了污染源的允许排放水平，对污染源具有直接的约束力，它是实现环境质量标准的重要保证，是控制污染源的重要手段。环境基础标准是指在环境保护工作范围内，对具有指导意义的符号、指南、导则等所做的规定。它是制定其他环境标准的基础，在环境标准体系中处于指导地位。环境方法标准是指在环境保护工作范围内，以抽样、分析、试验等方法为对象而制定的标准。

（四）依据环境要素分类

根据环境标准规范的环境要素的不同，可以将环境标准分为水环境保护标准、大气环境保护标准、环境噪声与振动标准、土壤环境保护标准、固体废物环境标准、核辐射与电磁辐射环境保护标准、生态环境保护标准和其他环境保护标准等类别。每一类别的环境标准又包含着许多具体的标准。例如，水环境保护又包括水环境质量标准、水污染物排放标准等类别，而水污染物排放标准具体包括《污水综合排放标准》、《城镇污水处理厂污染物排放标准》、《造纸工业水污染物排放标准》、《合成氨工业水污染物排放标准》、《磷肥工业水污染物排放标准》、《钢铁工业水污染物排放标准》、《肉类加工工业水污染物排放标准》等多项具体标准。

二、确立了门类齐全的国家环境标准

伴随着我国环境保护工作的不断深入，国家有关部门先后制订了大量的环境标准，截至 2010 年 12 月，正在实施的国家环境标准有 945 项。

1. 水环境保护标准共计 224 项。其中水环境质量标准 5 项，具体包括《地表水环境质量标准（GB 3838—2002）》、《海水水质标准（GB 3097—1997）》、《地下水质量标准（GB/T 14848—93）》、《农田灌溉水质标准（GB 5084—92）》、《渔业水质标准（GB 11607—89）》，从总体上规定了相应水域、水质应当达到的标准；水污染物排放标准 44 项，详细规定了社会和生产各行各业排放污水污染物禁止超过的标准，例如《煤炭工业污染物排放标准（GB 20426—2006）》、《医疗机构水污染物排放标准（GB 18466—2005）》、《啤酒工业污染物排放标准（GB 19821—2005）》等，其中既包括水污染物浓度标准，也包括水污染物总量标准；此外还有相关监测规范、方法标准 152 项、相关标准 23 项，如《水质硝基苯类化合物的测定气相色谱法（HJ 592—2010）》、《饮用水水源保护区划分技术规范（HJ/T 338—2007）》等。

2. 大气环境保护标准共计 182 项。其中大气环境质量标准 3 项，包括《室内空气质量标准（GB/T 18883—2002）》、《环境空气质量标准（GB 3095—1996）》、《保护农作物的大气污染物最高允许浓度（GB 9137—88）》，从总体上规定了环境空气应当达到的质量标准；大气污染物排放标准 40 项，规定了企业、社会主体向大气排放污染物的标准，例如《陶瓷工业污染物排放标准（GB 25464—2010）》、《铝工业污染物排放标准（GB 25465—2010）》；此外还有大气污染物相关监测规范、方法标准 123 项、相关标准 16 项，例如《非道路移动机械用小型点燃式发动机排气污染物排放限值与测量方法（中国第一、二阶段）（GB 26133—2010）》。

3. 环境噪声与振动标准目录 25 项。其中声环境质量标准 3 项，具体包括《声环境质量标准（GB 3096—2008）》、《机场周围飞机噪声环境标准（GB 9660—88）》、《城市区域环境振动标准（GB 10070—88）》，规定了声环境质量的具体标准；环境噪声排放标准 9 项，包括《工业企业厂界环境噪声排放标准（GB 12348—2008）》、《社会生活环境噪声排放标准（GB

22337—2008)》等，还有环境噪声与振动相关监测规范、方法标准 13 项。

4. 土壤环境保护标准目录 17 项。其中土壤环境质量标准 5 项，具体包括《展览会用地土壤环境质量评价标准（暂行）（HJ 350—2007）》、《食用农产品产地环境质量评价标准（HJ 332—2006）》、《温室蔬菜产地环境质量评价标准（HJ 333—2006）》、《拟开放场址土壤中剩余放射性可接受水平规定（暂行）（HJ 53—2000）》、《土壤环境质量标准（GB 15618—1995）》；土壤环境保护相关监测规范、方法标准 12 项。

5. 固体废物环境标准目录 76 项。其中固体废物污染控制标准 26 项，例如《生活垃圾填埋场污染控制标准（GB 16889—2008）》；危险废物鉴别标准 8 项，例如《危险废物鉴别标准腐蚀性鉴别（GB 5085.1—2007）》；固体废物监测方法标准 18 项，例如《固体废物浸出毒性浸出方法水平振荡法（HJ 557—2010）》；固体废物其他相关标准 24 项。

6. 核辐射与电磁辐射环境保护标准目录 61 项。其中放射性环境标准 19 项，例如《拟开放场址土壤中剩余放射性可接受水平规定（暂行）（HJ 53—2000）》等；电磁辐射标准 1 项，即《电磁辐射防护规定（GB 8702—88）》等；相关监测方法标准 35 项，例如《辐射环境监测技术规范（HJ/T 61—2001）》等；相关标准 4 项。

7. 生态环境保护标准目录 16 项。其中相关技术规范、标准 13 项，例如《化肥使用环境安全技术导则（HJ 555—2010）》、《农药使用环境安全技术导则（HJ 556—2010）》、《农业固体废物污染控制技术导则（HJ 588—2010）》等；相关监测规范、方法标准 3 项，例如《生物质量六六六和滴滴涕的测定气相色谱法（GB/T 14551—93）》等。

8. 其他环境保护标准目录 344 项。其中清洁生产标准 58 项，例如《清洁生产标准酒精制造业（HJ 581—2010）》、《清洁生产标准铜冶炼业（HJ 558—2010）》、《清洁生产标准铜电解业（HJ 559—2010）》等；环境影响评价技术导则 17 项，例如《环境影响评价技术导则农药建设项目（HJ 582—2010）》、《规划环境影响评价技术导则煤炭工业矿区总体规划（HJ 463—2009）》等；环保验收技术规范 14 项，例如《建设项目竣工环境保护验收技术规范公路（HJ 552—2010）》、《建设项目竣工环境保护验收技术规范水利水电（HJ 464—2009）》等；环境标志产品技术要求 79 项，例如《环境

标志产品技术要求箱包（HJ 569—2010)》、《环境标志产品技术要求鼓粉盒（HJ 570—2010)》等；环境保护产品技术要求 84 项，例如《环境保护产品技术要求柴油车排气后处理装置（HJ 451—2008)》、《环境保护产品技术要求超声波明渠污水流量计（HJ/T 15—2007)》等；环境保护工程技术规范45 项，例如《环境工程技术规范制订技术导则（HJ 526—2010)》、《废弃电器电子产品处理污染控制技术规范（HJ 527—2010)》等；环境保护信息标准 19 项，例如《环境信息网络建设规范（HJ 460—2009)》、《环境信息网络管理维护规范（HJ 461—2009)》等；其他标准 28 项。

从目前正在实施的 945 项国家环境标准中可以看出，国家环境标准具有以下几个比较明显的特点：

首先，国家环境标准的发布主体是国家环境保护行政主管机关和国家质量技术监督检验检疫行政主管机关共同发布的。国家环境保护行政主管机关作为行使环境保护职权的行政机关，负责组织制定并监督实施环境标准，还负责对环境标准的解释。国家质量技术监督检验检疫行政主管机关主要是从标准化的角度参与发布环境标准，统一编号备案。

其次，国家环境标准的具体起草、编制单位大多是科研院所、监测中心、高等院校、大型企业等。这些单位往往具有相应行业环境保护的技术基础的技术人员，熟悉本行业的工艺技术、污染治理技术，了解国家相关环保政策、法律和法规。在国家环境保护行政主管机关的委托、组织之下，这些单位比较好地完成环境标准的编制工作。随着社会的发展，越来越多的民众也希望参与环境标准的制定过程，环境标准编制单位应当采取各种方法，引导民众特别是利害关系人参与标准的编制。

再次，在现行的国家环境标准中，污染物排放标准的数量较多，共计120 项。有关污染防治的环境标准已经形成规模，涵盖水污染物、大气污染物、环境噪声、固体废物、电磁辐射等各种污染物质的排放。在各种污染物排放标准中，关于污染物浓度控制的标准比较多，总量控制的标准比较少。随着环境保护事业的发展，浓度控制环境标准的局限性日益明显，许多地方出现污染物排放达标，但由于排放总量很大，从而导致环境恶化的现象。因此，在编制环境标准时，除规定浓度控制以外，还应当贯彻污染物排放的总量控制原则。

三、地方环境标准建设成绩斐然

截至 2010 年 12 月，已经在国家环境保护行政主管机关备案的、现行有效的地方环境保护标准信息共计 63 项，其中北京市 18 项，广东省 13 项，山东省 10 项，上海市 7 项，重庆市 5 项，天津市 2 项，黑龙江省 2 项，福建省 2 项，辽宁省 1 项，浙江省 1 项，河南省 1 项，甘肃省 1 项。

从以上数据可以看出，北京市备案的地方环境标准最多，达到 18 项，其次是广东省 13 项，再其次是山东省 10 项。另外吉林省、内蒙古自治区、河北省、陕西省、山西省、宁夏回族自治区、青海省、新疆维吾尔自治区、西藏自治区、四川省、湖北省、湖南省、安徽省、江苏省、江西省、贵州省、云南省、广西壮族自治区、海南省等 19 个省和自治区没有 1 项备案的地方环境标准。

从备案的地方环境标准分布来看，经济比较发达的地区如北京、广东、山东、上海等省市，制定的地方环境标准比较多，说明这些地区比较重视地方环境标准的制定工作，愿意制定比国家环境标准更高、更严格的地方标准，也说明这些地区由于经济相对比较发达，不愿意再走"牺牲环境发展经济"的老路。广大中西部地区经济相对欠发达，对环境保护与经济发展关系的认识还没有达到发达地区的层次，导致没有备案体现地方特色的环境标准。随着国家和社会公众对环境保护事业的日益重视，中西部地区也会陆续在国家环境保护行政主管机关备案一系列地方环境标准。

从已经备案的地方环境标准的内容看，主要集中在污染物排放标准，如北京市《水污染物排放标准（DB 11/307—2005)》、山东省《山东省半岛流域水污染物综合排放标准（DB 37/676—2007)》、广东省《大气污染物排放限值（DB 44/27—2001)》。到目前为止，还没有任何一个省、自治区或直辖市备案地方环境质量标准。

第四节　我国环境标准制度存在的问题及其完善

经过多年的发展，我国已经初步形成较成熟的环境标准体系，各种环境标准为我国的环境保护事业做出了巨大的贡献。但客观上讲，我国的环境标

准体系还存在诸多不科学的问题，需要加以分析完善。

一、我国环境标准制度存在的问题

（一）污染控制标准中总量控制标准较少

在环境标准体系中，污染控制标准占据重要的地位。目前在我国现行的环境标准中，除相关监测规范、方法标准数量最多以外，污染物排放标准的数量远远多于环境质量标准。由于科学技术水平和社会经济发展状况的限制，我国的污染控制主要是浓度控制，即主要限制单个污染源具体污染因子的排放浓度。污染物排放标准只规定了各种污染源排放污染物的允许浓度标准，而没有规定排放到环境中的污染物数量。随着经济的发展，浓度控制已不再适用环境保护的需要，即使每个污染源都达到排放标准，却仍可能导致环境的恶化。在现实社会中，有的企业排放的单位污染物浓度不高，但排放量很大。许多地区环境标准执行得很好，但环境却一直没有改善，甚至还有进一步恶化的趋势。究其根本，就是这些地区排放的污染物总量已经超过环境的自净能力。因此，以浓度控制为主的环境标准应当进一步完善。

（二）环境标准的公众参与程度不高

公众参与是环境法的重要原则，制定和实施环境标准同样需要广泛的公众参与。但目前我国环境标准的公众参与程度不高。首先，有关部门对环境标准的宣传不到位。许多企业、社会公众对包括环境标准在内的环境标准不了解，对环境标准的意义、目的、内容和实施等不清楚，从而导致无法严格执行各类标准。其次，在标准的制定上，缺乏公众参与的机制，没有广泛吸引社会公众和个人参与环境标准的制定。环境标准往往关涉到众多社会主体的切身利益，只有通过咨询会、听证会、专家论证会等方式广泛听取社会各方面的意见和建议，才能制定出科学、合理的环境标准。在我国，通常由行政机关以下达课题的方式确定标准起草单位，使环境标准的代表性和社会性受到局限。起草单位在起草的过程中，虽然也会听取部分民众的意见，但利害关系方很难真正参与到起草的过程中。再次，由于我国环境保护组织还没有广泛建立，广大民众在没有环保组织引导的情况下，很少有主动参与环境标准制定、修改的积极性，也欠缺参与所必需的科学技术知识，这导致民众的参与意识不强，参与的积极性较差。

（三）地方环境标准数量较少

我国的环境标准按照适用的范围可以分为国家标准和地方标准。现阶段我国的地方环境标准与国家环境标准之间存在不平衡的现象，地方环境标准很薄弱。目前在环保部备案的地方环境标准数量偏少，充分说明我国目前地方环境标准的薄弱。由于过去对国家标准和地方标准的相互关系研究不够深入，两者之间的作用没有清晰地划分，两者间的相互定位也不明确，使许多人产生了一些模糊的认识。很多人认为国家标准是最权威的，只需要执行国家标准就可以了，有人甚至认为地方标准是多余的。另一个原因是一些地方环境管理部门没有严格按照环境保护法制定地方环境标准的要求办事，不注重地方环境标准体系的建设，既没有专职的环境标准管理人员，也没有研究单位研究地方环境标准体系建设，从而导致存在国家排放标准和地方排放标准严重不平衡的现象，即国家制定的排放标准相对较多，地方制定的排放标准相对较少，根本满足不了各地因经济技术条件和环境管理水平不同对排污要求不同的需要。各地的环境特点不同，其环境容量、自净能力不同，有的地方污染物即使达到国家规定的最低容许度，在地形、气候的综合影响下也会对人体造成危害。同时，有些经济发达的地方，可以制定严于国家排放标准的地方污染物排放标准，但由于缺乏严格的地方环境质量标准，使得地方污染物排放标准很难体现地方的环境质量目标。

（四）环境标准的配套措施不到位

我国的经济发展水平与发达国家相比有一定的差距，用于环境保护方面的投资不可能太高，人才队伍缺乏。我国环境标准工作还缺乏一支完整的高素质管理队伍，国家环境标准管理人员较少，在许多地方，除少数省属环保部门配备有环境标准管理人员以外，绝大多数地方环保部门都没有专职的环境标准管理人员，使得地方环境标准管理队伍建设与环境管理的需要极不适用。另外，重环境标准的制定，轻环境标准的执行。环境标准制定出来以后，由于宣传不及时，环境监测人员对标准的理解程度不一，造成标准的实施困难。许多环境标准制定出来以后，不重视标准实施细则的制定和达标计划的下达，使得环境标准被束之高阁。环境标准的实施主要依靠社会组织和个人的主动遵守，同时也依靠环境管理行政主管部门的严格执法。许多基层环境管理行政执法部门缺乏必要的监测设备和技术，导致环境标准被束之高

阁，在大规模环境危机没有爆发的情况下，环境标准即使被违反也很少被发现。

（五）环境标准难以应对绿色壁垒和污染转嫁

在经济全球化的今天，国家之间的经贸往来越来越密切。在 WTO 自由贸易体制下，限制他国进口的关税壁垒已经不存在，以环境标准为主要形式的绿色壁垒开始产生。目前绿色壁垒的形式主要是环境标准制度、环境标志制度、绿色包装制度、绿色卫生检疫制度、生态税收和绿色补贴制度。而环境标志、绿色税收、绿色检疫、生态税收和绿色补贴的实施都必须以环境标准为依据，因此环境标准是绿色壁垒的主要形式。① 发达国家利用先进的科学技术和经济实力，以保护生态环境为目的，制定了非常严格的环境标准，对达不到这些标准的商品，进口国予以扣留、退回、销毁和索赔。而我国的环境标准建设还比较落后，与国际标准相比过低，在借鉴引进国际环境标准的先进经验方面还不够，甚至出现某些产品在国内合格而在出口时因不符合国际标准而被退回国内或被销毁的现象。由于我国环境标准比较低，导致国外一些投资者把污染严重、淘汰的技术、设备、产业转移到我国，对我国的生态环境造成了较大的威胁。

二、我国环境标准制度的完善

完善我国的环境标准，既要在制定和实施标准的过程中严格遵循科学的原则，又要针对目前我国环境标准的各项不足进行相应的改进和提高。完善我国的环境标准，将对我国的环境保护事业作出极大的贡献。

（一）用可持续发展思想指导环境标准的制定和实施

可持续发展的思想要求人们改变对资源和环境进行掠夺式的传统发展模式，向不超出资源和环境承载力的可持续发展模式的转变。"人类有能力使发展持续下去，也能保证使之满足当前的需要，而不危及下一代满足其需要的能力。"② 可持续发展理论的含义非常丰富，其中最为核心的是人与自然和谐观、代际公平观和科学发展观等三个方面内容。在人与自然关系方面，

---

① 韩广、杨兴、陈维春等：《中国环境保护法的基本制度研究》，中国法制出版社 2007 年版，第431 页。

② 世界环境与发展委员会：《我们共同的未来》，吉林人民出版社 1997 年版，第 10 页。

可持续发展理论确立了生态伦理观念，认为人类是整个生态系统的一个组成部分；要使人类社会的发展持续下去，就必须树立尊重自然、保护环境、清洁生产和适度消费等人与自然关系的伦理规范[①]，从而形成人与自然相和谐的新型伦理关系。在代际公平方面，可持续发展理论从代际伦理视角出发，提出了后代人与当代人之间在利益分配和发展需求方面的公平原则，既要满足当代人的发展需要，又不能损害到满足后代人同样需要的发展能力。在科学发展方面，可持续发展伦理主张建设生态文明，认为科学的发展观应当是经济、社会和生态环境的全面协调发展，尤其是要协调好经济发展与生态环境发展之间的关系，实现经济活动的生态化。在我国环境法制建设中，要使环境标准制度真正成为预防环境污染、保护环境的重要工具，必须跳出末端治理的窠臼，把清洁生产、循环经济的理念融入到环境标准的创制中去。通过清洁生产环境标准的制定，可以把清洁生产的抽象概念转变成一个量化的可操作的具体工作。此外，要建立和完善总量控制标准。实践表明，总量控制是一种有效的污染防治措施。许多发达国家的污染排放标准既有浓度的要求，也有数量的要求。适应浓度控制向浓度与总量控制相结合、单因子收费向多因子收费的转变，结合功能区划，根据总量控制原则，考虑各地环境容量制定总量控制标准，把排放量也纳入监测范围，做到既要测污染浓度，又要看排放总量，把排放总量作为监测重点内容之一，当成判断环境行为好坏的重要依据，从而保证在工业企业发达地区仍能控制污染。

（二）引入公众参与机制，使环境标准的制定民主化、科学化

所谓公众参与制度是指公众及其代表根据国家环境保护法律法规赋予的权利和义务，通过一定的途径、方式和方法参与环境保护，以保护自己的合法权益的制度。[②] 公众参与原则在环境标准的制定、修改和实施过程中应发挥重要的作用。首先，应当按照法律程序建立制定环境标准的启动机制。环境保护行政主管部门在日常工作中发现需要制定新的环境标准，应当及时启动制定标准的程序；社会公众、企事业单位认为应当制定环境标准，也可以向有关部门反映，建议启动相应的程序。其次，在环境标准的拟定中引入竞

---

① 朱步楼：《可持续发展伦理研究》，江苏人民出版社 2006 年版，第 94—109 页。
② 王树义等：《环境法基本理论研究》，科学出版社 2012 年版，第 217 页。

争机制。国家环境标准制定的承担单位可采取公开招标和计划安排相结合的方式，通过在全国范围内公开招标的方式，把招标方案、项目、时间等在报刊和网络上公布，向社会公开征集标准编制单位。编制单位完成标准征求意见稿后，在媒体和网络上公布，公开向社会征求意见，然后以公告发布会和媒体登载的形式发布。应征环境标准编制的单位必须是具有独立法人地位的各行业科研、监测、大专院校、行业协会、大型企业等企事业单位，也可直接鼓励和支持行业科研设计单位及有代表性和实力的企业参与标准的起草工作。① 再次，在环境标准颁布前，要充分听取各有关部门和专家的意见。建议国家有关部门成立环境专家咨询委员会，为环境标准的决策提供专业咨询意见。标准草案通过媒体向社会公众广泛征求意见。必要的情况下，标准制定的机构应当邀请社会公众的代表，特别是有利害关系的公众、企事业单位举行听证会，认真听取各方的意见和建议，并作为起草标准的重要依据。在环境标准发布后，不但要印刷出版正式的标准文本，还要编印制作环境标准的宣传材料，充分利用声、光、电等多种手段为社会提供环境标准宣传服务，提高环境标准在社会的影响力和公众关注程度。

（三）重视地方环境标准的制定

地方环境标准与国家环境标准共同构成我国的环境标准体系。我国幅员辽阔，各地区的自然环境差异较大，各地区的经济发展水平参差不齐，这就决定在统一实施国家环境标准的前提下，应当鼓励地方根据本地的特点制定地方环境标准。目前，我国还有许多省、自治区没有在环境保护行政主管部门备案登记地方环境标准，特别是广大中西部地区。加强地方环境标准的研究、编制、管理和实施，明确地方标准制定的职责和权限，发挥地方的积极性，督促地方环保部门建立和完善各自的地方环境标准体系；明确地方标准制定的原则、依据，提高其合理性、可行性、针对性和可操作性；理顺国家环境标准与地方环境标准的关系，确立以地方环境标准为主、国家环境标准为辅的格局。在数量上地方环境标准多于国家环境标准，执行上地方环境标准优先于国家环境标准。根据地方的环境特点，不仅可以就国家环境标准中

---

① 韩广、杨兴、陈维春等：《中国环境保护法的基本制度研究》，中国法制出版社2007年版，第421页。

未规定项目制定地方环境标准，而且鼓励地方制定严于国家标准的地方环境标准。为了适用环境质量标准的分类分级制，对于处以不同功能区的污染源排放制定不同等级污染物排放标准，逐步实行不同的环境质量标准都有相应的污染物排放标准。

（四）做好环境标准的配套工作

环境标准的实施需要完善的配套措施。首先，加大环境标准建设的资金投入。环保投入应当与经济发展速度有一个动态上的平衡。"据预测，当环保投入占 GDP 的比例超过 1.5％时，我国的环境质量才有可能从整体上得到好转。"① 因此，当前我国政府有实力也有意愿在环境保护方面加大资金投入，以贯彻实施科学发展观，实现人与自然的和谐相处。其次，组建高素质的环境标准队伍。要有效地实施环境标准，必须建立一支精干高效、业务能力强、思想素质高的环境标准管理队伍。还要加强对环保管理人员实际工作过程的监督，特别要对贯彻执行环保法规、环保标准的情况进行监督，对不严格依法办事、不认真贯彻实施环保标准、对企业的排污行为管理不力的有关人员要严肃处理，直至清除出环保队伍。再次，建立完善的标准实施监督机制。建立合理的监督机制是保障环境标准执行的关键。加强环境标准的执法监督，建立纵向为主的监督管理执法队伍，依法独立行使职权。建立定期检查与重点突击检查机制，现场核查与报表分析检查相结合的执法机制，并完善执法责任制度，使环保管理人员严格执行环境标准的要求，对不按环保法规办事、干扰环境行政执法的地方负责人要依法追究行政责任甚至刑事责任。另外，还要完善社会监督机制。加强环境标准的宣传教育，扩大环境标准的社会普及面和社会影响面，提高公众对环境标准的认识，了解其实施的意义，形成全社会重视的氛围。建立企业实施环境标准状况的公示制度，由环保行政管理部门将当地企业环境标准的实施情况公示，定期将企业达标情况在媒体上公布，使这些企业置于社会的监督之下。

（五）积极参与制定国际环境标准

绿色壁垒虽然影响到发展中国家的国际贸易，但在客观上也起到了保护全球环境的作用，中国必须积极应对。一方面，我国应当引进发达国家先进

---

① 刘学：《环境经济——理论与实践》，经济科学出版社 2001 年版，第 35 页。

的方法标准、基础标准和样品标准等环境标准，结合我国的实际情况为我所用，提高我国环境标准的科学技术水平；另一方面，我国还要积极参与国际环境标准的制定。ISO14000 标准是国际标准化组织应联合国环境与发展会议的要求，配合国际上企业环境自觉管理的发展趋势，汇集各国相关的环境管理技术、方法，制定出适合各个国家、地区不同规模、不同行业的全面性管理标准。"实施 ISO14000 系列标准并不是抛弃各国国内的环境法律、法规和标准，而是促进各国环境法律、法规和标准的实施；通过实施国际性的 ISO14000 系列标准来实施各国的环境法律、法规和标准，必然促进各个国家之间的环境法律、法规和标准的相互协调，促进国内环境法律、法规和标准与国际环境条约与标准的接轨。"[1] 从 1980 年起我国陆续加入了国际标准化组织（ISO）的水质技术委员会、空气质量技术委员会和土壤质量技术委员会三个技术委员会，建立了日常工作制度，做了大量的国际标准草案投票验证的工作，派出多个代表团参加国际会议。我国应采取积极的态度，切实从发展中国家的实际出发，在不断提高我国环境标准水平的同时，积极参与国际环境标准的制定和修改，使国际环境标准充分考虑发展中国家的利益，积极参与双边和多边谈判，协调因环境标准的差异引发的贸易摩擦，维护我国的环境权益。

---

[1] 徐淑萍：《贸易与环境的法律问题研究》，武汉大学出版社 2002 年版，第 168 页。

豐中

第四章　石油天然气管道保护法

《中华人民共和国石油天然气管道保护法》（简称《管道保护法》）的立法宗旨在于通过保护石油、天然气管道来保障石油、天然气输送安全，是我国首部针对石油、天然气管道保护的专门立法。管道运输与公路、铁路、水运和航空并列为五大交通运输方式，《管道保护法》在交通运输法律体系中发挥着重要作用，其中有关环境保护内容的规定意义深远，为我国防治因石油天然气管道运输造成的环境污染提供了法律依据。

第一节　《管道保护法》的出台背景

20 世纪 60 年代，我国先后建设了大庆、胜利和中原等大型油田，随着石油开发的不断深化，我国铺设了连接东北、华北和华东地区油气田之间的油气输送管道。到 80 年代末 90 年代初，因当时新疆、吐哈、塔里木、四川等油气田的相继开发，我国又修建了连接西部地区的油气天然气管道网络。为保障石油、天然气管道的安全运营，1989 年 3 月 12 日国务院颁布实施《石油天然气管道保护条例》（以下简称《条例》（1989））。但由于旧体制的影响和监管制度的不健全，《条例》（1989）的缺陷逐渐暴露出来。首先，国务院当时负责石油天然气管道安全监管的政府主管部门不明确，政府的石油天然气管道安全监管体制未形成。其次，地方政府在事故发生后仅负责协调解决管道巡查、维修和抢修工作，而无须承担实际的法律责任。再次，管

道企业无力单独承担维护管道安全和公共安全责任时，缺乏地方政府的协同保障机制。最后，未将环境保护作为政府和管道企业进行管道发展、开发管道项目的先决要素。

21 世纪初，基于能源安全的考虑，我国实行了"广开油路"的能源战略。《条例》（1989）的缺陷亟待完善。2001 年 7 月 26 日，国务院对《条例》（1989）进行修订。与《条例》（1989）相比，《条例》（2001）在适用范围上有所扩大，明确了对中华人民共和国境内的石油、天然气管道加以保护，包括了海洋油气管道的保护；规定了负责石油天然气管道安全监管的政府主管部门——国务院经济贸易管理部门负责全国管道设施保护的监管工作，县级以上地方各级人民政府制定的部门负责本行政区域内管道设施的安全监管；明确了管道企业的具体职责，使得管道企业所承担的安全运营义务与政府部门负责的安全监管任务相区分；制定了相邻关系的处理原则，要求后建、改扩建的工程单位与管道企业协商解决争议；提高了对危害管道安全行为的处罚力度，除对违法行为人追究行政或刑事责任外，对负有监管职责的地方政府主管责任人给予相应的行政处分。[1]《条例》（2001）仍未将环境保护列入立法目的，但是较之《条例》（1989），修订后的《条例》（2001）因使用范围的扩大间接保护了海洋环境，因惩罚力度的提高更好地遏制了盗油、打孔等违法犯罪活动造成的油气溢出等环境污染。然而，鉴于条例的立法效力层级较低，国家的石油管道事业发展需要更高效力层级的立法加以规范，《管道保护法》的出台顺应了我国经济可持续发展的需要。

目前，我国西北地区已建设了中哈原油管道；北方地区中俄原油管道已于 2010 年 11 月 1 日试运行；西南边陲，我国政府与缅甸政府在 2009 年签订了《关于建设中缅原油和天然气管道的政府协议》，中缅油气管道的境外和境内段分别于 2010 年 6 月 3 日和 2010 年 9 月 10 日正式开工建设。随着我国经济的迅猛发展及能源需求的不断加大，油气管道发挥的作用已今非昔比，对油气管道保护、监管的力度需要加强，依法律规定保护石油天然气管道的呼声愈来愈高。保护和监管油气管道不单纯是出于保护油气资源的考量，也是保护环境免受油气污染的重大举措。因此，2010 年 6 月 25 日，十

---

[1]　贺嘉：《〈石油管道保护条例〉评述》，《中国石油》2001 年第 9 期。

一届全国人大常委会第十五次会议表决通过《中华人民共和国石油天然气管道保护法》。《管道保护法》共六章六十一条，主要内容包括管道规划与建设、管道运行中的保护、管道建设工程与其他建设工程相遇关系的处理和法律责任的承担。《管道保护法》成为我国保护石油、天然气管道，保障石油、天然气输送安全，维护国家能源安全和公共安全的主要立法。[1]《管道保护法》明确要求管道企业遵守环境保护等法律、行政法规，管道发展和建设项目要满足环境保护的要求，通过对打孔、盗油等危害管道行为的禁止和惩处间接防止了因此类危害活动造成的环境污染。

第二节　《管道保护法》的主要内容

《管道保护法》的六章中，第一章规定了有关管道保护的分级管理工作体系、管道保护的责任主体；第二章至第四章分别规定了管道规划与建设、管道运行中的保护、管道建设工程与其他建设工程相遇关系的处理；第五章规定了违反前述规定的法律责任；第六章对相应名词作出了解释。

一、分级管理体制

国务院能源主管部门主管全国管道保护工作，负责组织编制并实施全国管道发展规划，统筹协调全国管道发展规划与其他专项规划的衔接，协调跨省、自治区、直辖市管道保护重大问题。[2] 省、自治区、直辖市人民政府能源主管部门和设区的市级、县级人民政府指定的部门主管本行政区域的管道保护工作，协调处理本行政区域管道保护的重大问题，指导、监督有关单位履行管道保护义务，依法查处危害管道安全的违法行为。[3] 同时，县级以上地方人民政府应当加强对本行政区域管道保护工作的领导，督促、检查有关部门依法履行管道保护职责，组织排除管道的重大外部安全隐患。

---

① 参见《中华人民共和国石油天然气管道保护法》第一条。
② 参见《中华人民共和国石油天然气管道保护法》第四条。
③ 参见《中华人民共和国石油天然气管道保护法》第五条。

二、管道保护责任主体

作为管道企业，应当遵守《管道保护法》和有关规划、建设、安全生产、质量监督、环境保护等法律、行政法规，执行国家技术规范的强制性要求，建立、健全本企业有关管道保护的规章制度和操作规程并组织实施，宣传管道安全与保护知识，履行管道保护义务，接受人民政府及其有关部门依法实施的监督，保障管道安全运行。[①] 管道企业未按《管道保护法》规定进行巡护、监测维修；对不符合安全使用条件的管道未及时更新、改造或者停止使用；未依法设置、修改或者更新有关管道标志；未将管道竣工测量图报人民政府主管管道保护工作的部门备案；未制定企业管道事故应急预案或未将应急预案报人民政府主管管道保护工作的部门备案；发生管道事故，未采取有效措施消除或减轻事故危害；未对停止运行、封存、报废的管道采取必要的安全防护措施等七种情形，由县级以上地方人民政府主管管道保护工作的部门责令限期改正，逾期不改正的，处 2 万元以上 10 万元以下的罚款；对直接负责的主管人员和其他直接责任人员给予处分。[②]

《管道保护法》明确了其他单位和个人保护管道的责任。禁止任何单位和个人实施危害管道安全的行为。任何单位和个人有权向县级以上地方人民政府主管管道保护工作的部门或者其他有关部门举报。[③] 那些采取移动、切割、打孔、砸撬、拆卸等手段损坏管道或者盗窃、哄抢管道输送、泄漏、排放的石油、天然气，尚不构成犯罪的，依法给予治安管理处罚。[④]

三、管道发展规划与管道建设规划

管道发展规划由国务院能源主管部门根据国民经济和社会发展需要进行编制，规划的制定应统筹规划[⑤]，避免与土地利用总体规划、城乡规划以及矿产资源、环境保护、水利、铁路、公路、航道、港口、电信等规划相冲

---

① 参见《中华人民共和国石油天然气管道保护法》第七条。
② 参见《中华人民共和国石油天然气管道保护法》第五十条。
③ 参见《中华人民共和国石油天然气管道保护法》第八条。
④ 参见《中华人民共和国石油天然气管道保护法》第五十一条。
⑤ 参见《中华人民共和国石油天然气管道保护法》第五十一条。

突。管道企业应当根据全国管道发展规划编制管道建设规划，并将管道建设规划确定的管道建设选线方案报送拟建管道所在地县级以上地方人民政府城乡规划主管部门审核；经审核符合城乡规划的，应当依法纳入当地城乡规划。① 管道建设的线路应当避开地震活动断层和容易发生洪灾、地震灾害的区域。即使新建管道通过的区域因地理条件限制无法满足管道保护的要求，管道企业亦应提出防护方案并经过管道保护方面专家的评审论证，并经管道所在地县级以上地方人民政府主管管道保护工作的部门批准后再建设，而且，管道建设项目应当依法进行环境影响评价。②《管道保护法》较好地平衡了不同利益主体之间的利益诉求，如果因管道建设而需要通过集体土地或他人取得使用权的国有土地，从而影响了他人土地使用的，管道企业应按照管道建设时土地的用途给予补偿。③ 管道的安全保护设施应当与管道主体工程同时设计、同时施工、同时投入使用。④ 管道区域应按国家技术规范在铺设了管道的沿线设置管道标志。⑤ 管道建成后，只有经竣工验收符合国家规定后方可正式交付使用。⑥ 那些经竣工验收合格的管道测量图应由管道企业报送所在县级以上地方人民政府主管管道保护工作的部门备案，再由主管管道保护工作的政府部门报本级政府相应的规划、建设、国土资源、铁路、交通、水利、公安、安全生产监督管理等部门和有关军事机关。⑦

四、运行中管道的保护

本法的目的是保护油气管道，以保障油气运输的安全和公共安全。因此管道运行的保护成为实现本法立法目的的重要内容。《管道保护法》以三分之一的篇幅规定了运行中管道的保护，其重要性可见一斑。为了实现对运行管道的保护，本法规定了四类保护措施：其一，保障管道建成后的安全运行，及时、有效地防范和处理管道事故，管道投入运行后，管道企业应当对

---

① 参见《中华人民共和国石油天然气管道保护法》第十一条。
② 参见《中华人民共和国石油天然气管道保护法》第十三条。
③ 参见《中华人民共和国石油天然气管道保护法》第十四条。
④ 参见《中华人民共和国石油天然气管道保护法》第十六条。
⑤ 参见《中华人民共和国石油天然气管道保护法》第十八条。
⑥ 参见《中华人民共和国石油天然气管道保护法》第十九条。
⑦ 参见《中华人民共和国石油天然气管道保护法》第二十条。

发现的安全隐患予以及时排除。① 当管道企业对管道进行巡护、维修、检测时，有关单位和个人应当给予必要的便利。② 如果发生管道事故，管道企业应当立即启动本企业管道事故应急预案，采取措施消除或减轻事故危害，并向有关部门报告。③ 如果管道泄漏或抢修中有石油泄漏或排出，管道企业应及时收回和处理，避免任何单位和个人侵占、盗窃和哄抢。④ 其二，禁止各类直接危害管道的行为。禁止擅自开启、关闭管道阀门，采用移动、切割、打孔、砸撬、拆卸等手段破坏管道，移动、毁损、涂改管道标志，在上方架设电力线路、通信线路或者在储气库构造区域范围内进行工程挖掘、工程钻井、采矿的行为。⑤ 其三，根据各类行为对管道的危害程度以及发生管道事故可能对沿线地区公共安全造成的影响，规定管道中心线两侧不同地域范围内，禁止从事危害管道的行为。⑥ 其四，在保护管道的同时，尽可能减少对沿线地区正常经济活动的影响。经主管管道保护工作的部门批准后方可进行专业隧道的施工作业。管道的其他施工作业需要由主管管道保护工作的部门组织施工单位与管道企业协商，如果协商不成由主管管道保护工作的部门组织进行安全评审并作出决定。⑦

五、管道与其他建设工程相遇的关系

为减少管道建设中的工程争议，节约建设成本，保障管道建设、运行中的安全，《管道保护法》从三个角度对相遇关系进行了规制：其一，明确了处理管道与其他建设工程相遇关系的原则，即：管道与其他建设工程相冲突的，依照法律规定处理；没有法律规定的，依照有关规定执行；后开工的建设工程服从先开工或者已建成的建设工程；同时开工的建设工程，后批准的建设工程服从先批准的建设工程。⑧ 其二，新建、改扩建管道与其他已建工

---

① 参见《中华人民共和国石油天然气管道保护法》第二十二、二十三条。
② 参见《中华人民共和国石油天然气管道保护法》第二十七条。
③ 参见《中华人民共和国石油天然气管道保护法》第三十九条。
④ 参见《中华人民共和国石油天然气管道保护法》第四十一条。
⑤ 参见《中华人民共和国石油天然气管道保护法》第二十八、二十九条。
⑥ 参见《中华人民共和国石油天然气管道保护法》第三十条至第三十五条。
⑦ 参见《中华人民共和国石油天然气管道保护法》第三十五条。
⑧ 参见《中华人民共和国石油天然气管道保护法》第四十四条。

程相遇，需要其他已建工程改建、搬迁、增加防护设施的，或者管道通过正在建设的其他工程，需要其预留管道通道、预建管道通过设施的，管道企业应当承担由此增加的费用。其他新建、改扩建工程项目与管道相遇，需要管道改建、搬迁、增加防护设施，或者预留通道、预建相关设施的，其他工程建设单位应当承担由此增加的费用。① 其三，管道与其他建设工程相遇并同时施工的，双方应协商制定施工方案并签订安全防护协议，指派专门人员现场监督、指导对方施工。在工程相遇的区段，一方或者双方按照设计规范或者标准要求对方采取特殊防护措施的，提出要求的一方应当承担由此增加的费用。②

第三节　《管道保护法》的主要特点

《管道保护法》弥补了《条例》（1989）和《条例》（2001）中的不足，注重规划先行，将预防作为运行管道保护的主要手段，建立了良好的利益协调机制，尤其增加了有关环境保护的内容。其主要特点如下：

一、注重规划先行

规划包括了由国务院能源主管部门根据国民经济和社会发展需要编制的全国管道发展规划，也囊括了管道企业编制的管道建设规划。这两类规划分别从监管机关和施工企业两个层面从源头制定了管道保护的总体方案。《管道保护法》从源头理顺了管道建设与城乡建设的关系，避免了由于规划不协调而发生的管道建设与城乡建设、环境保护、水利、铁路、公路、航道、港口、电信等规划发生冲突。同时，后建项目需要服从先建项目的类似规定，有利于解决管道建设与其他城乡建设工程的冲突。通过建立统筹规划避免管线建设与集体土地所有人或城市土地使用人合理使用土地发生冲突。

二、以环境保护贯穿管道保护之始终

《管道保护法》在总则部分即要求管道企业遵守环境保护等法律、行政

---

① 参见《中华人民共和国石油天然气管道保护法》第四十四、四十五条。
② 参见《中华人民共和国石油天然气管道保护法》第四十六条至第四十九条。

法规，接受各有关部门的监督，保障管道安全运行。在"管道规划与建设"一章，该法在全国管道发展规划中强调发展规划应与环境保护规划协调一致，开展的管道建设项目亦应进行环境影响评价。在"管道运行中的保护"一章，增加了管道企业及时治理管道泄漏和石油抢修排放石油造成的环境污染，赋予了管道企业向责任第三方追偿治理费用的权利。[①] 一旦发生污染事件后，管道企业应及时启动应急预案，地方管道保护主管部门也应通过平时的监督和控制来预防环境污染事故的发生。在"法律责任"一章，规定移动、打孔等九种手段造成石油资源损失的刑事和行政责任。由此可见，环境保护要求贯穿《管道保护法》始终，尽管该法主要立法目的是对油气管道的保护，但管道发展规划、管道建设、管道运行、利害关系方的责任体系的细致规定无不与环境保护息息相关。

---

① 参见《中华人民共和国石油天然气管道保护法》第四十条。

第五章　消耗臭氧层物质管理条例

　　臭氧层是保护地球上人类及其他生物生存和健康的重要屏障。在全球臭氧层破坏日益严重的背景下，由于我国原有的规制消耗臭氧层物质的政策法规立法层次较低，为了有效保护臭氧层，《消耗臭氧层物质管理条例》（以下简称《条例》）应运而生。与国际公约和他国的立法相比，《条例》不仅对进出口消耗臭氧层物质予以控制并实行名录管理，而且还建立了消耗臭氧层物质总量控制制度和配额管理制度、销售登记制度、环境影响评价制度等，强化了执法手段和法律责任。《条例》的颁布对于调整和优化产业结构、节约能源和减少温室气体排放、更好地履行国际义务具有重要意义。

第一节　《消耗臭氧层物质管理条例》的出台背景

　　臭氧层存在于地球上方11—48公里的大气平流层中。平流层中的气体90%由臭氧（O_3）组成，它可以有效地吸收对生物有害的太阳紫外线。如果没有臭氧层这把地球的"保护伞"，强烈的紫外线辐射不仅会使人死亡，而且会消灭地球上绝大多数物种。因此，臭氧层就像是给地球戴上一副无形的"太阳防护镜"，是人类及地表生态系统一道不可或缺的天然屏障，使地球生物免受危害。

　　然而，由于人类大量使用的一些含氯和含溴的人造化学品严重破坏了臭氧层，导致大量有害紫外线到达地表，给人类健康和生态环境带来严重损

害。科学家称那些破坏臭氧层的人工化学品为消耗臭氧层物质（ODS）。这些物质曾被或仍在被大量应用于人们的生产和生活中，譬如曾被用在冰箱和汽车中的"氟利昂"的制冷剂 CFC-12，在诸多发泡保温材料和香烟生产中被用作发泡剂和膨胀剂的 CFC-11，在电子器件、涂料等生产中被用作清洗剂和溶剂的 CFC-113 和甲基氯仿（TCA），在消防中被用作灭火剂的哈龙，在化工生产中被用作助剂的四氯化碳，在烟草、农业种植和粮食仓储中被用作杀虫剂的溴甲烷，以及在目前空调和工商制冷领域被广泛用作制冷剂的 HCFC-22 等。因此，逐步削减并最终淘汰作为制冷剂、发泡剂、灭火剂、溶剂、清洗剂、加工助剂、杀虫剂、气雾剂、膨胀剂等用途的消耗臭氧层物质，是保护人类生存环境的必然要求。

为保护臭氧层，逐步淘汰消耗臭氧层物质，国际社会分别于 1985 年和 1987 年缔结了《保护臭氧层维也纳公约》（以下简称《维也纳公约》）和《关于消耗臭氧层物质的蒙特利尔议定书》（以下简称《蒙特利尔议定书》）。我国分别于 1989 年、1991 年、2003 年加入了《维也纳公约》、《蒙特利尔议定书》伦敦修正案和《蒙特利尔议定书》哥本哈根修正案。截至 2010 年年底，全世界共有 194 个国家和地区加入了《维也纳公约》和《蒙特利尔议定书》。《蒙特利尔议定书》是全球第一个具有明确定量淘汰任务的国际环境条约。按照议定书的规定，发达国家比发展中国家提前十年淘汰消耗臭氧层物质，并为发展中国家提供资金和技术转让，帮助发展中国家淘汰消耗臭氧层物质。

我国自加入保护臭氧层的相关公约以来，认真履行国际公约规定的义务和责任，淘汰消耗臭氧层物质工作成效显著。20 年来，在多边基金的支持下，我国已经累计淘汰了共约 10 万吨消耗臭氧层物质的生产和 11 万吨消耗臭氧层物质的使用，于 2007 年 7 月 1 日比《公约》提前两年半完成最主要的两种消耗臭氧层物质全氯氟烃（CFCs）和哈龙的淘汰，并于 2010 年 1 月 1 日实现了甲基氯仿、四氯化碳的完全淘汰，实现了《公约》规定的履约目标。从 2010 年开始，我国履行《蒙特利尔议定书》最主要的任务是加速淘汰含氢氯氟烃（HCFCs）。按照公约规定，发展中国家应于 2030 年前完成制造业中 HCFCs 的淘汰任务。我国目前是全球最大的 HCFCs 生产国、使用国和出口国，承担的履约责任十分繁重。我国对消耗臭氧层物质淘汰的管理工

作已经进行了 10 多年，有关部门发布了 100 多项有关的行政规章和规范性文件，但至今没有一部行政法规来保障管理措施的落实，打击非法生产、非法销售、非法贸易的"三非"行为。

　　立法不完善严重影响了消耗臭氧层物质淘汰的监督管理。现有关于消耗臭氧层物质淘汰的管理立法存在着体系不健全、立法层级普遍较低、管理制度不健全、处罚措施不力等问题，导致淘汰消耗臭氧层物质在许多方面的管理都存在着无法可依的情况。特别是《行政许可法》生效以后，行政审批和许可制度受到严格限制。如果没有国务院行政法规的颁布，过去有效的管理制度和措施将被迫中断。这样将使我国多年对消耗臭氧层物质淘汰管理的努力和成果前功尽弃。因此，由国务院及时制定和颁布管理条例，是巩固现有的消耗臭氧层物质淘汰成果、实现履约目标的必要条件。

　　在此背景下，2000 年 4 月 29 日第九届全国人大常委会第十五次会议审议批准了《〈中华人民共和国大气污染防治法〉修正案》，其中第 45 条明确了 ODS 的生产和消费的有关事项。这是我国首次在国家立法层面提出国家鼓励消耗臭氧层物质替代品的生产使用，逐步减少消耗臭氧层物质的有关规定，并对违法行为规定了明确的惩罚措施。这一规定应该说是对已制定的控制 ODS 生产、消费的政策予以肯定，并为以后制订的政策提供了法律依据。截至 2010 年年底，国务院有关部委已经颁布了一系列有关保护臭氧层的政策和法律法规，其中，最为引人注意的便是 2010 年 3 月 24 日国务院常务会议审议通过、国务院第 573 号令于 4 月 8 日公布的《消耗臭氧层物质管理条例》，这是我国第一部专门规定消耗臭氧层物质管理活动的行政法规。这些政策法规的颁布，对于促进 ODS 及其替代技术与替代品的生产、消费、进出口，规范消耗臭氧层物质的管理，控制我国消耗臭氧层物质的生产和消费增长进度，保障多边基金项目的顺利实施起到了重要作用。

第二节　《消耗臭氧层物质管理条例》的主要内容与特点

　　《条例》本着统一规划、综合管理，协调发展、逐步淘汰，支持科研、鼓励替代，全程控制、重点监督的原则，设计了生产配额许可证制度、消费

配额许可证制度、进出口配额许可证制度、销售登记制度、环境影响评价制度等，同时重点针对消耗臭氧层物质的"三非"行为规定了严格的惩罚措施。《条例》共六章四十一条，分为总则、生产、销售和使用、进出口、监督检查、法律责任和附则。

一、列出了消耗臭氧层物质清单和具体淘汰时间表

我国的《消耗臭氧层物质管理条例》的第五条规定"国家应逐步削减并最终淘汰作为制冷剂、发泡剂、灭火剂、溶剂、清洗剂、加工助剂、杀虫剂、气雾剂、膨胀剂等用途的消耗臭氧层物质"；第六条也提出了"国务院环境保护主管部门应根据国家方案和消耗臭氧层物质淘汰进展情况，会同国务院有关部门确定并公布限制或者禁止新建、改建、扩建生产、使用消耗臭氧层物质建设项目的类别，制定并公布限制或者禁止生产、使用、进出口消耗臭氧层物质的名录"。

二、设计了配额管理及其相关制度

我国的《消耗臭氧层物质管理条例》不仅建立了配额管理制度，还建立了消耗臭氧层物质总量控制制度。《条例》规定由国务院环境保护主管部门根据《中国逐步淘汰消耗臭氧层物质国家方案》和消耗臭氧层物质淘汰进展情况，与国务院有关部门确定国家消耗臭氧层物质的年度生产、使用和进出口配额总量。在总量确定后，生产、使用单位应当依照规定向国务院环境保护主管部门申请领取配额许可证（部分少量使用的情形除外）；进出口单位应当依照规定向国家消耗臭氧层物质进出口管理机构申请进出口配额，领取进出口审批单。且消耗臭氧层物质的生产、使用单位，应当按照国务院环境保护主管部门的规定采取必要的措施，防止或者减少消耗臭氧层物质的泄漏和排放。从事消耗臭氧层物质的生产、销售、使用、回收、再生利用、销毁等经营活动的单位，以及从事含消耗臭氧层物质的制冷设备、制冷系统或者灭火系统的维修、报废处理等经营活动的单位，应当完整保存有关生产经营活动的原始资料至少 3 年，并按规定报送相关数据。

三、明确了执法手段和法律责任

在《消耗臭氧层物质管理条例》颁布之前，我国对消耗臭氧层物质的管理依据，除了《大气污染防治法》中对消耗臭氧层物质生产和进口的两条原则规定外，主要依靠在淘汰过程中发布一系列的部门规章，法律层级相对较低，特别是在处理非法生产、非法使用和非法贸易问题上，缺乏明确的法律依据，或者惩罚条款较弱。《消耗臭氧层物质管理条例》的颁布，不仅强化了执法手段，规定监督检查机关进行监督检查，而且规定了有权进行调查取证，要求被检查单位提供有关资料、做出说明，还可以扣押、查封违法生产、销售、使用、进出口的消耗臭氧层物质及其生产设备、设施、原料及产品。《条例》关于法律责任规定得非常具体，如对在消耗臭氧层物质生产、使用和进出口等活动中可能发生的各种违法行为，规定了罚款、没收违法物品、拆除违法设备设施、没收违法所得、核减配额数量直至吊销配额许可证等严格的法律责任。规定无生产配额许可证生产消耗臭氧层物质的，由所在地县级以上地方人民政府环境保护主管部门责令停止违法行为，没收用于违法生产消耗臭氧层物质的原料和违法所得，拆除、销毁用于违法生产消耗臭氧层物质的设备、设施，并处 100 万元的罚款。从事含消耗臭氧层物质的制冷设备、制冷系统或者灭火系统的维修、报废处理等经营活动的单位，未按照规定对消耗臭氧层物质进行回收、循环利用或者交由从事消耗臭氧层物质回收、再生利用、销毁等经营活动的单位进行无害化处置的，由所在地县级以上地方人民政府环境保护主管部门责令改正，处以进行无害化处置所需费用 3 倍的罚款。

四、对进出口消耗臭氧层物质予以控制并实行名录管理

我国的《消耗臭氧层物质管理条例》的一个特点在于其明确指出，国家对进出口消耗臭氧层物质予以控制，并实行名录管理。《条例》规定，国务院环境保护主管部门会同国务院商务主管部门、海关总署制定、调整和公布《中国进出口受控消耗臭氧层物质名录》。进出口列入《中国进出口受控消耗臭氧层物质名录》的消耗臭氧层物质的单位，应当依照本条例的规定向国家消耗臭氧层物质进出口管理机构申请进出口配额，领取进出口审批

单，并提交拟进出口的消耗臭氧层物质的品种、数量、来源、用途等情况的材料。国家消耗臭氧层物质进出口管理机构应当自受理申请之日起 20 个工作日内完成审查，作出是否批准的决定。予以批准的，向申请单位核发进出口审批单；未予批准的，书面通知申请单位并说明理由。进出口审批单的有效期最长为 90 日，不得超期或者跨年度使用。《条例》指出，取得消耗臭氧层物质进出口审批单的单位，应当按照国务院商务主管部门的规定申请领取进出口许可证，持进出口许可证向海关办理通关手续。列入《出入境检验检疫机构实施检验检疫的进出境商品目录》的消耗臭氧层物质，由出入境检验检疫机构依法实施检验。

第三节 《消耗臭氧层物质管理条例》的意义

《条例》的颁布实施为我国逐步削减和淘汰消耗臭氧层物质、切实履行保护臭氧层国际公约义务提供了明确的法律依据，并有利于调整优化相关产业结构，提高我国企业的可持续发展能力，节约能源和减少温室气体排放。在经济社会转型时期，通过立法加强对淘汰消耗臭氧层物质的管理具有重要的意义。

一、建立了完善的规则体系

在《蒙特利尔议定书》多边基金提供的技术支持和资金援助下，我国消耗臭氧层物质淘汰工作进展顺利。但是，我国生产和使用消耗臭氧层物质的总量仍然很大，要巩固现有淘汰成果并完成《议定书》规定的下一步淘汰目标，任务仍然艰巨。因此，需要不断总结管理经验，完善管理制度，规范生产、销售、使用、回收、再利用、销毁和进出口等行为，把淘汰工作纳入法制化轨道，以更好地履行国际义务，树立负责任国家的形象。为了实现对臭氧层的有效保护，我国陆续颁布、实施了包括《中华人民共和国大气污染防治法》及其修正案、《消耗臭氧层物质管理条例》等在内的一系列的法律、法规，初步建立了消耗臭氧层物质、保护臭氧层的法律规则体系，从而为我国逐步削减和淘汰消耗臭氧层物质、切实履行保护臭氧层国际公约义务提供强有力的法律支持。

二、有利于节约能源和减少温室气体排放

绝大多数消耗臭氧层物质都是强效温室气体，因此淘汰消耗臭氧层物质的同时也为防止气候变化做出了贡献。据计算，我国在 2010 年前削减的 11 万吨消耗臭氧层物质相当于直接减排 6.5 亿吨二氧化碳当量温室气体。事实上，如果把有关行业在过去 10 多年的增长规模纳入计算，避免的潜在温室气体排放量就更为巨大。以冰箱行业为例，在替代改造前，我国冰箱产品普遍用 CFC－11 和 CFC－12 作为发泡剂和制冷剂，它们的温室效应潜能值（GWP 值）高达 4680 和 10720，我国冰箱行业在消耗臭氧层物质替代改造中主要使用了碳氢（包括环戊烷和 R600a）类对环境友好的替代工质，因此带来了显著的温室气体减排效益，也为全球冰箱行业转向使用碳氢等环保的天然工质技术做出了表率。此外，使用碳氢类工质还对提高冰箱的能效发挥了积极的作用。在 CFCs 替代改造前，我国冰箱大多为四级和五级能效产品，在替代改造后，基于碳氢制冷剂的冰箱能效普遍提高到一级和二级，为我国节省了大量能源。

第六章　古生物化石保护条例

古生物化石，是指地质历史时期形成并赋存于地层中的动物和植物等实体化石及其遗迹化石。古生物化石是对地球演变、生物进化等进行研究的重要资料，是确定地层时代进而寻找矿产资源的重要线索，是研究古代动植物生活习性、繁殖方式及古代生态环境的珍贵实物证据，是探索地球演化史上生物的大批死亡、灭绝事件的重要实体，主要包括鱼类、松柏类、鸟类、银杏类、两栖类、昆虫类、哺乳类、被子植物类等生物门类。为了保护我国的古生物化石，2010 年 8 月 25 日，国务院第 123 次常务会议通过了《古生物化石保护条例》（以下简称《条例》），2011 年 1 月 1 日正式生效。

第一节　《古生物化石保护条例》的出台背景

古生物化石是重要的地质遗迹，是宝贵的、不可再生的自然遗产。我国是古生物化石比较丰富的国家之一，种类齐全，数量众多，具有重要的科学研究价值。我国古生物化石几乎遍及全国各地，特别是近几年发现的一些珍稀古生物化石，受到国际科学界的广泛青睐，例如近年来发现的云南省澄江生物群化石，山东省山旺生物群化石，辽宁省西部地区的鸟化石以及河南省南阳市、湖北省郧阳市、内蒙古自治区二连浩特的恐龙蛋及恐龙骨骼化石等，都具有极其重要的科研价值，成为我国乃至世界的宝贵地质遗产。其中，云南省澄江生物群化石中发现的云南虫化石，被证实是地球上最古老的

脊索动物，从而解决了生物进化论上脊椎动物与无脊椎动物两大类别演化关系的难题；山东省山旺生物群化石现已发现了 10 多个门类的 400 余种生物化石，被誉为"化石宝库"、"万卷书"；辽宁省西部地区发现的中华龙鸟化石，为解决鸟类起源问题提供了科学证据。

为了保护古生物化石，国土资源部早在 2002 年 7 月就发布了部门规章《古生物化石管理办法》。目前地方性法规和规范性法律文件主要有：《甘肃省临夏回族自治州古生物化石保护条例》、《辽宁省古生物化石保护条例》、《河南省人民政府办公厅关于加强全省古生物化石保护和管理的通知》、《昆明市人民政府关于加强晋宁县古生物化石保护的通告》、《喀左县人民政府办公室关于进一步加强全县古生物化石保护管理工作的通知》等等。近年来在国家重点保护的古生物化石集中产地建立了 5 个国家级保护区和 17 个国家地质公园，此外还建立了 23 个省级保护区和 7 个省级地质公园；建立了云南禄丰、山东诸城、宁夏灵武、辽宁四合屯、辽宁朝阳、贵州关岭等 5 个恐龙、鸟和鱼龙化石原址博物馆，以及 17 个地质公园古生物化石博物馆；2010 年 12 月 23 日，专门成立国家古生物化石专家委员会。在有关部门的协助下，先后从澳大利亚、美国、加拿大、意大利追回我国流失国外的古生物化石 5000 多件，从深圳、上海、天津、北京等海关截获非法出境的古生物化石 60 多件。[①] 对促进古生物化石的保护和管理工作起到了积极的促进作用，但是力度明显不够。比如，受部门规章立法权限的制约，《古生物化石管理办法》无法设定古生物化石采掘和出入境的行政许可、缺少对古生物化石乱采滥挖、收藏、出入境监管内容的制度规定等，古生物化石保护面临的形势依然十分严峻。

一是一些地方对古生物化石的特殊价值认识不到位，对保护古生物化石的重要性认识不足，没能做到有效保护，造成了对古生物化石资源和对当地生态环境的破坏。二是缺乏对古生物化石采掘行为的有效规定，造成乱采滥挖现象严重。在盛产古生物化石的辽西、贵州关岭以及新疆、内蒙、河北等省区的众多化石产地乱采滥挖化石已从个体零散行为向有组织、大规模的采掘转变。三是对于古生物化石的收藏和出入境缺乏监管规范，造成倒卖、走

---

① 刘维：《我国古生物化石保护工作走上法制化轨道》，《国土资源》2011 年 11 月。

私古生物化石屡禁不止。近年来，随着古生物化石收藏热的出现，古生物化石的经济价值不断显现，一些化石贩子为牟取暴利非法倒买倒卖，将一些价值连城的稀有珍贵化石走私国外。四是古生物化石保护的法律制度不够完善。仅在《文物保护法》第二条第三款原则规定了"具有科学价值的古脊椎动物化石和古人类化石同文物一样受国家保护"，缺少具体的保护制度；法律责任规定不完善，乱采滥挖、走私倒卖古生物化石等违法行为难以得到应有的处罚。古生物化石保护关系到国家利益，国务院领导同志多次做出重要批示，要求加强对古生物化石的保护。国务院法制办、国土资源部在总结《古生物化石管理办法》实施经验的基础上，研究起草制定《古生物化石保护条例》，以进一步完善古生物化石保护管理工作的制度和程序。

第二节　《古生物化石保护条例》的主要内容

《古生物化石保护条例》共六章四十五条，对古生物化石的发掘、收藏、出入境管理以及相关违法行为的处罚予以了全面规范，有力地推动了古生物化石保护工作，促进古生物化石的保护、科学研究和合理利用，严厉打击古生物化石乱采滥挖、非法走私等严重违法行为，为我国的古生物化石保护和管理工作提供坚实的法律基础。其主要内容可以分为以下几个方面：

一、建立国家古生物化石专家委员会

古生物化石保护工作专业性强，充分发挥专家的作用，是做好古生物化石保护工作的重要保障。《条例》对此主要作了如下规定：一是建立国家古生物化石专家委员会。规定国务院国土资源主管部门负责组织成立国家古生物化石专家委员会，专家委员会由国务院有关部门和中国古生物学会推荐的专家组成。二是明确国家古生物化石专家委员会的职责。规定国家古生物化石专家委员会承担对重点保护古生物化石名录的拟定、设立国家级古生物化石自然保护区咨询、古生物化石发掘申请评审、重点保护古生物化石进出境鉴定等工作。三是明确发挥专家作用的环节和程序。规定国务院国土资源主管部门应当自受理古生物化石发掘申请、重点古生物化石出境申请、古生物化石进出境核查申请之日起 3 日内，将申请材料送国家古生物化石专家委员

会，由专家委员会进行评审、鉴定，并出具书面评审、鉴定意见。四是明确专家意见的作用。规定专家出具的评审、鉴定意见是国土资源主管部门作出有关批准决定的重要依据。①

二、发掘管理方面的规定

加强发掘管理，是有效保护古生物化石的首要环节。条例对此主要作了如下规定：

一是加强对发掘活动的管理。规定因科研、教学、科普或者对古生物化石进行抢救性保护等需要，才能申请发掘古生物化石。② 申请发掘古生物化石的单位应当具备有 3 名以上拥有古生物专业或者相关专业技术职称、并有 3 年以上古生物化石发掘经历的技术人员，有符合发掘工作需要的设施等四项条件，提交发掘项目概况、发掘方案、发掘标本保存方案和发掘区自然生态条件恢复方案，并取得国务院或者省、自治区、直辖市人民政府国土资源主管部门的批准。③ 同时，条例还明确了发掘申请的批准权限和程序。④

二是加强对发掘过程的监管。规定发掘古生物化石的单位按照批准的发掘方案进行发掘，在发掘或者科研、教学活动结束后对发掘的古生物化石登记造册，作出描述与标注，移交给符合条件的收藏单位收藏。⑤

三是规范生产、建设等活动中发现古生物化石的处理程序。规定生产、建设等活动中发现古生物化石的，应当保护好现场并立即报告，接到报告的国土资源主管部门应当在 24 小时内赶赴现场，在 7 日内提出处理意见。⑥

三、收藏管理方面的规定

加强收藏管理，防止收藏过程中的丢失或者损坏，是有效保护古生物化石的关键环节。条例对此作了如下规定：

一是明确古生物化石收藏单位的条件。规定古生物化石的收藏单位应当

---

① 参见《古生物化石保护条例》第六条
② 参见《古生物化石保护条例》第十条。
③ 参见《古生物化石保护条例》第十一条。
④ 参见《古生物化石保护条例》第十二、十三条。
⑤ 参见《古生物化石保护条例》第十四、十五条。
⑥ 参见《古生物化石保护条例》第十八条。

具备有固定的馆址、专用展室、相应面积的藏品保管场所，有相应数量并拥有相关研究成果的古生物专业或者相关专业的技术人员等五项条件。①

二是加强古生物化石档案的管理。规定国务院国土资源主管部门负责建立全国的重点保护古生物化石档案和数据库，县级以上地方人民政府国土资源主管部门负责建立本行政区域的重点保护古生物化石档案和数据库，收藏单位负责建立本单位收藏的古生物化石档案。②

三是加强对重点保护古生物化石流转的管理。规定任何单位和个人不得擅自买卖重点保护古生物化石；国有收藏单位不得将其收藏的重点保护古生物化石转让、交换、赠与给非国有收藏单位或者个人；任何单位和个人不得将其收藏的重点保护古生物化石转让、交换、赠与、质押给外国人或者外国组织；收藏单位之间转让、交换、赠与重点保护古生物化石的，应当经国务院国土资源主管部门批准。③

四、古生物化石进出境管理方面的规定

加强进出境管理，防止古生物化石非法出境，是有效保护古生物化石的重要环节。条例对此作了如下规定：

一是加强对古生物化石出境的管控。规定未命名的古生物化石不得出境；重点保护古生物化石因科研需要与国外有关研究机构进行合作，或者因科学、文化交流需要在境外进行展览的，经国务院国土资源主管部门批准方可出境；一般保护古生物化石经所在地省级人民政府国土资源主管部门批准方可出境。④

二是建立重点保护古生物化石出境后进境的核查制度。规定出境的重点保护古生物化石进境的，申请人应当向国务院国土资源主管部门申请进境核查。⑤

三是加强古生物化石出境的海关监管。规定运送、邮寄、携带古生物化

---

① 参见《古生物化石保护条例》第二十条。
② 参见《古生物化石保护条例》第二十一条。
③ 参见《古生物化石保护条例》第二十二、二十三、二十四条。
④ 参见《古生物化石保护条例》第二十六条。
⑤ 参见《古生物化石保护条例》第三十一条。

石出境的，应当如实向海关申报，并向海关提交国务院国土资源主管部门或者省、自治区、直辖市人民政府国土资源主管部门签发的出境批准文件。①

四是建立违法出境古生物化石追索制度。规定国家对违法出境的古生物化石有权进行追索，并明确由国务院国土资源主管部门代表国家具体负责追索工作。②

第三节　制定《古生物化石保护条例》的意义

《条例》的实施，有利于保护重要的古生物化石资源，将进一步加大古生物化石的保护力度，增强古生物化石的法律保护意识，明确相关方在古生物化石保护工作中的权利和义务，明晰古生物化石保护工作中的程序和步骤，将古生物化石保护工作纳入法制化轨道。

第一，提高了古生物化石保护意识。古生物化石是进行地球演变、生物进化等研究的最重要的资料，是确定地层时代进而寻找矿产资源的重要线索，是研究古代动植物生物习性、繁殖方式及生态环境的珍贵实物论据，是探索地球演化史上生物的大批死亡、灭绝事件的最重要实体。《条例》的实施，将进一步明确古生物化石的特殊价值，提高对古生物化石保护的重要性认识，增强公众的保护意识。

第二，规范了古生物化石的采掘行为。《条例》明确规定了古生物化石的采掘条件和申报程序，打击古生物化石的乱采乱挖现象，加强对发掘过程的监管，规范生产、建设等活动中发现古生物化石的处理程序，提高了古生物化石在采掘中的管理力度。

第三，加强了古生物化石的流通监管。近年来，随着古生物化石收藏热的出现，古生物化石的经济价值不断显现，古生物化石收藏管理工作的重要性日益凸显。《条例》明确了古生物化石收藏单位的条件，加强古生物化石档案的管理，尤其是对重点保护古生物化石流转的管理。进一步加强了对古生物化石收藏的监控，有效地防止古生物化石在收藏过程中的丢失或者

---

① 参见《古生物化石保护条例》第三十二、三十三条。
② 参见《古生物化石保护条例》第三十四条。

损坏。

　　第四，加强古生物化石进出境管理。在实践中，一些化石贩子为了谋取暴利非法倒买倒卖，将一些价值连城的稀有珍贵化石走私国外，导致了我国古生物化石资源的严重流失。因此，加强进出境管理，防止古生物化石非法出境，是有效保护古生物化石的重要环节。《条例》加强对古生物化石出境的管控，建立重点保护古生物化石出境后进境的核查制度，重点加强古生物化石出境的海关监管，明确古生物化石保护中的违法行为的处罚规定，建立违法出境古生物化石追索制度，有效地防止了古生物化石资源流失海外，同时有利于追回流失的古生物化石，保护了我国古生物资源的完整性。

第七章　自然灾害救助条例

2010 年 6 月，国务院出台了《自然灾害救助条例》，自 2010 年 9 月 1 日起实施，这是我国制定的第一部灾害救助条例。《自然灾害救助条例》的制定是我国灾害管理的重大突破，是救灾工作进入新的历史阶段的重要标志，结束了我国救灾过程中无法可依的局面，使我国自然灾害救助体系开始步入一个法制化、规范化的新阶段。《自然灾害救助条例》将保障人民群众生命安全和基本生活的立法宗旨贯穿于救助准备、应急救助、过渡性安置、灾后救助的全过程，彰显了以人为本的理念和要求。《自然灾害救助条例》实施后，将对减轻我国自然灾害损失，提高防灾减灾水平发挥重要作用。

第一节　《自然灾害救助条例》的出台背景

自然灾害是指人类依赖的自然界所发生的不以人的主观意志为转移的异常自然现象，即指由于自然异常变化造成的人员伤亡、财产损失、社会失稳、资源破坏等一系列事件。主要包括以下方面：1. 气象灾害：如水灾、旱灾、风灾、冷害；2. 地质灾害：如地震、火山爆发，地陷等；3. 地貌灾害：泥石流、滑坡、雪崩等；4. 水文灾害：如海啸、海侵风暴等；5. 生物灾害：如病虫害、草害、鼠疫等。自然灾害的破坏主要体现在人员的伤害、财产损失以及资源和环境的巨大破坏。

我国自然灾害多发、频发，是世界上受自然灾害影响最为严重的国家之

一，几乎每年都发生多次重特大自然灾害，严重危害了人民群众生命财产安全和生产生活秩序。我国处于环太平洋地震带，多地震灾害；而且是西太平洋热带海区，容易有台风袭击；我国地域辽阔，地跨北温带、亚热带地区，有高原、平原、盆地、山区，地形复杂多变，西南地区和山区滑坡、泥石流发生频率大；西北多沙漠和高原地区，旱灾和风沙风暴频发。

自然灾害救助是指国家和社会对因自然灾害造成生存危机的社会成员进行抢救与援助，以维持其基本生活，并使其脱离灾难和危险，恢复生活和生产的一项社会保障措施。在对抗自然灾害的过程中，我国虽建立了较为完善的自然灾害救助体系，但同时也出现一些问题，主要是灾害救助准备措施不足、应急响应机制不完善、灾后救助制度缺乏、救助款物监管不严等。这就需要通过制定自然灾害救助方面的法规，规范自然灾害救助工作，以保障受灾人员的基本生活。《自然灾害救助条例》针对灾前的预防、准备，灾中的应急救援和过渡性安置以及灾后的恢复与重建等问题均做了系统、明确的规定，有助于解决上述问题。

第二节　《自然灾害救助条例》的主要内容

我国《自然灾害救助条例》共七章三十五条，主要规定了自然灾害救助工作原则、管理体制、工作保障、救助准备、应急救助、信息发布、灾后救助、救助款物管理等方面的内容。《自然灾害救助条例》明确了以人为本、政府主导、分级管理、社会互助、灾民自救的原则；在灾害救助管理机制方面，规定了自然灾害救助工作实行各级人民政府行政领导负责制，明确了国家减灾委员会负责组织、领导全国的自然灾害救助工作，协调开展重大自然灾害救助活动；国务院民政部门负责全国的自然灾害救助工作，承担国家减灾委员会的具体工作等管理体制。在灾害救助制度方面，从灾前的预防预备制度，如应急预案准备、物资储备、避难场所准备、人员和装备等方面的救助准备工作；灾中的救助制度，如受灾人员基本生活保障的具体措施，以及应急救助、信息发布等；灾后的救援方面，如灾后救助、救助款物的管理和监督等具体制度等方面都进行了完善。

一、灾害救助管理体制

我国自然灾害救助工作实行各级人民政府行政领导负责制。自然灾害救助工作遵循以人为本、政府主导、分级管理、社会互助、广泛参与，灾民自救的原则。自然灾害救助工作不仅涉及政府部门，而且需要社会各方面的支持和参与。我国《自然灾害救助条例》明确政府在自然灾害救助工作中的主导作用和职责，同时发挥村委会、居委会以及红十字会、慈善会和公募基金会等社会组织在自然灾害救助工作中的作用，利用社会力量广泛参与。

首先，在国家层面，1989 年 4 月，为响应联合国倡议，国务院成立了"中国国际减灾十年委员会"；2000 年 10 月，该机构更名为"中国国际减灾委员会"；2005 年 4 月，经国务院批准，"中国国际减灾委员会"改为"国家减灾委员会"，成员由 34 个部委组成，领导全国救灾工作。我国《自然灾害救助条例》第三条规定："自然灾害救助工作实行各级人民政府行政领导负责制，国家减灾委员会负责组织、领导全国自然灾害救助工作，协调开展重大自然灾害救助活动。"

其次，是地方层面，县级以上地方人民政府或者自然灾害救助应急综合协调机构负责该行政区域的自然灾害救助工作。我国《自然灾害救助条例》第三条规定："县级以上地方人民政府或者自然灾害救助应急综合协调机构，组织、协调本行政区域的自然灾害救助工作；县级以上人民政府民政部门负责自然灾害救助工作，县级以上人民政府有关部门按照各自职责做好自然灾害救助相关工作。"

最后，是在基层层面，由基层自治组织或红十字会、民间组织、公益组织协助政府开展工作。我国《自然灾害救助条例》第五条规定："村委会、居委会以及红十字会、慈善会和公募基金会等社会组织，依法协助政府开展自然灾害救助工作。"

二、灾害救助机制

建立健全灾害准备制度是灾害救助的基础工作和重要方面。它包括灾害应急预案的制定、灾害应急救助系统的建设、灾害应急交通、通讯设置建设、灾害应急救助物资储备、灾害应急预案的培训和演练等方面。

首先，灾前准备阶段。针对一些地方对自然灾害救助准备不足、灾害发生后应对不力的情况，我国《自然灾害救助条例》对自然灾害救助准备措施作了规范：一是县级以上地方人民政府及其有关部门应当根据自然灾害风险调查情况，制定自然灾害救助应急预案；二是县级以上人民政府应当建立健全自然灾害救助应急指挥技术支撑系统，并为自然灾害救助工作提供交通、通信等装备；三是国家建立自然灾害救助物资储备制度，设区的市级以上人民政府和自然灾害多发、易发地区的县级人民政府应当设立自然灾害救助物资储备库；四是县级以上地方人民政府应当统筹规划设立并公告自然灾害应急避难场所；五是县级以上地方人民政府应当加强自然灾害救助队伍建设和业务培训。

其次，灾害救助的应急处理阶段。其重要原则是应急处理需在最低管辖权层面上进行，以保证应急处理的及时性。我国《自然灾害救助条例》确立了由基层政府负首要责任的自然灾害预警响应机制和应急响应机制：一是县级以上人民政府或者自然灾害救助应急综合协调机构应当根据自然灾害预报启动预警响应，及时向社会发布避险警告，开放应急避难场所，组织避险转移，做好基本生活的救助准备；二是灾害发生并达到应急预案启动条件的，县级以上人民政府或者自然灾害救助应急综合协调机构应当及时启动应急响应，紧急转移安置受灾人员，紧急调拨资金和物资，及时向受灾人员提供食品、饮用水、衣被、取暖、临时住所、医疗防疫等应急救助，抚慰受灾人员，处理遇难人员善后事宜，组织开展自救互救，组织救助捐赠。灾害救助过程中应体现重视人的生命价值，以人为本的原则。

最后，灾后救助阶段。为了保障受灾人员的基本生活，我国《自然灾害救助条例》在总结实践经验的基础上，规范了灾后生活救助制度：一是受灾地区人民政府应当在确保安全的前提下，对受灾人员进行过渡性安置；二是受灾地区人民政府及其有关部门应当组织重建或者修缮损毁的居民住房；三是在受灾的当年冬季和次年春季，受灾地区人民政府应当为受灾人员提供基本生活救助。

三、灾害救助款物的监管制度

灾害救助款物的监管应体现专款专用、公开透明、依法管理、社会监督

的原则。特别是随着互联网微博、微信等社交通讯工具的使用，社会公众更关注用于救助的捐助款物使用的透明度问题。为了减少乃至杜绝自然灾害救助工作中违法侵占和骗取救助款物的现象，确保救助款物用于自然灾害救助，条例强化了对救助款物的监管措施：一是县级以上人民政府财政部门、民政部门负责救助资金的分配、管理并监督使用情况，民政部门负责调拨、分配、管理救助物资；二是救助款物应当专款（物）专用、无偿使用，专项用于灾民紧急转移安置，灾民基本生活救助，医疗救助，教育、医疗等公共服务设施和住房的恢复重建，遇难人员家属抚慰以及救助物资的采购、储存和运输等项支出；三是受灾地区人民政府民政、财政等部门和有关社会组织以及村委会、居委会应当向社会公开所接受的救助款物的来源、数量及其使用情况；四是各级人民政府应当建立健全监督检查制度，及时受理投诉和举报，监察机关、审计机关应当依法加强对救助款物管理使用情况的监督检查。①

---

① 张粉霞：《从社会政策视角分析〈自然灾害救助条例〉》，《城市减灾》2011 年第 1 期。

第八章　气象灾害防御条例

气象灾害的预防和治理工作是一项系统性强、涉及面广、社会关注度高的综合性工作，直接关系经济发展、社会发展和人民生命财产的安全。《气象灾害防御条例》体现了气象灾害重在预防的立法理念，是近十年来我国气象灾害防御工作的历史经验的总结，也是《国务院关于加快气象事业发展的若干意见》、《国务院办公厅关于进一步加强气象灾害防御工作的意见》等一系列方针、政策在立法上的集中概括和体现。

第一节　制定《气象灾害防御条例》出台的必要性

《气象灾害防御条例》于 2010 年 1 月 20 日国务院第 98 次常务会议获得通过，并于 2010 年 4 月 1 日起施行。《气象灾害防御条例》的颁布实施，不仅完善了灾害防御法律体系建设，也为政府依法行政提供了法律依据。同时对我们采取有效措施应对气候变化新形势，避免和减轻气象灾害造成的损失提供了依据，有利于推动我国的气象灾害防御工作，对于增强气象灾害防御能力，有效避免、减轻气象灾害造成的意外损失，保障经济社会发展和人民安全福祉具有重要作用。

一、应对气候异常，预防频繁发生的气象灾害所造成的损失

我国从西往东地势、地貌变化较大，不同地方具有不同的特点，山脉类

型复杂，走向多样，经纬度跨越较大，距离海洋远近差距都比较大，由此导致气温降水的组合复杂多变，形成了各种各样的气候类型。正是由于复杂多变的气候导致我国自然灾害频发，成为世界上受自然灾害影响最严重的国家之一。在我国发生的"各类自然灾害中，70%以上的是气象灾害"[1]。虽然，我国历来重视防灾减灾工作，先后制定了《气象法》、《人工影响天气管理条例》等法律、行政法规。但是，最近几年，由于全球气候持续变暖，气候变化较大，导致我国极端气象灾害不断涌现，局部地区极端高温、极端低温、泥石流、台风、龙卷风、雷暴、巨型冰雹等极端性天气频繁出现。这种极端性天气往往突发性强、频率高、强度大、破坏性强，严重威胁人民群众生命财产安全。因此，防御气象灾害已经成为维护国家公共安全的重要组成部分，成为政府履行社会管理和公共服务职能的重要体现，成为国家重要的基础性公益事业。为了有效地预防气象灾害，有必要通过立法进一步加强气象灾害的预防、监测预报、预警和应急等工作，为我国经济社会发展提供制度、法律保障。

二、适应新形势，进一步完善气象灾害的各种防御措施

改革开放30多年来，我国经济社会的发展进入了一个新的阶段，对我国进行气象灾害防御提出了新的要求：首先，要进一步加强气象灾害的防御能力建设。我国虽然在气象灾害防御工作方面采取了大量的措施，但是随着经济社会的进一步发展，气象灾害的种类增加，并且呈现不同的特点，需要针对新型的气象灾害，进一步完善气象灾害的防御措施；其次，要进一步完善气象灾害的监测预警等方面的措施。预警能力建设对于气象灾害的防御工作具有重要意义，随着信息网络等新型技术的发展，需要运用网络等高新技术来整合气象方面的检测信息，进一步提高对气象灾害的检测预警能力，尤其是针对突发性的、极端气象灾害的检测预警。最后，需要进一步规范气象灾害预警方面信息的发布和应急处置措施。经济社会的发展将人类推进到一个信息时代，如果发布信息不当，会产生谣言，不仅会影响对气象灾害的预防，甚至会影响社会稳定。我们处在一个信息的时代，应当利用各种渠道拓

---

① 王振江、王志强主编：《气象灾害防御条例读本》，气象出版社2010年版，第108页。

展信息的发布面，保证发布信息的及时、完整、准确，保证通过信息的发布为人民群众提供有效的避险保障。在气象灾害发生后，应急处理措施应及时到位，保证应急措施的适当、有效。因此，需要进一步规范应急处理措施，进一步采取措施增强应急能力。

三、总结气象灾害防御的经验教训，进一步完善、规范气象灾害的防御机制

我国在实践中为了应对气象灾害已经建立了一套防御机制，但是由于气象灾害影响到社会生活的方方面面，必须充分发挥政府的主导作用，由政府统一领导，各个部门进行配合、协调，密切协作，同时还要发挥全社会的力量，调动一切积极因素共同做好气象灾害的预防和处置工作。随着经济、社会的进一步发展，为了更加有效地预防气象灾害，需要对以往的气象灾害防御机制进行总结，形成由政府主导，政府各部门配合，社会各种力量积极参与的防灾、救灾、减灾机制。需要通过立法来明确各种主体在防灾、救灾、减灾中的权利、义务，规范防灾、救灾、减灾行为，以达到最佳效果。

四、进一步完善气象灾害防御的法律、法规体系，做到依法防御气象灾害

我们国家一直高度重视用法律的手段来预防和治理气象灾害，为了规范对自然灾害的预防和治理行为，我国制定了《防洪法》、《气象法》、《地质灾害防治条例》、《人工影响天气管理条例》、《抗旱条例》等法律、法规，初步形成了灾害预防和治理的法律、法规体系，做到了灾害预防和治理工作的有法可依，这对有效预防自然灾害所带来的损失、规范自然灾害的治理措施发挥了重要的作用。但是，我国目前气象灾害的防御法律、法规体系还存在着不足，主要表现在对大雾、暴风、雷雨、雷电等气象灾害的防御还缺乏具体详细的规定。虽然在《气象法》第五章规定了气象灾害防御，但一共五条，内容比较原则，缺乏具体的制度和措施，有必要根据实践经验和预防气象灾害的需要进一步细化。因此，需要根据这些气象灾害发生、发展和变化的规律，结合以往的工作经验，进一步完善现行法律、法规体系，通过立法来进一步规范对气象灾害的监测、预警、信息的发布和应急措施的实

施等。

第二节　《气象灾害防御条例》基本内容

《气象灾害防御条例》共有 6 章 48 条，包括总则、预防、监测、预报和预警、应急处置、法律责任和附则。《气象灾害防御条例》是我国首部规范气象灾害防御工作的综合性行政法规，主要包括以下内容：

一、气象灾害防御的对象

气象灾害防御首先要明确防御的对象，只有对象明确才能做到有的放矢，才能增强防御工作的针对性。但是我国 1999 年 10 月颁布的《气象法》对气象灾害含义和范围并没有做出明确的界定，《气象灾害防御条例》对此做出了详细的规定，利用列举法明确了 13 种气象灾害，分别是"台风、暴雨（雪）、寒潮、大风（沙尘暴）、低温、高温、干旱、雷电、冰雹、霜冻和大雾等所造成的灾害。"① 对因气象因素引发的衍生、次生灾害（如水旱灾害、地质灾害、海洋灾害、森林草原火灾等）的防御，不适用《气象灾害防御条例》。

二、气象灾害防御工作的原则

《气象灾害防御条例》规定了气象灾害防御的四个原则，即"以人为本、科学防御、部门联动、社会参与的原则"②。这四个原则是气象灾害防御工作的主体应当遵循的总的原则，是制定各项具体政策应当遵循的指导思想。在这四个原则中，以人为本是核心，是科学发展观在气象灾害防御工作中的贯彻和实施。气象灾害防御工作涉及千家万户，必须把人民的福祉安康作为气象灾害防御工作的头等任务。人民的生命、财产利益高于一切，气象灾害防御工作要及时提供准确的气象预警服务，避免和减少气象灾害造成的生命和财产的损害。科学防御是关键，气象灾害的发生是大气及其运动造成

---

① 《气象灾害防御条例》第二条。
② 《气象灾害防御条例》第三条。

的，只有掌握大气及其运动的规律才能做出正确的预测，因此必须对气象灾害的发生进行实事求是的科学分析，才能找出有效的应对措施。部门联动是保障，气象灾害防御工作涉及面广，需要各个部门相互协作、密切配合，共同努力才能有效避免和减少灾害的发生。社会参与是基础，气象灾害防御工作涉及千家万户，需要广大人民群众的广泛参与，只有群众参与了，我国建立的政府领导、部门联动、社会参与的气象灾害防御体系才能真正地落到实处，从而最大限度地避免和减轻气象灾害对人民生命和财产造成的损失。

三、气象灾害防御机制

《气象灾害防御条例》确立了由政府统一领导、各部门相互配合、社会广泛参与的气象灾害防御机制，对于气象灾害防御涉及两个以上行政区域的，要求政府、部门之间建立联防制度。《气象灾害防御条例》规定："气象灾害防御工作涉及两个以上行政区域的，有关地方人民政府、有关部门应当建立联防制度，加强信息沟通和监督检查。"[1]　确立了联防制度在气象灾害防御工作中的法律地位。县级以上人民政府在气象灾害防御工作中承担领导、组织和协调的职能，对于因气象灾害防御所需的经费由本级财政预算承担。居民委员会、村民委员会、企业事业单位等社会力量应当参与气象灾害防御工作，协助政府做好气象灾害防御。"居民委员会、村民委员会、企业事业单位有协助政府做好防御知识宣传、应急演练和应急处置的义务。"[2]明确规定公民、法人和其他组织有义务参与气象灾害防御工作，乡镇人民政府、街道办事处确定人员协助政府开展应急联络、信息传递、灾害报告和灾情调查等工作。

由于雷电灾害有其特殊性，《气象灾害防御条例》对此具体规定了特殊的组织管理体制。首先，明确了雷电防护设施安装的审查验收主体、程序。审查新建、改建、扩建建（构）筑物的设计文件，对于雷电防护设施的设计意见应由气象主管机构审查；对于建筑物的竣工验收，应有气象主管机构参加，并对雷电防护设施进行同时验收。容易发生雷电的矿区、旅游景点、

---

① 《气象灾害防御条例》第六条。
② 《气象灾害防御条例》第十七条。

投入使用的建（构）筑物、设施应单独设计、安装雷电防护设施，具体由县级以上地方气象主管机构对设计进行审核和竣工验收。其次，对雷电防护装置设计、施工、检测的单位实行资质认证。专门从事雷电防护装置设计、施工、检测的单位应当具备下列条件，取得国务院气象主管机构或者省、自治区、直辖市气象主管机构颁发的资质证：（1）有法人资格；（2）有固定的办公场所和必要的设备、设施；（3）有相应的专业技术人员；（4）有完备的技术和质量管理制度；（5）国务院气象主管机构规定的其他条件。对于雷电、电力、通信防护设施进行检测的单位实行资质管理，其资质证书的颁发由国务院气象主管机构会同国务院通信主管部门或者电力部门共同颁发。只有依法获得建设工程设计、施工资质的组织，才能在核准的法定范围内对雷电防护装置的设计、施工进行建设活动。

四、气象灾害防御主要制度

（一）气象灾害普查制度

气象灾害普查制度是为了提高灾害预警的准确性，对气象灾害发生的时间、地点、类型、规模等进行详细调查的一系列规程的总称。气象灾害普查制度的目的是为了规范气象灾害调查行为，提高气象灾害调查的科学性和准确性，从而获得气象灾害发生、变化的科学数据，发现气象灾害发生、变化的规律，提高气象灾害防御的能力。气象灾害普查是气象灾害防御的基础性工作，同时也是实施气象灾害防御管理工作的前提。《气象灾害防御条例》第十条规定负责气象灾害普查工作的机构是县级以上地方人民政府，由政府牵头组织相关部门对本行政区域内发生的气象灾害的类型、规模、频率以及因此产生的损失等进行调查，并且要建立相关的气象灾害数据库。

（二）气象灾害风险评估制度

气象灾害风险评估制度是指以气象灾害普查获得的数据作为依据，通过综合分析对将来可能发生的气象灾害进行评价的规则体系。气象灾害风险评估制度是一项综合性很强的工作，既要研究不同气象灾害类型的危险程度，又要研究当地承灾体对灾害的承受能力。一般来讲要对气象灾害发生的风险进行评估，需要确定气象灾害损失的指标序列，构建出造成致灾因子的等级指标，绘制出致灾因子概率分布函数，制定出气象灾害风险评估的具体模

型。气象灾害风险评估的对象包括历史上已发生的气象灾害和将来可能发生的气象灾害。通过评估历史上已发生或将来可能发生的气象灾害，可以为当地经济、社会发展进行科学规划，增强气象灾害防御的能力，提前做好预防和救灾预案。

（三）气象灾害风险区划制度

气象灾害风险区划制度是指通过分析气象灾害普查的数据，以气象灾害风险评估的结果作为依据，发现气象灾害自身发生、变化的规律，对不同区域气象灾害风险发生的等级进行划分的一系列规则的总称。气象灾害风险区划制度的目的是通过规范运用地理信息系统，将某一区域根据灾害发生的等级和规模划分出不同等级的灾害风险区域，以便确定防灾的重点区域，使防灾工作重点突出，有的放矢，可以有效地提高防御气象灾害的能力。气象灾害风险区划的制定为一些重大的工程项目和基础设施的选址提供参考的依据，避免气象灾害所带来的风险。气象灾害风险区划确定后，当地政府以此为依据，有针对性地编制防御方案，增强防御的有效性。

（四）气象灾害防御规划制度

《气象法》第二十七条提到了建立防御规划制度，但对如何建立这一制度没有明确规定。《气象灾害防御条例》就气象灾害防御规划的编制程序、内容等做了详细的规定，国务院气象主管机构应当会同国务院有关部门，根据气象灾害风险评估结果和气象灾害风险区域，编制国家气象灾害防御规划，报国务院批准后组织实施；县级以上地方人民政府应当组织有关部门，根据上一级人民政府的气象灾害防御规划，结合本地气象灾害特点，编制本行政区域的气象灾害防御规划。气象灾害防御规划应当包括气象灾害发生发展规律和现状、防御原则和目标、易发区和易发时段、防御设施建设和管理以及防御措施等内容。

五、气象灾害防御主要措施

（一）针对不同种类的气象灾害采取不同的预防措施

不同种类气象灾害发生的原因和造成的危害以及防御的措施是不一样的。《气象灾害防御条例》针对不同气象灾害的特点，对台风、大风、暴雨、暴雪、低温、高温、雷电、大雾等主要的气象灾害分别规定了不同的预

防措施。"大风（沙尘暴）、龙卷风多发区域的地方各级人民政府、有关部门应当加强防护林和紧急避难场所等建设，并定期组织开展建（构）筑物防风避险的监督检查。台风多发区域的地方各级人民政府、有关部门应当加强海塘、堤防、避风港、防护林、避风锚地、紧急避难场所等建设，并根据台风情况做好人员转移等准备工作。"① "对于降雪冰冻灾害，地方各级人民政府、有关部门和单位应当根据本地降雪、冰冻发生情况，加强电力、通信线路的巡查，做好交通疏导、积雪（冰）清除、线路维护等准备工作。有关单位和个人应当根据本地降雪情况，做好危旧房屋加固、粮草储备、牲畜转移等准备工作。"② "对于大雾、霾多发区域，应当加强对机场、港口、高速公路、航道、渔场等重要场所和交通要道的大雾、霾的监测设施建设，做好交通疏导、调度和防护等准备工作。"③ 这样的立法规定增强了气象灾害预防的针对性，提高了气象灾害预防的效率。

（二）气象灾害监测预警能力建设的具体措施

气象灾害监测预警能力的强弱直接影响气象灾害防御的效果，因此，应具体规定气象灾害监测预警能力建设的具体措施。《气象灾害防御条例》对此做出了详细的规定。县级以上地方人民政府应当根据气象灾害防御的需要，建设应急移动气象灾害监测设施，健全应急监测队伍，完善气象灾害监测体系；应当整合完善气象灾害监测信息网络，实现信息资源共享。各级气象主管机构及其所属的气象台站应当完善灾害性天气的预报系统，并及时向气象主管机构和有关灾害防御、救助部门提供雨情、水情、风情、旱情等监测信息，提高灾害性天气预报、警报的准确率和时效性；应当按照职责向社会统一发布灾害性天气警报和气象灾害预警信号，并及时向有关灾害防御、救助部门通报；其他组织和个人不得向社会发布灾害性天气警报和气象灾害预警信号。广播、电视、报纸、电信等媒体应当及时向社会播发或者刊登当地气象主管机构所属的气象台站提供的天气警报和预警信号，并根据当地气象台站的要求及时增播、插播或者刊登。关于气象灾害的预警信息发布系统的构建由县级以上地方人民政府负责建立和完善。对于交通枢纽和人口密集

---

① 《气象灾害防御条例》第十八条。
② 《气象灾害防御条例》第二十条。
③ 《气象灾害防御条例》第二十二条。

区域的公共活动场所以及气象灾害易发生的地区，应当建立相关设施负责接收和播发气象灾害预警信号和灾害性天气警报。乡（镇）人民政府、街道办事处应当确定人员，协助气象主管机构、民政部门开展气象灾害防御知识宣传、应急联络、信息传递、灾害报告和灾情调查等工作。

六、气象灾害应急工作的程序和内容

积极有效的应急处置是减少气象灾害损失的重要手段，《气象灾害防御条例》以《突发事件应对法》为依据，对气象灾害应急预案的编制程序、内容等做了详细的规定。国务院气象主管机构应当会同国务院有关部门，根据气象灾害防御需要，编制国家气象灾害应急预案，报国务院批准。县级以上地方人民政府、有关部门应当根据气象灾害防御规划，结合本地气象灾害的特点和可能造成的危害，组织制定本行政区域的气象灾害应急预案，报上一级人民政府、有关部门备案。气象灾害应急预案应当包括应急预案启动标准、应急组织指挥体系与职责、预防与预警机制、应急处置措施和保障措施等内容。

七、对特定区域气象灾害的预防

空间天气灾害由于其本身的特殊性不同于其他气象灾害，是一个全新的领域，需要根据现有的科技水平对其进行监测、预报和预警，以避免给人民群众造成损失。因此，对气象部门来讲，空间天气灾害监测、预报和预警工作是一个全新的领域和新的挑战。为预防空间天气灾害对人类造成的危害，《气象灾害防御条例》规定"各级气象主管机构应当做好太阳风暴、地球空间暴等空间天气灾害的监测、预报和预警工作"[1]。

---

① 《气象灾害防御条例》第三十三条。

农上

第九章　重大环保事件和典型环境诉讼案件

第一节　2010 年年内重大环保事件

一、紫金矿业污染事件

紫金矿业集团股份有限公司（以下简称"紫金矿业"），是以黄金及其他有色金属矿产资源勘查和开发为主的大型矿业集团。紫金矿业 1993 年从上杭紫金山金矿起步，经过十几年的发展，成为国内著名黄金矿山企业、国家大型企业和重点高新技术企业。2010 年，紫金矿业位居福布斯中国顶尖企业榜第 2 位。伴随着紫金矿业的高速发展，环境污染问题也频频发生。早在 2007 年，原环保总局首次发布对 37 家上市公司的环保审查结果，对其中 10 家不予通过或暂缓通过上市核查，其中便有紫金矿业。2010 年 5 月底国家环保部公布了《通报批评公司及其未按期完成整改的环保问题》，紫金矿业成为 11 家被通报的上市公司之一。

2010 年 7 月 3 日，紫金矿业位于福建上杭县的紫金山铜矿湿法厂发生污水渗漏事故，污水池中含铜、硫酸根离子的酸性废水外渗，9100 立方米污水顺着排洪涵洞流入汀江，导致严重污染，大量网箱养鱼死亡。直到 7 月 12 日，紫金矿业才正式公告这一事故。10 月 8 日，紫金矿业公告称收到《福建省环境保护厅行政处罚决定书》，针对汀江重大水污染事故，福建省

环保厅决定对紫金山金铜矿罚款 956.31 万元人民币。12 月 27 日，福建省环保厅又分别对紫金矿业董事长陈景河、常务副总裁兼紫金山金铜矿矿长邹来昌处以 70 万元和 45 万元的个人罚款。

　　环保部和福建省环保厅、龙岩市政府及环保部门组成的联合调查组通过听取情况汇报、查阅资料、现场勘查、调查取证等方式，初步查明此次事件的原因有三点：一是企业防渗膜破损直接造成污水渗漏。经查，企业各堆浸场、富液池、贫液池、萃取池、防洪池、污水池均采用 HDPE 衬垫防渗膜作为防渗漏措施，但由于各堆场及各池底未进行硬化处理，防渗膜承受压力不均，导致各堆场及各溶液池底垫防渗膜均出现不同程度的撕裂，污水渗漏问题严重，加之近期紫金山矿区受持续强降雨影响，水大量聚集，污水池底部压力发生变化，致使 7 月 3 日污水池防渗膜突然发生破裂，污水大量渗入地下并外溢至汀江。二是人为非法打通 6 号集渗观察井与排洪洞，致使渗漏污水直接进入汀江。调查发现，6 号集渗观察井与排洪洞被人为非法打通，井内渗滤液涌水量超过回抽量时可直接通过排洪洞排入汀江。2009 年 9 月福建省有关环保部门检查时发现排洪洞有超标污水排入汀江，要求企业立即进行整改，但直至本次事件发生企业仍未整改到位。三是监测设备损坏致使事件未被及时发现。经调查，因设在企业下游的汀江水质自动在线监测设备损坏且未及时修复，致使事件发生后污染情况未能被及时发现。①

　　紫金矿业铜矿湿法厂泄漏事故凸显了我国环境执法能力的孱弱和环境信息披露制度的缺位。在此次严重污染事故之前，紫金矿业已屡次遭到环保部门点名，甚至就在事故发生两个月之前，还遭到环保部通报批评。然而，该公司却可以在监管者的眼皮底下"边整改边出事"，可见我们的环境监管往往雷声大雨点小，对污染企业威慑作用极为有限。另外，在此次事件中，紫金矿业在事故发生 6 天之后才发出"姗姗来迟"的公告，严重延误了对事故影响的控制，对周边社区和投资者都造成了损害。污染企业之所以频繁使用这种"拖"和"捂"的手段，也正是因为环境信息披露制度的不健全，没有强制要求企业向社会及时准确地公布环境信息所致。

---

　　① 新浪网："紫金矿业污染福建汀江"，http://news.sina.com.cn/z/zjkywr/index.shtml，最后访问日期 2010 年 12 月 12 日。

环境违法成本低是重大环境污染事故频发的重要原因。紫金矿业水污染事件发生后，福建省环保厅对紫金山金铜矿罚款 956.31 万元人民币，对紫金矿业董事长陈景河、常务副总裁兼紫金山金铜矿矿长邹来昌处以 70 万元和 45 万元的个人罚款。对位于福布斯中国顶尖企业榜第 2 位的紫金矿业来说，几百万元的行政罚款犹如九牛一毛，没有任何震慑力。对于紫金矿业的法律责任，不仅仅是简单的行政处罚，更重要的是追究其对汀江水环境造成的损害赔偿责任以及刑事责任。

此外，紫金矿业违反了排污许可证制度和"三同时"制度。根据排污许可的相关规定，企业在运行过程中对排污口的设置有变化的，应当及时向环境保护主管部门申报并取得许可，紫金矿业未经审批擅自打通 6 号集渗观察井与排洪洞，致使渗漏污水直接进入汀江，违反了排污许可证制度。同时，根据"三同时"制度的要求，环保设施和主体工程应当同时投产使用；在企业运行过程中，如果环保设施设备发生损坏，应当及时修理并投入使用。紫金矿业下游的汀江水质自动在线监测设备损坏后未及时修复是致使事件发生后污染情况未能被及时发现的重要原因。

二、大连输油管泄漏事件

2010 年 7 月 16 日，一艘利比里亚籍的 30 万吨级油轮停靠在大连新港，因故引发陆地上中石化一条直径 900 毫米输油管线爆炸，并引发原油泄漏，火焰高达七八层楼高。由于爆炸点离储油罐群较近，随时可能发生连环爆炸。6 个多小时后，该管线火情被完全扑灭，但爆炸导致另一条 700 毫米管线起火，且该起火管线油泵损坏，无法切断油路。现场还发生多次爆炸，火情一度出现反复。

爆炸发生后，大连市启动红色应急预案。党和国家领导人胡锦涛、温家宝做出批示。国务院副总理张德江、国家安监总局局长骆林、交通运输部部长李盛霖以及公安部副部长刘金国率消防局局长及专家组连夜赶到现场指挥。空军派出两架运-8 飞机运送消防物资。17 日，大火基本被扑灭。随后，大连市政府召开新闻发布会，宣布爆炸现场储油罐的所有阀门已全部关闭，火势基本被扑灭。大连市出动本市全部消防车和 2000 余名消防员参与本次灭火行动。辽宁省出动了全省 14 个支队 1600 多人，使用了泡沫灭火剂

500多吨，干粉灭火剂20多吨。①

初期当地政府称事故系该外籍油轮在为卸油附加添加剂时操作不当所致，但在此之后当地官员称，事故责任在船只一方还是中国石油一方尚无法确定。中石化称该事件与其无关，输油设施正常。安监总局在事故通报中认为，这次事故是因陆地上中方负责输油的公司引起，但责任认定部分很含混；不过事故善后处置工作协调会上明确了事故主要责任人为大连中石油国储公司。

石油泄漏的生态巨灾仍在墨西哥湾扩散时，大连湾储油罐爆炸导致石油泄漏却提醒中国公众：这样的事件绝非偶然——只要我们的经济发展依然高度依赖化石能源，泄漏之剑总会高悬。而此次泄漏给当地海洋生态环境和渔民带来的长远损失目前并未完全显现，有效的环境监管、灾后反应与补偿机制依然缺席，警钟还需长鸣下去。

三、血铅超标事件：以湖南郴州为例

2010年，矿产丰富、坐拥价值连城的"金山银山"、被誉为"中国有色金属之乡"的湖南省郴州市发生了大规模"血铅超标"事件。根据郴州市卫生局统计，从2010年3月17日至22日，郴州市两家血铅定点检测单位——市疾控中心和市儿童医院一共接待了285人检测，其中血铅超标人数为152人，血铅中毒人数45人，且中毒者均为14周岁以下儿童，绝大多数来自桂阳县浩塘乡。郴州市环保部门查明，污染源分别来自三家未通过环评审批的非法冶炼企业：桂阳县浩塘乡元山废铅回收厂、嘉禾县腾达金属回收有限公司和嘉禾县金珠金属有限公司。

从建厂到生产，环保部门一直在干预嘉禾县腾达金属回收有限公司和嘉禾县金珠金属有限公司这两家冶炼企业，并先后10次下发相关文件和处罚决定，责令停止生产，但是直到当地爆发"血铅超标"事件后，郴州市环保局第11次出手，致函嘉禾县政府，才依法彻底关闭了这两家粗铅冶炼企业。

---

① 新浪网："大连输油管道爆炸起火"，http://news.sina.com.cn/z/dlsygxbz/，最后访问日期2010年11月10日。

以下是郴州市环保局 10 次环境监察的简要记录：

第一次，"2007 年 6 月，我局现场检查时发现嘉禾县广发乡有冶炼粗铅、粗铜等 3 家非法企业，其中两家非法冶炼粗铅企业正在建设，局领导非常重视，立即责成嘉禾县环保局依法查处。"

第二次，"2007 年 10 月，嘉禾县腾达金属回收有限公司、嘉禾县金珠金属有限公司这两家非法冶炼粗铅企业先后建成试产。我局依法分别对其下达了《行政处罚决定书》，责令其停止生产，并处罚款。同时，向嘉禾县环保局下达了《环境监察通知书》。"

第三次，"2007 年 11 月 5 日，我局向市政府作了专题汇报，建议市政府责令嘉禾县政府依法取缔这两家非法冶炼粗铅企业，拆除生产设备与供电设施。同时，并就其违反国家产业政策问题向市经委作出了移送。"

第四次，"2007 年 12 月 7 日，我局又向嘉禾县政府去函，建议依法取缔嘉禾县广发乡擅自新建的两家烧结锅粗铅冶炼企业。"

……

第七次，"2008 年 7 月 14 日，我局陪同省厅领导就省委张春贤书记交办信访件到广发乡白觉村现场调查，发现这两家企业没有关闭到位，仍在生产。省厅领导立即作出指示，要求嘉禾县政府尽快关闭两企业，消除污染隐患。"

第八次，"2008 年 8 月 11 日，市政府下达市长督办卡，责成嘉禾县委、县政府依法关闭高污染粗铅冶炼企业。"

第九次，"2008 年 8 月 20—21 日，我局督查后发现嘉禾县腾达金属回收有限公司仍在生产，嘉禾县金珠金属有限公司正在清炉准备复产，嘉禾县廖永雄炼铜厂虽未生产，但未拆除供电设备和生产设施。将以上企业环境污染问题列入全市环境安全隐患整治对象之一。"

第十次，"2009 年 8 月 27 日，我局接到嘉禾县广发乡白觉金鸡岭自然村村民反映县腾达金属回收有限公司等两家冶炼铅企业污染环境的'全民请愿书'后，立即进行了现场调查。曹元生局长陪同省厅领导现场调查，指导嘉禾县处理'血铅超标'事宜。"

这十次记录中，既有省委书记的交办信件，也有郴州市长的督办卡，这两家非法企业却"屡产屡关，屡关屡产"，在广发乡党委、政府的眼皮子底

下死灰复燃，除了当地政府不作为，供电部门明目张胆给予供电之外，郴州市环保局监察支队支队长肖海波坦承，相关法规赋予环保部门的刚性手段不多，以至于强制力不强，进而导致执法效果打了折扣。

嘉禾县、桂阳县部分群众"血铅超标"的残酷现实，促使郴州市痛定思痛，掀起了一股问责和治污风暴。目前，嘉禾县已有 5 名因造成儿童血铅超标的相关责任人被问责。其中，嘉禾县广发乡原党委书记王宏、乡长王光金、常务副乡长兼武装部长李红阳被免职，县电力行政执法大队副大队长张仁主和广发供电所所长李宜福被撤职。①

湖南郴州血铅超标事件凸显了我国环境保护法的"软法"弊病。一方面，环境影响评价制度形同虚设。桂阳县浩塘乡元山废铅回收厂、嘉禾县腾达金属回收有限公司和嘉禾县金珠金属有限公司没有经过环境影响评价便开工建设并投入运营，明显违反了《环境影响评价》的规定。《环境影响评价法》规定任何建设项目必须经过环境保护主管部门的环境影响评价，没有通过环境影响评价不得开工建设，已经开工建设的，责令停止建设，补办环境影响评价手续。湖南郴州血铅超标事件无视环境影响评价制度的存在，究其原因，是地方保护主义架空了环境影响评价制度。另一方面，环境保护执法软弱无力。从建厂到生产，环保部门一直在干预嘉禾县腾达金属回收有限公司和嘉禾县金珠金属有限公司这两家冶炼企业，并先后 10 次下发相关文件和处罚决定，责令停止生产，但是直到当地爆发"血铅超标"事件后，郴州市环保局第 11 次出手，致函嘉禾县政府，才依法彻底关闭了这两家粗铅冶炼企业。其间，既有省委书记的交办信件，也有郴州市长的督办卡，这两家非法企业却"屡产屡关，屡关屡产"，凸显了地方政府漠视环境执法，仍然盲目追求以牺牲环境为代价的经济发展。

2010 年，湖南嘉禾、湖南郴州、湖北崇阳、河南济源等地相继发生了 9起"血铅超标"事件。频发的重金属污染事件表明，中国在有效控制重金属污染方面还有很长的路要走。除了期待国家层面的《重金属污染综合防治规划》能够对重点行业和重点区域的重金属污染施以重拳之外，我们尤

---

① 新华网："血铅之痛——湖南郴州血铅超标事件调查与反思"，http://news.xinhuanet.com/politics/2010-03/23/content_ 13232174. htm，最后访问日期 2010 年 10 月 31 日。

其希望重金属污染防治能够在源头控制和公众参与方面取得突破。通过从终端产品中淘汰铅、汞等重金属的使用，从源头减少重金属的使用；通过公开企业使用、排放重金属的信息，鼓励公众参与到对污染企业的监督中去，避免出现监管部门捉襟见肘、应接不暇的局面。

四、湖南涟源乡镇引进污染企业，致使水源污染、村民患病

2009 年开始，湖南省涟源市金石镇白潭村不少村民身上开始长满"毒痘痘"。村里一条小河的水草也变了颜色，池塘的鱼一年来几乎不生长。村民们派了几个代表到娄底市疾病防控中心和娄底市中心医院检查。两家医疗机构都认为，村民们身上的"毒痘痘"与水质相关。

矛头指向 2008 年进驻村里的华宇矿业。这是一家以锰矿矿渣为主要原料的企业，主要产品包括碳酸锰、氧化锰、锰粉等。华宇矿业在当地一家废弃水泥厂建设的简陋厂区里，矿渣随意堆放。厂区距最近的村民家不到 100米。而生产造成的工业废水只经过简单的沉淀处理就排入了村里的池塘、稻田。这家锰矿与国家安全饮水工程的直线距离不超过 1000 米。这个国家安全饮水工程不仅负责金石镇的饮水，还负责向邻近的两个乡镇供水。

华宇矿业于 2008 年下半年开始试生产，但始终未取得环保部门核发的排污许可证。村民们多次向镇里反映，没有结果，随后又多次到涟源市环保局、娄底市有关部门上访，没有取得成效。镇里的态度一度比较暧昧，后来才有所转变。镇长钟智军表示，已请环保部门对地下水质进行检测。如果相关检测结果表明华宇矿业会危及国家安全饮水工程，就会关闭这家企业。

涟源市另一个乡镇——七星街镇，两家平均年产煤不足 4 万吨的小煤矿，也因对当地环境造成巨大破坏引起群众强烈反对。这两家煤矿近几年每年缴纳约 400 万元税费，却导致邻近 12 个村上千亩良田的水源被毁坏，大批农田抛荒，山塘干涸。①

新一轮产业梯度转移中，乡镇逐渐进入其转移链条末端，污染遁往乡镇的趋势值得警惕。湖南省委的一份调研报告提出，从 2003 年开始，湖南省

---

① 凤凰网："国家投资搞环保　乡镇招商引污企"，http://finance.ifeng.com/news/20100525/2229389.shtml，最后访问日期 2010 年 12 月 1 日。

拉开城区企业外迁乡镇的序幕，当年仅长沙市二环线以内就有300多家污染型企业需外迁。大量污染企业成为乡镇招商引资中的"座上宾"。无论是金石镇还是七星街镇的干部，都承认这样的招商引资会对当地长远发展和老百姓带来不利影响，却普遍将症结归于乡镇财政紧张。污染转移的成因虽与财政状况有关，但并不能完全归于"财政偏紧论"。这暴露了环保监督管理在乡镇的空白。当前片面追求经济发展的政绩考核体系导致乡镇干部的"短视"，以及缺乏有效的约束、监督制度等原因，都是导致被城市淘汰的高污染、高能耗产业得以在乡镇立足的推力。问责机制的缺位也是导致类似行政决策、招商引资中不负责任现象的重要原因。因此，乡镇基层环保监管的加强和问责制的建立是避免污染从城市向乡镇转移的有效途径。

五、中石油兰郑长成品油管道渭南支线柴油泄漏事件

2009年12月30日，陕西省渭南市环保局投诉举报中心接到兰郑长成品油管道项目部的紧急电话，称12月30日凌晨2时15分管道项目部发现管线压力异常。经走访排查，柴油管线渭南分输站出站约2.75公里处发生柴油泄油事故。渭南市环保部门组织专家赶赴现场调查。2010年1月3日，渭南潼关吊桥水质自动监测站工作人员在渭河上采集样本。现场没有发现柴油进入附近赤水河，泄漏点位于华县赤水镇赤水村赤水河西边，离赤水河的河槽有40米的距离，离地面大坝上游有6米的距离，距赤水河入渭口约3公里，赤水河入渭河口距离渭河入黄河口约70公里，泄漏点周围近20平方米的麦田受到污染。事件发生后，中石油兰郑长成品油管道项目部立即停止输油，并于2009年12月30日凌晨2时50分找到漏油点。当日下午1时许，漏油点被成功封堵。

调查人员走访赤水河沿岸渔民了解到，2009年12月30日至31日，河面未发现漂油现象；2010年1月1日，河面出现柴油污染现象。渭南市环保局调查得知，此次泄漏柴油量为150立方米，仅50立方米回收，其余约100立方米泄漏。事件发生后，中石油立即启动应急预案，采取多项措施封堵和拦截漏油。1月2日下午开始，河南三门峡水库大坝就已采取落闸停止发电处理，为处置油污赢得了时间。1月5日，国务院工作组成员、环境保护部环境应急与事故调查中心副主任张迅在河南省三门峡市召开新闻发布

会，表示受渭南柴油泄漏事故污染的黄河水体已基本被控制在三门峡水库内。1 月 6 日，三门峡大坝开始小流量放水发电。1 月 8 日，河南省环境监测部门在河南沿黄各重点断面连续监测数据表明，黄河干流总体上水质平稳，上游来水基本达标。

油品管道运输具有永久性、占用土地少、输送能力大、损耗少、成本低等优点。输油管道已经成为我国输送能源的大动脉，一旦发生泄漏等事故，不仅影响能源安全，而且还会引发次生污染事故，此次渭南柴油泄漏事故就是其中一例。石油泄漏、爆炸等会造成环境空气、地表水、土壤、植被的污染。此外，输油管道大多经过农田、河流等生态敏感地区。因此，在设计之初，就要认真开展环评，充分考虑到管线对沿线地区生态环境的影响，同时，更要进行环境风险评估。在此基础之上，制定应急预案，确保在漏油等事故发生时，能够及时处置，把污染控制在最小范围内。石油企业要以此次事故为戒，加强风险管理，制定完善的预警机制，防范事故发生。

第二节　典型环境诉讼案件

一、晴隆非法采金案

1997 年至 2008 年的 10 余年间，以被告罗泽成、罗飞为首的"罗家"犯罪集团利用非法采矿获取经济利益，聚敛钱财，又通过行贿等手段拉拢腐蚀黔西南自治州、晴隆县部分国家机关工作人员，构建其"关系网"和"保护伞"，以此垄断、控制当地黄金开采，并操控将组织成员安插到党政部门和公安机关任职，从而形成"以黑敛财、以财贿官、以官护黑"的"罗家"黑社会性质犯罪组织。"罗家"黑社会性质组织通过垄断经营、武装护矿、强占土地、霸占矿山，占据了晴隆县黄金矿山的"半壁江山"，攫取了数亿元不法经济利益。"罗家"黑社会性质组织称霸一方，为非作恶，欺压、残害群众，且造成 12 人死亡 15 人受伤的危害后果。公诉机关指控："罗家"黑社会性质组织及其成员共涉及组织、领导、参加、纵容黑社会性质组织、故意杀人、故意伤害、非法采矿等 28 个罪名，应依法追究刑事责任。

1997 年，罗泽成通过晴隆人敖成明攀上时任晴隆县委常委、政法委书记、公安局长陈家才。陈家才曾用名陈家材，1955 年 12 月 15 日生，晴隆人。据罗泽成家属介绍，罗、陈两家为远亲。罗氏兄弟涉足黄金开采之日，正值陈家才权倾一时。1997 年，在陈家才的安排下，罗泽成的坐驾已是警车，并专门配备了两名民警为其驾驶车辆、充当保镖。2001 年左右，罗泽成看到陈家才家墙上挂着一支双管猎枪，征得陈同意后，罗将此枪带走看家护矿、押送载金炭。该枪至今下落不明。官商勾结一旦成型，对于他人生命、财产、环境的践踏即告漠视。2001 年至 2005 年间，罗泽成、罗红艳名下的矿山事故先后致死沈忠明、黎勉惠、吴光东三人，均被瞒报，并以数千元、2 万元及 33.814 万元"私了"；罗飞、罗泽成控制的金家沟金矿三分矿挂靠在黔西南州政府下设的威格公司开采，2001 年 12 月 7 日造成 5 死 2 伤的安全事故。罗氏兄弟一方面让矿长欧阳强出面顶罪，一面出钱私了。

涉黑成为法庭上的罗氏兄弟的另一重要指控。20 世纪 90 年代，晴隆县公安局特意组建了一个专门的黄金矿山派出所，所长及部分警员均被罗泽成收买。矿山派出所所长吴家锦及民警贺正伟曾为罗家出头，开枪打死乡民梁贵礼，酿下一桩命案。经陈家才干预，吴家锦、贺正伟二人逃脱刑事处罚。起诉书显示，2000 年开始连续三年春节，罗泽成三次送给陈家才现金 28 万元。2006 年年底，陈家才以买车缺钱的名义找罗泽成"借"10 万元，迄今未还。除此，陈家才另有 21.4 万余元资产不能说明合法来源。罗、陈二人交情之深，从 1998 年一场风波中更可见一斑——罗泽成非法开采的金三角金矿被时任晴隆县副县长舒腾元组织查封，下令撤销整合到紫马金矿。陈家才为罗泽成积极斡旋，反倒使县政府赔偿罗泽成 80 万元。罗泽成为缓和关系，先后分两次送给舒腾元之兄舒腾昌现金 15 万元，让其转交给舒腾元。罗泽成又先后以赠送现金、干股等方式，买通时任县黄金局副局长、黄金公司经理彭逢贤，时任晴隆县公安局副局长张继鹏等，拿下多家金矿，并垄断生产黄金的必需品——剧毒化学物氰化钠的销售。自此，一张完备的保护网已现雏形。

身处"保护伞"之下的罗家，开始将其家族势力渗入"保护伞"。如 2002 年 11 月得陈家才关照，三弟罗江龙破格提升为晴隆县公安局副局长。检方起诉书称，围绕着罗家大哥罗泽成，在"要团结，共同找钱，有事要

互相帮助"的宗旨下，罗氏家族在晴隆县黄金开采领域和晴隆县确立起强势地位。在该县紫马乡、安谷乡、大厂镇等主要黄金矿区疯狂地、掠夺式地非法开采金矿和矿点达57个，占到晴隆县黄金矿山的"半壁江山"。晴隆县紫马、安谷、大厂等原本贫瘠的土地，因非法采矿，伤痕累累，植被均遭破坏，连片的山体被开膛破肚。①

　　由于历史遗留原因，黄金管理的混乱不仅如此。这个多头管理、条块切分管理的体制，主要因利益的分割而变异。新中国成立初期，国家尚未形成产业规模，全国没有统一黄金管理机构设置。1976年，当时的冶金部下设黄金管理局，与中国黄金总公司合署办公，各主要黄金产地的省市县则设立黄金管理局及黄金公司。中国黄金总公司在省一级设立全资或主要控股的省级子公司。而州、县一级的黄金公司一般由地方政府全资设立。此后35年间，黄金管理的行政化趋势式微，目前有关黄金开采的审批职能划归工信部。

　　黄金开采的管理具体到省一级更是盘根错节。省一级勘探、开发、日常管理、收储、安全保护分属于不同部门。勘探主要由贵州省地质开发总局下属地质勘探队负责，如烂泥沟金矿是由贵州省地矿局117地质大队勘测。而黄金的开发在近些年主要是由省黄金管理局、省国土资源厅和主要矿所在地的地方政府实行联管，日常管理通常又交给外包的矿主负责，收储主要是由黄金管理局负责，安全保护由武警黄金贵州支队负责。这几个单位之间，存在着错综复杂的从属关系，贵州省国土资源厅实质上是黄金管理的主体职能部门之一，省级黄金局在前一轮机构改革中划入贵州省经贸委。而地市一级的黄金管理局并非全省都有，只在黄金资源比较集中的黔西南、贵阳、安顺等地才设立。黔西南州黄金管理局原与州经贸局同为正处级，在2010年3月新一轮机构改革中被摘牌，相关职能并入州工业和信息化委员会。而县一级的黄金管理局目前仍未理顺，如晴隆县黄金局历经三任局长落马后，目前仅剩一人看管资产。黄金管理的另一职能部门是原贵州省地质矿产局，2001年与国土部门合并为如今的贵州省国土资源厅。但同时，省政府又将原地质

① 雅虎网："黄金权脉：黑金帝国垄断开采横行金州多年"，http://biz.cn.yahoo.com/10-08-/128/xypt_2.html，最后访问日期2010年11月16日。

矿产局的一部分划出成立贵州省地质矿产开发总局，下辖一个开发总公司。而地质矿产总局在行政上并不隶属省国土资源厅。省国土资源厅和省地质矿产开发总局的领导层频繁交流，因此，省国土资源厅从实质上讲是贵州省黄金管理的重要源头，但在对下一级的黄金管理局的管理上，省国土资源厅还要与地州市的领导平衡。由于近年来金价一再攀升，黄金矿产资源的争夺趋于白热化，参与博弈者众。

税种的设置即可透视这种利益分配的影子。中国的黄金矿山生产企业，目前最主要缴纳的是所得税，税率是 15%—25% 不等，国家拿走 60%，地方分得 40%。此外，黄金矿山生产企业还需缴纳的费用包括资源税、矿产资源补偿费、教育费附加等。业界人士指出，国家除获取 60% 的所得税外，还可通过中国黄金总公司上缴利润；依据"谁用矿、谁勘探、谁投资"的原则，省级层面则由其控制的省地质矿产资源开发总公司拥有的矿业权参股，从中分得一杯羹；而在州、县一级层面，除了分得较少的税收外，在开征增值税这一目标尚难实现的情况下，实际上由州、县政府出资或控股的企业投资入股参与开发，以保证地方财政应有的利益回报。

二、中华环保联合会、贵阳公众环境教育中心诉定扒造纸厂水污染案

南明河是乌江支流之一，蜿蜒 150 公里，流经贵阳，哺育当地人民，被誉为贵阳市民的"母亲河"。贵阳市定扒造纸厂建址在南明河上游，与南明河之间隔着天然的溶洞，造纸所产生的污水就通过建在溶洞中的管道排向南明河。2003 年至 2005 年期间，因贵阳市定扒造纸厂向南明河排放未经处理的污水及超标排放废气，当地政府对贵阳市定扒造纸厂下达限期治理的处罚，要求"被告生产废水闭路循环不外排，锅炉烟气稳定达标排放。在限期治理期间，被告必须采取减产或停产措施，确保限期内生产废水不外排，锅炉烟气稳定达标排放"。被告承诺"严格按照环保要求，保持生产过程中烟尘、二氧化硫、氮化物达标排放，并表示，如果今后有污水直接排入南明河的情况发生，将自行关闭工厂，以保证工业污水的零排放"。经整改验收后，当地环保部门允许被告恢复生产。然而，被告却不履行承诺，通过厂边的溶洞将污水直接排入南明河。

2010 年 10 月 18 日，原告中华环保联合会接到贵阳市乌当区群众投诉，称贵阳市乌当区定扒造纸厂将生产废水排放到南明河，导致南明河受到污染，希望中华环保联合会进行监督，消除污染。10 月 19 日，中华环保联合会决定安排人员进行实地调查。2010 年 10 月 30 日，原告的环境法律服务中心工作人员赴贵阳市乌当区水田镇定扒村现场进行调查，了解到：被告厂区位于贵阳市的母亲河南明河的旁边，当天白天该厂正常生产，未见向南明河排放生产废水。晚 7 时，法律服务中心工作人员再次来到该厂区，发现该厂通过位于厂区和南明河之间的溶洞排放大量的生产废水，现场气味刺鼻，南明河上有大量泡沫。次日（31 日）凌晨 6 时，法律服务中心工作人员来到该厂区，发现该厂仍通过溶洞向南明河大量排污，污染产生的大量泡沫与上游流入的南明河水汇合，形成一个长长的污染带，南明河污浊不堪。

2010 年 11 月 19 日，出于保护公共环境的目的，中华环保联合会与贵阳公众环境教育中心向贵州省清镇市人民法院提起环境公益诉讼，诉讼请求：一、判令被告立即停止向河道排放污水，消除偷排生产废水对其下游南明河及乌江产生的危险；二、判令被告支付承担原告支出的合理费用 10000 元（律师费）由被告承担；三、本案诉讼费用由被告承担。经审查，清镇市人民法院于当日决定立案受理。

2010 年 12 月 30 日上午，清镇市人民法院对本案开庭审理。贵阳公众环境教育中心代理人、中华环保联合会工作人员及代理人，贵阳市乌当区定扒造纸厂法定代表人及代理人，媒体记者，相关法律界人士和部分群众到庭。贵阳公众环境教育中心和中华环保联合会作为原告，起诉贵阳市乌当区定扒造纸厂违反法律规定及向政府环保部门所作的承诺，长期向贵阳人民的"母亲河"南明河偷排工业废水造成严重污染。

在法庭调查过程中，原告出示了定扒造纸厂偷排工业废水的图片和视频等相关资料，被告在证据面前承认了这一事实；原告出示的在定扒造纸厂排污口所提取的水样的检测结果表明，其色度、化学需氧量、生化需养量等均超过国家相关标准近 10 倍甚至几十倍。相关证据表明，定扒造纸厂排放的工业废水已对南明河造成了严重的污染。

被告在辩论中称，利用天然溶洞向南明河排放工业废水只是偶然行为，但根据中华环保联合会调查人员的陈述，被告自 2003 年开始，以白天储存、

夜晚排放的方式，连续地、长期地向河流中排放工业废水，致使南明河水质状况恶化。在事实面前，被告的辩解被驳倒。

20 分钟的短暂休庭后，法官宣布重新开庭，并对案件进行了当庭宣判。法院认为：根据《中华人民共和国水污染防治法》第二十条第一款，国家实行"排污许可制度"，第三款"禁止企业事业单位无排污许可证或者违反排污许可证的规定向水体排放前款规定的废水、污水"之规定，判决如下，被告应立即停止向南明河排放工业废水，停止对南明河的侵害；支付中华环保联合会花费的律师费用 10000 元；支付由贵州省两湖一库基金会垫付的水质检测费用 1500 元，以及本案的诉讼费 60 元。[①]

贵州省清镇市人民法院此次宣判的案件是我国首例环保基金资助环境公益诉讼案件，具有开创性的意义。依照我国的现行法律，任何单位、社团、机构或个人的环境合法利益受到不法侵害时，任何合法主体都可以作为原告向人民法院提起环境公益诉讼。虽然贵阳、无锡、昆明和玉溪等地近年来相继成立了环保法庭，但公益诉讼的案例并不多，其中一个重要原因是缺少公益诉讼基金支持。2010 年 3 月，贵阳市中级人民法院和清镇市人民法院出台的《关于大力推进公益诉讼制度的意见》中提到，环境公益诉讼的原告如果存在资金困难，例如评估费、鉴定费等，可以申请公益基金援助。此后，贵阳市两级环保法庭与"两湖一库"环境保护基金会达成共识，在环境公益诉讼的相关评估、鉴定、检测分析等费用支出上，基金会将予以支持。基金会从 2010 年起，每年从资金预算中拨出 10 万元作为"环境公益诉讼援助资金"，专项滚动使用，为环境公益诉讼提供及时、有效的资金援助。本案中涉及的对被告排放的污水进行取样分析检测的费用，是由原告向贵阳市"两湖一库"环境保护基金会提出申请，基金会根据环保法庭的审核意见先行垫付。

三、四川成都水污染案

犯罪嫌疑人刘德成开了一家工厂，2010 年 4 月 1 日，他在明知工厂废

---

① 新浪网："造纸厂非法排污被法院逮个正着"，http://news.sina.com.cn/o/2010-11-24/073618398768s.shtml，最后访问日期 2010 年 12 月 16 日。

弃物会污染环境的情况下，指使刘桃、李波趁夜深无人之机将其倾倒在都江堰市天马镇绿凤村 10 组与崇义镇桂桥村 11 组交界的柏木河中，致使柏木河被污染。而柏木河是成都市自来水有限责任公司的取水口，由此造成全城大面积停水。该案发生后，都江堰市检察院在第一时间提前介入，即对涉案的犯罪嫌疑人刘桃、李波以涉嫌重大环境污染事故罪的罪名做出了批准逮捕的决定，犯罪嫌疑人刘德成因病取保候审。

2010 年 9 月 19 日，法庭宣判三被告人的行为构成重大环境污染事故罪。其中，刘德成被判处有期徒刑 1 年 6 个月并处罚金 1 万元；李波被判处有期徒刑 1 年并处罚金 5000 元，刘桃被判处有期徒刑 10 个月并处罚金 5000 元。同时，法院判决三人一次性赔偿因水污染给国家造成的直接经济损失 625260 元，三人承担连带清偿责任。[①]

本案是一起刑事附带民事诉讼案件，与一般刑事附带民事诉讼相比，本案的特点在于民事赔偿部分由检察院与刑事诉讼一并提起，并且民事赔偿部分包含了被告对于水环境造成的损失。环境污染损害案件中，环境自身的价值和利益损失往往被忽视，本案的判决则体现了对环境价值的尊重和保护。

四、昆明市环保局诉"昆明三农公司"与"昆明羊甫公司"环境侵害纠纷案

昆明市环保局起诉并由昆明市人民检察院支持起诉昆明三农农牧有限公司（以下简称为昆明三农公司）与昆明羊甫联合牧业有限公司（以下简称为昆明羊甫公司）环境侵害纠纷一案，是云南省首例环境公益诉讼，该案于 2010 年 12 月 13 日公开开庭审理。

2005 年 3 月底，昆明市官渡区人民政府为了加快本区农业产业结构调整，推进养殖业规模化、标准化建设和向山区、半山区适宜地的转移，决定成立官渡区畜禽养殖基地。昆明羊甫公司于 2002 年 2 月 4 日成立，2007 年 1 月 23 日该公司以土地使用权流转承包的方式，从官渡区小哨村委会获得了 1000 亩集体土地使用权，用于官渡区标准化生猪养殖基地小哨生态畜牧

---

① 人民网："向柏木河倒 4 吨工业'废水'三人获刑被判赔偿 62 万"，http://env.people.com.cn/GB/12767099.html，最后访问日期 2010 年 11 月 5 日。

小区项目（以下简称：畜牧小区）建设。2008 年 5 月 15 日，经官渡区环保局批复，同意羊甫公司申报的畜牧小区项目环评，并对羊甫公司拟建畜牧小区的给排水、污水处理、养殖畜禽粪处理、环境保护设施竣工验收等提出了明确具体的要求。2008 年 7 月 23 日羊甫公司的股东注册设立了三农公司，并将畜牧小区的建设、招商和经营事项交由三农公司实施，但未向原行政审批部门申报变更项目建设主体。昆明三农公司与羊甫公司（以下简称为二被告）自 2008 年 6 月开始陆续将承包的养殖用地分割转包给相关生猪养殖户。

自 2009 年 9 月起被告在未按环评批复要求建成污水收集处理设施的情况下，即陆续允许养殖户进入畜牧小区养猪，所产生的养殖废水任其随意排放，或利用养殖小区内自然形成的土坑，或采取开挖若干收集池的方式临时收集存储。由于被告未对收集池作任何防渗工程处理，养殖废水渗入地下水系统，导致距畜牧小区直线距离不足 1 公里的嵩明县杨林镇大树营村委会七里湾大龙潭水质于 2009 年 11 月初开始出现发黑发臭现象，人畜无法继续饮用，使长期以来依赖该大龙潭水生活、生产的大树营村委会相关村组人畜饮水发生困难。经卫生防疫和环境监测部门多次抽样检测，证实大龙潭水氨氮指标和菌落总数及大肠杆菌等指标严重超标。污染事故发生后，官渡区环保局经行政调查对三农公司作出责令停止生猪养殖，罚款 50 万元的行政处罚决定。然而，被告在自行对原收集池采取了临时防渗措施后仍继续养殖。2010 年 2 月 27 日至 3 月 3 日，畜牧小区再次发生养殖废液泄漏进入地下水系统事故，经检测，大龙潭水氨氮指标于 3 月 5 日达到峰值。至 2010 年 6 月 3 日最近一次检测，大龙潭水质相关指标仍严重超标。三农公司上述违法排污行为造成了严重的水环境污染后果，羊甫公司作为畜牧小区项目申报单位，未经原环评审批主管行政机关同意，擅自将畜牧小区项目交由三农公司实施，且在建设过程中未履行或督促三农公司履行环评批复要求的环境保护义务，应当对本次水污染事故的后果承担连带赔偿责任。

2010 年 8 月 11 日昆明市环保局作为原告，以昆明三农公司与昆明羊甫公司为共同被告，向昆明市中级人民法院提起环境污染侵权公益诉讼，昆明市人民检察院支持起诉。昆明环保局的诉求如下：（1）二被告立即停止对环境的侵害；（2）由二被告赔偿为治理嵩明县杨林镇大树营村委会七里湾

大龙潭水污染所发生的全部费用，暂计人民币 417.21 万元（其中：治理设施建设成本费用计人民币 363.94 万元，运行维护成本按 1 年运行期计算计人民币 53.27 万元）；（3）由二被告赔偿为处理水污染事故所产生的专项应急环境监测费和污染治理成本评估费用计人民币 155293 元（其中：昆明市环境监测中心监测费 17974 元，嵩明县环境监测站监测费 4629 元，嵩明县疾病预防控制中心水质监测费 170 元，昆明环科院污染治理成本评估费 132520 元）；（4）由二被告承担本案的诉讼费用。[①]

昆明市中级人民法院受理后，依法组成有人民陪审员参加的合议庭，于 2010 年 12 月 13 日公开开庭审理，昆明市人民检察院出庭支持诉讼。

本案是云南省首例环境民事公益诉讼案件，该案件是以环保局为环境公益诉讼的原告，检察院以支持起诉的方式参与环境公益诉讼，该案的受理和审判进一步拓宽了我国环境公益诉讼的原告资格，丰富了环境公益诉讼的起诉模式。

关于环保局能否作为环境公益诉讼原告的问题，学界一直有争议。反对者的理由是：第一，环保局在环境公益损害案件中可能因其行政行为成为被告，从诉讼法理论上讲，不能出现"环保局既是原告又可能当被告"这种悖论；其二，没有必要赋予环保局提起环境公益诉讼的权利，因为作为环境保护的行政主管部门，其完全可以通过行使行政权力的方式来达到维护环境公益的目的；其三，作为环境保护行政主管部门，防治环境污染和生态损害本应是环保局的法定职责，环保局以原告身份提起环境公益诉讼，有怠于行使其行政职责的嫌疑；其四，环保局作为环境公益诉讼的原告，可能会侵害公民、环保 NGO 和检察机关的选择权；其五，环保局提起环境公益诉讼，会在一定程度上浪费行政资源和司法资源，干扰行政系统和司法系统的分立运作。环境保护行政主管部门作为环境公益诉讼的原告既不符合依法行政原则（法律规定环境保护行政主管部门负有直接行使行政权力的职责），也不符合合理行政原则（浪费行政和司法资源，侵害公民和环保民间组织的选择权）。

---

① 网易新闻："云南省环保公益诉讼第一案开审环保局索赔 417 万"，http://news.163.com/10/1213/18/6NQA6P7K00014AEE.html，最后访问日期 2010 年 12 月 26 日。

近年来，贵州、江苏、云南、浙江等省率先通过建立环境保护法庭和制订地方规范性文件的方式对环境公益诉讼进行积极的探索，在实践中尝试拓宽环境公益诉讼原告资格的范围。如 2007 年 11 月我国第一个环境保护法庭——贵州省贵阳市清镇法院环境保护法庭在贵阳市中级法院诞生。2007 年 12 月贵阳市中级法院颁布《指定管辖决定书》，该《决定书》明确规定各级环保局等环境保护行政主管部门，可作为原告向法院提起环境公益诉讼。又如 2008 年 11 月 5 日，昆明市环境保护局、市公安局、市检察院、市中级人民法院联合发布了《关于建立环境保护执法协调机制的实施意见》，规定环境公益诉讼的案件由检察机关、环保 NGO 和环境保护行政主管部门向法院提起诉讼。当然，这些文件都是由地方司法机关颁布或行政执法机关联合颁布的内部规范性文件，并非地方性立法。如果说上述规定效力等级较低、适用范围有限的话，那么，最高人民法院《关于为加快经济发展方式转变提供司法保障和服务的若干意见》（法发〔2010〕8 号）就是确认环境公益诉讼中环保局原告资格的有力支撑，这也是我国一项主要的诉讼法渊源。该意见规定："法院依法受理环境保护行政部门代表国家提起的环境污染损害赔偿纠纷案件，严厉打击一切破坏环境的行为。"

在本案中，法院认为，昆明环保局为保护昆明市生态、生活环境，追究危害生态、生活环境的环境侵权责任，挽回环境侵权行为给社会造成的损失，代表国家向二被告提起民事诉讼符合《环境保护法》第 6 条的规定，也符合最高人民法院《关于为加快经济发展方式转变提供司法保障和服务的若干意见》的规定。昆明市人民检察院支持起诉是代表国家对法院民事审判活动实行法律监督，维护社会公共利益的体现，符合我国《民事诉讼法》第 14 条"人民检察院有权对民事审判活动实行法律监督"，第 15 条"机关、社会团体、企业事业单位对损害国家、集体或者个人民事权益的行为，可以支持受损害的单位或者个人向人民法院起诉"的规定，昆明市人民检察院支持昆明市环保局起诉二被告于法有据。因此，通过案件的审理，法院不仅确定了环保局作为公益诉讼人原告的主体资格，而且确立了昆明市人民检察院在环境公益诉讼中的地位。

第十章　台湾环境教育法

2010 年 5 月 18 日，我国台湾地区通过《环境教育法》，该法于 2011 年 6 月 5 日生效。这是世界第六个、亚洲第三个环境教育法。《环境教育法》的内容规范具体，具有较强的可执行性。为保证《环境教育法》的实施，台湾地区相关部门还颁布了大量配套法律文件，如《环境教育法施行细则》、《环境教育机构认证及管理办法》等。

一、《环境教育法》的出台背景

台湾地区立法部门认为，全球面临着气候变化、环境破坏、能源粮食短缺等严重环境问题。解决的方法概括起来有两种，一种是通过科学技术手段治理污染、寻找新的替代能源等方式解决环境问题；另一种方式就是推动环境教育的发展，从人们的认知、价值观、理念上认同理解并推动环境保护各种措施的施行。而推动环境教育的发展是解决环境问题，落实环保理念的根本之道。这是台湾开展环境教育立法活动的重要动机之一。

20 世纪 90 年代台湾地区就开始了环境教育立法的准备工作。1992 年台湾地区行政部门核定的《环境教育要项》规定了环境教育的目标、策略和措施。一直以来，各种官方和非官方丰富的环境教育活动为台湾环境教育立法的实行提供了较为坚实的基础。但是，民间环境教育活动毕竟属于自发性的活动，缺乏组织性和整体计划性，也缺乏资金和制度的保障。制定环境教育法是进一步推动环境教育的有效方法。

2002 年，台湾地区《环境基本法》加入了环境教育的内容，为台湾环境教育立法提供了法律依据。台湾地区《环境基本法》第九条规定，"各级政府应普及环境保护优先及永续发展相关之教育及学习，加强倡导，以提升国民环境知识，建立环境保护观念并落实于日常生活中"。2010 年，台湾地区立法机构审议通过了《环境教育法》。

二、《环境教育法》的主要内容

《环境教育法》共六章二十六条。这部法律的主要内容可以概括为立法目的、环境教育政策、环境教育办理机关之权责、环境教育推动及奖励、罚则等几部分。

（一）立法目的

《环境教育法》第一条规定的环境教育的立法目的是"为推动环境教育，促进国民了解个人及社会与环境的相互依存关系，增进全民环境伦理与责任，进而维护环境生态平衡、尊重生命、促进社会正义，培养环境公民与环境学习社群，以达到永续发展"。这一立法目的强调人与自然的和谐。

根据《环境教育法》的规定，环境教育主管机关在"中央"为"行政院环境保护署"；在"直辖市"为"直辖市政府"；在县（市）为县（市）政府。"行政院环境保护署"为推动环境教育政策，应拟订环境教育纲领，依据环境教育纲领，会商"中央"目的事业主管机关，订定环境教育行动方案。[1]"中央"主管机关应遴聘专家、学者及有关机关（构）、团体代表设置环境教育审议会，审议、协调及咨询环境教育纲领及方案。[2]

由于环境议题往往涉及大范围的公共事务，《环境教育法》规定环境教育对象为"全体国民、各类团体、事业、政府机关（构）及学校"[3]。该法第三条指出："环境教育指运用教育方法，培育国民了解与环境之伦理关系，增进国民保护环境之知识、技能、态度及价值观，促使国民重视环境，采取行动，以达永续发展之公民教育过程。"

---

[1] （台）《环境教育法》第五条、第六条。

[2] （台）《环境教育法》第十一条。

[3] （台）《环境教育法》第四条。

（二）环境教育办理机关之权责

《环境教育法》要求各级主管机关及"中央"目的事业主管机关应依据环境教育纲领、环境教育行动方案编列预算，办理环境教育相关事项。各级主管机关应设立环境教育基金。环境教育基金的来源包括：1. 自各级主管机关设立之环境保护基金，每年至少提拨百分之五支出预算金额，以补（捐）助款拨入。但该基金无累计剩余时，不在此限。2. 自废弃物清理法之执行机关执行废弃物回收工作变卖所得款项，每年提拨百分之十之金额拨入。3. 自各级主管机关收取违反环境保护法律或自治条例之罚锾收入，每年提拨百分之五拨入。4. 基金孳息。5. 人民、事业或团体之捐助。6. 其他收入。各级主管机关应成立环境教育基金管理会，管理会设置委员，委员任期二年，其中专家、学者及民间团体代表不得少于委员总人数的三分之二。各级主管机关还要分别制定环境教育基金收支、保管及运用办法，负责环境教育基金的管理及运用。①

《环境教育法》规定了环境教育基金的用途。环境教育基金主要用于：1. 办理环境讲习。2. 办理环境教育倡导及活动。3. 编制环境教育教材、文宣及手册。4. 进行环境教育研究及发展。5. 推动环境教育国际交流及合作。6. 补助环境教育设施或场所办理环境教育活动。7. 补助环境教育机构办理环境教育人员训练或环境讲习。8. 补助办理环境教育计划。9. 训练环境教育人员。10. 其他与环境教育推展相关事项。②

《环境教育法》对环境教育机构及人员的认证制度进行了明确规定。该法第十条规定："环境教育机构之资格、认证收费基准、评鉴、认证之有效期限、撤销、废止、管理及其他应遵行事项之办法，由'中央'主管机关定之。""环境教育人员，得依其学历、经历、专长、荐举、考试或所受训练予以认证；其资格、认证之有效期限、撤销、废止、管理及其他应遵行事项之办法，由'中央'主管机关定之。"该法第十三条规定："各级主管机关及'中央'目的事业主管机关应指定环境教育负责单位或人员办理环境教育之规划、倡导、推动、辅导、奖励及评鉴相关事项。""各级主管机关

---

① （台）《环境教育法》第八条。
② （台）《环境教育法》第九条。

及'中央'目的事业主管机关应整合规划具有特色之环境教育设施及资源，并优先运用闲置空间、建筑物或辅导民间设置环境教育设施、场所，建立及提供完整环境教育专业服务、信息与资源。接受环境教育基金补助之环境教育设施或场所，其办理环境教育活动，应给予参与者优待。"①

（三）环境教育推动及奖励

《环境教育法》强调政府等机构推动环境教育的重要性。该法第十八条规定："机关、公营事业机构、学校及政府捐助基金累计超过百分之五十之财团法人，应指定人员推广环境教育。"对以上机构制定环境教育计划，推广环境教育的形式进行了详细规定。②《环境教育法》尤其强调对环境教育事项作出贡献的人员的奖励。各级主管机关及"中央"目的事业主管机关应辅导及奖励下列事项：1.民间运用公、私有闲置空间或建筑物设置环境教育设施、场所。2.国民主动加入环境教育志工。"各级主管机关及'中央'目的事业主管机关应辅导民营事业促使其主动提供经费、设施或其他资源，协助环境教育之推展。"③"对于从事环境教育成效优良者，予以奖励。"④

（四）罚则

《环境教育法》对违反环境教育义务的人员及行为规定了明确具体的惩罚措施。其中对"自然人、法人、设有代表人或管理人之非法人团体、'中央'或地方机关（构）或其他组织有下列各款情形之一者，处分机关并应令该自然人、法人、机关或团体有代表权之人或负责环境保护权责人员接受一小时以上八小时以下之环境讲习：1.违反环境保护法律或自治条例之行政法上义务，经处分机关处停工、停业处分。2.违反环境保护法律或自治条例之行政法上义务，经处分机关处新台币五千元以上罚锾。"⑤该法第二十四条对"机关、公营事业机构、高级中等以下学校或政府捐助基金累计超过百分之五十之财团法人"违反该法相关规定的"处新台币五千元以上

---

① （台）《环境教育法》第十四条。
② （台）《环境教育法》第十九条。
③ （台）《环境教育法》第二十条。
④ （台）《环境教育法》第二十一条。
⑤ （台）《环境教育法》第二十三条。

一万五千元以下罚锾，并令其有代表权之人或负责环境保护权责人员接受一小时以上八小时以下环境讲习。"

三、《环境教育法》的主要特点

（一）突出强制性和执行性

与其他国家和地区环境教育立法强调激励性与促进性不同，台湾《环境教育法》的"强制性"和"执行性"更明显。该法强调"政府"在环境教育活动中的领导作用。它对环境教育领导组织机构的职责、权利义务做了明确规定；对环境教育基金的来源、管理和运用做了详细的规定。该法对各主体应执行的事项期限、奖励、处罚额度都规定了具体的标准。这些规定使《环境教育法》具有很强的"刚性"色彩。

（二）配套措施完善

为保证和配合《环境教育法》的施行，台湾"环境保护署"等部门制定了一系列配套法律文件，形成了较全面的配套措施体系。

2010年10月12日通过的《环境教育法环境讲习时数及罚款额度裁量基准》对不同事项接受处罚的计算方法做了明确规定，使环境教育处罚的罚款额度和接受讲习的时间有了统一的标准。[①]

2010年12月23日，台湾"行政院环保署"颁布了《环境教育基金收支保管及运用办法》，该办法设立了环境教育基金具体执行管理的机构——环境教育基金管理会。对环境教育基金的来源、用途，基金的收支、保管及运用进行了规范。这一文件还具体规定了环境教育基金管理会的职责、工作范围和相关程序等。[②]

---

① （台）《台湾环境教育法环境讲习时数及罚款额度裁量基准》第二、三条。
② （台）《台湾环境教育基金收支保管及运用办法》第七条至第十三条。

第十一章 2010 年中国开展环保国际合作及参与国际环境法律事务情况

2010 年，中国广泛开展在环境保护各个领域的国际合作并取得积极成效。在国际环境法律事务方面继续大力推进国际环境公约的履行落实，推动了中国环境保护事业和对外关系的健康发展。就本年度而言，国际环境法各项议程之中，最为引人瞩目的就是保护和利用生物多样性国际法体系的相关进展，中国也参与其中并发挥了重要作用。本章在总结我国开展环保国际合作及参与国际环境法律事务概况的基础上，拟对此展开专题论述。

第一节 中国开展环保国际合作及参与国际环境法律事务概况

从总体上看，2010 年是环境保护国际合作非常活跃的一年，中国政府继续保持了对于环保国际事务的高度重视。根据环境保护部的数据统计，2010 年党和国家领导人多次出席与环保合作相关的外事活动，环保合作成为国家高层政务活动的重要组成部分。① 而与此同时，中国也在国际、国内两个层面通过不同的手段和途径参与国际环保立法议程，履行国际环境保护条约。

---

① 2010 年国际环境合作与交流及国际公约履约工作综述，http：//gjs.mep.gov.cn/lydt/201106/t20110603_ 211648.htm，2010 年 12 月 28 日最后访问。

一、中国开展环保国际合作概况

2010 年中国开展环保国际合作的重要事件可以从双边、区域和多边三个层面加以总结。[①]

（一）双边环境合作领域

中美环境合作开拓了环境法等新的合作领域，首次实现中美环境部部长年内互访，成功召开中美环境合作联合委员会第三次会议并发表联合声明，举办第二届中美环保产业论坛。中法环境合作在核安全和核废料处置方面取得了重大进展。中俄环境合作从危机应对发展到全方位、深层次、多领域的合作阶段，环保合作被两国领导人评价为"为中俄合作树立了典范"。中哈环保合作取得了实质性突破，《水质协定》和《环保协定》文本最终商定，开启了中哈环保合作新的一页。此外，环境保护部领导在 2010 年度同日本、德国、意大利、奥地利、挪威、泰国、韩国、丹麦、荷兰、哥斯达黎加、安哥拉、约旦等多个国家的环境事务部门的领导人进行了环境合作方面的会谈，在双边环境合作领域深入交流，扩大合作。具体合作事务如下：

（1）1 月 14 日，环境保护部副部长李干杰在北京会见了美国传统基金会会长埃德温·福伊尔纳一行。双方围绕中国环境保护的重点领域及共同关心的问题交换了意见。李干杰指出，中国在水污染防治、大气污染防治以及重金属污染防治方面，下大力气，也取得了一定的成就。通过建立完善的法律法规体系，实施更严格的环境标准，建立和实施环保的管理机制，并加大监督力度，中国将进一步提高环境保护的工作水平。李干杰还介绍了中国政府在应对气候变化方面的立场。他表示，作为一项约束性指标，中国政府把碳减排摆在重要位置上，将不遗余力地采取各种措施促进绿色发展和可持续发展。福伊尔纳表示，非常重视并愿积极与中方开展环保合作，希望今后双方加强合作，共同推动环境保护事业的进步。

（2）3 月 1 日，由环境保护部与泰王国诗琳通公主办公室主办的第七届中泰友好研讨会在曼谷召开，会议的主题是农村清洁发展，环境保护部核安全总工程师陆新元率团与会。陆新元在会议开幕式上指出，保护农村环境、

[①]　具体事务请详见本书附表。

促进农村和谐发展是中泰双方共同关注的焦点，本次研讨会将为双方在农村环境合作方面打下坚实基础。诗琳通公主对此高度赞赏，并表示愿与中方共同探索中泰农村可持续发展合作之路。陆新元还提出希望与泰方就农村环保合作示范、促进环保产业合作、共同推动本地区环境合作和共同促进绿色经济发展合作 4 个领域开展对话与深入合作。

（3）3 月 10 日，环境保护部部长周生贤在北京会见了来访的法国前总理多米尼克·德维尔潘。周生贤向德维尔潘介绍了中国的环保情况并且表示，法国是核电大国，中国希望在核安全和核废料处置方面和法国进行合作。4 月 8 日，环境保护部部长周生贤在北京会见了德国联邦环境、自然资源和核安全部部长罗特根。双方就进一步在环境领域加强合作等共同关心的问题交换了意见。周生贤表示，我们支持联合国环境和可持续发展部门的改革，希望改革有利于推动国际环境合作，有利于扭转全球环境恶化趋势，并照顾到大多数国家的利益和关切。罗特根对中国环境保护取得的进展表示赞赏，希望双方不断扩大合作的深度和广度，共享经验，共同推动环境事业的发展。

（4）4 月 29 日，环境保护部部长周生贤在北京会见了来访的意大利环境、领土与海洋部部长斯特凡尼亚·普雷斯蒂贾科莫女士。双方就在环保领域共同关心的问题深入交换了意见。会谈中，周生贤重点介绍了中国环境保护工作的进展并高度评价了中意环保合作。普雷斯蒂贾科莫女士感谢中国环境保护部及周生贤部长本人对中意合作的重视，并对双方合作的切实有效深表高兴。

（5）5 月 4 日，环境保护部部长周生贤在北京会见了奥地利联邦农林、环境与水利部部长尼克劳斯·贝拉克维奇。双方就在环保领域加强合作等共同关心的问题交换了意见。中奥双方均表示双方在环保领域的合作有着良好的基础，进一步深化合作符合双方共同利益，希望今后共同努力，推动双方合作再上一个新的台阶。

（6）5 月 11 日，中法核安全合作指导委员会在北京召开。环境保护部副部长、国家核安全局局长李干杰出席会议并指出，积极推进核电建设已经成为中国社会各界的广泛共识，要按照"独立、公开、法治、理性、有效"的原则，在立法、许可、监督、执法、监测、应急等主要环节强化核安全监

督管理，努力实现我国核电又好又快安全发展。李干杰指出，多年来，中法两国在核安全技术、核安全监督管理等方面进行了全面的交流与合作。法国是当今世界上核能发达的国家之一，法国核安全监管机构在核安全审评、监督、执法、放射性废物管理等方面有许多成熟的经验，值得中方学习和借鉴。在世界核电发展的新形势下，中法两国应继续加强和深化在核安全方面已经开展的合作，优势互补，互利互惠，为促进中国乃至全球核电事业的安全、稳定发展，从而为解决全球能源问题和应对全球气候变化做出更大贡献。法国核安全局局长拉考斯特表示，当前，全世界对于中国庞大的核电发展规划都非常关注，中国应该在国际核安全领域发挥更大的作用。中法两国应该更加深入、广泛地推动实施有关双边协议，进一步加强合作，实现互利共赢。本次会议充分交流了中法两国核电发展的现状、规划及核安全监管面临的困难和问题，就设备制造监督、在役检查、放射性废物管理安全等专项议题展开深入交流和讨论。

（7）5 月 13 日，环境保护部副部长李干杰在北京会见了来访的日本经团联代表团一行。双方就在环保领域进一步开展合作交换了意见。李干杰表示希望双方进一步深化合作，加强交流。日本经团联代表团会长御手洗富士夫他表示，日本企业非常重视并愿意积极与中方开展环保合作，希望今后双方在循环经济、环保技术等方面加强交流，共同推动环境保护事业的进步。

（8）5 月 26—28 日，环境保护部副部长李干杰与哈萨克斯坦共和国环境保护部副部长杜勒马干姆别塔夫在京举行特别会议。双方就《中华人民共和国政府和哈萨克斯坦共和国政府跨界河流水质保护协定》文本和《中华人民共和国政府和哈萨克斯坦共和国政府环保合作协定》的主要内容，以及两个协定的执行机制进行了磋商。双方就《水质协定》文本草案达成了共识，签署了会议纪要。双方团长高度肯定和赞赏此次会议成果。

（9）6 月 1 日，中挪环境合作上海世博研讨会在上海世博园挪威馆召开。会议主题是研讨、推广中挪两国环保合作项目成果，提高中国在生物多样性保护、危险废物处置以及应对气候变化对环境影响等方面的管理能力。进一步加强了中挪双方的环境政策交流与合作。

（10）6 月 17 日，第二次中荷环境合作协调员会在荷兰海牙召开。双方就中荷双边环境保护合作及中荷在发展国际合作委员会的合作深入交换了意

见。双方对发展国际合作委员会成立以来取得的成果表示充分肯定，中方对荷兰政府对发展国际合作委员会的长期支持表示感谢，荷方表示愿意继续支持和参与发展国际合作委员会的工作。

（11）6 月 21—22 日，环境保护部部长周生贤和俄罗斯联邦自然资源与生态部部长特鲁特涅夫分别率团出席了中俄环保分委会第五次会议，并共同签署了会议纪要。

（12）6 月 22 日，环境保护部副部长李干杰在北京会见了来访的丹麦环境大臣卡伦·艾勒曼女士一行。双方就共同关心的环境问题及进一步开展合作充分交换了意见。双方希望能够继续围绕共同关心的环境问题开展更广泛、更密切的合作。

（13）6 月 25 日，环境保护部部长周生贤在北京会见了安哥拉环境部部长玛利亚·雅尔丁女士。双方就共同关心的环保问题交换了意见并签署了中安环境合作谅解备忘录。

（14）7 月 5 日，环境保护部部长周生贤会见了埃及环境事务国务部部长马吉德·乔治一行。双方就共同关心的环境问题交换了意见。双方均表示希望今后能进一步扩大交流，共享经验，在环保领域展开更为密切的合作和交流，推动两国环保事业共同发展。

（15）7 月 6 日，环境保护部总工程师万本太在青岛会见了前来参加"中国山东生态省建设高层论坛暨第 4 届绿色产业国际博览会"的韩国环境部次官文廷虎一行。万本太表示，中方愿在促进绿色增长等领域与韩方进行深入政策交流。文廷虎认为，在当今社会经济发展迅速、资源环境问题突出情况下，要实现可持续发展，必须在环境领域加强合作并得到政府部门的更大支持。

（16）7 月 11—14 日，环境保护部国际合作司司长徐庆华率中国环境保护部代表团对约旦进行了工作访问。约旦环境大臣马哈斯会见了徐庆华一行。双方就共同关心的环境问题和共同面临的环境挑战深入交换了意见。双方草签了《中华人民共和国环境保护部和约旦哈希姆王国环境部环境合作谅解备忘录》。

（17）8 月 27 日，环境保护部部长周生贤在北京会见了出席第三次中日经济高层对话会议的日本环境大臣小泽锐仁。双方就生物多样性保护等共同

关心的环境问题交换了意见。双方表示希望加强环保合作，交流经验，共同推动环保事业的发展。8月30日，环境保护部部长周生贤在北京会见了日本内阁府金融和邮政改革担当大臣自见庄三郎一行，双方就环境保护合作问题进行了会谈。周生贤介绍了中国应对气候变化的原则立场，并对自见庄三郎关注的绿色经济、环保产业与技术发展等问题作了回应。

（18）9月6日，环境保护部部长周生贤在北京会见了法国前总理、波尔多市市长朱佩一行，双方就可持续发展、环境保护合作等共同关心的问题交换了意见。法国多年来建设了高效的核安全管理体系，具有很多经验，双方表示希望加强双方合作。

（19）9月13日，中挪两国环保部门在海南省三亚市召开了中挪环境合作协调员会第二次会议。环境保护部国际合作司、中国环境与发展国际合作委员会秘书处代表，挪威环境部国际司、挪威驻华使馆代表出席了本次会议。会上双方围绕联合开展的北极环境监测项目、生物多样性公约、气候变化、斯德哥尔摩公约、汞议题谈判、发展国际合作委员会合作、贸易与环境及未来双边合作等议题进行了交流，并就今后的合作达成共识。

（20）9月16日，环境保护部副部长吴晓青在北京会见了来访的英国石油公司（BP）中国总裁陈黎明先生，双方就墨西哥湾漏油事件等话题充分交换了意见。吴晓青表示希望BP公司能够继续在华开展互利合作。双方还就即将召开的第二届中美环保产业论坛交换了意见。

（21）9月25日，环境保护部副部长李干杰在北京会见了美国比尔·盖茨先生一行，双方就中美两国的第四代反应堆的发展现状进行了交流。美方表示非常愿意与中国开展相关合作，交流看法，共同攻克技术难关，应对挑战，取得成功。

（22）10月10日，环境保护部部长周生贤在北京会见了来访的美国环保局局长莉萨·杰克逊一行。双方就共同关心的环保问题深入交换了意见。双方签署了中美环境合作谅解备忘录，为双方未来合作建立起一个更广阔的平台。

（23）10月26日，环境保护部部长周生贤在北京会见了哥斯达黎加外交部部长卡斯特罗一行，双方就共同关心的环境保护问题进行了交谈。中国与哥斯达黎加的环保合作潜力十分巨大，双方希望两国的环保部门在环境合

作中相互学习借鉴，取长补短，务实推进合作向前发展，实现互利共赢。

（24）10月29日，环境保护部部长周生贤在北京会见了加拿大环境部部长普伦蒂斯，双方就共同关心的环境问题交换了意见。双方签署了中加两国环保部门间环境合作谅解备忘录。

（二）环境区域合作领域

2010年，中国在环境区域合作领域取得了很大的进展。环境区域合作领域的大事件主要包括中国—东盟环保合作中心的正式组建以及环境保护部部长周生贤率团出席了第十二次中日韩环境部长会议并在会议上审议通过了《中日韩环境合作联合行动计划》。具体合作事务如下：

（1）3月8日，环境保护部核安全总工程师陆新元在位于印尼雅加达的东南亚国家联盟秘书处会见了东盟副秘书长达托·卡尔梅，双方共同探讨了推动落实"中国—东盟环保合作战略2009—2015"的设想和安排，并就拟于2010年10月举办的第九次东盟—中日韩环境部长会议及领导人会议的预期成果交换了意见。卡尔梅还应询介绍了东盟与其他对话伙伴的合作情况，表示希望加强与中国环境保护部的合作，推动东盟—中国环保合作进一步拓展和深化。陆新元此访是环境保护部团组首次访问东盟秘书处，对进一步推动环境保护部与东盟秘书处互利共赢的务实合作发挥了重要作用。

（2）3月17日，中国—东盟环保合作中心得以组建。中国—东盟环境保护合作中心的主要职责是：负责涉及东盟框架下的环境领域合作事务；拟订中国—东盟环境项目合作的规划建议并组织落实；协调落实中国—东盟环境保护合作战略研究工作；推进中国—东盟环保产业合作；开展相关交流合作等。环境保护部副部长李干杰在中国—东盟环境保护合作中心领导班子任职宣布会议上指出，中国—东盟环境保护合作中心是落实《中国—东盟环保合作战略》及相关合作项目的主要实施机构和技术支撑力量，也是我国环境保护对外交流合作的重要平台和窗口，要抓紧抓好组建，尽快形成工作能力，维护我国的环境权益。

（3）5月22—23日，应日本环境省大臣邀请，环境保护部部长周生贤率团出席了在日本北海道举行的第十二次中日韩环境部长会议。日本环境省大臣小泽锐仁、韩国环境部部长李万仪出席了会议。周生贤与日韩两国环境部部长共同交流了国内最新环境政策进展情况。审议通过了《中日韩环

部长会议联合声明》、《中日韩环境合作联合行动计划》。

（三）多边环境合作领域

2010 年，我国进一步扩大和深化与国际原子能机构合作并通过了辐射安全监管综合评估代表团对中国的核与辐射安全综合评估。国际原子能机构对环境保护部（国家核安全局）核与辐射安全监管工作做出了全面评价，肯定了我国核与辐射安全所取得的成绩。2010 年是生物多样性年，中国政府对此高度重视，成立了"2010 国际生物多样性年中国国家委员会"，制定了国家行动方案，采取实际行动，进一步加强生物多样性保护。另外，我国也同联合国训研所以及联合国开发计划署展开了环境方面的合作。具体合作事务如下：

（1）1 月 22 日，中国环境与发展国际合作委员会秘书处与首席顾问 2010 年首次联合工作会议在北京召开。会议由中外首席顾问沈国舫院士和汉森博士共同主持，首席顾问专家组组长任勇、发展国际合作委员会助理秘书长郭敬、秘书处及其国际支持办公室、首席顾问专家组成员和部分课题组专家以及来自加拿大、瑞典、挪威、澳大利亚、英国、欧盟、德国、世界自然基金会、联合国环境署等驻华使馆和机构的代表出席了会议。会议围绕着生态系统服务与管理战略研究和海洋可持续发展的生态环境问题与政策研究等主题展开。会议回顾了发展国际合作委员会 2009 年工作进展和 2010 年工作计划，听取了执行中的生态系统服务与管理战略研究和海洋可持续发展的生态环境问题与政策研究两个课题组的进展报告，围绕发展国际合作委员会 2010 年圆桌会议、年会和政策研究等重点工作进行了深入讨论，并就今后工作安排达成一致。

（2）5 月 21 日，李干杰会见联合国开发计划署驻华代表罗黛林女士一行。双方就进一步在环保领域加强合作、进一步深化臭氧层保护、持久性有机污染物削减等领域的合作交换了意见。双方强调国际社会的合作，借鉴国际上一些好的经验、做法来推动中国环境保护事业实现新的发展。

（3）6 月 25 日，李干杰在北京会见了联合国训研所总干事洛普斯先生一行。双方就进一步开展环境领域内合作事项充分交换了意见，双方还就一些共同关心的环境学习培训等问题进行了充分探讨和交流。双方在人力资源培训尤其是对环保领域的人员培训、斯德哥尔摩公约履约工作的能力建设及

"履约国家实施计划"等方面加强交流沟通，开展更加务实的合作。中国感谢联合国训研所长期以来对中国环保工作的支持。

（4）7 月 3 日，由环境保护部、国家气象局、国家能源局、联合国环境规划署和中国 2010 年上海世博会执行委员会共同主办的上海世博会第四场主题论坛——"环境变化与城市责任"在南京开幕。中共中央政治局委员、上海市委书记俞正声，全国政协副主席、民革中央常务副主席厉无畏出席开幕式并致辞。环境保护部部长周生贤在全体大会上作了题为《积极探索中国环保新道路　努力实现城市让生活更美好的共同愿景》的主旨演讲。论坛围绕环境保护、低碳发展、绿色创新等热点话题进行交流，分享应对气候变化、实现可持续发展的经验，加强政府、企业、公民的环境责任意识，共同应对环境变化的挑战。

（5）7 月 30 日，环境保护部部长周生贤在北京会见了国际原子能机构副总干事谷口富裕先生及核与辐射安全监管综合评估代表团成员，双方就共同关心的核安全问题交换了意见。核与辐射安全监管综合评估代表团团长麦克·威特曼提出了完善中国核与辐射安全监管体系的建议，包括加强立法、加强能力建设、扩展国际合作等。

（6）8 月 16 日，环境保护部副部长兼国家核安全局局长李干杰在北京会见了国际原子能机构总干事天野之弥。双方就中国的核与辐射安全监管工作以及进一步加强双方合作充分交换了意见。李干杰强调，环境保护部将一如既往地加强与国际原子能机构的合作与交流，分享核安全监管经验，为保证全球核电健康发展做出积极贡献。

（7）9 月 13 日至 15 日在中国天津市举办了世界经济论坛第四届夏季达沃斯年会，本届夏季达沃斯论坛有来自 88 个国家和地区的超过 1400 名代表正式注册参会。本届夏季达沃斯论坛的议题包含了环境、节能和卫生等领域。

（8）9 月 16 日，由环境保护部主办的国际保护臭氧层日纪念大会在人民大会堂举行，共同纪念第十六个国际保护臭氧层日，庆祝我国于 2010 年全面停止全氯氟烃、哈龙、四氯化碳等主要消耗臭氧层物质的生产和使用。环境保护部副部长张力军出席纪念活动并讲话。《蒙特利尔议定书》公约秘书处等国际执行机构、美国、瑞典、澳大利亚等双边合作国家政府、外交部

等国家保护臭氧层领导小组成员单位代表，环境保护部有关司局及各省、自治区、直辖市环境保护厅（局）、计划单列市环境保护局，中国人民解放军总装备部、解放军环境保护局代表等约 200 人参加了纪念大会。

（9）9 月 25—26 日，发展国际合作委员会 2010 年第四次首席顾问与秘书处联合工作会议在北京召开。会议由发展国际合作委员会秘书长祝光耀主持，发展国际合作委员会中外首席顾问沈国舫院士、汉森博士、发展国际合作委员会副秘书长徐庆华出席会议。发展国际合作委员会助理秘书长任勇、方莉，首席顾问专家支持组成员，发展国际合作委员会捐助方代表，发展国际合作委员会秘书处及秘书处国际支持办公室人员等参加会议。会议首先对 2010 年的政策研究工作进展进行了总结与回顾，听取了"生态系统服务与管理战略"、"中国海洋可持续发展的生态环境问题与政策研究"两个课题组，以及中国生态足迹报告 2010、中国土壤环境保护政策研究、提高水生态系统服务功能的政策框架研究三个政策研究报告的汇报，并就报告内容进行了深入细致的讨论，提出修改意见。会议详细讨论了发展国际合作委员会 2010 年年会的关注问题报告、给中国政府的政策建议、中国环发进展与发展国际合作委员会政策建议影响报告以及 2011 年发展国际合作委员会工作计划。会议要求抓紧修改和完善各项报告，全力做好 2010 年年会的各项准备工作，确保年会成功举行。

二、中国参与国际环境法制进程及履约概况

2010 年，中国在参与国际环境法制进程事务上，一方面不断完善履行国际公约的国内管理机制，制定和修改了相关法律，认真履行国际公约，为保护全球环境作出了积极努力；另一方面，中国还积极组织参与国际环境法制进程，全面实现谈判预案，代表发展中国家的环境权益，维护国家环境利益。就中国参与国际环境法制进程以及履行相关国际环境条约的情况来看，最主要的活动及成就主要体现在以下几个领域：

（一）应对气候变化

2010 年中国政府继续保持对气候变化事项的高度重视并以实际行动支持联合国哥本哈根气候变化会议发表的《哥本哈根协议》的实际履行。气候谈判依然是 2010 年国际舆论的焦点之一。发达国家与发展中国家之间有

关发达国家第二承诺期减排指标、发展中国家国内减缓行动的透明度、适当措施、资金支持和技术转让等问题上的分歧依旧。中国积极开展和参与了多渠道、各层面的国际磋商与交流，加强了与发展中国家的沟通协调和与发达国家的对话。2010 年 1 月，温家宝总理在给丹麦首相拉斯穆森和联合国秘书长潘基文的复信中表示中国将采取积极措施，努力实现提出的国内自主行动目标。中方将一如既往地发挥积极和建设性作用，同国际社会一道，推动墨西哥会议切实完成巴厘路线图谈判任务，达成加强公约和议定书实施的全面、有效和有约束力的成果，为应对气候变化尽自己的力量。中国政府还以积极、负责任的态度承办或参与了相关的国际气候会议，并与多国保持了密切的合作与交流。2010 年 4 月 29 日，在北京举行了中欧气候变化部长级磋商会议，发表了中欧气候变化对话与合作联合声明，宣布中欧建立气候变化部长级对话与合作机制，建立部长级气候变化热线。中欧双方同意双方要在"中欧气候变化伙伴关系"和 2005 年中欧峰会签署的《中欧气候变化联合宣言》的基础上，并按照 2009 年中欧峰会达成的关于加强中欧在气候变化领域协调与合作的共识，进一步加强政策对话和以成果为导向的中欧合作。10 月 4—9 日，中国政府在天津承办了联合国气候谈判会议，此次会议的目的是维护公约、议定书的谈判主渠道地位，按照巴厘路线图推动双轨谈判进程，为年底的坎昆会议取得全面、平衡的积极成果做出贡献，展示了中国政府在气候变化问题上一直以来的积极态度。11 月初，胡锦涛主席访问法国期间，两国部门代表签署了《中华人民共和国国家发展和改革委员会和法兰西共和国生态、能源、可持续发展和海洋部关于加强应对气候变化合作的协议》，两国正式启动应对气候变化双边磋商机制。12 月 19 日，在墨西哥坎昆举行的《联合国气候变化框架公约》第十六次缔约方会议和《京都议定书》第六次缔约方会议上，中方以积极、建设性的态度与会，与各方一道推动达成了"坎昆协议"。

（二）应对有机物污染

这主要是对《巴塞尔公约》、《斯德哥尔摩公约》、《鹿特丹公约》相关谈判的参与以及对条约义务的履行。在履行《巴塞尔公约》方面，2010 年 5 月 10—14 日，由环境保护部牵头，外交部、交通部、清华大学组成的中国政府代表团出席了在瑞士日内瓦举行的巴塞尔公约不限成员名额工作组第

七次会议。亚太中心派员参加了全会及相关会议和磋商。会议通过了会议报告和十余项决议，为缔约方大会第十次会议于 2011 年 10 月 17—21 日在哥伦比亚卡塔赫纳德印第亚斯顺利召开奠定基础。

在履行《斯德哥尔摩公约》方面，2010 年 3 月 10 日，我国在北京召开了国家履行斯德哥尔摩公约工作协调组第五次会议。会议审议并原则通过了"协调组 2009 年工作总结和 2010 年的工作计划"，通报了新增 POPs 修正案审批相关程序。协调组组长张力军重点强调要做好五个方面的工作：一是抓紧颁布并实施《关于加强二噁英污染防治的指导意见》，推动建立 POPs 污染防治长效机制；二是完成全国主要行业 POPs "十二五"污染防治规划征求意见稿的起草工作，落实并细化《国家实施计划》的具体要求；三是推动完成九种新增 POPs 修正案的国内审批程序；四是加快履约配套政策法规和标准体系的完善工作；五是加快推动各行业和各领域 POPs 替代和减排示范和推广。7 月 2 日，环境保护部副部长张力军在北京会见了斯德哥尔摩公约秘书处执行秘书唐纳德·库珀先生，双方就斯德哥尔摩公约的履约进展交换了意见。10 月 11—15 日，中国参加了在瑞士日内瓦举行的《关于持久性有机污染物（POPs）的斯德哥尔摩公约》持久性有机污染物审查委员会第六次会议。中国政府表示如期淘汰了杀虫剂类持久性有机污染物，实现了我国履行《斯德哥尔摩公约》的阶段性目标。11 月 11—13 日，中国在昆明举行了"中国履行斯德哥尔摩公约能力建设项目"2010 年度技术协调会，会议交流了国内外 POPs 削减和控制经验，并就医疗废物与 POPs 废物处置、POPs 增列影响及 GEF 供资政策等进行了研讨，深入讨论了我国履约技术和资金瓶颈问题，通报了公约成效评估、气候变化与 POPs 等履约国际热点问题的研究进展。12 月 20 日，中国在环境保护部环境保护对外合作中心召开的《履行斯德哥尔摩公约成效评估 2010 年度空气监测项目》总结会上，形成了《中国履行斯德哥尔摩公约成效评估 2010 年空气中 POPs 监测报告》。

（三）控制与管理核物质

中国在发展核能的过程中一直高度重视核安全问题，建立了与国际接轨的核安全法规体系、安全监管体系和核事故应急体系。中国长期以来对核材料和核设施实施严格的管理和保护，积极参加核材料实物保护与核保安国际合作。

2010 年 4 月以来，与国际原子能机构、美国等合作，在华举办核安全培训班、研讨会近 20 次，培训核安全从业人员 500 多名。[①] 2010 年 5 月 3—28 日，国家主席胡锦涛在华盛顿出席第八次《不扩散核武器条约》缔约国审议大会，胡锦涛主席就如何加强核安全提出五点主张：第一，切实履行核安全的国家承诺和责任。各国应更加重视核安全问题，履行相关国际义务，加强国内相关立法和监督管理机制，采取有效措施保护本国核材料和核设施安全，培育核安全文化，强化出口管制，提高核安全能力。第二，切实巩固现有核安全国际法框架。应推动《核材料实物保护公约》修订案尽早生效，促进《制止核恐怖主义行为国际公约》的普遍性。应全面履行联合国安理会有关决议，有效打击核材料非法贩运，防范非国家行为者获取核材料。第三，切实加强核安全国际合作。各国应充分利用现有多边和双边合作机制和渠道，分享核安全经验，加强信息交流和执法合作。应支持国际原子能机构在核安全领域发挥主导作用，充分利用机构平台，支持各国核安全努力。各国还可探讨合作开发有助于降低安全风险的核技术。第四，切实帮助发展中国家提高核安全能力。国际原子能机构和发达国家应尊重发展中国家意愿，根据其实际需要和现有条件，在经济、技术、人力资源等方面加大援助力度，促进实现普遍核安全。第五，切实处理好核安全与和平利用核能的关系。核安全措施应有利于为各国和平利用核能营造有利环境，促进该领域国际合作。中国于 2010 年 8 月批准了《制止核恐怖主义行为国际公约》。中国一直严格履行联合国安理会第 1540 号、第 1887 号等决议的义务。[②] 2010 年 9 月，中美有关研究机构签署协议，计划合作对中国一座微型研究堆进行低浓化改造。自 2010 年 1 月 1 日起，中国开始实施《中华人民共和国放射性物品运输安全管理条例》，我国正在认真落实该条例，加强放射性物品运输安全。2010 年 8 月，中国与国际原子能机构签订核安全合作实际安排，以加强双方在核安全法规标准、大型活动核安全、核安全能力建设和人员培训等领域的合作。

---

① 中国在核安全领域的进展报告，http：//news. xinhuanet. com/world/2012 - 03/27/c _ 111707691. htm，2010 年 12 月 28 日最后访问。

② 中国在核安全领域的进展报告，http：//news. xinhuanet. com/world/2012 - 03/27/c _ 111707691. htm，2010 年 12 月 28 日最后访问。

（四）保护生物多样性

中国是世界上生物多样性最丰富的国家之一，也是批准加入《生物多样性公约》最早的国家之一。自从 1993 年公约正式生效实施以来，中国政府为保护生物多样性和履行公约，积极认真地开展了一系列卓有成效的工作，为世界保护中国特有的生态系统、物种系统和遗传资源系统做出了重要贡献。自中国批准加入《生物多样性公约》以后，成立的履约工作协调组，参加单位现已增加至 24 个部门，每年召开会议，开展系列活动，初步形成了生物多样性保护和履行《生物多样性公约》国家工作机制。[①] 2010 年，中国参加了一系列《生物多样性公约》谈判和其他会议，并多次举办主题展览。

2010 年 5 月 1—31 日，中国在上海举办了世界博览会生物多样性展览，生物多样性公约秘书处作为联合国系统的成员参加，并与教科文组织和环境规划署合作开展有关会议主题的活动。9 月 21—27 日，由国家环保部自然生态保护司、国家林业局国家森林公园管理办公室、中国生态学学会、中国旅游协会旅游城市分会等几家单位联合主办，北京植物园承办的"中国生态旅游和生物多样性科普展"大型公益活动在北京植物园正式拉开帷幕，并在上海、厦门、重庆、杭州四地开设分会场。活动的主题为"倡导生态旅游，保护生物多样性，建设生态文明"。活动响应联合国确定 2010 年为国际生物多样性年和世界旅游组织将中国定为本年"旅游与生物多样性"世界旅游日（9 月 27 日）的主办国的号召，倡导生态旅游和保护生物多样性理念，提高全民的生态环保意识和整体能力，保护和拯救生物多样性，弘扬生态文明，展示生态旅游文化。10 月 18—29 日，《生物多样性公约》第十次缔约方大会在日本名古屋召开。会议讨论了一系列影响《生物多样性公约》未来的战略性和实质性议题，并就 2011—2020 年的战略计划、遗传资源的获取和惠益分享以及资源调动战略等核心议题展开夜以继日、极为艰难的谈判。环境保护部南京环境科学研究所徐海根副所长、薛达元研究员、丁晖副研究员作为代表团成员出席了此次大会，并参与了 2011—2020 年的战

---

① 2010 年国际环境合作与交流及国际公约履约工作综述，http://gjs. mep. gov. cn/lydt/201106/t20110603_ 211648. htm，2010 年 12 月 28 日最后访问。

略计划、遗传资源获取和惠益分享、生物多样性信息交换机制和传统知识等重要议题的谈判。

（五）其他相关领域

就国际法进程而言，中国参与的和环境保护有关的领域还包括以下两个：第一，外空法。2010 年 6 月，中国代表团参加联合国和平利用外层空间委员会第 53 届会议时发言强调，中国政府支持并积极倡导在不影响现有法律框架的前提下，通过谈判缔结综合性的法律文书，以维护外空的和平与安宁，解决在探索和利用外空过程中产生的新问题，促进和谐外空的法治建设。截至 2010 年，中国已与 46 个国家签署了双边空间合作协定。作为"亚太空间合作组织"的东道国，中国与该组织各成员国开展了富有成效的合作，对促进本地区空间交流发挥了积极作用。中国还积极参加联合国和平利用外空委员会工作，为达成《空间碎片减缓指南》等重要空间规则做出了贡献。第二，海洋法。中国政府派团参加了《联合国海洋法公约》缔约国会议等海洋法领域的重要国际会议，阐述中方在有关问题上的立场。5 月，"大陆架和国际海底区域制度科学与法律问题国际研讨会"在北京召开，与会代表就"大陆架制度的理论与实践"、"大陆架制度的科学问题"和"国际海底区域和深海资源环境"等议题和一些热点问题进行了广泛而深入的讨论。8 月，中国政府就国际海底活动担保国责任咨询案向国际海洋法法庭提交书面意见。这是中国第一次参加国际海洋法法庭相关案件的审理程序。12 月，中国常驻联合国副代表在第 65 届联大全会发言表示，希望大陆架界线委员会对沿海国划界案的审议不仅符合国际社会的期待，而且经得起科学、法律和时间的检验，并表示中国政府一贯重视国际海洋法法庭在和平解决海洋争端、维护国际海洋秩序方面的重要作用，支持法庭根据《公约》规定履行职责。①

在前述领域之中，最为值得关注的就是 2010 年 10 月在日本名古屋召开的《生物多样性公约》第十次缔约方大会。

---

① 中 国 法 治 建 设 年 度 报 告 （ 2010 ）， http：//www．law‐lib．com/fzdt/newshtml/22/20110707105243．htm，2010 年 12 月 28 日最后访问。

第二节　中国与《名古屋议定书》

保护和利用生物多样性一直是中国高度关注的环境问题之一，中国也一直积极参与相关国际议题和立法进程。2010 年，在这方面最大的进展就是具有历史意义的《生物多样性公约关于获取遗传资源和公正公平地分享其利用所产生惠益的名古屋议定书》的出台。下面本节就对这一议定书的内容、中国参与的情况以及它对中国的影响加以分析。

一、《生物多样性公约》的缘起和基本情况

早在 19 世纪甚至之前，国际社会就已经出现了调整个别生物多样性问题的国际法规则。20 世纪 60 年代以后，针对生物多样性问题而诞生的现代生物多样性保护的国际法开始产生和发展。保护生物多样性领域的国际法的发展，根据其保护理念，大致可分为三个阶段，分别是利用价值保护的萌芽阶段、内在价值保护的初步形成阶段和生态系统保护的迅速发展阶段。《生物多样性公约》就产生于第三阶段。20 世纪 90 年代前后，可持续发展的理念逐渐深入人心。基于对环境和生态系统的整体性、环境问题的综合性等特点的认识，人们了解到针对个别的物种或栖息地采取的保护措施，并不能从整体上解决生物多样性问题，必须改变传统做法，制定一项广泛的框架公约。1987 年，联 合 国 环 境 署 （United Nations Environment Programme，UNEP）意识到经过多年的努力，生物多样性的消失不但没有减缓，而且每况愈下，保护生物多样性的行动迫在眉睫。于是，UNEP 成立了一个特别工作组来调查是否有必要以及有没有可能制定一项综合性公约的意愿以及可能的形式，以便使该领域的活动合理化，并解决其他可能处于该公约调整范围内的领域的活动。该项"包容性"公约的最初目的是涵盖当时及未来所有的环境保护与生物保护公约，为各种野生生物以及生物栖息地的国际条约提供协调的框架。特别工作组在 1988 年的第一次会议所做的结论是既有各公约，如《世界自然与文化遗产保护公约》、《华盛顿公约》、《湿地公约》和《迁移物种公约》，只提到生物多样性保护的特定问题，不足以保障全球的生物多样性。最终，特别工作组达成共识，统一现行的国际条约在政治上、

法律上以及技术上都很难行得通，应当建立一个或多个具有约束力的全球法律机制，特别是可以在既有公约之上建立一个新的框架性条约，以保护全球生物多样性。正式谈判开始于1991年，UNEP的工作组被改组为"生物多样性公约政府间谈判委员会"（Intergovernmental Negotiating Committee for a Convention on Biological Diversity，INC）。最终，谈判被纳入到1992年里约联合国环境与发展会议（UNCED）的筹备活动中，被期望能够在该次会议上开放签署。最终文本在1992年5月22日完成，供里约会议开放签署。根据《生物多样性公约》第36条的规定，公约在第30个缔约国（蒙古）批准加入书交存之日的90天之后（即1993年12月29日）生效。《生物多样性公约》涵盖了地球上所有的生命多样性，为各国保护生物多样性的努力提供了重要指导。不过该公约没有为保护生物多样性提供具体的标准或者措施，它也没有为最初设想的所有物种和生物多样性法提供框架。

二、2010年《生物多样性公约》的重大发展——《名古屋议定书》

（一）《名古屋议定书》的产生历程

2010年是联合国确定的国际生物多样性年。2010年10月18—29日，《生物多样性公约》第十次缔约方大会在日本名古屋召开。本次缔约方大会是《生物多样性公约》历史上规模最大的一次会议，汇聚了7000多名来自缔约方政府、非缔约方政府、联合国机构、政府间组织、非政府组织、土著和当地社区的代表以及学术界和企业界人士。本次会议通过了《生物多样性公约关于获取遗传资源和公正公平地分享其利用所产生惠益的名古屋议定书》（以下简称《名古屋议定书》），这是全球生物多样性保护领域一件具有里程碑意义的大事。1992年达成并于1993年年底生效的《生物多样性公约》提出三大目标，即保护生物多样性；持续利用生物多样性的组成部分；公平公正地分享遗传资源利用所产生的惠益。在过去17年履约进程中，在实现前两大目标方面已取得较大成就，但第三个目标即惠益分享尚未取得进展，此次《名古屋议定书》的达成则标志着惠益分享时代的到来和《生物多样性公约》三大目标即将全面实现。

《生物多样性公约》关于获取与惠益分享（ABS）的工作始于1998年5月召开于斯洛伐克的《生物多样性公约》第4次缔约方大会，这次会议决

定建立一个地区平衡的 ABS 专家组。2000 年 5 月在肯尼亚召开的《生物多样性公约》第 5 次缔约方大会设立了 ABS 工作组。2002 年 4 月召开于荷兰的《生物多样性公约》第 6 次缔约方大会则通过了关于 ABS 的《波恩准则》。2002 年在南非约翰内斯堡召开的联合国全球持续发展高峰会议要求，在《生物多样性公约》（CBD）框架下建立一个旨在加强遗传资源公平惠益分享的国际制度。2002 年 12 月召开的第 57 届联大和 2005 年召开联合国全球高峰会议重申了这一要求。2004 年 2 月在马来西亚召开的《生物多样性公约》第 7 次缔约方大会通过了 ABS 能力建设行动计划，并以 VII/19D 号决定，授权 ABS 工作组谈判 ABS 国际制度。2006 年 3 月召开于巴西的《生物多样性公约》第 8 次缔约方大会责成 ABS 工作组于 2010 年《生物多样性公约》第 10 次缔约方大会召开之前尽早完成关于 ABS 国际制度的谈判。2008 年 5 月《生物多样性公约》第 9 次缔约方大会在德国召开，通过了 ABS 国际制度谈判的路线图，并指示 ABS 工作组完成谈判，提交一项或一套制度供《生物多样性公约》第 10 次缔约方大会审议通过。自 2001 年 10 月 ABS 工作组第 1 次会议在德国波恩召开，至 2010 年 10 月 16 日 ABS 工作组第 9 次会议在日本名古屋结束，ABS 工作组经历了 9 年漫长而艰巨的谈判。2010 年 10 月 13—16 日，ABS 工作组成立的区域间谈判小组在日本名古屋举行了会议，这实际上是 ABS 工作组第 9 次会议（ABS—9）的第 3 次续会。ABS—9 于 2010 年 3 月在哥伦比亚的卡利召开，并于 2010 年 7 月 10—16 日和 2010 年 9 月 18—21 日在加拿大蒙特利尔召开了第 1 次续会和第 2 次续会。ABS—9 产生的成果被提交给随后于 2010 年 10 月 18—29 日于名古屋召开的《生物多样性公约》第 10 次缔约方大会审议。第 10 次缔约方大会于 2010 年 10 月 18 日的第 1 次全会听取了 ABS 工作组两共同主席的报告，共同主席报告了 ABS 议定书谈判至目前所取得的成果，并指出在许多关键条款的谈判上还存在很大分歧。第 10 次缔约方大会主席、日本的环境大臣松元龙先生授权两共同主席建立一个"非正式协商小组"，对未完成的关键条款进一步开展谈判，要求在 10 月 22 日完成谈判，并将一个没有括号的文本提交缔约方大会。"非正式协商小组"经过一周工作，未能取得大的进展。在 10 月 22 日的第 10 次缔约方大会全会上，大会主席授权"非正式协商小组"继续工作，要求在 10 月 26 日完成谈判。但是经多次接触小组磋

商，在议定书范围和遵约两个关键领域仍未能取得突破性进展。到 10 月 28 日晚，也就是大会结束前最后一天前夜，因各方不能达成一致，谈判破裂。然而，东道国日本政府很希望达成这个具有里程碑意义的 ABS 议定书，第 10 次缔约方大会主席、日本环境大臣松元龙于 10 月 29 日早晨提出一个妥协文本，这个文本将富有争议的条款全部删除，对发展中国家和发达国家最有争论的关键条款进行了妥协处理。经过与各谈判集团和利益方的协商，最终使各方达成一致，通过了这个具有历史意义的《生物多样性公约关于获取遗传资源和公正公平地分享其利用所产生惠益的名古屋议定书》。

（二）《名古屋议定书》谈判过程中的核心问题与谈判结果

《名古屋议定书》的主要内容包括：议定书目标；适用范围；获取遗传资源及相关传统知识的要求（事先知情同意程序）；"共同商定条件"下公平分享因利用遗传资源和相关传统知识所产生的惠益；确保遵约的措施，包括披露遗传资源来源与原产地，遗传资源合法来源证书和监测遵约的检查点；能力建设等。谈判中最为核心的问题是遗传资源的定义是否包括衍生物，以及采取何种措施监测遗传资源的利用。以下将对谈判过程中几个最为核心的问题和谈判结果加以介绍。

1. 《名古屋议定书》的范围——有关衍生物和"遗传资源利用"的定义问题以及与其他公约之间的关系问题

在有关的定义问题方面，《生物多样性公约》要求公平公正地分享因使用遗传资源产生的惠益。根据《生物多样性公约》第 2 条，"遗传资源"定义为具有遗传功能的材料。而实际上遗传资源的利用远远超出对遗传功能的利用，一些药物主要是具有活性的生物化学组成，即衍生物，而不一定含有遗传物质 DNA 和 RNA。因此，遗传资源使用方强调，《生物多样性公约》并未提出衍生物，仅限于遗传功能利用的惠益分享；而遗传资源提供方却认为，衍生物是由基因表达和生物自然代谢生成的化合物，是由使用遗传资源而直接产生的，应该纳入获取与惠益分享的范围。为此，谈判中提出以"遗传资源利用"的概念来代替"衍生物"，并对其定义。发展中国家接受以"遗传资源利用"的概念来代替"衍生物"，但发达国家还是要对"遗传资源使用"的定义给予限制。在谈判的最后阶段，欧盟与巴西协调，对"遗传资源利用"提出一个定义，此定义包括了对自然发生的基因表达产物

的研究与开发，而忽略了代谢产物的研究开发。因此，马来西亚、哥伦比亚和秘鲁等国家不能接受。双方意见僵持，直至 28 日晚，谈判破裂。10 月 29 日，《生物多样性公约》第 10 次缔约方大会主席协调的议定书文本，在其第 2 条中将"遗传资源利用"和"衍生物"都做了定义。前者是指对遗传材料的基因与生物化学组成进行研究和开发，包括通过使用生物技术的研究与开发；后者是指由生物或遗传资源自然发生的基因表达或代谢过程产生的生物化学化合物，即使其中不含有遗传功能单位。此种表述基本上满足了遗传资源提供方的要求，被大家接受。

在与其他公约之间的关系问题方面，在谈判阶段，许多发展中国家提出《名古屋议定书》的适用范围应该包括遗传资源、衍生物、相关传统知识、生物资源、遗传资源产品、农业与粮食遗传资源、南极和公海的生物资源、人类遗传资源、病原体等等。但是，发达国家认为，《生物多样性公约》只涉及遗传资源，之后承认可包括土著和地方社区与遗传资源相关的传统知识，而其他的类型都不能包括，因为已有相关公约、条约和国际组织对这些类型的资源实施管理，如《粮食与农业植物遗传资源国际条约》、《联合国海洋法公约》、《南极条约》、世界卫生组织、世界知识产权组织等。此项争论一直未能解决，特别是对是否包括衍生物双方互不让步，直至 10 月 28 日晚的谈判破裂。在 10 月 29 日由日本协调并通过的议定书最后文本中，其第 3 条规定："本议定书适用于《生物多样性公约》第 15 条范围内的遗传资源和利用此种资源所产生的惠益。本议定书还适用于与《生物多样性公约》范围内的遗传资源相关的传统知识以及利用此种知识所产生的惠益。"同时通过了第 3 条之二的案文，此案文规定了本议定书与现有国际协定和文书之间的关系，即：（1）本议定书不妨碍任何缔约方履行现有其他国际协定所产生的权利和义务；（2）本议定书的任何规定都不妨碍缔约方制定和执行其他相关国际协定，包括其他专门性 ABS 协定；（3）应以同其他与本议定书相关的国际文书相互支持的方式执行本议定书，应适当注意在这些国际文书和相关国际组织下开展的有意和相关的现行工作或做法。第 3 条之二条款的意义在于：《生物多样性公约》的管辖范围主要是国家管辖权范围的生物资源，而不适用于人类遗传资源以及公海和南极的生物资源，也不包括粮食与农业植物遗传资源，这为各缔约国稳定获取粮食与农业植物遗传资源、确

保农业生产和粮食安全提供了方便和保障。

2. 关于遵约问题

遵约问题也是《名古屋议定书》的核心问题，而这次达成的议定书文本最为遗憾的就是遵约措施的弱化。发展中国家提出三个方面的遵约措施：第一是披露，即要求在申请专利时披露其使用遗传资源及相关传统知识的来源和原产地；第二是建立国际公认的证书制度，由提供资源的国家签发，作为证明该资源合法身份的"护照"；第三是在资源使用方国家建立若干检查点，以核查该缔约方是否遵守了"事先知情同意"（PIC）和"共同商定条件"（MAT），特别强调这种检查点需要设立在国家专利局。但是，以欧盟为代表的发达国家始终不能接受发展中国家的要求，特别是有关资源披露和设立检查点的要求。经妥协的《名古屋议定书》最后文本，忽略了披露的义务，弱化了设置检查点的要求，仅仅对"国际公认证书"内容有明确规定。议定书第 13 条（监测遗传资源的利用）规定，此等证书用于：（1）提供给 ABS 信息交换所的许可证或等同文件应成为国际公认的遵守证书；（2）证书的信息包括：颁发证书的当局；颁发日期；提供者；证书的独特标识；被授予 PIC 的人或实体；证书涵盖的主题或遗传资源；已订立 PIC 的确认；获得 PIC 的确认；商业和非商业用途。[①]

3. 关于遗传资源的获取

《生物多样性公约》第 15 条第 1 款规定："确认各国对其自然资源拥有的主权权利，国家可否取得遗传资源的决定权属于国家政府，并依照国家法律行使。"第 15 条第 5 款还要求："遗传资源的取得须经提供这种资源的缔约国事先知情同意，除非该缔约国另有规定。"然而，在谈判过程中，发达国家一直不愿意接受"事先知情同意"，同时提出对非商业性利用的获取采取简化程序，对与人类健康有关的病原体样本的获取不在"事先知情同意"之列，甚至不在公约范围之内，并且还对资源提供方规定许多义务。最后通过的《名古屋议定书》文本基本上满足了发展中国家的要求，议定书第 5 条确认，遗传资源的获取需经该资源原产国缔约方或依据公约获得该资源的

---

① COP 10 Decision X/1, http：//www.cbd.int/decision/cop/? id = 12267, 2010 年 12 月 28 日最后访问。

缔约方的"事先知情同意"①。此条规定再次确认了国家对遗传资源的主权。此外，发达国家要求对用于非商业性研究和人类健康紧急研究的资源获取采取简化程序，而发展中国家担忧目前的非商业用途将来可转为商业用途，缺少追踪监测手段。《名古屋议定书》第 6 条体现了双方关切，提出：缔约方应创造条件，使用简化获取措施，促进和鼓励有助于保护和持续利用生物多样性的非商业用途的研究，同时考虑到有必要解决研究目的改变的问题。第 6 条还提出，适当注意各种威胁或损害人类、动物或植物健康的紧急情况，缔约方可考虑制定迅速获取遗传资源并迅速分享其利用惠益的程序，并考虑发展中国家的支付能力。

4. 关于遗传资源的惠益分享

《名古屋议定书》第 15 条第 7 款要求每个缔约方应酌情采取立法、行政或政策措施，以期与提供遗传资源的缔约国公平分享研究和开发此种资源的成果，以及商业和其他方面利用此种资源所得的利益，并强调"这种分享应按照共同商定的条件"。这一条款主要针对遗传资源的使用方，即发达国家。发达国家的生物技术公司常常以非正当渠道从发展中国家获得遗传资源及相关传统知识，并利用其生物技术优势开发成专利产品，再回到提供遗传资源及相关传统知识的国家牟取暴利。这已引起发展中国家以及土著或地方社区的强烈不满，他们认为发达国家政府有责任采取立法、行政或政策措施，要求这些生物技术公司与遗传资源提供方公平分享惠益。《名古屋议定书》最终文本第 4 条基本上体现了发展中国家的要求，使"惠益分享"成为有法律约束力的缔约方义务。本条要点有：（1）据 CBD 第 15 条第 3 款和第 7 款，应与提供遗传资源的缔约方（此种资源的原产国或根据《公约》获得遗传资源的缔约方）分享因利用资源及嗣后的利用和商业化所产生的惠益，分享时应遵循共同商定的条件；（2）酌情采取立法、行政或政策措施，以落实上述第 1 款；（3）惠益形式可以包括货币和非货币性惠益，但不限于本议定书附件 1 所列的惠益形式。②

---

① COP 10 Decision X/1, http：//www.cbd.int/decision/cop/? id＝12267，2010 年 12 月 28 日最后访问。

② COP 10 Decision X/1, http：//www.cbd.int/decision/cop/? id＝12267，2010 年 12 月 28 日最后访问。

5. 关于传统知识

根据《生物多样性公约》第 8（j）条，对"传统知识"可理解为：第一是来自土著和地方社区，第二是体现传统生活方式而与生物多样性的保护和持续利用相关。土著与地方社区的代表非常强调他们拥有遗传资源及传统知识的权利，获取这类遗传资源和相关传统知识首先是要得到土著与地方社区的"事先知情同意"，并与土著与地方社区共同商定惠益分享的条件。对此，除加拿大、澳大利亚和新西兰等国家持不同意见外，其他缔约方并没有太多反对意见。《名古屋议定书》充分体现了对传统知识的重视和对土著与地方社区的尊重。第一，议定书第 3 条规定："本议定书还适用于与《生物多样性公约》范围内的遗传资源相关的传统知识以及利用此种知识所产生的惠益。"第二，在惠益分享方面，议定书第 4 条第 4 款规定："各缔约方应酌情采取立法、行政或政策措施，以确保同持有与遗传资源相关传统知识的土著与地方社区公平公正地分享利用此种知识所产生的惠益，这种分享应该依照共同商定的条件进行。"第三，在获取方面，议定书第 5 条之二明确规定："根据国内法，各缔约方应酌情采取各项措施，以确保对于与遗传资源相关的传统知识的获取得到了其持有者土著与地方社区的事先知情同意、认可或参与，并订立了共同商定的条件。"此外，议定书还在第 9 条专门要求各缔约方在履行议定书时，考虑土著与地方社区的习惯法、土著与地方社区的有效参与、社区行为守则、共同商定最低条件、惠益分享示范合同条款等。

6. 关于土著和地方社区之外的传统知识

土著和地方社区之外的传统知识（TK）包括公众可获取的 TK，主要适用于中国、印度的传统知识，由于很久之前已文献化，并已进入公知领域和国家拥有，可以从书本获取而不需直接从 TK 获取。这种 TK 能否获得惠益分享是这次谈判的一个关键问题，以中国为主、并在印度和尼泊尔支持下展开了艰苦的谈判，但受到多方阻挠。欧盟质疑这种 TK 因涉及世界知识产权组织体系下的公有知识领域，在欧盟的知识产权体系下很难惠益分享；土著和地方社区代表也反对，因为他们害怕所在国家侵占他们的 TK；澳大利亚、新西兰和加拿大害怕国内土著和地方社区的反对，也不能接受；而最大的反对意见来自日本和韩国，由于日、韩使用"汉方"开发了大量医药产品，

他们担忧中国对他们提出惠益分享要求。韩、日的主要理由是公约第 8 条
(j) 款所指的 TK 是限定在土著和地方社区，只能获取来自土著和地方社区
的 TK，也只能与土著和地方社区分享惠益。中国提出，中国、印度等历史
悠久的文明古国在很久以前就已创造出优秀的传统知识、技术和做法，并通
过文字形式得以记载和传承。中国传统医药最初来自于土著和地方社区，与
公约第 8 条 (j) 款所指 TK 来源一致，只是时间较久；公约第 8 条 (j) 款
所指的 TK 并未说明其存在形式，但常被误认为只是指口传的，其实并不排
除文献化形式，文献化 TK 是一种高级形式，只在古老文明国家存在；TK
的所有权常被误认为只归属土著和地方社区，然而公约第 8 条 (j) 款并没
有规定 TK 所有权，实际上 TK 所有权可以属于土著和地方社区，也可能属
于个人（家族），对已经文献化多年的 TK，已难以找到归属，其 T K 所有
权应属于国家；由谁确定 T K 合法持有人这一点常被误认为只有土著和地方
社区能确定其合法持有人，即 TK 的惠益只能与土著和地方社区分享。但对
中国已文献化多年的 TK，原有的土著和地方社区已不能确定合法持有人，
在这种情况下，似乎只有国家才能确定其合法持有人并通过此将那些由国家
暂时持有的惠益最终返还到相应的土著和地方社区中。在谈判过程中，地区
间谈判小组、非正式协商小组以及 TK 接触小组曾多次讨论第 9 条第 5 款。
争论的焦点主要是履行此款的程度问题，中国坚持使用较强硬的"缔约方
须采取立法、行政和政策措施，确保与土著和地方社区之外 TK（口传、文
献化的和其他形式）持有者进行惠益分享"，而欧盟则要求加上"酌情"，
"鼓励"缔约方通过采取措施确保其惠益分享。由于中国、印度、尼泊尔和
马来西亚坚持使用强硬措辞，谈判未能成功。接下来发生了韩、日联合抵
制，韩国坚持这类 TK 已超出公约第 8 条 (j) 款的 TK 范围。28 日晚，最后
一次讨论第 9 条第 5 款受到澳大利亚、加拿大和欧盟的质疑和韩、日的坚决
抵制，失去了最后的协商机会。最终，由大会主席、日本环境大臣松云龙协
调的名古屋议定书文本删除了第 9 条第 5 款，从而在文本形式上丧失了对国
家拥有的文献化 TK 的惠益分享诉求的进一步谈判。然而在中国等代表团的
努力下，《名古屋议定书》在其序言中认定了传统知识的文献化形式。序言
第 24 段写道："又认识到存在着一些国家自己拥有口头形式或有文献记录的
传统知识的独特情况，这种传统知识反映了同生物多样性的保护和可持续利

用有关联的丰富的文化遗产。"

（三）中国在《名古屋议定书》谈判历程中的立场和表现

在《名古屋议定书》的谈判过程中，基本上是发展中国家和发达国家这两大阵营的较量。发展中国家集团主要包括：由 17 个生物多样性特别丰富的国家组成且观点相似的生物多样性大国集团，中国属于这一集团；由立场一致的 54 个非洲国家组成非洲集团；南美及加勒比海国家集团；亚洲地区观点相似的发展中国家集团。这些国家作为遗传资源提供方，希望建立严格的具有法律约束力的 ABS 国际制度。发达国家集团主要有：欧盟和欧盟以外的发达国家集团，包括日本、美国、加拿大、澳大利亚和新西兰，其中美国虽不是《生物多样性公约》缔约方，但其影响力很大。这些国家遗传资源一般不太丰富，但生物技术非常先进，是遗传资源的主要利用国。由于惠益分享涉及许多大公司利益，他们极不希望建立一个具有法律约束力的 ABS 国际制度。此外，挪威和瑞士，特别是挪威持中间立场，在很大程度上支持发展中国家，但有些方面又站在发达国家立场上。还有以观察员身份参加谈判的土著与地方社区、民间团体、工商界和科研机构的代表，前两者属于发展中国家阵营，后两者属于发达国家阵营。中国总体上属于提供遗传资源及相关传统知识的发展中国家，发展中国家争取的利益及权利都能惠及中国。同时中国生物技术发展得很快，在农业育种技术和微生物病原体疫苗的开发利用方面能力也较强，从国外获取的遗传资源也在逐年增多，发达国家在此方面争取的利益同样能部分惠及中国。在关于生物遗传资源获取与惠益分享的问题上，中国一直致力于尽快制定国际制度以推动《生物多样性公约》第三大目标的实现。早在 2008 年，中华人民共和国环境保护部副部长吴晓青率中国代表团参加在德国举行的《生物多样性公约》第 9 次缔约方大会高级别会议时，阐述了中国政府就关于生物遗传资源获取与惠益分享问题的立场，表示中国愿意与各方广泛开展对话、交流与合作，共同推动全球生物多样性的保护、可持续利用与惠益分享，携手努力，共同推动 2010 年生物多样性目标及相关千年发展目标的实现。吴晓青在大会上发言时表示："作为最早加入《生物多样性公约》的国家之一，中国一直负责任地履行自己的国际义务。近年来，中国政府加强了生物多样性保护的体制和能力建设，如实施了《全国生物物种资源保护与利用规划纲要》。同时，中国政府

正在制定新的《中国生物多样性保护战略与行动计划》。"① 在发言中，吴晓青阐述了中国政府就本次会议讨论的诸多重点问题的立场：第一，关于农业生物多样性。中国重视生物燃料的发展，但在发展过程中始终重视科学规划和合理布局，在确保粮食安全的前提下，贯彻"因地制宜，非粮为主"的原则，即明确了在发展生物燃料时，"不与人争粮，不与粮争地"的发展方针，同时注意保护生物多样性功能和生态系统的完整性。在生物燃料的生产和消费方面，各国情况差别很大，中国政府呼吁国际社会加强交流与合作，推动国际社会对这一问题的理解和认识，同时，切实帮助发展中国家提高能力，减少发展生物燃料对生物多样性产生的不利影响。第二，关于生物遗传资源获取与惠益分享。生物遗传资源获取与惠益分享这一议题在本次大会上得到高度关注。中国政府认为，尽快完成制定国际制度的工作有利于推动公约三大目标和 2010 年生物多样性目标的实现。本次大会已经为今后两年如何实现此目标制定了路线图。中国政府愿与各方共同努力，争取早日确定各方均能接受的国际制度。第三，关于生物多样性与气候变化。研究气候变化对生物多样性的影响对保护生物多样性非常重要，但政府间气候变化专门委员会和《联合国气候变化框架公约》在这方面已做了大量研究，目前各方均已开展一系列的研究，因此特设工作组的职责范围应特别考虑避免重复性工作，有效利用有限资源。发展中国家普遍生态环境脆弱，监测、评估及应对气候变化不利影响的能力不足，遭受气候变化不利影响最为严重。特设工作组的工作内容应充分考虑这些因素，帮助发展中国家研究气候变化对生物多样性的影响，提高生物多样性适应气候变化的能力，同时也要确保发展中国家的充分参与。此外，中国政府强调《生物多样性公约》有其自身的宗旨和工作目标，应该集中有限资源重点解决履行公约所涉重点问题，为确保按时实现 2010 年生物多样性目标而努力。第四，关于生态系统方式。生态系统方式是一种有效保护生物多样性的战略思想，其广泛应用将有利于公约三大目标的实现，有利于从根本上降低并最终遏制生物多样性的丧失。同时，也应该认识到，生态系统方式是个科学概念，包含了一系列科学原则和

---

①《生物多样性公约》第九次缔约方大会高级别会议开幕，中国呼吁全球携手努力实现 2010 年目标，就生物燃料发展、生物遗传资源获取与惠益分享等重要问题阐明立场。http://wuxiaoqing.mep.gov.cn/zyhd/200910/t20091021_ 171488. htm，2010 年 12 月 28 日最后访问。

原理，需要根据具体情况灵活、主动和创造性地加以利用。工作的重点应是生态系统方式的概念和原理的宣传、教育、成功案例的总结推广以及能力建设，特别是发展中国家的能力建设。第五，关于财务资源与财务机制。保护环境是全人类的共同任务，广大发展中国家当前所面临的技术资金匮乏和能力"赤字"是生物多样性保护的最大瓶颈。希望国际社会特别是发达国家带头加大对发展中国家的资金支持和技术转让力度，加强发展中国家的能力建设。

中国批准加入《生物多样性公约》以后，成立了履约工作协调组，每年召开会议，开展系列活动，初步形成了生物多样性保护和履行《生物多样性公约》国家工作机制。2010年，中国共参加4次《生物多样性公约》相关会议。2010年1月18—20日，生物多样性公约2010年后战略规划非正式专家会议在伦敦召开。中国代表出席了此次会议，参与了对《生物多样性公约》2010年后战略规划的制定、实施战略规划的需求及重点领域等问题的讨论。2010年3月22—28日在哥伦比亚卡利市召开了《生物多样性公约》下设"遗传资源获取和惠益分享不限名额特设工作组"第9次会议。环境保护部、农业部、国家知识产权局、国家林业局、中国科学院及环境保护部对外合作中心、中国农科院、中国检科院、中国环境科学研究院、环境保护部南京环科所等单位组成的代表团参加了此次会议。中国代表团参加了包括全会、区域非正式磋商、接触小组磋商以及区域间工作组磋商在内的全部会议，并参加了"观点相似的亚太集团"，"观点相似的生物多样性大国集团"以及"77国加中国"等区域组织的内部磋商，积极了解各方关切，保持与主要谈判方的沟通协调，适时适度地表达了我方立场与关切，圆满地完成了谈判任务。① 2010年5月24—28日关于审查《生物多样性公约》执行情况的不限成员名额特设工作组第三次会议在联合国环境规划署总部举行。中国派代表参加了此次会议并在会议上进行了发言。2010年10月18—29日，中国参加了在日本名古屋召开的《生物多样性公约》第10次缔约方大会。在《名古屋议定书》的缔结谈判过程中，中国作为发展中国家阵营

---

① 《生物多样性公约》遗传资源获取和惠益分享问题特设工作组第九次会议（ABS9）在哥伦比亚召开，http://sts.mep.gov.cn/swdyx_1/swdyx/201004/t20100409_187975.htm，2010年12月28日最后访问。

中的一员积极参与了各项谈判，尤其是在关于土著和地方社区之外的传统知识能否获得惠益分享这一谈判过程中的关键问题上，中国在印度、尼泊尔两国的支持下同以日、韩为首的反对方展开了艰苦的谈判。

中国对谈判过程中的几个最为核心问题的立场如下：在《名古屋议定书》的范围问题上，中国与广大发展中国家高度一致，认为衍生物应当包括在《名古屋议定书》的适用范围内，这是整个谈判最为关键的问题。鉴于农业与粮食植物遗传资源将由联合国粮农组织下的《粮食与农业植物遗传资源国际条约》管理，真正具有经济效益的是对衍生物的开发利用，如医药、化妆品、保健品等。如果不包括衍生物，这个议定书就没有太多意义。关于遗传资源披露方面，中国等发展中国家作为遗传资源提供国一直坚持遗传资源使用方应通过披露，提供证据说明在其遗传资源获取时已根据"事先知情同意"和"共同商定条件"的要求，获得了遗传资源提供方签发的许可证书。但是日本的协调文本最终未能将"强制性披露要求"写入议定书，在这一点上是发展中国家最后做出了让步。在关于遗传资源的获取问题，中国同发展中国家一道认为，获取遗传资源需要服从"事先知情同意"，并遵从资源提供方的国内立法。即使一些国家不需要"事先知情同意"，但惠益分享仍然不能缺少。关于遗传资源的惠益分享问题，中国认为资源每种利用方式都要分享，并对过去获取资源的嗣后持续利用和新用途进行分享。在传统知识的获取问题上，在议定书谈判过程中，土著和地方社区代表强调他们对其遗传资源及相关传统的权利，强调获取此种资源需得到他们的同意。对此，除加拿大、澳大利亚和新西兰等国家持不同意见外，中国等其他缔约方并没有太多反对意见。在关于土著和地方社区之外的传统知识（TK）能否获得惠益分享这个问题上，中国、印度等国坚持认为土著和地方社区之外的传统知识可以获得惠益分享。中国的意见是，中国、印度等历史悠久的文明古国在很久以前就已创造出优秀的传统知识、技术和做法，并通过文字形式得以记载和传承。这些传统知识具有以下特点：中国传统医药最初来自于土著与地方社区，与《生物多样性公约》第 8 条（j）款所指 TK 来源一致，只是时间较久；《生物多样性公约》第 8 条（j）款所指的 TK 并未说明其存在形式，但被常误认为只是指口传的，其实并不排除文献化形式，文献化 TK 是一种高级形式，只在古老文明国家存在；TK 的所有权常

被误认为只归属土著和地方社区，然而《生物多样性公约》第 8 条（j）款并没有规定 TK 所有权，实际上 TK 所有权可以属于土著与地方社区，也可能属于个人（家族），对已经文献化多年的 TK，已难以找到归属，其 TK 所有权应属于国家；由谁确定 TK 合法持有人？这一点常被误认为只有土著与地方社区能确定其合法持有人，即 TK 的惠益只能与土著与地方社区分享。但对中国已文献化多年的 TK，原有的土著与地方社区已不能确定合法持有人，在这种情况下，似乎只有国家才能确定其合法持有人并通过此将那些由国家暂时持有的惠益最终返还到相应的土著与地方社区中。

（四）《名古屋议定书》对中国的影响与中国选择

《名古屋议定书》的通过，是发展中国家和发达国家这两大阵营妥协的结果。双方阵营之所以能接受这个最终文本，是因为其基本满足了发展中国家的诉求，同时在一些方面也体现了发达国家的要求，如议定书的遵约部分并未加以硬性规定以及在议定书范围、非商业性利用遗传资源的简化程序等方面的规定。如前所述，中国总体上属于提供遗传资源及相关传统知识的发展中国家，同时又是一个生物技术发展很快的国家，因此，不但发展中国家争取的利益及权利能惠及中国，发达国家在从国外获取遗传资源方面争取的利益同样能部分惠及中国。鉴于此，《名古屋议定书》总体上有利于中国。然而《名古屋议定书》的规定也在许多方面给中国带来了困难和挑战，以下将对《名古屋议定书》的实施对中国的影响以及中国的可能应对进行简要分析。

1. 立法方面

《名古屋议定书》中的许多关键条款都要求缔约方采取法律、行政和政策措施促进遗传资源及相关传统知识的获取与惠益分享。我国于 1993 年正式加入《生物多样性公约》之后，就全面展开了生物多样性保护工作，目前也形成了一套生物多样性保护的法律和政策体系。但我国至今尚缺乏专门用于遗传资源及相关传统知识获取与惠益分享的法规政策，而这一领域的法规政策的制定，会涉及多个部门，并且出于部门利益，国家立法在部门协调方面的困难也会比较大。为了更好地履行《名古屋议定书》维护我国权益，有关部门之间应该加大协调的力度，尽早制定出专门用于遗传资源及相关传统知识获取与惠益分享的法律法规，为我国维护这一领域的权益和权利提供

法律保障。另外，《名古屋议定书》在一些分歧较大的领域未能做出详细规定，这给国家立法留下了较大的空间。根据议定书第5条的规定，如果遗传资源提供国要求"事先知情同意"，就需要对本国相关立法的确定性、明晰性和透明性做出规定。在制定《名古屋议定书》的谈判过程中，我国十分看重的土著和地方社区之外的传统知识即中国特有的中医药和民族医药传统知识的保护与惠益分享虽然在最终的议定书文本中未予以明确规定，但议定书的序言部分对文献化传统知识的形式加以确认。我国应该根据议定书精神，充分利用本国法律和政策的制定来弥补议定书中的这一不足。同样在国家立法上留有余地的还有关于遗传资源提供国一直坚持的遗传资源使用方在申请专利时，应披露遗传资源的来源和原产地，并提供证据说明在获取时已根据"事先知情同意"和"共同商定条件"的要求，获得了遗传资源提供方签发的许可证书这一要求。虽然《名古屋议定书》的最终文本未写入披露的要求，但是我国可以用国家立法的方式加以补充。早在2008年，我国修订的《中华人民共和国专利法》在第26条中已要求在申请专利时披露所使用遗传资源的来源和原产地。中国还可以通过国内立法，要求获取本国遗传资源的国外生物技术公司遵守中国的法律规定，并要求国外缔约方加强对其本国的生物技术公司的监督检查。

2. 技术方面

《名古屋议定书》在实施方面，涉及许多专业的技术问题。比如如何监测和追踪获取本国遗传资源的国外公司对其资源使用和惠益产生情况？当一个物种资源存在多个原产地时，如何辨别这个资源确实源于中国？如何证实在议定书生效前被国外获取的遗传资源以及途径获取？如何做到惠益分享公平公正？机构间在签订获取合同时如何"共同商定条件"？这些问题的解决都需要强大的技术支持，而我国这方面的能力还十分薄弱，亟待加强。为此，需要我国学界加大研究力度，提高技术水平。我国也可以和技术发达国家加强合作，取长补短。

3. 与其他国际公约的制度冲突问题

《名古屋议定书》与《粮食和农业植物遗传资源国际条约》、《与贸易有关的知识产权协定》和《植物新品种保护国际公约》等相关国际公约在遗传资源获取与惠益分享以及知识产权等问题的规定上存在诸多冲突之处。

《名古屋议定书》是发达国家与发展中国家妥协的结果，在遵约部分也没有硬性规定，特别是对遗传资源来源没有强制披露的规定，只是要求缔约国采取立法、行政和政策措施，以确保获取与惠益分享义务的切实履行。可以说，《名古屋议定书》具体的实施效果依赖于各缔约国的国内立法。我国目前尚缺乏相关配套的政策与法规体系，也没有明确的管理体制和机构安排。因此，我国需要根据《名古屋议定书》的要求，调整和制定相应的国内规则。例如，在国内建立遗传资源的权属管理制度，促进国内遗传资源的身份管理体系与《生物多样性公约》倡议的遗传资源国际证书制度相衔接等等。另外，作为国内履行《生物多样性公约》的牵头部门，环境保护部应该与商务、知识产权、农业、林业等主管部门协调相关立场，以便使《名古屋议定书》未能解决的诉求能在世界贸易组织、世界知识产权组织等其他国际组织和国际公约体系下得到解决。

4. 其他影响

《名古屋议定书》在其第 2 条中将"遗传资源利用"和"衍生物"都做了定义。在议定书文本中，两者均以"遗传资源利用"出现，而不再使用"衍生物"一词。这意味着获取包含 DNA 的提取物以及以研究和开发为目的的生物材料及其包含的所有生物化学组成都可以纳入获取与惠益分享的范围。照此定义，国外生物技术公司或制药公司对中国的生物勘探与产品开发，都应该纳入我国规定的获取与惠益分享的管理程序，这有利于维护我国的经济利益。在土著和地方社区之外的传统知识的惠益分享的问题上，中国历史上已经文献化和出版的传统知识，如中医药和民族医药等，已进入公知领域，并在日本、韩国和欧洲国家广泛利用，已产生重大经济利益。但是，依照《名古屋议定书》，似乎不能分享惠益。这种结果对我国十分不利。对此，我国可以学习印度经验。印度已建立国家传统知识数字图书馆，并与欧洲签订了协议，凡涉及该数字图书馆中的传统知识，欧洲专利局可拒绝其专利申请，印度已为此打赢多宗国际诉讼。为了更好地履行《名古屋议定书》，维护我国遗传资源及相关传统知识获取与惠益分享领域的权益以及为我国参加后续相关谈判做好技术准备，加强对《名古屋议定书》的研究，加大对我国物种和遗传资源的调查研究力度等措施也是必不可少的。

附录一：2010 年环保信息

一、环境保护部发布关于加强上市公司环保核查后督查工作的通知

近年来，上市环保核查逐渐成为一项重要的环境管理制度，同时，一些问题也逐渐暴露出来。部分地方环保部门现场检查不够充分，对上市公司的环保后督查不够深入，极个别省级环保部门还违反分级核查管理规定，越权为企业出具上市环保核查意见，严重干扰了上市环保核查工作秩序。为进一步做好上市环保核查工作，2010 年 7 月，环境保护部发布了《关于加强上市公司环保核查后督查工作的通知》，主要内容有：

1. 要求各省级环保部门严格执行上市环保核查各项规定，在开展环保核查时，未经现场检查不得出具核查意见。核查过程中，重点检查是否按期完成主要污染物总量减排任务、是否按期淘汰落后产能、是否依法履行环评手续和通过环保验收、是否依法按要求完成清洁生产审核及评估验收、是否按期完成重金属污染防治任务以及是否实现稳定达标排放等情况。对于存在重大环保问题的企业，应在其完成整改之后方可出具意见。

2. 要求各省级环保部门严格遵守上市环保核查分级管理制度，不得越权直接出具核查意见。按分级核查管理规定，各省级环保部门需直接向国务院证券监督管理机构或申请上市环保核查公司出具核查意见时，应同时抄报环境保护部。凡越权核查的，环境保护部将予通报批评并上收该省环保部门上市公司环保核查权限。

3. 要求各省级环保部门建立完善上市环保核查后督查制度。对于通过环保核查的上市公司，每两年组织开展一次系统深入的后督查工作，重点检查公司承诺限期完成整改的环境问题。各省级环保部门和督查中心对上市公司的环保情况应进行现场检查，逐一查看污染治理设施和相关监控设备，认真核实企业存在的环保问题，按照有关规定做好现场笔录。各省级环保部门和各督查中心应将后督查情况及时报告环境保护部，由环境保护部统一向社会发布后督查信息。

4. 要求各省级环保部门完善上市公司环境信息披露机制，督促辖区内上市公司认真执行我部关于企业环境信息公开的相关规定，督促企业及时、完整、准确地披露环境信息、发布年度环境报告书。

5. 要求各省级环保部门加大上市环保核查信息公开力度。为进一步加大信息公开力度，环境保护部将建立上市环保核查公告制度，每季度公开通过环境保护部和各省级环保部门环保核查的企业名单，每年公布环境保护部和各省级环保部门环保后督查结果。

二、全国清洁生产工作会议在北京召开

2010 年 11 月 22 日，国家发展改革委、环境保护部在北京联合召开全国清洁生产工作会议。会议主题为总结交流清洁生产促进法颁布实施以来，各地区、各领域推行清洁生产的主要做法和经验，部署全面深入推行清洁生产工作。全国人大环境与资源保护委员会、全国政协人口资源环境委员会、国务院办公厅、国务院有关部门以及各省、自治区、直辖市发展改革委、经信委和环保厅（局）的有关负责同志约 300 人参加会议。国家发展改革委解振华副主任、环境保护部吴晓青副部长出席会议并作了重要讲话。安徽、浙江、山东、广西等省有关部门负责同志和企业代表在会上发言。

会议强调要重点抓好八个方面工作：一是抓紧制定"十二五"国家清洁生产推行规划，加强规划指导和统筹协调。二是结合推进节能减排和发展循环经济，重点抓好工业、农业、建筑、交通、商贸服务等领域的清洁生产。三是研究出台了《清洁生产审核机构管理办法》、《清洁生产审核评估验收管理办法》等配套法规，开展对清洁生产促进法落实情况的监督检查。四是完善鼓励清洁生产的经济政策和激励机制，调动企业实施清洁生产的积

极性。五是加大清洁生产审核力度，提高清洁生产审核水平。六是加快技术研发和推广应用，加强清洁生产信息和服务体系、技术支撑体系建设。七是进一步加强宣传教育和培训工作，注重宣传典型案例，展示开展清洁生产的综合效益。八是加强协调配合，建立健全工作机制，形成工作合力。

三、最高人民法院出台《关于为加快经济发展方式转变提供司法保障和服务的若干意见》，首次明确环保部门可代表国家起诉索赔

最高人民法院于 2010 年 6 月 29 日印发了《关于为加快经济发展方式转变提供司法保障和服务的若干意见》（以下简称《意见》），要求各级人民法院要依法受理环境保护行政部门代表国家提起的环境污染损害赔偿纠纷案件。

《意见》要求，各级人民法院要准确把握司法政策导向，依法积极引导落后企业、高耗能高污染企业退出市场。同时，要保障和服务经济结构优化和调整，鼓励和引导资本向新能源、新材料、节能环保等产业转移。

《意见》指出，各级人民法院要妥善审理各类环境保护纠纷案件，保障和服务推进节能减排和环境保护。要依法受理各类因环境污染引起的损害赔偿纠纷案件，正确适用环境侵权案件举证责任分配规则，准确认定环境污染与损害后果之间的因果关系，确保环境侵权受害人得到及时全面的赔偿。在环境保护纠纷案件数量较多的法院可以设立环保法庭，实行环境保护案件专业化审判，提高环境保护司法水平。

《意见》规定，对于环境行政诉讼案件，法院应及时审理，加大对环保非诉讼行政案件的审查执行工作力度，支持和监督环保行政执法机关依法履行环保职能。《意见》还明确要求，各级人民法院要严格执行环境资源保护法律法规，依法保障和促进循环经济和节能环保产业的发展。

四、重金属污染防治部际联席会议在京召开

2010 年 7 月 9 日，重金属污染防治部际联席会议在京召开。会议由环境保护部副部长张力军主持。环境保护部、中宣部、发展改革委、教育部、科技部、工业和信息化部、财政部、国土资源部、水利部、农业部、商务部、卫生部、安全生产监管总局 13 个部门及内蒙古、江苏、浙江、江西、

河南、湖北、湖南、广东、广西、四川、云南、陕西、甘肃、青海 14 个省（区）政府分管领导参加了会议，对《重金属污染综合防治规划（2010—2015 年)》进行了深入细致讨论，并提出了修改意见和建议。会议原则通过了《重金属污染综合防治规划（2010—2015 年)》，决定进一步修改后报国务院批准实施。环境保护部部长周生贤出席会议并讲话。他强调，要坚定不移贯彻落实中央关于重金属污染防治工作的决策部署，始终秉持环保为民的服务理念，突出重点，完善政策，严格执法，让人民群众远离重金属污染危害。参加会议的还有重金属污染防治部际联席会议成员单位代表，环境保护部有关司局、派出机构和直属单位负责同志。

五、国务院召开全国节能减排工作电视电话会议

2010 年 5 月 5 日，国务院召开全国节能减排工作电视电话会议，动员和部署加强节能减排工作，国务院总理温家宝作了重要讲话。他强调，要切实把节能减排作为加强宏观调控、调整经济结构、转变发展方式的重要任务，本着对国家、对人民、对历史高度负责的精神，下更大的决心，花更大的气力，做更大的努力，确保实现"十一五"节能减排目标。国务院副总理李克强主持会议。国务院副总理回良玉、张德江、王岐山，国务委员刘延东、梁光烈、马凯、孟建柱出席会议。国家发展改革委，工业和信息化部，河北省、山东省人民政府以及鞍山钢铁集团公司负责人在会上发言。出席会议的还有各省、自治区、直辖市人民政府及新疆生产建设兵团主要负责人，国务院各部门主要负责人，中央和地方有关重要企业负责人。中共中央、全国人大、全国政协有关部门和解放军总后勤部的负责人应邀参加会议。

六、全国污染源监管信息公开研讨会在文登召开

2010 年 5 月 21—22 日，"全国污染源监管信息公开研讨会"在山东文登市召开。此次研讨会由《环境保护》杂志社与文登市政府共同主办，旨在促进全国各地环保部门就环境信息公开制度建设深入交流、研讨各级政府环境信息公开实践中的常见问题及寻求解决途径，分享污染源监管信息公开的优秀实践案例，促进环境信息公开制度落实。中国环境科学出版社党委书记、《环境保护》杂志社社长王京浩，环保部政策法规司副司长韩敏，省环

保厅副厅长王光和，威海市委常委、副市长刘祖礼，文登市委副书记、市长张竞及来自国内外的专家、环保部门有关负责人共 80 多人出席研讨会。

七、上海世博会"环境变化与城市责任"主题论坛在南京召开

2010 年 7 月 3—4 日，2010 年上海世博会"环境变化与城市责任"主题论坛在江苏省南京市召开。"环境变化与城市责任"论坛由环境保护部、中国气象局、国家能源局、联合国环境规划署、中国 2010 年上海世博会执行委员会和南京市政府共同主办。论坛围绕环境保护、低碳发展、绿色创新等热点话题进行了交流，分享应对气候变化、实现可持续发展的经验，加强政府、企业、公民的环境责任意识，共同应对环境变化的挑战。来自国内外的 700 多名嘉宾参加此次论坛。中共中央政治局委员、上海市委书记俞正声，全国政协副主席、民革中央常务副主席厉无畏出席开幕式并致辞。联合国环境规划署前执行主任克劳斯·特普费尔发表了闭幕演讲。上海市常务副市长、上海世博会支委会常务副主任杨雄出席闭幕式并作总结发言。环境保护部部长周生贤在全体大会上作了题为《积极探索中国环保新道路 努力实现城市让生活更美好的共同愿景》的主旨演讲。论坛期间，环境保护部部长周生贤在南京会见了前来出席 2010 年上海世博会"环境变化与城市责任"主题论坛的联合国环境规划署执行主任施泰纳一行，双方就共同关心的生物多样性保护、污染防治等环境问题及在环保领域加强合作交换了意见。

八、北京设立首家环境保护审判庭

北京市高级法院决定在延庆县法院设立全市首家环保审判庭。2011 年 11 月 10 日，北京高院副院长贺荣、延庆县委书记孙文锴共同为环境保护审判庭揭牌。环境保护审判庭实行"三合一"和"双轨制"的案件受理模式。"三合一"就是将刑事、民事、行政三大诉讼程序整合为一体，只要是与环保有关的案件，均由环保审判庭负责审理。"双轨制"就是通过以行政手段和司法手段并举的形式，整合行政与司法各方力量，形成环保合力。具体而言，环境保护审判庭负责审理辖区内涉及环境保护的民事、行政、刑事一审案件和环境公益诉讼案件，包括环境污染侵权行为案件，因行政相对人不服

行政机关有关生态环境保护、资源行政管理等具体行政行为或行政不作为引起的行政诉讼案件，因行政机关落实环境政策、进行环境治理等具体行政行为引发的行政赔偿案件、涉及破坏生态环境、生活环境保护的刑事案件。审判庭共设 2 名法官、4 名书记员，其中 3 人具有硕士学历。

九、大连中石油输油管道爆炸起火

2010 年 7 月 16 日，大连新港附近中石油的一条输油管道发生爆炸起火。爆炸发生后，按照国务院副总理张德江提出的"责成环境保护部起头，组织协调辽宁省、大连市及相关部门和企业清理污染，尽快恢复生态环境，防止漏油蔓延到公海"的要求，环境保护部立即组织相关部门召开事故善后处置工作协调会，明确工作重点和分工。事故发生后，环境保护部、辽宁省环保厅、大连市环保局等部门立即启动应急预案，迅速组织应急处置队伍，开展环境监测和环境影响评估。

十、国际生物多样性年中国行动纪念碑落成仪式在京举行

2010 国际生物多样性年中国行动纪念碑落成仪式在北京动物园举行，环境保护部副部长、2010 国际生物多样性年中国国家委员会秘书长李干杰出席仪式并讲话。联合国驻华机构代表、科学家代表和大学生社团代表出席仪式并发言。参加仪式的还有 2010 国际生物多样性年中国国家委员会成员代表、国际和非政府组织代表，首都大学生代表等共 200 多人。

附录二：2010 年环境立法信息汇总

2010 年环境法律、行政法规、国务院部门规章等规范性文件一览表

名称	制定机关	发布时间	实施时间	文号
中华人民共和国石油天然气管道保护法	第十一届全国人民代表大会常务委员会第十五次会议通过	2010 年 6 月 25 日	2010 年 10 月 1 日	中华人民共和国主席令第三十号
中华人民共和国水土保持法	第十一届全国人民代表大会常务委员会第十八次会议修订	2010 年 12 月 25 日	2011 年 3 月 1 日	中华人民共和国主席令第三十九号
气象灾害防御条例	国务院	2010 年 1 月 27 日	2010 年 4 月 1 日	中华人民共和国国务院令第 570 号
消耗臭氧层物质管理条例	国务院	2010 年 4 月 8 日	2010 年 6 月 1 日	中华人民共和国国务院令第 573 号
国务院关于修改《中华人民共和国国境卫生检疫法实施细则》的决定	国务院	2010 年 4 月 24 日	2010 年 4 月 24 日	中华人民共和国国务院令第 574 号
自然灾害救助条例	国务院	2010 年 7 月 8 日	2010 年 9 月 1 日	中华人民共和国国务院令第 577 号
古生物化石保护条例	国务院	2010 年 9 月 5 日	2011 年 1 月 1 日	中华人民共和国国务院令第 580 号
中央企业节能减排监督管理暂行办法	国务院国有资产监督管理委员会	2010 年 3 月 26 日	2010 年 3 月 26 日	国务院国有资产监督管理委员会令第 23 号

名称	制定机关	发布时间	实施时间	文号
固定资产投资项目节能评估和审查暂行办法	国家发展和改革委员会	2010 年 9 月 17 日	2010 年 11 月 1 日	中华人民共和国国家发展和改革委员会令第 6 号
新化学物质环境管理办法	环境保护部	2010 年 1 月 19 日	2010 年 10 月 15 日	环境保护部令第 7 号
环境行政处罚办法	环境保护部	2010 年 1 月 19 日	2010 年 3 月 1 日	环境保护部令第 8 号
地方环境质量标准和污染物排放标准备案管理办法	环境保护部	2010 年 1 月 28 日	2010 年 3 月 1 日	环境保护部令第 9 号
进出口环保用微生物菌剂环境安全管理办法	环境保护部、国家质量监督检验检疫总局	2010 年 4 月 2 日	2010 年 5 月 1 日	环境保护部令第 10 号
关于印发《环境保护公共事业单位信息公开实施办法（试行）》的通知	环境保护部	2010 年 7 月 16 日	2010 年 10 月 1 日	环发〔2010〕82 号
国控重点污染源自动监控信息传输与交换管理规定	环境保护部	2010 年 7 月 21 日	2010 年 10 月 1 日	环境保护部公告 2010 年第 55 号
放射性物品运输安全许可管理办法	环境保护部	2010 年 9 月 25 日	2010 年 11 月 1 日	环境保护部令第 11 号
进口废船环境保护管理规定（试行）进口废光盘破碎料环境保护管理规定（试行）进口废 PET 饮料瓶砖环境保护管理规定（试行）	环境保护部	2010 年 9 月 26 日	2010 年 9 月 26 日	环境保护部公告 2010 年第 69 号
关于加强二恶英污染防治的指导意见	环境保护部、外交部、国家发展和改革委员会、科学技术部、工业和信息化部、财政部、住房和城乡建设部、商务部、国家质量监督检验检疫总局	2010 年 10 月 19 日	2010 年 10 月 19 日	环发〔2010〕123 号
废弃电器电子产品处理资格许可管理办法	环境保护部	2010 年 12 月 15 日	2011 年 1 月 1 日	环境保护部令第 13 号

续表

名称	制定机关	发布时间	实施时间	文号
环境行政执法后督察办法	环境保护部	2010 年 12 月 15 日	2011 年 3 月 1 日	环境保护部令第 14 号
环保举报热线工作管理办法	环境保护部	2010 年 12 月 15 日	2011 年 3 月 1 日	环境保护部令第 15 号
水域滩涂养殖发证登记办法	农业部	2010 年 5 月 24 日	2010 年 7 月 1 日	农业部令第 9 号
关于印发《无居民海岛使用金征收使用管理办法》的通知	财政部、国家海洋局	2010 年 6 月 7 日	2010 年 8 月 1 日	财综〔2010〕44 号
中国清洁发展机制基金管理办法	财政部、国家发展和改革委员会、外交部、科学技术部、环境保护部、农业部、中国气象局	2010 年 9 月 14 日	2010 年 9 月 14 日	财政部令第 59 号
关于印发《全国林业信息化工作管理办法》的通知	国家林业局	2010 年 7 月 9 日	2010 年 7 月 9 日	林办发〔2010〕187 号
关于印发《海洋标准计划项目立项审查程序规定》的通知	国家海洋局	2010 年 1 月 25 日	2010 年 1 月 25 日	国海环字〔2010〕44 号
关于印发《2010 年海洋环境保护工作任务要点》的通知	国家海洋局	2010 年 3 月 17 日	2010 年 3 月 17 日	国海环字〔2010〕121 号
关于印发《海岛名称管理办法》的通知	国家海洋局	2010 年 6 月 28 日	2010 年 6 月 28 日	国海发〔2010〕16 号
关于实施海洋环境监测数据信息共享工作的意见	国家海洋局	2010 年 10 月 14 日	2010 年 10 月 14 日	国海环字〔2010〕635 号
关于印发《无居民海岛使用权登记办法》的通知	国家海洋局	2010 年 12 月 7 日	2010 年 12 月 7 日	国海岛字〔2010〕775 号
关于印发《无居民海岛使用权证书管理办法》的通知	国家海洋局	2010 年 12 月 7 日	2010 年 12 月 7 日	国海岛字〔2010〕776 号
关于印发《中国海监海岛保护与利用执行工作实施办法》的通知	国家海洋局	2010 年 12 月 13 日	2010 年 12 月 13 日	国海办字〔2010〕782 号

续表

名称	制定机关	发布时间	实施时间	文号
关于加强水上污染应急工作的指导意见	交通运输部	2010 年 7 月 30 日	2010 年 7 月 30 日	交海发〔2010〕366 号
中华人民共和国船舶油污损害民事责任保险实施办法	交通运输部	2010 年 8 月 19 日	2010 年 10 月 1 日	交通运输部令第 3 号
放射性物品道路运输管理规定	交通运输部	2010 年 10 月 27 日	2011 年 1 月 1 日	交通运输部令第 6 号
中华人民共和国船舶及其有关作业活动污染海洋环境防治管理规定	交通运输部	2010 年 11 月 16 日	2011 年 2 月 1 日	交通运输部令第 7 号
水利部关于修改《长江河道采砂管理条例实施办法》的决定	水利部	2010 年 3 月 12 日	2010 年 5 月 1 日	水利部令第 39 号
能源计量监督管理办法	国家质量监督检验检疫总局	2010 年 9 月 17 日	2010 年 11 月 1 日	国家质量监督检验检疫总局令第 132 号
金属与非金属矿产资源地质勘探安全生产监督管理暂行规定	国家安全生产监督管理总局	2010 年 12 月 3 日	2011 年 1 月 1 日	国家安全生产监督管理总局令第 35 号
建设项目安全设施"三同时"监督管理暂行办法	国家安全生产监督管理总局	2010 年 12 月 14 日	2011 年 2 月 1 日	国家安全生产监督管理总局令第 36 号

附录三：2010年中国开展的环保国际合作事务表

一、中国2010年开展环境外交事务表

时间	事件	地点	主题	主要参与者	议程、成果、影响
1月14日	环境保护部副部长李干杰会见美国传统基金会会长埃德温·福伊尔纳一行	北京	双方围绕中国环境保护的重点领域及共同关心的问题交换意见	环境保护部副部长李干杰、美国传统基金会会长埃德温·福伊尔纳	李干杰介绍中国政府在应对气候变化方面的立场。福伊尔纳表示，非常重视并愿积极与中方开展环保合作，希望今后双方加强合作，共同推动环境保护事业的进步。
1月22日	发展国际合作委员会秘书处与首席顾问2010年首次联合工作会议	北京	生态系统服务与管理战略研究和海洋可持续发展的生态环境问题与政策研究	中外首席顾问沈国舫院士和汉森博士，来自加拿大、瑞典、挪威、澳大利亚、英国、欧盟、德国、世界自然基金会、联合国环境署等驻华使馆和机构的代表	会议回顾了发展国际合作委员会2009年工作进展和2010年工作计划，听取了执行中的生态系统服务与管理战略研究和海洋可持续发展的生态环境问题与政策研究两个课题组的进展报告，围绕发展国际合作委员会2010年圆桌会议、年会和政策研究等重点工作进行了深入讨论，并就今后工作安排达成一致。
3月1日	环境保护部与泰国诗琳通公主办公室主办的第七届中泰友好研讨会在曼谷召开	泰国曼谷	农村清洁发展	环境保护部核安全总工程师陆新元率团与会，诗琳通公主全程参加会议	本次研讨会将为双方在农村环境合作方面打下坚实基础。

时间	事件	地点	主题	主要参与者	议程、成果、影响
3月8日	陆新元会见东盟秘书处副秘书长	印尼雅加达	推动落实"中国—东盟环保合作战略 2009—2015"的设想和安排	环境保护部核安全总工程师陆新元、东盟副秘书长达托·卡尔梅	中国—东盟环保合作站在了一个新的历史起点上。陆新元此访是环境保护部团组首次访问东盟秘书处，对进一步推动环境保护部与东盟秘书处互利共赢的务实合作发挥了重要作用。
3月10日	环境保护部部长周生贤在北京会见法国前总理德维尔潘	北京	介绍中国的环保情况	环境保护部部长周生贤、法国前总理德维尔潘	周生贤表示，法国是核电大国，中国希望在核安全和核废料处置方面与法国进行合作。
3月17日	中国—东盟环保合作中心领导班子任职宣布会议	北京	中国—东盟环境保护合作中心成立	中国—东盟环境保护合作中心领导班子成员、环境保护部有关部门负责人	中国—东盟环境保护合作中心是落实《中国—东盟环保合作战略》及相关合作项目的主要实施机构和技术支撑力量，也是我国环境保护对外交流合作的重要平台和窗口，要抓紧抓好组建，尽快形成工作能力，维护我国的环境权益。
3月17日	环境保护部副部长李干杰会见来访的世界经济论坛首席执行官施耐德先生一行	北京	双方就在环境保护领域加强合作交换意见	环境保护部副部长李干杰、世界经济论坛首席执行官施耐德先生	紧密围绕如何加快经济发展方式转变和产业结构调整这一议题进行深入探讨，为推动各国实现可持续性增长提供有针对性的意见和建议。
4月8日	环境保护部部长周生贤在京会见德国联邦环境、自然资源和核安全部部长罗特根	北京	双方就进一步在环境领域加强合作等共同关心的问题交换意见	环境保护部部长周生贤、德国联邦环境、自然资源和核安全部部长罗特根	周生贤表示，我们支持联合国环境和可持续发展部门的改革，希望改革有利于推动国际环境合作，有利于扭转全球环境恶化趋势，并照顾到大多数国家的利益和关切。罗特根对中国环境保护取得的进展表示赞赏，希望双方不断扩大合作的深度和广度，共享经验，共同推动环境事业的发展。

续表

时间	事件	地点	主题	主要参与者	议程、成果、影响
4 月 29 日	环境保护部部长周生贤在京会见来访的意大利环境、领土与海洋部部长斯特凡尼亚·普雷斯蒂贾科莫女士	北京	双方就在环保领域共同关心的问题深入交换意见	环境保护部部长周生贤，意大利环境、领土与海洋部部长斯特凡尼亚·普雷斯蒂贾科莫女士	会谈中，周生贤高度评价了中意环保合作。普雷斯蒂贾科莫女士感谢中国环境保护部及周生贤部长本人对中意合作的重视，并对双方合作的切实有效深表高兴。
5 月 4 日	环境保护部部长周生贤在北京会见奥地利联邦农林、环境与水利部部长尼克劳斯·贝拉克维奇	北京	双方就在环保领域加强合作等共同关心的问题交换意见	环境保护部部长周生贤，奥地利联邦农林、环境与水利部部长尼克劳斯·贝拉克维奇	中奥双方均表示双方在环保领域的合作有着良好的基础，进一步深化合作符合双方共同利益，希望今后共同努力，推动双方合作再上一个新的台阶。
5 月 11 日	中法核安全合作指导委员会在京召开	北京	交流中法两国核电发展的现状、规划及核安全监管面临的困难和问题	环境保护部副部长、国家核安全局局长李干杰，法国核安全局局长拉考斯特	本次会议充分交流了中法两国核电发展的现状、规划及核安全监管面临的困难和问题，就设备制造监督、在役检查、放射性废物管理安全等专项议题展开深入交流和讨论。
5 月 13 日	环境保护部副部长李干杰在京会见来访的日本经团联代表团一行	北京	双方就在环保领域进一步开展合作交换意见	环境保护部副部长李干杰、来访的日本经团联代表团	李干杰表示希望双方进一步深化合作，加强交流。日本经团联代表团会长御手洗富士夫他表示，日本企业非常重视并愿意积极与中方开展环保合作，希望今后双方在循环经济、环保技术等方面加强交流，共同推动环境保护事业的进步。
5 月 21 日	环境保护部副部长李干杰会见联合国开发计划署驻华代表罗黛林女士一行	北京	双方就进一步在环保领域加强合作交换意见	环境保护部副部长李干杰、联合国开发计划署（UNDP）驻华代表罗黛林女士	双方强调国际社会的合作，借鉴国际上一些好的经验、做法来推动中国环境保护事业实现新的发展。

时间	事件	地点	主题	主要参与者	议程、成果、影响
5月22—23日	环境保护部部长周生贤率团出席第十二次中日韩环境部长会议，会议审议通过《中日韩环境合作联合行动计划》	日本北海道	周生贤与日韩两国环境部部长共同交流国内最新环境政策进展情况，部长们还审议通过了《中日韩环境部长会议联合声明》、《中日韩环境合作联合行动计划》	环境保护部部长周生贤、日本环境省大臣小泽锐仁、韩国环境部部长李万仪	中日韩三国将环境保护作为构建亚洲一体化进程的重要领域，推动亚洲地区的绿色发展。在我国积极推动下，第十一次中日韩环境部长会议确定了中日韩三国环境合作十大优先领域，为指导三国具体合作提供了指引。
5月26—28日	环境保护部副部长李干杰与哈萨克斯坦共和国环境保护部副部长杜勒马干姆别塔夫在京举行特别会议	北京	就《中华人民共和国政府和哈萨克斯坦共和国政府跨界河流水质保护协定》文本和《中华人民共和国政府和哈萨克斯坦共和国政府环保合作协定》的主要内容，以及两个协定的执行机制进行磋商	环境保护部副部长李干杰与哈萨克斯坦共和国环境保护部副部长杜勒马干姆别塔夫	双方就《水质协定》文本草案达成了共识，签署了会议纪要。双方团长高度肯定和赞赏此次会议成果。
5月31日	环境保护部核安全总工程师陆新元在上海世博园挪威馆与挪威环境部副部长海蒂·索伦森共同出席中挪高层商务圆桌会	上海	应对气候变化与环境保护	环境保护部核安全总工程师陆新元、挪威环境部副部长海蒂·索伦森	陆新元表示希望中挪两国继续围绕中国环境保护的重点领域和共同关心的话题，进一步深化拓宽中挪环境保护领域的合作。
6月1日	中挪环境合作上海世博研讨会在上海世博园挪威馆召开	上海	研讨、推广中挪两国环保合作项目成果，提高中国在生物多样性保护、危险废物处置以及应对气候变化对环境影响等方面的管理能力	环境保护部核安全总工程师陆新元、挪威环境部副部长海蒂·索伦森	进一步加强中挪双方的环境政策交流与合作。

续表

时间	事件	地点	主题	主要参与者	议程、成果、影响
6月17日	第二次中荷环境合作协调员会在荷兰海牙召开	荷兰海牙	双方就中荷双边环境保护合作及中荷在发展国际合作委员会的合作深入交换意见	环境保护部国际合作司司长徐庆华和荷兰住房、规划及环境部秘书长弗利斯特	双方对发展国际合作委员会成立以来取得的成果表示充分肯定，中方对荷兰政府对发展国际合作委员会的长期支持表示感谢，荷方表示愿意继续支持和参与发展国际合作委员会的工作。
6月21—22日	环境保护部部长周生贤和俄罗斯联邦自然资源与生态部部长特鲁特涅夫分别率团出席中俄环保分委会第五次会议，并共同签署会议纪要	俄罗斯哈巴罗夫斯克市	双方就中俄进一步开展环保合作及中俄环保分委会未来工作方向交换意见	环境保护部部长周生贤和俄罗斯联邦自然资源与生态部部长特鲁特涅夫	周生贤对分委会未来工作提出了3点建议。
6月22日	环境保护部副部长李干杰在京会见来访的丹麦环境大臣卡伦·艾勒曼女士一行	北京	双方就共同关心的环境问题及进一步开展合作充分交换意见	环境保护部副部长李干杰、丹麦环境大臣卡伦·艾勒曼女士	双方希望能够继续围绕共同关心的环境问题开展更广泛、更密切的合作。
6月25日	李干杰会见联合国训研所总干事洛普斯先生一行	北京	双方就进一步开展环境领域内合作事项充分交换意见，双方还就一些共同关心的环境学习培训等问题进行充分探讨和交流	环境保护部副部长李干杰、联合国训研所总干事洛普斯先生	双方在人力资源培训尤其是对环保领域的人员培训、斯德哥尔摩公约履约工作的能力建设及"履约国家实施计划"等方面加强交流沟通，开展更加务实的合作。中国感谢联合国训研所长期以来对中国环保工作的支持。
6月25日	环境保护部部长周生贤在北京会见安哥拉环境部部长玛利亚·雅尔丁女士	北京	双方就共同关心的环保问题交换意见	环境保护部部长周生贤、安哥拉环境部部长玛利亚·雅尔丁女士	双方签署了中安环境合作谅解备忘录。

续表

时间	事件	地点	主题	主要参与者	议程、成果、影响
7 月 3 日	上海世博会"环境变化与城市责任"主题论坛，环境保护部长周生贤在南京会见联合国环境规划署执行主任施泰纳一行	南京	环境变化与城市责任	环境保护部部长周生贤、联合国环境规划署执行主任施泰纳	施泰纳对中国在环境保护领域取得的成绩表示赞赏，赞同周生贤就加强环保合作所提的建议，希望双方利用密切的合作伙伴关系，进一步拓展合作领域，为全球环境保护做出更大贡献。
7 月 5 日	环境保护部部长周生贤会见埃及环境事务国务部部长马吉德·乔治一行	北京	双方就共同关心的环境问题交换意见	环境保护部部长周生贤、埃及环境事务国务部部长马吉德·乔治	双方均表示希望今后能进一步扩大交流，共享经验，在环保领域展开更为密切的合作和交流，推动两国环保事业共同发展。
7 月 6 日	环境保护部总工程师万本太会见前来参加"中国山东生态省建设高层论坛暨第 4 届绿色产业国际博览会"的韩国环境部次官文廷虎一行	青岛	双方就中韩特别是山东省与韩国的环境合作交换意见	环境保护部总工程师万本太、韩国环境部次官文廷虎。山东省环保厅副厅长徐刚、青岛市环保局局长宋春康等参加会见	中方愿在促进绿色增长等领域与韩方进行深入政策交流。文廷虎认为，在当今社会经济发展迅速、资源环境问题突出情况下，要实现可持续发展，必须在环境领域加强合作并得到政府部门的更大支持。
7 月 11—14 日	环境保护部国际合作司司长徐庆华率中国环境保护部代表团对约旦进行工作访问。约旦环境大臣马哈斯会见徐庆华一行	约旦	双方就共同关心的环境问题和共同面临的环境挑战深入交换意见	环境保护部国际合作司司长徐庆华、约旦环境大臣马哈斯	双方草签了《中华人民共和国环境保护部和约旦哈希姆王国环境部环境合作谅解备忘录》。
7 月 30 日	环境保护部部长周生贤会见国际原子能机构副总干事谷口富裕先生及核与辐射安全监管综合评估代表团成员	北京	就共同关心的核安全问题交换意见	环境保护部部长周生贤、国际原子能机构副总干事谷口富裕先生及核与辐射安全监管综合评估代表团成员	核与辐射安全监管综合评估代表团团长麦克·威特曼提出了完善中国核与辐射安全监管体系的建议，包括加强立法、加强能力建设、扩展国际合作等。

续表

时间	事件	地点	主题	主要参与者	议程、成果、影响
8月16日	环境保护部副部长兼国家核安全局局长李干杰在京会见国际原子能机构总干事天野之弥	北京	就中国的核与辐射安全监管工作以及进一步加强双方合作充分交换意见	环境保护部副部长兼国家核安全局局长李干杰、国际原子能机构总干事天野之弥	李干杰强调，环境保护部将一如既往地加强与国际原子能机构的合作与交流，分享核安全监管经验，为保证全球核电健康发展做出积极贡献。
8月27日	环境保护部部长周生贤会见出席第三次中日经济高层对话会议的日本环境大臣小泽锐仁	北京	双方就生物多样性保护等共同关心的环境问题交换意见	环境保护部部长周生贤、日本环境大臣小泽锐仁	双方表示希望加强环保合作，交流经验，共同推动环保事业的发展。
8月30日	环境保护部部长周生贤会见日本内阁府金融和邮政改革担当大臣自见庄三郎一行	北京	双方就环境保护合作问题进行会谈	环境保护部部长周生贤、日本内阁府金融和邮政改革担当大臣自见庄三郎	周生贤介绍了中国应对气候变化的原则立场，并对自见庄三郎关注的绿色经济、环保产业与技术发展等问题作了回应。
9月6日	环境保护部部长周生贤在京会见法国前总理、波尔多市市长朱佩一行	北京	双方就可持续发展、环境保护合作等共同关心的问题交换意见	环境保护部部长周生贤，法国前总理、波尔多市市长朱佩	法国多年来建设了高效的核安全管理体系，具有很多经验，双方表示希望加强双方合作。
9月13日	中挪两国环保部门召开中挪环境合作协调员会第二次会议	海南省三亚市	北极环境监测项目、生物多样性公约、气候变化、斯德哥尔摩公约、汞议题谈判、发展国际合作委员会合作、贸易与环境及未来双边合作等议题	环境保护部国际合作司、中国环境与发展国际合作委员会秘书处代表，挪威环境部国际司、挪威驻华使馆代表	围绕双方联合开展的北极环境监测项目、生物多样性公约、气候变化、斯德哥尔摩公约、汞议题谈判、发展国际合作委员会合作、贸易与环境及未来双边合作等议题，双方进行了交流，并就今后的合作达成共识。
9月16日	由环境保护部主办的国际保护臭氧层纪念大会在人民大会堂举行	北京	共同纪念第十六个国际保护臭氧层日	张力军、《蒙特利尔议定书》公约秘书处等国际执行机构，美国、瑞典、澳大利亚等双边合作国家政府	张力军指出，为确保履约工作的深入开展，必须认真贯彻落实《消耗臭氧层物质管理条例》的各项规定，进一步创新机制，确保实现《议定书》确定的履约目标。

续表

时间	事件	地点	主题	主要参与者	议程、成果、影响
9 月 16 日	环境保护部副部长吴晓青会见了来访的英国石油公司（BP）中国总裁陈黎明	北京	双方就墨西哥湾漏油事件等话题充分交换意见	环境保护部副部长吴晓青、英国石油公司（BP）中国总裁陈黎明	吴晓青表示希望 BP 公司能够继续在华开展互利合作。双方还就即将召开的第二届中美环保产业论坛交换了意见。
9 月 25 日	环境保护部副部长李干杰会见了美国比尔·盖茨一行	北京	双方就中美两国的第四代反应堆的发展现状进行交流	环境保护部副部长李干杰、美国比尔·盖茨	美方表示非常愿意与中国开展相关合作，交流看法，共同攻克技术难关，应对挑战，取得成功。
9 月 25—26 日	发展国际合作委员会 2010 年第四次首席顾问与秘书处联合工作会议召开	北京	对 2010 年的政策研究工作进展进行总结与回顾	发展国际合作委员会中外首席顾问沈国舫院士、汉森博士、发展国际合作委员会副秘书长徐庆华	会议详细讨论了发展国际合作委员会 2010 年年会的关注问题报告、给中国政府的政策建议、中国环发进展与发展国际合作委员会政策建议影响报告以及 2011 年发展国际合作委员会工作计划。会议要求抓紧修改和完善各项报告，全力做好 2010 年年会的各项准备工作，确保年会成功举行。
10 月 10 日	环境保护部部长周生贤会见来访的美国环保局局长莉萨·杰克逊一行	北京	双方就共同关心的环保问题深入交换意见	环境保护部部长周生贤、美国环保局局长莉萨·杰克逊	签署了中美环境合作谅解备忘录，为双方未来合作建立起一个更广阔的平台。
10 月 26 日	环境保护部部长周生贤会见哥斯达黎加外交部部长卡斯特罗一行	北京	双方就共同关心的环境保护问题进行交谈	环境保护部部长周生贤、哥斯达黎加外交部部长卡斯特罗	中国与哥斯达黎加的环保合作潜力十分巨大，希望两国的环保部门在环境合作中相互学习借鉴，取长补短，务实推进合作向前发展，实现互利共赢。
10 月 29 日	环境保护部部长周生贤在北京会见了加拿大环境部部长普伦蒂斯	北京	双方就共同关心的环境问题交换意见	环境保护部部长周生贤、加拿大环境部部长普伦蒂斯	签署了中加两国环保部门间环境合作谅解备忘录。

二、中国 2010 年参与国际环境立法事务表

	时间	事件	地点	主题	中国的贡献
应对气候变化方面	1 月 29 日	温家宝总理分别复信丹麦首相拉斯穆森和联合国秘书长潘基文	德国波恩	表示中方积极评价并支持联合国哥本哈根气候变化会议发表的《哥本哈根协议》	中国将采取积极措施，努力实现提出的国内自主行动目标。中方将一如既往地发挥积极和建设性作用，同国际社会一道，推动墨西哥会议切实完成巴厘路线图谈判任务，达成加强公约和议定书实施的全面、有效和有约束力的成果，为应对气候变化尽自己的力量。
	4 月 29 日	中欧气候变化部长级磋商在北京举行，并发表中欧气候变化对话与合作联合声明	北京	宣布中欧建立气候变化部长级对话与合作机制，建立部长级气候变化热线	中欧双方同意双方要在"中欧气候变化伙伴关系"和 2005 年中欧峰会签署的《中欧气候变化联合宣言》的基础上，并按照 2009 年中欧峰会达成的关于加强中欧在气候变化领域协调与合作的共识，进一步加强政策对话和以成果为导向的中欧合作。
	10 月 4—9 日	联合国气候谈判会议在天津举行	天津	维护公约、议定书的谈判主渠道地位，按照巴厘路线图推动双轨谈判进程	这是中国第一次承办联合国气候谈判会议，展示了中国政府在气候变化问题上一直以来的积极态度。
	11 月 4 日	中法正式启动应对气候变化双边磋商机制	法国巴黎	两国部门代表签署《中华人民共和国国家发展和改革委员会和法兰西共和国生态、能源、可持续发展和海洋部关于加强应对气候变化合作的协议》	中国发改委和法国生态、能源、可持续发展和海洋部将共同主持双边磋商机制，就两国国内政策措施和气候变化国际谈判事宜进行沟通，确定在减缓气候变化及相关市场机制等领域开展双边合作项目等事宜。
	12 月 29 日	《联合国气候变化框架公约》第十六次缔约方会议和《京都议定书》第六次缔约方会议	墨西哥坎昆	修补哥本哈根气候变化会议的不足，努力消弭南北国家在应对气候变化上的矛盾，推动《公约》和《议定书》下一个履约期相关义务的形成	中方以积极、建设性的态度与会，与各方一道推动达成了"坎昆协议"。会议通过了一揽子平衡的决定，促使所有政府更加坚定地迈向低排放的未来之路，并支持加强发展中国家应对气候变化的行动。

续表

	时间	事件	地点	主题	中国的贡献
应对气候变化方面	3 月 11 日	国家履行斯德哥尔摩公约工作协调组第五次会议在环境保护部召开	北京	会议审议并原则通过"协调组 2009 年工作总结和 2010 年的工作计划"，通报新增 POPs 修正案审批相关程序	协调组组长张力军重点强调要做好五个方面的工作：一是抓紧颁布并实施《关于加强二噁英污染防治的指导意见》，推动建立 POPs 污染防治长效机制；二是完成全国主要行业 POPs "十二五"污染防治规划征求意见稿的起草工作，落实并细化《国家实施计划》的具体要求；三是推动完成九种新增 POPs 修正案的国内审批程序；四是加快履约配套政策法规和标准体系的完善工作；五是加快推动各行业和各领域 POPs 替代和减排示范和推广。
斯德哥尔摩公约	7 月 2 日	环境保护部副部长张力军会见了斯德哥尔摩公约秘书处执行秘书唐纳德·库珀	北京	双方就斯德哥尔摩公约的履约进展交换意见	中方介绍了一年来履行斯德哥尔摩公约的情况。
	10 月 11—15 日	《关于持久性有机污染物（POPs）的斯德哥尔摩公约》持久性有机污染物审查委员会第六次会议	日内瓦	会议重点审查硫丹的风险管理评价草案，以及短链氯化石蜡（SCCP）和六溴环十二烷（HBCD）的风险简介草案	中国政府表示如期淘汰了杀虫剂类持久性有机污染物，实现了我国履行《斯德哥尔摩公约》的阶段性目标。
	11 月 11—13 日	"中国履行斯德哥尔摩公约能力建设项目" 2010 年度技术协调会	昆明	交流国内外 POPs 削减和控制经验，并就医疗废物与 POPs 废物处置、POPs 增列影响及 GEF 供资政策等进行研讨	中国提出了在履约技术和资金瓶颈方面遇到的问题，通报了中国在公约成效评估等履约国际热点问题上的研究进展。

续表

	时间	事件	地点	主题	中国的贡献
斯德哥尔摩公约	12 月 20 日	《履行斯德哥尔摩公约成效评估 2010 年度空气监测项目》总结会	环境保护部环境保护对外合作中心	环境保护部下属相关环境监测站（中心）汇报 2010 年大气背景点采样及分析工作	形成了《中国履行斯德哥尔摩公约成效评估 2010 年空气中 POPs 监测报告》。
乏燃料和放射性废物管理安全联合公约	5 月 3 日—28 日	国家主席胡锦涛在华盛顿出席第八次《不扩散核武器条约》缔约国审议大会	纽约联合国总部	议题包括核不扩散、核裁军及和平利用核能等方面	中国提出加强核安全 5 点主张：（1）切实履行核安全的国家承诺和责任。（2）切实巩固现有核安全国际法框架。（3）切实加强核安全国际合作。（4）切实帮助发展中国家提高核安全能力。（5）切实处理好核安全与和平利用核能的关系。
	7 月 30 日	周生贤会见国际原子能机构副总干事谷口富裕及核与辐射安全监管综合评估代表团成员	北京	就共同关心的核安全问题交换意见	周生贤表示，通过这次核与辐射安全综合评估，国际原子能机构对环境保护部（国家核安全局）核与辐射安全监管工作做出了全面评价，肯定了我国核与辐射安全所取得的成绩，同时也提出了宝贵建议。这些建议有利于发现工作中的问题和差距，对此一定会认真研究。
	8 月 16 日	环境保护部副部长兼国家核安全局局长李干杰在京会见国际原子能机构总干事天野之弥	北京	就中国的核与辐射安全监管工作以及进一步加强双方合作充分交换意见	李干杰强调，环境保护部将一如既往地加强与国际原子能机构的合作与交流，分享核安全监管经验，为保证全球核电健康发展做出积极贡献。
鹿特丹公约	3 月 15 日—19 日	第六届化学品评审委员会	瑞士日内瓦	国际专家们建议将更多的杀虫剂，包括硫丹以及甲基保棉磷加入到《鹿特丹公约》出口限制清单	《鹿特丹公约》化学品审查委员会 3 月 19 日宣布，该委员会将向缔约国大会建议将硫丹和甲基谷硫磷这两种农药列入《公约》附件三，即对其应用"事先知情程序"。

续表

	时间	事件	地点	主题	中国的贡献
巴塞尔公约	5 月 10—14 日	巴塞尔公约不限成员名额工作组第七次会议	瑞士日内瓦市	此次会议以全体会议和接触组会议的组织形式召开，包括战略计划和新战略框架、船舶无害环境拆解、技术事项、预算等接触组会议	由环境保护部牵头，外交部、交通部、清华大学组成的中国政府代表团出席本次会议，亚太中心派员参加了全会及相关会议和磋商。会议通过了会议报告和十余项决议，为缔约方大会第十次会议顺利召开奠定了基础。
生物多样性公约	3 月 22—28 日	第 9 次生物多样性公约遗传资源获取与惠益共享问题特设工作组会议	哥伦比亚卡利市	会议以"关于获取遗传资源及公平和公正地分享其利用所产生的惠益议定书的决议（草案）"、"生物多样性公约关于获取遗传资源及公平和公正地分享其利用所产生的惠益的议定书（草案）"以及"联合主席关于谈判的指南"3 份非正式文件为工作基础，分为 5 个接触小组进行谈判	中国政府代表团由环境保护部、农业部、国家知识产权局、国家林业局、中国科学院的 12 名代表组成，参加了会前非正式区域磋商、全会和所有接触小组的全部会议，密切跟踪了关键谈判方的立场，根据会议进程适时、适度发言，顺利完成了任务。
	5 月 1—31 日	中国上海世界博览会生物多样性展览	上海	生物多样性公约秘书处作为联合国系统的成员参加，并与教科文组织和环境规划署合作开展有关会议主题的活动	为参展各国提供了展示生物多样性在人类生活各个领域中的巨大作用的平台。
	9 月 21—27 日	"中国生态旅游和生物多样性科普展"大型公益活动	北京	倡导生态旅游，保护生物多样性，建设生态文明	活动响应联合国确定 2010 年为国际生物多样性年和世界旅游组织将中国定为本年"旅游与生物多样性"世界旅游日（9 月 27 日）的主办国的号召，倡导生态旅游和保护生物多样性理念，提高全民的生态环保意识和整体能力，保护和拯救生物多样性，弘扬生态文明，展示生态旅游文化。

续表

	时间	事件	地点	主题	中国的贡献
生物多样性公约	10 月 18 — 29 日	《生物多样性公约》第 10 次缔约方大会	日本名古屋	会议讨论了一系列影响《生物多样性公约》未来的战略性和实质性议题，并就 2011—2020 年的战略计划、遗传资源的获取和惠益分享以及资源调动战略等核心议题展开极为艰难的谈判	环境保护部南京环境科学研究所徐海根副所长、薛达元研究员、丁晖副研究员作为代表团成员出席了此次大会，并参与了 2011—2020 年的战略计划、遗传资源获取和惠益分享、生物多样性信息交换机制和传统知识等重要议题的谈判。

附录四：我国现行环境标准

一、水环境保护标准目录

（一）水环境质量标准

标准名称	标准编号	发布时间	实施时间
地表水环境质量标准	GB 3838—2002	2002—4—28	2002—6—1
海水水质标准	GB 3097—1997	1997—12—3	1998—7—1
地下水质量标准	GB/T 14848—1993	1993—12—30	1994—10—1
农田灌溉水质标准	GB 5084—1992	1992—1—4	1992—10—1
渔业水质标准	GB 11607—1989	1989—8—12	1990—3—1

（二）水污染物排放标准

标准名称	标准编号	发布时间	实施时间
淀粉工业水污染物排放标准	GB 25461—2010	2010—9—27	2010—10—1
酵母工业水污染物排放标准	GB 25462—2010	2010—9—27	2010—10—1
油墨工业水污染物排放标准	GB 25463—2010	2010—9—27	2010—10—1
陶瓷工业污染物排放标准	GB 25464—2010	2010—9—27	2010—10—1
铝工业污染物排放标准	GB 25465—2010	2010—9—27	2010—10—1

续表

标准名称	标准编号	发布时间	实施时间
铅、锌工业污染物排放标准	GB 25466—2010	2010—9—27	2010—10—1
铜、镍、钴工业污染物排放标准	GB 25467—2010	2010—9—27	2010—10—1
镁、钛工业污染物排放标准	GB 25468—2010	2010—9—27	2010—10—1
硝酸工业污染物排放标准	GB 26131—2010	2010—12—30	2011—3—1
硫酸工业污染物排放标准	GB 26132—2010	2010—12—30	2011—3—1
杂环类农药工业水污染物排放标准	GB 21523—2008	2008—4—2	2008—7—1
制浆造纸工业水污染物排放标准	GB 3544—2008	2008—7—25	2008—8—1
电镀污染物排放标准	GB 21900—2008	2008—7—25	2008—8—1
羽绒工业水污染物排放标准	GB 21901—2008	2008—7—25	2008—8—1
合成革与人造革工业污染物排放标准	GB 21902—2008	2008—7—25	2008—8—1
发酵类制药工业水污染物排放标准	GB 21903—2008	2008—7—25	2008—8—1
化学合成类制药工业水污染物排放标准	GB 21904—2008	2008—7—25	2008—8—1
提取类制药工业水污染物排放标准	GB 21905—2008	2008—7—25	2008—8—1
中药类制药工业水污染物排放标准	GB 21906—2008	2008—7—25	2008—8—1
生物工程类制药工业水污染物排放标准	GB 21907—2008	2008—7—25	2008—8—1
混装制剂类制药工业水污染物排放标准	GB 21908—2008	2008—7—25	2008—8—1
制糖工业水污染物排放标准	GB 21909—2008	2008—7—25	2008—8—1
皂素工业水污染物排放标准	GB 20425—2006	2006—9—1	2007—1—1
煤炭工业污染物排放标准	GB 20426—2006	2006—9—1	2006—10—1
医疗机构水污染物排放标准	GB 18466—2005	2005—7—27	2006—1—1
啤酒工业污染物排放标准	GB 19821—2005	2005—7—18	2006—1—1
柠檬酸工业污染物排放标准	GB 19430—2004	2004—1—18	2004—4—1
味精工业污染物排放标准	GB 19431—2004	2004—1—18	2004—4—1
兵器工业水污染物排放标准火炸药	GB 14470.1—2002	2002—11—18	2003—7—1
兵器工业水污染物排放标准火工药剂	GB 14470.2—2002	2002—11—18	2003—7—1
兵器工业水污染物排放标准弹药装药	GB 14470.3—2002	2002—11—18	2003—7—1

续表

标准名称	标准编号	发布时间	实施时间
城镇污水处理厂污染物排放标准	GB 18918—2002	2002—11—19	2003—7—1
合成氨工业水污染物排放标准	GB 13458—2001	2001—11—12	2002—1—1
污水海洋处置工程污染控制标准	GB 18486—2001	2001—11—12	2002—1—1
畜禽养殖业污染物排放标准	GB 18596—2001	2001—12—28	2003—1—1
污水综合排放标准	GB 8978—1996	1996—10—4	1998—1—1
烧碱、聚氯乙烯工业水污染物排放标准	GB 15581—1995	1995—6—12	1996—7—1
航天推进剂水污染物排放标准	GB 14374—93	1993—5—22	1993—12—1
钢铁工业水污染物排放标准	GB 13456—92	1992—5—18	1992—7—1
肉类加工工业水污染物排放标准	GB 13457—92	1992—5—18	1992—7—1
纺织染整工业水污染物排放标准	GB 4287—92	1992—5—18	1992—7—1
海洋石油开发工业含油污水排放标准	GB 4914—85	1985—1—18	1985—8—1
船舶工业污染物排放标准	GB 4286—84	1984—5—18	1985—3—1
船舶污染物排放标准	GB 3552—83	1983—4—9	1983—10—1

（三）相关监测规范、方法标准

标准名称	标准编号	发布时间	实施时间
水质 游离氯和总氯的测定 N，N—二乙基—1，4—苯二胺滴定法	HJ 585—2010	2010—9—20	2010—12—1
水质 游离氯和总氯的测定 N，N—二乙基—1，4—苯二胺分光光度法	HJ 586—2010	2010—9—20	2010—12—1
水质 阿特拉津的测定 高效液相色谱法	HJ 587—2010	2010—9—20	2010—12—1
水质 五氯酚的测定 气相色谱法	HJ 591—2010	2010—10—21	2011—1—1
水质 硝基苯类化合物的测定 气相色谱法	HJ 592—2010	2010—10—21	2011—1—1
水质 单质磷的测定 磷钼蓝分光光度法（暂行）	HJ 593—2010	2010—10—21	2011—1—1
水质 显影剂及其氧化物总量的测定 碘—淀粉分光光度法（暂行）	HJ 594—2010	2010—10—21	2011—1—1

续表

标准名称	标准编号	发布时间	实施时间
水质 彩色显影剂总量的测定 169 成色剂分光光度法（暂行）	HJ 595—2010	2010—10—21	2011—1—1
水质 多环芳烃的测定 液液萃取和固相萃取高效液相色谱法	HJ 478—2009	2009—9—27	2009—11—1
水质 氰化物的测定 容量法和分光光度法	HJ 484—2009	2009—9—27	2009—11—1
水质 铜的测定 二乙基二硫代氨基甲酸钠分光光度法	HJ 485—2009	2009—9—27	2009—11—1
水质 铜的测定 2，9—二甲基—1，10 菲萝啉分光光度法	HJ 486—2009	2009—9—27	2009—11—1
水质 氟化物的测定 茜素磺酸锆目视比色法	HJ 487—2009	2009—9—27	2009—11—1
水质 氟化物的测定 氟试剂分光光度法	HJ 488—2009	2009—9—27	2009—11—1
水质 银的测定 3，5—Br2—PADAP 分光光度法	HJ 489—2009	2009—9—27	2009—11—1
水质 银的测定 镉试剂 2B 分光光度法	HJ 490—2009	2009—9—27	2009—11—1
水质样品的保存和管理技术规定	HJ 493—2009	2009—9—27	2009—11—1
水质采样技术指导	HJ 494—2009	2009—9—27	2009—11—1
水质采样方案设计技术指导	HJ 495—2009	2009—9—27	2009—11—1
水质 总有机碳的测定 燃烧氧化—非分散红外吸收法	HJ 501—2009	2009—10—20	2009—12—1
水质 挥发酚的测定 溴化容量法	HJ 502—2009	2009—10—20	2009—12—1
水质 挥发酚的测定 4—氨基安替比林分光光度法	HJ 503—2009	2009—10—20	2009—12—1
水质 五日生化需氧量（BOD5）的测定 稀释与接种法	HJ 505—2009	2009—10—20	2009—12—1
水质 溶解氧的测定 电化学探头法	HJ 506—2009	2009—10—20	2009—12—1
水质 氨氮的测定 纳氏试剂分光光度法	HJ 535—2009	2009—12—31	2010—4—1
水质 氨氮的测定 水杨酸分光光度法	HJ 536—2009	2009—12—31	2010—4—1
水质 氨氮的测定 蒸馏—中和滴定法	HJ 537—2009	2009—12—31	2010—4—1

续表

标准名称	标准编号	发布时间	实施时间
水质 总钴的测定 5—氯—2—（吡啶偶氮）—1，3—二氨基苯分光光度法（暂行）	HJ 550—2009	2009—12—30	2010—4—1
水质 二氧化氯的测定 碘量法（暂行）	HJ 551—2009	2009—12—30	2010—4—1
地震灾区地表水环境质量与集中式饮用水水源监测技术指南（暂行）	环境保护部公告 2008 年第 14 号	2008—5—20	2008—5—20
近岸海域环境监测规范	HJ 442—2008	2008—11—4	2009—1—1
水质 二噁英类的测定 同位素稀释高分辨气相色谱—高分辨质谱法	HJ 77.1—2008	2008—12—31	2009—4—1
水质 汞的测定 冷原子荧光法（试行）	HJ/T 341—2007	2007—3—10	2007—5—1
水质 硫酸盐的测定 铬酸钡分光光度法（试行）	HJ/T 342—2007	2007—3—10	2007—5—1
水质 氯化物的测定 硝酸汞滴定法（试行）	HJ/T 343—2007	2007—3—10	2007—5—1
水质 锰的测定 甲醛肟分光光度法（试行）	HJ/T 344—2007	2007—3—10	2007—5—1
水质 铁的测定 邻菲啰啉分光光度法（试行）	HJ/T 345—2007	2007—3—10	2007—5—1
水质 硝酸盐氮的测定 紫外分光光度法（试行）	HJ/T 346—2007	2007—3—10	2007—5—1
水质 粪大肠菌群的测定 多管发酵法和滤膜法（试行）	HJ/T 347—2007	2007—3—10	2007—5—1
水污染源在线监测系统安装技术规范（试行）	HJ/T 353—2007	2007—7—12	2007—8—1
水污染源在线监测系统验收技术规范（试行）	HJ/T 354—2007	2007—7—12	2007—8—1
水污染源在线监测系统运行与考核技术规范（试行）	HJ/T 355—2007	2007—7—12	2007—8—1
水污染源在线监测系统数据有效性判别技术规范（试行）	HJ/T 356—2007	2007—7—12	2007—8—1
水质自动采样器技术要求及检测方法	HJ/T 372—2007	2007—11—12	2008—1—1
固定污染源监测质量保证与质量控制技术规范（试行）	HJ/T 373—2007	2007—11—12	2008—1—1

续表

标准名称	标准编号	发布时间	实施时间
水质 化学需氧量的测定 快速消解分光光度法	HJ/T 399—2007	2007—12—7	2008—3—1
水质 氨氮的测定 气相分子吸收光谱法	HJ/T 195—2005	2005—11—9	2006—1—1
水质 凯氏氮的测定 气相分子吸收光谱法	HJ/T 196—2005	2005—11—9	2006—1—1
水质 亚硝酸盐氮的测定 气相分子吸收光谱法	HJ/T 197—2005	2005—11—9	2006—1—1
水质 硝酸盐氮的测定 气相分子吸收光谱法	HJ/T 198—2005	2005—11—9	2006—1—1
水质 总氮的测定 气相分子吸收光谱法	HJ/T 199—2005	2005—11—9	2006—1—1
水质 硫化物的测定 气相分子吸收光谱法	HJ/T 200—2005	2005—11—9	2006—1—1
地下水环境监测技术规范	HJ/T 164—2004	2004—12—9	2004—12—9
高氯废水化学需氧量的测定 碘化钾碱性高锰酸钾法	HJ/T 132—2003	2003—9—30	2004—1—1
水质 生化需氧量（BOD）的测定 微生物传感器快速测定法	HJ/T 86—2002	2002—1—29	2002—7—1
地表水和污水监测技术规范	HJ/T 91—2002	2002—12—25	2003—1—1
水污染物排放总量监测技术规范	HJ/T 92—2002	2002—12—25	2003—1—1
高氯废水化学需氧量的测定 氯气校正法	HJ/T 70—2001	2001—9—11	2001—12—1
水质 邻苯二甲酸二甲（二丁、二辛）酯的测定 液相色谱法	HJ/T 72—2001	2001—9—29	2002—1—1
水质 丙烯腈的测定 气相色谱法	HJ/T 73—2001	2001—9—29	2002—1—1
水质 氯苯的测定 气相色谱法	HJ/T 74—2001	2001—9—29	2002—1—1
水质 可吸附有机卤素（AOX）的测定 离子色谱法	HJ/T 83—2001	2001—12—19	2002—4—1
水质 无机阴离子的测定 离子色谱法	HJ/T 84—2001	2001—12—19	2002—4—1
水质 铍的测定 铬箐 R 分光光度法	HJ/T 58—2000	2000—12—7	2001—3—1
水质 铍的测定 石墨炉原子吸收分光光度法	HJ/T 59—2000	2000—12—7	2001—3—1
水质 硫化物的测定 碘量法	HJ/T 60—2000	2000—12—7	2001—3—1

标准名称	标准编号	发布时间	实施时间
水质 硼的测定 姜黄素分光光度法	HJ/T 49—1999	1999—8—18	2000—1—1
水质 三氯乙醛的测定 吡唑啉酮分光光度法	HJ/T 50—1999	1999—8—18	2000—1—1
水质 全盐量的测定 重量法	HJ/T 51—1999	1999—8—18	2000—1—1
水质河流采样技术指导	HJ/T 52—1999	1999—8—18	2000—1—1
水质 挥发性卤代烃的测定 顶空气相色谱法	GB/T17130—1997	1997—12—8	1998—5—1
水质 1，2—二氯苯、1，4—二氯苯、1，2，4—三氯苯的测定 气相色谱法	GB/T17131—1997	1997—12—8	1998—5—1
环境 甲基汞的测定 气相色谱法	GB/T17132—1997	1997—12—8	1998—5—1
水质 硫化物的测定 直接显色分光光度法	GB/T17133—1997	1997—12—8	1998—5—1
水质 石油类和动植物油的测定 红外光度法	GB/T16488—1996	1996—8—1	1997—1—1
水质 硫化物的测定 亚甲基蓝分光光度法	GB/T 16489—1996	1996—8—1	1997—1—1
环境中有机污染物遗传毒性检测的样品前处理规范	GB/T 15440—1995	1995—3—25	1995—8—1
水质 急性毒性的测定 发光细菌法	GB/T 15441—1995	1995—3—25	1995—8—1
水质 钒的测定 钽试剂（BPHA）萃取分光光度法	GB/T 15503—1995	1995—3—25	1995—8—1
水质 二氧化碳的测定 二乙胺乙酸铜分光光度法	GB/T 15504—1995	1995—3—25	1995—8—1
水质 硒的测定 石墨炉原子吸收分光光度法	GB/T 15505—1995	1995—3—25	1995—8—1
水质 肼的测定 对二甲氨基苯甲醛分光光度法	GB/T 15507—1995	1995—3—25	1995—8—1
水质 可吸附有机卤素（AOX）的测定 微库仑法	GB/T 15959—1995	1995—12—21	1996—8—1
水质 烷基汞的测定 气相色谱法	GB/T 14204—93	1993—2—23	1993—12—1
水质 一甲基肼的测定 对二甲氨基苯甲醛分光光度法	GB/T 14375—93	1993—5—22	1993—12—1

续表

标准名称	标准编号	发布时间	实施时间
水质 偏二甲基肼的测定 氨基亚铁氰化钠分光光度法	GB/T 14376—93	1993—5—22	1993—12—1
水质 三乙胺的测定 溴酚蓝分光光度法	GB/T 14377—93	1993—5—22	1993—12—1
水质 二乙烯烷三胺的测定 水杨醛分光光度法	GB/T 14378—93	1993—5—22	1993—12—1
水和土壤质量有机磷农药的测定 气相色谱法	GB/T 14552—93	1993—7—19	1994—1—15
水质 湖泊和水库采样技术指导	GB/T 14581—93	1993—8—30	1994—4—1
水质 钡的测定 电位滴定法	GB/T 14671—93	1993—10—27	1994—5—1
水质 吡啶的测定 气相色谱法	GB/T 14672—93	1993—10—27	1994—5—1
水质 钒的测定 石墨炉原子吸收分光光度法	GB/T 14673—93	1993—10—27	1994—5—1
水质 铅的测定 示波极谱法	GB/T 13896—92	1992—12—2	1993—9—1
水质 硫氰酸盐的测定 异烟酸—吡唑啉酮分光光度法	GB/T 13897—92	1992—12—2	1993—9—1
水质 铁（Ⅱ、Ⅲ）氰络合物的测定 原子吸收分光光度法	GB/T 13898—92	1992—12—2	1993—9—1
水质 铁（Ⅱ、Ⅲ）氰络合物的测定 三氯化铁分光光度法	GB/T 13899—92	1992—12—2	1993—9—1
水质 黑索金的测定 分光光度法	GB/T 13900—92	1992—12—2	1993—9—1
水质 二硝基甲苯的测定 示波极谱法	GB/T 13901—92	1992—12—2	1993—9—1
水质 硝化甘油的测定 示波极谱法	GB/T 13902—92	1992—12—2	1993—9—1
水质 微型生物群落监测 PFU 法	GB/T 12990—91	1991—8—20	1992—4—1
水质 有机磷农药的测定 气相色谱法	GB/T 13192—91	1991—8—31	1992—6—1
水质 硝基苯、硝基甲苯、硝基氯苯、二硝基甲苯的测定 气相色谱法	GB/T 13194—91	1991—8—31	1992—6—1
水质 水温的测定 温度计或颠倒温度计测定法	GB/T 13195—91	1991—8—31	1992—6—1
水质 硫酸盐的测定 火焰原子吸收分光光度法	GB/T 13196—91	1991—8—31	1992—6—1
水质 阴离子洗涤剂的测定 电位滴定法	GB/T 13199—91	1991—8—31	1992—6—1
水质 浊度的测定	GB/T 13200—91	1991—8—31	1992—6—1

续表

标准名称	标准编号	发布时间	实施时间
水质 物质对蚤类（大型蚤）急性毒性测定方法	GB/T 13266—91	1991—9—14	1992—8—1
水质 物质对淡水鱼（斑马鱼）急性毒性测定方法	GB/T 13267—91	1991—9—14	1992—8—1
水质 苯胺类化合物的测定 N—（1—萘基）乙二胺偶氮分光光度法	GB/T 11889—89	1989—12—25	1990—7—1
水质 苯系物的测定 气相色谱法	GB/T 11890—89	1989—12—25	1990—7—1
水质 凯氏氮的测定	GB/T 11891—89	1989—12—25	1990—7—1
水质 高锰酸盐指数的测定	GB/T 11892—89	1989—12—25	1990—7—1
水质 总磷的测定 钼酸铵分光光度法	GB/T 11893—89	1989—12—25	1990—7—1
水质 总氮的测定 碱性过硫酸钾消解紫外分光光度法	GB/T 11894—89	1989—12—25	1990—7—1
水质 苯并（a）芘的测定 乙酰化滤纸层析荧光分光光度法	GB/T 11895—89	1989—12—25	1990—7—1
水质 氯化物的测定 硝酸银滴定法	GB/T 11896—89	1989—12—25	1990—7—1
水质 硫酸盐的测定 重量法	GB/T 11899—89	1989—12—25	1990—7—1
水质 痕量砷的测定 硼氢化钾—硝酸银分光光度法	GB/T 11900—89	1989—12—25	1990—7—1
水质 悬浮物的测定 重量法	GB/T 11901—89	1989—12—25	1990—7—1
水质 硒的测定 2，3—二氨基萘荧光法	GB/T 11902—89	1989—12—25	1990—7—1
水质 色度的测定	GB/T 11903—89	1989—12—25	1990—7—1
水质 钾和钠的测定 火焰原子吸收分光光度法	GB/T 11904—89	1989—12—25	1990—7—1
水质 钙和镁的测定 原子吸收分光光度法	GB/T 11905—89	1989—12—25	1990—7—1
水质 锰的测定 高碘酸钾分光光度法	GB/T 11906—89	1989—12—25	1990—7—1
水质 银的测定 火焰原子吸收分光光度法	GB/T 11907—89	1989—12—25	1990—7—1
水质 镍的测定 丁二酮肟分光光度法	GB/T 11910—89	1989—12—25	1990—7—1
水质 铁、锰的测定 火焰原子吸收分光光度法	GB/T 11911—89	1989—12—25	1990—7—1
水质 镍的测定火焰 原子吸收分光光度法	GB/T 11912—89	1989—12—25	1990—7—1

续表

标准名称	标准编号	发布时间	实施时间
水质 化学需氧量的测定 重铬酸盐法	GB/T 11914—89	1989—12—25	1990—7—1
水质 五氯酚的测定 藏红 T 分光光度法	GB/T 9803—88	1988—8—15	1988—12—1
水质 总铬的测定	GB/T 7466—87	1987—3—14	1987—8—1
水质 六价铬的测定 二苯碳酰二肼分光光度法	GB/T 7467—87	1987—3—14	1987—8—1
水质 总汞的测定 高锰酸钾—过硫酸钾消解法双硫腙分光光度法	GB/T 7469—87	1987—3—14	1987—8—1
水质 铅的测定 双硫腙分光光度法	GB/T 7470—87	1987—3—14	1987—8—1
水质 镉的测定 双硫腙分光光度法	GB/T 7471—87	1987—3—14	1987—8—1
水质 锌的测定 双硫腙分光光度法	GB/T 7472—87	1987—3—14	1987—8—1
水质 铜、锌、铅、镉的测定 原子吸收分光光度法	GB/T 7475—87	1987—3—14	1987—8—1
水质 钙的测定 EDTA 滴定法	GB/T 7476—87	1987—3—14	1987—8—1
水质 钙和镁总量的测定 EDTA 滴定法	GB/T 7477—87	1987—3—14	1987—8—1
水质 铵的测定 蒸馏和滴定法	GB/T 7478—87	1987—3—14	1987—8—1
水质 铵的测定 纳氏试剂比色法	GB/T 7479—87	1987—3—14	1987—8—1
水质 硝酸盐氮的测定 酚二磺酸分光光度法	GB/T 7480—87	1987—3—14	1987—8—1
水质 铵的测定 水杨酸分光光度法	GB/T 7481—87	1987—3—14	1987—8—1
水质 氟化物的测定 离子选择电极法	GB/T 7484—87	1987—3—14	1987—8—1
水质 总砷的测定 二乙基二硫代氨基甲酸银分光光度法	GB/T 7485—87	1987—3—14	1987—8—1
水质 溶解氧的测定 碘量法	GB/T 7489—87	1987—3—14	1987—8—1
水质 六六六、滴滴涕的测定 气相色谱法	GB/T 7492—87	1987—3—14	1987—8—1
水质 亚硝酸盐氮的测定 分光光度法	GB/T 7493—87	1987—3—14	1987—8—1
水质 阴离子表面活性剂的测定 亚甲蓝分光光度法	GB/T 7494—87	1987—3—14	1987—8—1
水质 pH 值的测定 玻璃电极法	GB/T 6920—86	1986—10—10	1987—3—1
工业废水 总硝基化合物的测定 分光光度法	GB/T 4918—85	1985—1—18	1985—8—1

（四）相关标准

标准名称	标准编号	发布时间	实施时间
水质 词汇 第一部分	HJ 596.1—2010	2010—11—5	2011—3—1
水质 词汇 第二部分	HJ 596.2—2010	2010—11—5	2011—3—1
水质 词汇 第三部分	HJ 596.3—2010	2010—11—5	2011—3—1
水质 词汇 第四部分	HJ 596.4—2010	2010—11—5	2011—3—1
水质 词汇 第五部分	HJ 596.5—2010	2010—11—5	2011—3—1
水质 词汇 第六部分	HJ 596.6—2010	2010—11—5	2011—3—1
水质 词汇 第七部分	HJ 596.7—2010	2010—11—5	2011—3—1
地震灾区饮用水安全保障应急技术方案（暂行）	环境保护部公告 2008 年第 14 号	2008—5—20	2008—5—20
地震灾区集中式饮用水水源保护技术指南（暂行）	环境保护部公告 2008 年第 14 号	2008—5—20	2008—5—20
饮用水水源保护区标志技术要求	HJ/T 433—2008	2008—4—29	2008—6—1
饮用水水源保护区划分技术规范	HJ/T 338—2007	2007—1—9	2007—2—1
紫外（UV）吸收水质自动在线监测仪技术要求	HJ/T 191—2005	2005—9—20	2005—11—1
PH 水质自动分析仪技术要求	HJ/T 96—2003	2003—3—28	2003—7—1
电导率水质自动分析仪技术要求	HJ/T 97—2003	2003—3—28	2003—7—1
浊度水质自动分析仪技术要求	HJ/T 98—2003	2003—3—28	2003—7—1
溶解氧（DO）水质自动分析仪技术要求	HJ/T 99—2003	2003—3—28	2003—7—1
高锰酸盐指数水质自动分析仪技术要求	HJ/T 100—2003	2003—3—28	2003—7—1
氨氮水质自动分析仪技术要求	HJ/T 101—2003	2003—3—28	2003—7—1
总氮水质自动分析仪技术要求	HJ/T 102—2003	2003—3—28	2003—7—1
总磷水质自动分析仪技术要求	HJ/T 103—2003	2003—3—28	2003—7—1
总有机碳（TOC）水质自动分析仪技术要求	HJ/T 104—2003	2003—3—28	2003—7—1
近岸海域环境功能区划分技术规范	HJ/T 82—2001	2001—12—25	2002—4—1
制订地方水污染物排放标准的技术原则与方法	GB 3839—83	1983—9—14	1984—4—1

二、大气环境保护标准目录

（一）大气环境质量标准

标准名称	标准编号	发布时间	实施时间
室内空气质量标准	GB/T 18883—2002	2002—11—19	2003—3—1
环境空气质量标准	GB 3095—1996	1996—1—18	1996—10—1
保护农作物的大气污染物最高允许浓度	GB 9137—88	1998—4—30	1998—10—1

（二）大气污染物排放标准

标准名称	标准编号	发布时间	实施时间
陶瓷工业污染物排放标准	GB 25464—2010	2010—9—27	2010—10—1
铝工业污染物排放标准	GB 25465—2010	2010—9—27	2010—10—1
铅、锌工业污染物排放标准	GB 25466—2010	2010—9—27	2010—10—1
铜、镍、钴工业污染物排放标准	GB 25467—2010	2010—9—27	2010—10—1
镁、钛工业污染物排放标准	GB 25468—2010	2010—9—27	2010—10—1
硝酸工业污染物排放标准	GB 26131—2010	2010—12—30	2011—3—1
硫酸工业污染物排放标准	GB 26132—2010	2010—12—30	2011—3—1
非道路移动机械用小型点燃式发动机排气污染物排放限值与测量方法（中国第一、二阶段）	GB 26133—2010	2010—12—30	2011—3—1
煤层气（煤矿瓦斯）排放标准（暂行）	GB 21522—2008	2008—4—2	2008—7—1
电镀污染物排放标准	GB 21900—2008	2008—6—25	2008—8—1
合成革与人造革工业污染物排放标准	GB 21902—2008	2008—6—25	2008—8—1
储油库大气污染物排放标准	GB 20950—2007	2007—6—22	2007—8—1
加油站大气污染物排放标准	GB 20952—2007	2007—6—22	2007—8—1
煤炭工业污染物排放标准	GB 20426—2006	2006—9—1	2006—10—1
水泥工业大气污染物排放标准	GB 4915—2004	2004—12—29	2005—1—1
火电厂大气污染物排放标准	GB 13223—2003	2003—12—30	2004—1—1

续表

标准名称	标准编号	发布时间	实施时间
锅炉大气污染物排放标准	GB 13271—2001	2001—11—12	2002—1—1
饮食业油烟排放标准（试行）	GB 18483—2001	2001—11—12	2002—1—1
工业炉窑大气污染物排放标准	GB 9078—1996	1996—3—7	1997—1—1
炼焦炉大气污染物排放标准	GB 16171—1996	1996—3—7	1997—1—1
大气污染物综合排放标准	GB 16297—1996	1996—4—12	1997—1—1
恶臭污染物排放标准	GB 14554—93	1993—8—6	1994—1—15
重型车用汽油发动机与汽车排气污染物排放限值及测量方法（中国Ⅲ、Ⅳ阶段）	GB 14762—2008	2008—4—2	2009—7—1
摩托车污染物排放限值及测量方法（工况法，中国Ⅲ阶段）	GB 14622—2007	2007—4—3	2008—7—1
轻便摩托车污染物排放限值及测量方法（工况法，中国Ⅲ阶段）	GB 18176—2007	2007—4—3	2008—7—1
非道路移动机械用柴油机排气污染物排放限值及测量方法（中国Ⅰ、Ⅱ阶段）	GB 20891—2007	2007—4—3	2007—10—1
汽油运输大气污染物排放标准	GB 20951—2007	2007—6—22	2007—8—1
摩托车和轻便摩托车燃油蒸发污染物排放限值及测量方法	GB 20998—2007	2007—7—19	2008—7—1
车用压燃式发动机和压燃式发动机汽车排气烟度排放限值及测量方法	GB 3847—2005	2005—5—30	2005—7—1
装用点燃式发动机重型汽车曲轴箱污染物排放限值	GB 11340—2005	2005—4—15	2005—7—1
装用点燃式发动机重型汽车燃油蒸发污染物排放限值	GB 14763—2005	2005—4—15	2005—7—1
车用压燃式、气体燃料点燃式发动机与汽车排气污染物排放限值及测量方法（中国Ⅲ、Ⅳ、Ⅴ阶段）	GB 17691—2005	2005—5—30	2007—1—1
点燃式发动机汽车排气污染物排放限值及测量方法（双怠速法及简易工况法）	GB 18285—2005	2005—5—30	2005—7—1
轻型汽车污染物排放限值及测量方法（中国Ⅲ、Ⅳ阶段）	GB 18352.3—2005	2005—4—15	2007—7—1

续表

标准名称	标准编号	发布时间	实施时间
三轮汽车和低速货车用柴油机排气污染物排放限值及测量方法（中国 I、II 阶段）	GB 19756—2005	2005—5—30	2006—1—1
摩托车和轻便摩托车排气烟度排放限值及测量方法	GB 19758—2005	2005—5—30	2005—7—1
车用点燃式发动机及装用点燃式发动机汽车排气污染物排放限值及测量方法	GB 14762—2002	2002—11—18	2003—1—1
农用运输车自由加速烟度排放限值及测量方法	GB 18322—2002	2002—1—4	2002—7—1
车用压燃式发动机排气污染物排放限值及测量方法	GB 17691—2001	2001—4—16	2001—4—16
轻型汽车污染物排放限值及测量方法（Ⅰ）	GB 18352.1—2001	2001—4—16	2001—4—16

（三）相关监测规范、方法标准

标准名称	标准编号	发布时间	实施时间
烟度卡	HJ 553—2010	2010—1—5	2010—5—1
环境空气 苯系物的测定 固体吸附/热脱附—气相色谱法	HJ 583—2010	2010—9—20	2010—12—1
环境空气 苯系物的测定 活性炭吸附/二硫化碳解吸—气相色谱法	HJ 584—2010	2010—9—20	2010—12—1
环境空气 臭氧的测定 紫外光度法	HJ 590—2010	2010—10—21	2011—1—1
非道路移动机械用小型点燃式发动机排气污染物排放限值与测量方法（中国 I、II 阶段）	GB 26133—2010	2010—12—30	2011—3—1
环境空气 氮氧化物（一氧化氮和二氧化氮）的测定盐 酸萘乙二胺分光光度法	HJ 479—2009	2009—9—27	2009—11—1
环境空气 氟化物的测定 滤膜采样氟离子选择电极法	HJ 480—2009	2009—9—27	2009—11—1
环境空气 氟化物的测定 石灰滤纸采样氟离子选择电极法	HJ 481—2009	2009—9—27	2009—11—1

标准名称	标准编号	发布时间	实施时间
环境空气 二氧化硫的测定 甲醛吸收—副玫瑰苯胺分光光度法	HJ 482—2009	2009—9—27	2009—11—1
环境空气 二氧化硫的测定 四氯汞盐吸收—副玫瑰苯胺分光光度法	HJ 483—2009	2009—9—27	2009—11—1
环境空气 臭氧的测定 靛蓝二磺酸钠分光光度法	HJ 504—2009	2009—12—20	2009—12—1
环境空气和废气 氨的测定 纳氏试剂分光光度法	HJ 533—2009	2009—12—31	2010—4—1
环境空气 氨的测定 次氯酸钠—水杨酸分光光度法	HJ 534—2009	2009—12—31	2010—4—1
固定污染源废气 铅的测定 火焰原子吸收分光光度法（暂行）	HJ 538—2009	2009—12—30	2010—4—1
环境空气 铅的测定 石墨炉原子吸收分光光度法（暂行）	HJ 539—2009	2009—12—30	2010—4—1
环境空气和废气 砷的测定 二乙基二硫代氨基甲酸银分光光度法（暂行）	HJ 540—2009	2009—12—30	2010—4—1
黄磷生产废气 气态砷的测定 二乙基二硫代氨基甲酸银分光光度法（暂行）	HJ 541—2009	2009—12—30	2010—4—1
环境空气 汞的测定 巯基棉富集—冷原子荧光分光光度法（暂行）	HJ 542—2009	2009—12—30	2010—4—1
固定污染源废气 汞的测定 冷原子吸收分光光度法（暂行）	HJ 543—2009	2009—12—30	2010—4—1
固定污染源废气 硫酸雾的测定 离子色谱法（暂行）	HJ 544—2009	2009—12—30	2010—4—1
固定污染源废气 气态总磷的测定 喹钼柠酮容量法（暂行）	HJ 545—2009	2009—12—30	2010—4—1
环境空气 五氧化二磷的测定 抗坏血酸还原—钼蓝分光光度法（暂行）	HJ 546—2009	2009—12—30	2010—4—1
固定污染源废气 氯气的测定 碘量法（暂行）	HJ 547—2009	2009—12—30	2010—4—1
固定污染源废气 氯化氢的测定 硝酸银容量法（暂行）	HJ 548—2009	2009—12—30	2010—4—1
环境空气和废气 氯化氢的测定 离子色谱法（暂行）	HJ 549—2009	2009—12—30	2010—4—1

续表

标准名称	标准编号	发布时间	实施时间
环境空气和废气 二噁英类的测定 同位素稀释高分辨气相色谱—高分辨质谱法	HJ 77.2—2008	2008—12—31	2009—4—1
环境空气质量监测规范（试行）	国家环保总局公告 2007 年第 4 号	2007—1—19	2007—1—19
非道路移动机械用柴油机排气污染物排放限值及测量方法（中国Ⅰ、Ⅱ阶段）	GB 20891—2007	2007—4—3	2007—10—1
固定污染源烟气排放连续监测技术规范（试行）	HJ/T 75—2007	2007—7—12	2007—8—1
固定污染源烟气排放连续监测系统技术要求及检测方法（试行）	HJ/T 76—2007	2007—7—12	2007—8—1
固定污染源监测质量保证与质量控制技术规范（试行）	HJ/T 373—2007	2007—11—12	2008—1—1
固定源废气监测技术规范	HJ/T 397—2007	2007—12—7	2008—3—1
固定污染源排放烟气黑度的测定林格曼烟气黑度图法	HJ/T 398—2007	2007—12—7	2008—3—1
车内挥发性有机物和醛酮类物质采样测定方法	HJ/T 400—2007	2007—12—7	2008—3—1
降雨自动采样器技术要求及检测方法	HJ/T 174—2005	2005—5—8	2005—5—8
降雨自动监测仪技术要求及检测方法	HJ/T 175—2005	2005—5—8	2005—5—8
环境空气质量自动监测技术规范	HJ/T 193—2005	2005—11—9	2006—1—1
环境空气质量手工监测技术规范	HJ/T 194—2005	2005—11—9	2006—1—1
酸沉降监测技术规范	HJ/T 165—2004	2004—12—9	2004—12—9
室内环境空气质量监测技术规范	HJ/T 167—2004	2004—12—9	2004—12—9
PM10 采样器技术要求及检测方法	HJ/T 93—2003	2003—1—29	2003—7—1
饮食业油烟净化设备技术方法及检测技术规范（试行）	HJ/T 62—2001	2001—6—4	2001—8—1
大气固定污染源 镍的测定 火焰原子吸收分光光度法	HJ/T 63.1—2001	2001—7—27	2001—11—1
大气固定污染源 镍的测定 石墨炉原子吸收分光光度法	HJ/T 63.2—2001	2001—7—27	2001—11—1
大气固定污染源 镍的测定 丁二酮肟—正丁醇萃取分光光度法	HJ/T 63.3—2001	2001—7—27	2001—11—1

续表

标准名称	标准编号	发布时间	实施时间
大气固定污染源 镉的测定 火焰原子吸收分光光度法	HJ/T 64.1—2001	2001—7—27	2001—11—1
大气固定污染源 镉的测定 石墨炉原子吸收分光光度法	HJ/T 64.2—2001	2001—7—27	2001—11—1
大气固定污染源 镉的测定 对—偶氮苯重氮氨基偶氮苯磺酸分光光度法	HJ/T 64.3—2001	2001—7—27	2001—11—1
大气固定污染源 锡的测定 石墨炉原子吸收分光光度法	HJ/T 65—2001	2001—7—27	2001—11—1
大气固定污染源 氯苯类化合物的测定 气相色谱法	HJ/T 66—2001	2001—7—27	2001—11—1
大气固定污染源 氟化物的测定 离子选择电极法	HJ/T 67—2001	2001—7—27	2001—11—1
大气固定污染源 苯胺类的测定 气相色谱法	HJ/T 68—2001	2001—7—27	2001—11—1
燃煤锅炉烟尘和二氧化硫排放总量核定技术方法—物料衡算法（试行）	HJ/T 69—2001	2001—7—27	2001—11—1
车用压燃式发动机排气污染物测量方法	HJ/T 54—2000	2000—6—30	2000—9—1
大气污染物无组织排放监测技术导则	HJ/T 55—2000	2000—12—7	2001—3—1
固定污染源排气中二氧化硫的测定 碘量法	HJ/T 56—2000	2000—12—7	2001—3—1
固定污染源排气中二氧化硫的测定 定电位电解法	HJ/T 57—2000	2000—12—7	2001—3—1
固定污染源排气中氯化氢的测定 硫氰酸汞分光光度法	HJ/T 27—1999	1999—8—18	2000—1—1
固定污染源排气中氰化氢的测定 异烟酸—吡唑啉酮分光光度法	HJ/T 28—1999	1999—8—18	2000—1—1
固定污染源排气中铬酸雾的测定 二苯基碳酰二肼分光光度法	HJ/T 29—1999	1999—8—18	2000—1—1
固定污染源排气中氯气的测定 甲基橙分光光度法	HJ/T 30—1999	1999—8—18	2000—1—1
固定污染源排气中光气的测定 苯胺紫外分光光度法	HJ/T 31—1999	1999—8—18	2000—1—1
固定污染源排气中酚类化合物的测定 4—氨基安替比林分光光度法	HJ/T 32—1999	1999—8—18	2000—1—1

续表

标准名称	标准编号	发布时间	实施时间
固定污染源排气中甲醇的测定 气相色谱法	HJ/T 33—1999	1999—8—18	2000—1—1
固定污染源排气中氯乙烯的测定 气相色谱法	HJ/T 34—1999	1999—8—18	2000—1—1
固定污染源排气中乙醛的测定 气相色谱法	HJ/T 35—1999	1999—8—18	2000—1—1
固定污染源排气中丙烯醛的测定 气相色谱法	HJ/T 36—1999	1999—8—18	2000—1—1
固定污染源排气中丙烯腈的测定 气相色谱法	HJ/T 37—1999	1999—8—18	2000—1—1
固定污染源排气中非甲烷总烃的测定 气相色谱法	HJ/T 38—1999	1999—8—18	2000—1—1
固定污染源排气中氯苯类的测定 气相色谱法	HJ/T 39—1999	1999—8—18	2000—1—1
固定污染源排气中苯并（a）芘的测定 高效液相色谱法	HJ/T 40—1999	1999—8—18	2000—1—1
固定污染源排气中石棉尘的测定 镜检法	HJ/T 41—1999	1999—8—18	2000—1—1
固定污染源排气中氮氧化物的测定 紫外分光光度法	HJ/T 42—1999	1999—8—18	2000—1—1
固定污染源排气中氮氧化物的测定 盐酸萘乙二胺分光光度法	HJ/T 43—1999	1999—8—18	2000—1—1
固定污染源排气中一氧化碳的测定 非色散红外吸收法	HJ/T 44—1999	1999—8—18	2000—1—1
固定污染源排气中沥青烟的测定 重量法	HJ/T 45—1999	1999—8—18	2000—1—1
定电位电解法二氧化硫测定仪技术条件	HJ/T 46—1999	1999—8—18	2000—1—1
烟气采样器技术条件	HJ/T 47—1999	1999—8—18	2000—1—1
烟尘采样器技术条件	HJ/T 48—1999	1999—8—18	2000—1—1
固定污染源排气中颗粒物测定与气态污染物采样方法	GB/T 16157—1996	1996—3—6	1996—3—6
环境空气质量功能区划分原则与技术方法	HJ/T 14—1996	1996—7—22	1996—10—1

续表

标准名称	标准编号	发布时间	实施时间
环境空气 总悬浮颗粒物的测定 重量法	GB/T 15432—1995	1995—3—25	1995—8—1
环境空气 二氧化氮的测定 Saltzman法	GB/T 15435—1995	1995—3—25	1995—8—1
环境空气 苯并［a］芘的测定 高效液相色谱法	GB/T 15439—1995	1995—3—25	1995—8—1
空气质量 硝基苯类（一硝基和二硝基化合物）的测定 锌还原—盐酸萘乙二胺分光光度法	GB/T 15501—1995	1995—3—25	1995—8—1
空气质量 苯胺类的测定 盐酸萘乙二胺分光光度法	GB/T 15502—1995	1995—3—25	1995—8—1
空气质量 甲醛的测定 乙酰丙酮分光光度法	GB/T 15516—1995	1995—3—25	1995—8—1
环境空气 铅的测定 火焰原子吸收分光光度法	GB/T 15264—94	1994—10—26	1995—6—1
环境空气 降尘的测定 重量法	GB/T 15265—94	1994—10—26	1995—6—1
空气中碘—131 的取样与测定	GB/T 14584—93	1993—8—30	1994—4—1
空气质量 氨的测定 纳氏试剂比色法	GB/T 14668—93	1993—10—27	1994—5—1
空气质量 氨的测定 离子选择电极法	GB/T 14669—93	1993—10—27	1994—5—1
空气质量 恶臭的测定 三点比较式臭袋法	GB/T 14675—93	1993—10—27	1994—3—15
空气质量 三甲胺的测定 气相色谱法	GB/T 14676—93	1993—10—27	1994—3—15
空气质量 硫化氢、甲硫醇、甲硫醚和二甲二硫的测定 气相色谱法	GB/T 14678—93	1993—10—27	1994—3—15
空气质量 氨的测定 次氯酸钠—水杨酸分光光度法	GB/T 14679—93	1993—10—27	1994—3—15
空气质量 二硫化碳的测定 二乙胺分光光度法	GB/T 14680—93	1993—10—27	1994—3—15
汽油机动车怠速排气监测仪技术条件	HJ/T 3—93	1993—6—12	1993—12—1
柴油车滤纸式烟度计技术条件	HJ/T 4—93	1993—6—12	1993—12—1
大气降水采样分析方法总则	GB 13580.1—92	1992—6—20	1993—3—1
大气降水样品的采集与保存	GB 13580.2—92	1992—6—20	1993—3—1
大气降水电导率的测定方法	GB 13580.3—92	1992—6—20	1993—3—1
大气降水 pH 值的测定 电极法	GB 13580.4—92	1992—6—20	1993—3—1

续表

标准名称	标准编号	发布时间	实施时间
大气降水中氟、氯、亚硝酸盐、硝酸盐、硫酸盐的测定 离子色谱法	GB 13580.5—92	1992—6—20	1993—3—1
大气降水中硫酸盐的测定	GB 13580.6—92	1992—6—20	1993—3—1
大气降水中亚硝酸盐测定 N—(1—萘基)—乙二胺光度法	GB 13580.7—92	1992—6—20	1993—3—1
大气降水中硝酸盐的测定	GB 13580.8—92	1992—6—20	1993—3—1
大气降水中氯化物的测定 硫氰酸汞高铁光度法	GB 13580.9—92	1992—6—20	1993—3—1
大气降水中氟化物的测定 新氟试剂光度法	GB 13580.10—92	1992—6—20	1993—3—1
大气降水中氨盐的测定	GB 13580.11—92	1992—6—20	1993—3—1
大气降水中钠、钾的测定 原子吸收分光光度法	GB 13580.12—92	1992—6—20	1993—3—1
大气降水中钙、镁的测定 原子吸收分光光度法	GB 13580.13—92	1992—6—20	1993—3—1
空气质量 氮氧化物的测定	GB/T 13906—92	1992—12—2	1993—9—1
气体参数测量和采样的固定位装置	HJ/T 1—92	1992—8—25	1993—1—1
锅炉烟尘测定方法	GB 5468—91	1991—9—14	1992—8—1
大气试验粉尘标准样品 黄土尘	GB/T 13268—91	1991—5—3	1992—8—1
大气试验粉尘标准样品 煤飞灰	GB/T 13269—91	1991—5—1	1992—8—1
大气试验粉尘标准样品 模拟大气尘	GB/T 13270—91	1991—5—3	1992—8—1
空气质量 飘尘中苯并（a）芘的测定 乙酰化滤纸层析荧光分光光度法	GB 8971—88	1988—3—26	1988—8—1
空气质量 一氧化碳的测定 非分散红外法	GB 9801—88	1988—8—15	1988—12—1
大气飘尘浓度测定方法	GB 6921—86	1986—10—10	1987—3—1
硫酸浓缩尾气硫酸雾的测定 铬酸钡比色法	GB 4920—85	1985—1—18	1985—8—1
工业废气耗氧值和氧化氮的测定 重铬酸钾氧化、萘乙二胺比色法	GB 4921—85	1985—1—18	1985—8—1

（四）相关标准

标准名称	标准编号	发布时间	实施时间
空气质量词汇	HJ 492—2009	2009—9—27	2009—11—1
轻型汽车车载诊断（OBD）系统管理技术规范	HJ 500—2009	2009—12—1	2010—2—1
车用陶瓷催化转化器中铂、钯、铑的测定电感耦合等离子体发射光谱法和电感耦合等离子体质谱法	HJ 509—2009	2009—11—3	2010—1—1
车用压燃式、气体燃料点燃式发动机与汽车车载诊断（OBD）系统技术要求	HJ 437—2008	2008—6—24	2008—7—1
车用压燃式、气体燃料点燃式发动机与汽车排放控制系统耐久性技术要求	HJ 438—2008	2008—6—24	2008—7—1
车用压燃式、气体燃料点燃式发动机与汽车在用符合性技术要求	HJ 439—2008	2008—6—24	2008—7—1
重型汽车排气污染物排放控制系统耐久性要求及试验方法	GB 20890—2007	2007—4—3	2007—10—1
压燃式发动机汽车自由加速法排气烟度测量设备技术要求	HJ/T 395—2007	2007—12—14	2008—3—1
点燃式发动机汽车瞬态工况法排气污染物测量设备技术要求	HJ/T 396—2007	2007—12—14	2008—3—1
汽油车双怠速法排气污染物测量设备技术要求	HJ/T 289—2006	2006—7—18	2006—9—1
汽油车简易瞬态工况法排气污染物测量设备技术要求	HJ/T 290—2006	2006—7—18	2006—9—1
汽油车稳态工况法排气污染物测量设备技术要求	HJ/T 291—2006	2006—7—18	2006—9—1
柴油车加载减速工况法排气烟度测量设备技术要求	HJ/T 292—2006	2006—7—18	2006—9—1
城市机动车排放空气污染测算方法	HJ/T 180—2005	2005—7—27	2005—10—1
确定点燃式发动机在用汽车简易工况法排气污染物排放限值的原则和方法	HJ/T 240—2005	2005—12—12	2006—1—1
确定压燃式发动机在用汽车加载减速法排气烟度排放限值的原则和方法	HJ/T 241—2005	2005—12—12	2006—1—1

三、环境噪声与振动标准目录

（一）声环境质量标准

标准名称	标准编号	发布时间	实施时间
声环境质量标准	GB 3096—2008	2008—8—19	2008—10—1
机场周围飞机噪声环境标准	GB 9660—88	1988—8—11	1988—11—1
城市区域环境振动标准	GB 10070—88	1988—12—10	1989—7—1

（二）环境噪声排放标准

标准名称	标准编号	发布时间	实施时间
工业企业厂界环境噪声排放标准	GB 12348—2008	2008—8—19	2008—10—1
社会生活环境噪声排放标准	GB 22337—2008	2008—8—19	2008—10—1
摩托车和轻便摩托车定置噪声排放限值及测量方法	GB 4569—2005	2005—4—15	2005—7—1
摩托车和轻便摩托车加速行驶噪声限值及测量方法	GB 16169—2005	2005—4—15	2005—7—1
三轮汽车和低速货车加速行驶车外噪声限值及测量方法（中国 I、II 阶段）	GB 19757—2005	2005—5—30	2005—7—1
汽车加速行驶车外噪声限值及测量方法	GB 1495—2002	2002—1—4	2002—10—1
汽车定置噪声限值	GB 16170—1996	1996—3—7	1997—1—1
建筑施工场界噪声限值	GB 12523—90	1990—11—9	1991—3—1
铁路边界噪声限值及其测量方法	GB 12525—90	1990—11—9	1991—3—1

（三）相关监测规范、方法标准

标准名称	标准编号	发布时间	实施时间
工业企业厂界环境噪声排放标准	GB 12348—2008	2008—8—19	2008—10—1
社会生活环境噪声排放标准	GB 22337—2008	2008—8—19	2008—10—1

续表

标准名称	标准编号	发布时间	实施时间
摩托车和轻便摩托车定置噪声排放限值及测量方法	GB 4569—2005	2005—4—15	2005—7—1
摩托车和轻便摩托车加速行驶噪声限值及测量方法	GB 16169—2005	2005—4—15	2005—7—1
三轮汽车和低速货车加速行驶车外噪声限值及测量方法（中国Ⅰ、Ⅱ阶段）	GB 19757—2005	2005—5—30	2005—7—1
声屏障声学设计和测量规范	HJ/T 90—2004	2004—7—12	2004—10—1
汽车加速行驶车外噪声限值及测量方法	GB 1495—2002	2002—1—4	2002—10—1
城市区域环境噪声适用区划分技术规范	GB/T 15190—94	1994—8—29	1994—10—1
声学机动车辆定置噪声测量方法	GB/T 14365—93	1993—3—17	1993—12—1
建筑施工场界噪声测量方法	GB 12524—90	1990—11—9	1991—3—1
铁路边界噪声限值及其测量方法	GB 12525—90	1990—11—9	1991—3—1
城市区域环境振动测量方法	GB 10071—88	1988—12—10	1989—7—1
机场周围飞机噪声测量方法	GB/T 9661—88	1988—8—11	1988—11—1

四、土壤环境保护标准目录

（一）土壤环境质量标准

标准名称	标准编号	发布时间	实施时间
展览会用地土壤环境质量评价标准（暂行）	HJ 350—2007	2007—6—15	2007—8—1
食用农产品产地环境质量评价标准	HJ 332—2006	2006—11—17	2007—2—1
温室蔬菜产地环境质量评价标准	HJ 333—2006	2006—11—17	2007—2—1
拟开放场址土壤中剩余放射性可接受水平规定（暂行）	HJ 53—2000	2000—5—22	2000—12—1
土壤环境质量标准	GB 15618—1995	1995—7—13	1996—3—1

（二）相关监测规范、方法标准

名称	标准编号	发布时间	实施时间
土壤总铬的测定 火焰原子吸收分光光度法	HJ 491—2009	2009—9—27	2009—11—1
土壤和沉积物 二噁英类的测定同位素稀释高分辨气相色谱—高分辨质谱法	HJ 77.4—2008	2008—12—31	2009—4—1
土壤环境监测技术规范	HJ/T 166—2004	2004—12—9	2004—12—9
土壤质量词汇	GB/T 18834—2002	2002—9—11	2003—2—1
土壤质量总砷的测定 二乙基二硫代氨基甲酸银分光光度法	GB/T 17134—1997	1997—12—8	1998—5—1
土壤质量总砷的测定 硼氢化钾—硝酸银分光光度法	GB/T 17135—1997	1997—12—8	1998—5—1
土壤质量总汞的测定 冷原子吸收分光光度法	GB/T 17136—1997	1997—12—8	1998—5—1
土壤质量铜、锌的测定 火焰原子吸收分光光度法	GB/T 17138—1997	1997—12—8	1998—5—1
土壤质量镍的测定 火焰原子吸收分光光度法	GB/T 17139—1997	1997—12—8	1998—5—1
土壤质量铅、镉的测定 KI—MIBK萃取火焰原子吸收分光光度法	GB/T 17140—1997	1997—12—8	1998—5—1
土壤质量铅、镉的测定 石墨炉原子吸收分光光度法	GB/T 17141—1997	1997—12—8	1998—5—1
土壤质量六六六和滴滴涕的测定 气相色谱法	GB/T 14550—93	1993—8—6	1994—1—15

五、固体废物环境标准目录

（一）固体废物污染控制标准

标准名称	标准编号	发布时间	实施时间
生活垃圾填埋场污染控制标准	GB 16889—2008	2008—4—2	2008—7—1

续表

标准名称	标准编号	发布时间	实施时间
进口可用作原料的固体废物环境保护控制标准—骨废料	GB 16487.1 — 2005	2005 — 12 — 14	2006 — 2 — 1
进口可用作原料的固体废物环境保护控制标准—冶炼渣	GB 16487.2 — 2005	2005 — 12 — 14	2006 — 2 — 1
进口可用作原料的固体废物环境保护控制标准—木、木制品废料	GB 16487.3 — 2005	2005 — 12 — 14	2006 — 2 — 1
进口可用作原料的固体废物环境保护控制标准—废纸或纸板	GB 16487.4 — 2005	2005 — 12 — 14	2006 — 2 — 1
进口可用作原料的固体废物环境保护控制标准—废纤维	GB 16487.5 — 2005	2005 — 12 — 14	2006 — 2 — 1
进口可用作原料的固体废物环境保护控制标准—废钢铁	GB 16487.6 — 2005	2005 — 12 — 14	2006 — 2 — 1
进口可用作原料的固体废物环境保护控制标准—废有色金属	GB 16487.7 — 2005	2005 — 12 — 14	2006 — 2 — 1
进口可用作原料的固体废物环境保护控制标准—废电机	GB 16487.8 — 2005	2005 — 12 — 14	2006 — 2 — 1
进口可用作原料的固体废物环境保护控制标准—废电线电缆	GB 16487.9 — 2005	2005 — 12 — 14	2006 — 2 — 1
进口可用作原料的固体废物环境保护控制标准—废五金电器	GB 16487.10 — 2005	2005 — 12 — 14	2006 — 2 — 1
进口可用作原料的固体废物环境保护控制标准—供拆卸的船舶及其他浮动结构体	GB 16487.11 — 2005	2005 — 12 — 14	2006 — 2 — 1
进口可用作原料的固体废物环境保护控制标准—废塑料	GB 16487.12 — 2005	2005 — 12 — 14	2006 — 2 — 1
进口可用作原料的固体废物环境保护控制标准—废汽车压件	GB 16487.13 — 2005	2005 — 12 — 14	2006 — 2 — 1
医疗废物集中处置技术规范（试行）	环发〔2003〕206号	2003 — 12 — 26	2003 — 12 — 26
医疗废物转运车技术要求（试行）	GB 19217 — 2003	2003 — 6 — 30	2003 — 6 — 30
医疗废物焚烧炉技术要求（试行）	GB 19218 — 2003	2003 — 6 — 30	2003 — 6 — 30
危险废物焚烧污染控制标准	GB 18484 — 2001	2001 — 11 — 12	2002 — 1 — 1
生活垃圾焚烧污染控制标准	GB 18485 — 2001	2001 — 11 — 12	2002 — 1 — 1
危险废物贮存污染控制标准	GB 18597 — 2001	2001 — 12 — 28	2002 — 7 — 1
危险废物填埋污染控制标准	GB 18598 — 2001	2001 — 12 — 28	2002 — 7 — 1

续表

标准名称	标准编号	发布时间	实施时间
一般工业固体废物贮存、处置场污染控制标准	GB 18599—2001	2001—12—28	2002—7—1
含多氯联苯废物污染控制标准	GB 13015—91	1991—6—27	1992—3—1
城镇垃圾农用控制标准	GB 8172—87	1987—10—5	1988—2—1
农用粉煤灰中污染物控制标准	GB 8173—87	1987—10—5	1988—2—1
农用污泥中污染物控制标准	GB 4284—84	1984—5—18	1985—3—1

（二）危险废物鉴别标准

标准名称	标准编号	发布时间	实施时间
危险废物鉴别标准 腐蚀性鉴别	GB 5085.1—2007	2007—4—25	2007—10—1
危险废物鉴别标准 急性毒性初筛	GB 5085.2—2007	2007—4—25	2007—10—1
危险废物鉴别标准 浸出毒性鉴别	GB 5085.3—2007	2007—4—25	2007—10—1
危险废物鉴别标准 易燃性鉴别	GB 5085.4—2007	2007—4—25	2007—10—1
危险废物鉴别标准 反应性鉴别	GB 5085.5—2007	2007—4—25	2007—10—1
危险废物鉴别标准 毒性物质含量鉴别	GB 5085.6—2007	2007—4—25	2007—10—1
危险废物鉴别标准 通则	GB 5085.7—2007	2007—4—25	2007—10—1
危险废物鉴别技术规范	HJ/T 298—2007	2007—5—21	2007—7—1

（三）固体废物监测方法标准

标准名称	标准编号	发布时间	实施时间
固体废物浸出毒性浸出方法 水平振荡法	HJ 557—2010	2010—2—2	2010—5—1
固体废物 二噁英类的测定 同位素稀释高分辨气相色谱—高分辨质谱法	HJ 77.3—2008	2008—12—31	2009—4—1
固体废物 浸出毒性浸出方法 硫酸硝酸法	HJ/T 299—2007	2007—4—13	2007—5—1
固体废物 浸出毒性浸出方法 醋酸缓冲溶液法	HJ/T 300—2007	2007—4—13	2007—5—1

续表

标准名称	标准编号	发布时间	实施时间
危险废物（含医疗废物）焚烧处置设施二噁英排放监测技术规范	HJ/T 365—2007	2007—11—1	2008—1—1
固体废物 浸出毒性浸出方法 翻转法	GB 5086.1—1997	1997—12—22	1998—7—1
固体废物 总汞的测定 冷原子吸收分光光度法	GB/T 15555.1—1995	1995—3—28	1996—1—1
固体废物 铜、锌、铅、镉的测定 原子吸收分光光度法	GB/T 15555.2—1995	1995—3—28	1996—1—1
固体废物 砷的测定 二乙基二硫代氨基甲酸银分光光度法	GB/T 15555.3—1995	1995—3—28	1996—1—1
固体废物 六价铬的测定 二苯碳酰二肼分光光度法	GB/T 15555.4—1995	1995—3—28	1996—1—1
固体废物 总铬的测定 二苯碳酰二肼分光光度法	GB/T 15555.5—1995	1995—3—28	1996—1—1
固体废物 总铬的测定 直接吸入火焰原子吸收分光光度法	GB/T 15555.6—1995	1995—3—28	1996—1—1
固体废物 六价铬的测定 硫酸亚铁铵滴定法	GB/T 15555.7—1995	1995—3—28	1996—1—1
固体废物 总铬的测定 硫酸亚铁铵滴定法	GB/T 15555.8—1995	1995—3—28	1996—1—1
固体废物 镍的测定 直接吸入火焰原子吸收分光光度法	GB/T 15555.9—1995	1995—3—28	1996—1—1
固体废物 镍的测定 丁二酮肟分光光度法	GB/T 15555.10—1995	1995—3—28	1996—1—1
固体废物 氟化物的测定 离子选择性电极法	GB/T 15555.11—1995	1995—3—28	1996—1—1
固体废物 腐蚀性测定 玻璃电极法	GB/T 15555.12—1995	1995—3—28	1996—1—1

（四）其他相关标准

标准名称	标准编号	发布时间	实施时间
危险废物（含医疗废物）焚烧处置设施性能测试技术规范	HJ 561—2010	2010—2—22	2010—6—1

续表

标准名称	标准编号	发布时间	实施时间
地震灾区活动板房拆解处置环境保护技术指南	公告 2009 年第52 号	2009—10—12	2009—10—12
新化学物质申报类名编制导则	HJ/T 420—2008	2008—1—15	2008—4—1
医疗废物专用包装袋、容器和警示标志标准	HJ 421—2008	2008—2—27	2008—4—1
铬渣污染治理环境保护技术规范（暂行）	HJ/T 301—2007	2007—4—13	2007—5—1
报废机动车拆解环境保护技术规范	HJ 348—2007	2007—4—9	2007—4—9
废塑料回收与再生利用污染控制技术规范（试行）	HJ/T 364—2007	2007—9—30	2007—12—1
固体废物鉴别导则（试行）	公告 2006 年第11 号	2006—3—9	2006—4—1
长江三峡水库库底固体废物清理技术规范	HJ/T 85—2005	2005—6—13	2005—6—13
危险废物集中焚烧处置工程建设技术规范	HJ/T 176—2005	2005—5—24	2005—5—24
医疗废物集中焚烧处置工程技术规范	HJ/T 177—2005	2005—5—24	2005—5—24
废弃机电产品集中拆解利用处置区环境保护技术规范（试行）	HJ/T 181—2005	2005—8—15	2005—9—1
化学品测试导则	HJ/T 153—2004	2004—4—13	2004—6—1
新化学物质危害评估导则	HJ/T 154—2004	2004—4—13	2004—6—1
化学品测试合格实验室导则	HJ/T 155—2004	2004—4—13	2004—6—1
环境镉污染健康危害区判定标准	GB/T 17221—1998	1998—1—21	1998—10—1
工业固体废物采样制样技术规范	HJ/T 20—1998	1998—1—8	1998—7—1
船舶散装运输液体化学品危害性评价规范水生生物急性毒性试验方法	GB/T 16310.1—1996	1996—5—16	1996—12—1
船舶散装运输液体化学品危害性评价规范水生生物积累性试验方法	GB/T 16310.2—1996	1996—5—16	1996—12—1
船舶散装运输液体化学品危害性评价规范水生生物沾染试验方法	GB/T 16310.3—1996	1996—5—16	1996—12—1
船舶散装运输液体化学品危害性评价规范哺乳动物毒性试验方法	GB/T 16310.4—1996	1996—5—16	1996—12—1

续表

标准名称	标准编号	发布时间	实施时间
船舶散装运输液体化学品危害性评价规范危害性评价程序与污染分类方法	GB/T 16310.5 — 1996	1996 — 5 — 16	1996 — 12 — 1
环境保护图形标志—固体废物贮存（处置）场	GB 15562.2 — 1995	1995 — 11 — 20	1996 — 7 — 1
农药安全使用标准	GB 4285 — 89	1989 — 9 — 6	1990 — 2 — 1

六、核辐射与电磁辐射环境保护标准目录

（一）放射性环境标准

标准名称	标准编号	发布时间	实施时间
拟开放场址土壤中剩余放射性可接受水平规定（暂行）	HJ 53 — 2000	2000 — 5 — 22	2000 — 12 — 1
低、中水平放射性废物近地表处置设施的选址	HJ/T 23 — 1998	1998 — 1 — 8	1998 — 7 — 1
放射性废物的分类	GB 9133 — 1995	1995 — 12 — 21	1996 — 8 — 1
铀矿地质辐射防护和环境保护规定	GB 15848 — 1995	1995 — 12 — 13	1996 — 8 — 1
核热电厂辐射防护规定	GB 14317 — 93	1993 — 4 — 20	1993 — 12 — 1
放射性废物管理规定	GB 14500 — 93	1993 — 6 — 19	1994 — 4 — 1
铀、钍矿冶放射性废物安全管理技术规定	GB 14585 — 93	1993 — 8 — 30	1994 — 4 — 1
铀矿冶设施退役环境管理技术规定	GB 14586 — 93	1993 — 8 — 30	1994 — 4 — 1
反应堆退役环境管理技术规定	GB 14588 — 93	1993 — 8 — 30	1994 — 4 — 1
核电厂低、中水平放射性固体废物暂时贮存技术规定	GB 14589 — 93	1993 — 8 — 30	1994 — 4 — 1
低中水平放射性固体废物的岩洞处置规定	GB 13600 — 92	1992 — 8 — 19	1993 — 4 — 1
核燃料循环放射性流出物归一化排放量管理限值	GB 13695 — 92	1992 — 9 — 29	1993 — 8 — 1
核辐射环境质量评价的一般规定	GB 11215 — 89	1989 — 3 — 16	1990 — 1 — 1
辐射防护规定	GB 8703 — 88	1988 — 3 — 11	1988 — 6 — 1

续表

标准名称	标准编号	发布时间	实施时间
低中水平放射性固体废物的浅地层处置规定	GB 9132—88	1988—5—25	1988—9—1
轻水堆核电厂放射性固体废物处理系统技术规定	GB 9134—88	1988—5—25	1988—9—1
轻水堆核电厂放射性废液处理系统技术规定	GB 9135—88	1988—5—25	1988—9—1
轻水堆核电厂放射性废气处理系统技术规定	GB 9136—88	1988—5—25	1988—9—1
建筑材料用工业废渣放射性物质限制标准	GB 6763—86	1986—9—4	1987—3—1

（二）电磁辐射标准

标准名称	标准编号	发布时间	实施时间
电磁辐射防护规定	GB 8702—88	1988—3—11	1988—6—1

（三）相关监测方法标准

标准名称	标准编号	发布时间	实施时间
辐射环境监测技术规范	HJ/T 61—2001	2001—5—28	2001—8—1
核设施水质监测采样规定	HJ/T 21—1998	1998—1—8	1998—7—1
气载放射性物质取样一般规定	HJ/T 22—1998	1998—1—8	1998—7—1
铀加工及核燃料制造设施流出物的放射性活度监测规定	GB/T 15444—95	1995—1—12	1995—10—1
低、中水平放射性废物近地表处置场环境辐射监测的一般要求	GB/T 15950—1995	1995—12—21	1996—8—1
环境空气中氡的标准测量方法	GB/T 14582—93	1993—8—30	1994—4—1
环境地表 γ 辐射剂量率测定规范	GB/T 14583—93	1993—8—30	1994—4—1
牛奶中碘—131 的分析方法	GB/T 14674—93	1993—10—27	1994—5—1
水中碘—131 的分析方法	GB/T 13272—91	1991—10—24	1992—8—1

续表

标准名称	标准编号	发布时间	实施时间
植物、动物甲状腺中碘—131 的分析方法	GB/T 13273—91	1991—10—24	1992—8—1
水中氚的分析方法	GB 12375—90	1990—6—9	1990—12—1
水中钋—210 的分析方法 电镀制样法	GB 12376—90	1990—6—9	1990—12—1
空气中微量铀的分析方法 激光荧光法	GB 12377—90	1990—6—9	1990—12—1
空气中微量铀的分析方法 TBP 萃取荧光法	GB 12378—90	1990—6—9	1990—12—1
环境核辐射监测规定	GB 12379—90	1990—6—9	1990—12—1
水中镭—226 的分析测定	GB 11214—89	1989—3—16	1990—1—1
核设施流出物和环境放射性监测质量保证计划的一般要求	GB 11216—89	1989—3—16	1990—1—1
核设施流出物监测的一般规定	GB 11217—89	1989—3—16	1990—1—1
水中镭的 α 放射性核素的测定	GB 11218—89	1989—3—16	1990—1—1
土壤中钚的测定 萃取色层法	GB 11219.1—89	1989—3—16	1990—1—1
土壤中钚的测定 离子交换法	GB 11219.2—89	1989—3—16	1990—1—1
土壤中铀的测定 CL—5209 萃淋树脂分离 2—（5—溴—2—吡啶偶氮）—5—二乙氨基苯酚分光光度法	GB 11220.1—89	1989—3—16	1990—1—1
生物样品灰中铯—137 的放射化学分析方法	GB 11221—89	1989—3—16	1990—1—1
生物样品灰中锶—90 的放射化学分析方法 二—（2—乙基己基）磷酸酯萃取色层法	GB 11222.1—89	1989—3—16	1990—1—1
生物样品灰中锶—90 的放射化学分析方法 离子交换法	GB 11222.2—89	1989—3—16	1990—1—1
生物样品灰中铀的测定 固体荧光法	GB 11223.1—89	1989—3—16	1990—1—1
生物样品灰中铀的测定 激光液体荧光法	GB 11223.2—89	1989—3—16	1990—1—1
水中钍的分析方法	GB 11224—89	1989—3—16	1990—1—1
水中钚的分析方法	GB 11225—89	1989—3—16	1990—1—1
水中钾—40 的分析测定	GB 11338—89	1989—3—16	1990—1—1

续表

标准名称	标准编号	发布时间	实施时间
水中锶—90 放射化学分析方法 发烟硝酸沉淀法	GB 6764—86	1986—9—4	1987—3—1
水中锶—90 放射化学分析方法 二—（2—乙基己基）磷酸萃取色层法	GB 6766—86	1986—9—4	1987—3—1
水中锶—137 放射化学分析方法	GB 6767—86	1986—9—4	1987—3—1
水中微量铀分析方法	GB 6768—86	1986—9—4	1987—3—1
放射性废物固化体长期浸出试验	GB 7023—86	1986—12—3	1987—4—1

（四）相关标准

标准名称	标准编号	发布时间	实施时间
辐射环境保护管理导则 电磁辐射监测仪器和方法	HJ/T 10.2—1996	1996—5—1	1996—5—1
辐射环境保护管理导则 核技术应用项目环境影响报告书（表）的内容和格式	HJ/T 10.1—1995	1995—9—4	1996—3—1
核设施环境保护管理导则 研究堆环境影响报告书的格式与内容	HJ/J 5.1—93	1993—9—18	1994—4—1
核设施环境保护管理导则 放射性固体废物浅地层处置环境影响报告书的格式与内容	HJ/J 5.2—93	1993—9—18	1994—4—1

七、生态环境保护标准目录

（一）相关技术规范、标准

标准名称	标准编号	发布时间	实施时间
化肥使用环境安全技术导则	HJ 555—2010	2010—3—8	2010—5—1
农药使用环境安全技术导则	HJ 556—2010	2010—7—9	2011—1—1
农业固体废物污染控制技术导则	HJ 588—2010	2010—10—18	2011—1—1
环保用微生物菌剂环境安全评价导则	HJ/T 415—2008	2008—1—4	2008—5—1

标准名称	标准编号	发布时间	实施时间
生态环境状况评价技术规范（试行）	HJ/T 192—2006	2006—3—9	2006—5—1
食用农产品产地环境质量评价标准	HJ 332—2006	2006—11—17	2007—2—1
温室蔬菜产地环境质量评价标准	HJ 333—2006	2006—11—17	2007—2—1
自然保护区管护基础设施建设技术规范	HJ/T 129—2003	2003—8—13	2003—10—1
有机食品技术规范	HJ/T 80—2001	2001—12—24	2002—4—1
畜禽养殖业污染防治技术规范	HJ/T 81—2001	2001—12—29	2002—4—1
海洋自然保护区类型与级别划分原则	GB/T 17504—1998	1998—10—12	1999—4—1
山岳型风景资源开发环境影响评价指标体系	HJ/T 6—94	1994—4—21	1994—10—1
自然保护区类型与级别划分原则	GB/T 14529—93	1993—7—19	1994—1—1

（二）相关监测规范、方法标准

标准名称	标准编号	发布时间	实施时间
生物尿中 1—羟基芘的测定 高效液相色谱法	GB/T 16156—1996	1996—3—6	1996—10—1
生物质量 六六六和滴滴涕的测定 气相色谱法	GB/T 14551—93	1993—8—6	1994—1—15
粮食和果蔬质量 有机磷农药的测定 气相色谱法	GB/T 14553—93	1993—8—6	1994—1—15

八、其他环境保护标准目录

（一）清洁生产标准

标准名称	标准编号	发布时间	实施时间
清洁生产标准 酒精制造业	HJ 581—2010	2010—6—8	2010—9—1
清洁生产标准 铜冶炼业	HJ 558—2010	2010—2—1	2010—5—1
清洁生产标准 铜电解业	HJ 559—2010	2010—2—1	2010—5—1

续表

标准名称	标准编号	发布时间	实施时间
清洁生产标准 制革工业（羊革）	HJ 560—2010	2010—2—1	2010—5—1
清洁生产标准 水泥工业	HJ 467—2009	2009—3—25	2009—7—1
清洁生产标准 造纸工业（废纸制浆）	HJ 468—2009	2009—3—25	2009—7—1
清洁生产审核指南制订技术导则	HJ 469—2009	2009—3—25	2009—7—1
清洁生产标准 钢铁行业（铁合金）	HJ 470—2009	2009—4—10	2009—8—1
清洁生产标准 氧化铝业	HJ 473—2009	2009—8—10	2009—10—1
清洁生产标准 纯碱行业	HJ 474—2009	2009—8—10	2009—10—1
清洁生产标准 氯碱工业（烧碱）	HJ 475—2009	2009—8—10	2009—10—1
清洁生产标准 氯碱工业（聚氯乙烯）	HJ 476—2009	2009—8—10	2009—10—1
清洁生产标准 废铅酸蓄电池铅回收业	HJ 510—2009	2009—11—16	2010—1—1
清洁生产标准 粗铅冶炼业	HJ 512—2009	2009—11—13	2010—2—1
清洁生产标准 铅电解业	HJ 513—2009	2009—11—13	2010—2—1
清洁生产标准 宾馆饭店业	HJ 514—2009	2009—11—30	2010—3—1
清洁生产标准制订技术导则	HJ/T 425—2008	2008—4—8	2008—8—1
清洁生产标准 钢铁行业（烧结）	HJ/T 426—2008	2008—4—8	2008—8—1
清洁生产标准 钢铁行业（高炉炼铁）	HJ/T 427—2008	2008—4—8	2008—8—1
清洁生产标准 钢铁行业（炼钢）	HJ/T 428—2008	2008—4—8	2008—8—1
清洁生产标准 化纤行业（涤纶）	HJ/T 429—2008	2008—4—8	2008—8—1
清洁生产标准 电石行业	HJ/T 430—2008	2008—4—8	2008—8—1
清洁生产标准 石油炼制业（沥青）	HJ 443—2008	2008—9—27	2008—11—1
清洁生产标准 味精工业	HJ 444—2008	2008—9—27	2008—11—1
清洁生产标准 淀粉工业	HJ 445—2008	2008—9—27	2008—11—1
清洁生产标准 煤炭采选业	HJ 446—2008	2008—11—21	2009—2—1
清洁生产标准 铅蓄电池工业	HJ 447—2008	2008—11—21	2009—2—1
清洁生产标准 制革工业（牛轻革）	HJ 448—2008	2008—11—21	2009—2—1
清洁生产标准 合成革工业	HJ 449—2008	2008—11—21	2009—2—1
清洁生产标准 印制电路板制造业	HJ 450—2008	2008—11—21	2009—2—1
清洁生产标准 葡萄酒制造业	HJ 452—2008	2008—12—24	2009—3—1
清洁生产标准 造纸工业（漂白化学烧碱法麦草浆生产工艺）	HJ/T 339—2007	2007—3—28	2007—7—1

续表

标准名称	标准编号	发布时间	实施时间
清洁生产标准 造纸工业（硫酸盐化学木浆生产工艺）	HJ/T 340—2007	2007—3—28	2007—7—1
清洁生产标准 电解锰行业	HJ/T 357—2007	2007—8—1	2007—10—1
清洁生产标准 镍选矿行业	HJ/T 358—2007	2007—8—1	2007—10—1
清洁生产标准 化纤行业（氨纶）	HJ/T 359—2007	2007—8—1	2007—10—1
清洁生产标准 彩色显象（示）管生产	HJ/T 360—2007	2007—8—1	2007—10—1
清洁生产标准 平板玻璃行业	HJ/T 361—2007	2007—8—1	2007—10—1
清洁生产标准 烟草加工业	HJ/T 401—2007	2007—12—20	2008—3—1
清洁生产标准 白酒制造业	HJ/T 402—2007	2007—12—20	2008—3—1
清洁生产标准 啤酒制造业	HJ/T 183—2006	2006—7—3	2006—10—1
清洁生产标准 食用植物油工业（豆油和豆粕）	HJ/T 184—2006	2006—7—3	2006—10—1
清洁生产标准 纺织业（棉印染）	HJ/T 185—2006	2006—7—3	2006—10—1
清洁生产标准 甘蔗制糖业	HJ/T 186—2006	2006—7—3	2006—10—1
清洁生产标准 电解铝业	HJ/T 187—2006	2006—7—3	2006—10—1
清洁生产标准 氮肥制造业	HJ/T 188—2006	2006—7—3	2006—10—1
清洁生产标准 钢铁行业	HJ/T 189—2006	2006—7—3	2006—10—1
清洁生产标准 基本化学原料制造业（环氧乙烷/乙二醇）	HJ/T 190—2006	2006—7—3	2006—10—1
清洁生产标准 汽车制造业（涂装）	HJ/T 293—2006	2006—8—15	2006—12—1
清洁生产标准 铁矿采选业	HJ/T 294—2006	2006—8—15	2006—12—1
清洁生产标准 电镀行业	HJ/T 314—2006	2006—11—22	2007—2—1
清洁生产标准 人造板行业（中密度纤维板）	HJ/T 315—2006	2006—11—22	2007—2—1
清洁生产标准 乳制品制造业（纯牛乳及全脂乳粉）	HJ/T 316—2006	2006—11—22	2007—2—1
清洁生产标准 造纸工业（漂白碱法蔗渣浆生产工艺）	HJ/T 317—2006	2006—11—22	2007—2—1
清洁生产标准 钢铁行业（中厚板轧钢）	HJ/T 318—2006	2006—11—22	2007—2—1
清洁生产标准 石油炼制业	HJ/T 125—2003	2003—4—18	2003—6—1
清洁生产标准 炼焦行业	HJ/T 126—2003	2003—4—18	2003—6—1

续表

标准名称	标准编号	发布时间	实施时间
清洁生产标准 制革行业（猪轻革）	HJ/T 127—2003	2003—4—18	2003—6—1

（二）环境影响评价技术导则

标准名称	标准编号	发布时间	实施时间
环境影响评价技术导则 农药建设项目	HJ 582—2010	2010—9—6	2011—1—1
规划环境影响评价技术导则 煤炭工业矿区总体规划	HJ 463—2009	2009—3—14	2009—7—1
环境影响评价技术导则 声环境	HJ 2.4—2009	2009—12—23	2010—4—1
环境影响评价技术导则 城市轨道交通	HJ 453—2008	2008—12—25	2009—4—1
环境影响评价技术导则 大气环境	HJ 2.2—2008	2008—12—31	2009—4—1
环境影响评价技术导则 陆地石油天然气开发建设项目	HJ/T 349—2007	2007—4—13	2007—8—1
建设项目环境风险评价技术导则	HJ/T 169—2004	2004—12—11	2004—12—11
环境影响评价技术导则 水利水电工程	HJ/T 88—2003	2003—3—28	2003—7—1
环境影响评价技术导则 石油化工建设项目	HJ/T 89—2003	2003—1—6	2003—4—1
规划环境影响评价技术导则（试行）	HJ/T 130—2003	2003—8—11	2003—9—1
开发区区域环境影响评价技术导则	HJ/T 131—2003	2003—8—11	2003—9—1
环境影响评价技术导则 民用机场建设工程	HJ/T 87—2002	2002—8—7	2002—10—1
工业企业土壤环境质量风险评价基准	HJ/T 25—1999	1999—6—9	1999—8—1
500KV 超高压送变电工程电磁辐射环境影响评价技术规范	HJ/T 24—1998	1998—11—19	1999—2—1
辐射环境保护管理导则 电磁辐射环境影响评价方法与标准	HJ/T 10.3—1996	1996—5—10	1996—5—10
环境影响评价技术导则 总纲	HJ/T 2.1—93	1993—9—18	1994—4—1
环境影响评价技术导则 地面水环境	HJ/T 2.3—93	1993—9—18	1994—4—1

（三）环保验收技术规范

标准名称	标准编号	发布时间	实施时间
建设项目竣工环境保护验收技术规范 公路	HJ 552—2010	2010—1—6	2010—4—1
建设项目竣工环境保护验收技术规范 水利水电	HJ 464—2009	2009—3—25	2009—7—1
储油库、加油站大气污染治理项目验收检测技术规范	HJ/T 431—2008	2008—4—15	2008—5—1
建设项目竣工环境保护验收技术规范 港口	HJ 436—2008	2008—6—13	2008—8—1
建设项目竣工环境保护验收技术规范 电解铝	HJ/T 254—2006	2006—3—9	2006—5—1
建设项目竣工环境保护验收技术规范 火力发电厂	HJ/T 255—2006	2006—3—9	2006—5—1
建设项目竣工环境保护验收技术规范 水泥制造	HJ/T 256—2006	2006—3—9	2006—5—1
建设项目竣工环境保护验收技术规范 生态影响类	HJ/T 394—2007	2007—12—5	2008—2—1
建设项目竣工环境保护验收技术规范 城市轨道交通	HJ/T 403—2007	2007—12—21	2008—4—1
建设项目竣工环境保护验收技术规范 黑色金属冶炼及压延加工	HJ/T 404—2007	2007—12—21	2008—4—1
建设项目竣工环境保护验收技术规范 石油炼制	HJ/T 405—2007	2007—12—21	2008—4—1
建设项目竣工环境保护验收技术规范 乙烯工程	HJ/T 406—2007	2007—12—21	2008—4—1
建设项目竣工环境保护验收技术规范 汽车制造	HJ/T 407—2007	2007—12—21	2008—4—1
建设项目竣工环境保护验收技术规范 造纸工业	HJ/T 408—2007	2007—12—21	2008—4—1

（四）环境标志产品技术要求

标准名称	标准编号	发布时间	实施时间
环境标志产品技术要求 木制玩具	HJ 566—2010	2010—3—11	2010—6—1

续表

标准名称	标准编号	发布时间	实施时间
环境标志产品技术要求 喷墨墨水	HJ 567—2010	2010—3—11	2010—6—1
环境标志产品技术要求 箱包	HJ 569—2010	2010—5—4	2010—7—1
环境标志产品技术要求 鼓粉盒	HJ 570—2010	2010—5—4	2010—7—1
环境标志产品技术要求 人造板及其制品	HJ 571—2010	2010—5—4	2010—7—1
环境标志产品技术要求 文具	HJ 572—2010	2010—5—4	2010—7—1
环境标志产品技术要求 喷墨盒	HJ 573—2010	2010—5—4	2010—7—1
环境标志产品技术要求 电线电缆	HJ 2501—2010	2010—12—22	2011—2—1
环境标志产品技术要求 壁纸	HJ 2502—2010	2010—12—22	2011—2—1
环境标志产品技术要求编制技术导则	HJ 454—2009	2009—2—4	2009—5—1
环境标志产品技术要求 防水卷材	HJ 455—2009	2009—2—4	2009—5—1
环境标志产品技术要求 刚性防水材料	HJ 456—2009	2009—2—4	2009—5—1
环境标志产品技术要求 防水涂料	HJ 457—2009	2009—2—4	2009—5—1
环境标志产品技术要求 家用洗涤剂	HJ 458—2009	2009—2—4	2009—5—1
环境标志产品技术要求 木质门和钢质门	HJ 459—2009	2009—2—4	2009—5—1
环境标志产品技术要求 数字式一体化速印机	HJ 472—2009	2009—6—17	2009—9—1
环境标志产品技术要求 皮革和合成革	HJ 507—2009	2009—10—30	2010—1—1
环境标志产品技术要求 采暖散热器	HJ 508—2009	2009—10—30	2010—1—1
环境标志产品技术要求 杀虫气雾剂	HJ/T 423—2008	2008—4—15	2008—7—1
环境标志产品技术要求 数字式多功能复印设备	HJ/T 424—2008	2008—4—15	2008—7—1
环境标志产品技术要求 橱柜	HJ/T 432—2008	2008—4—15	2008—7—1
环境标志产品技术要求 建筑装饰装修工程	HJ 440—2008	2008—7—3	2008—9—1
环境标志产品技术要求 生态住宅（住区）	HJ/T 351—2007	2007—7—23	2007—11—1
环境标志产品技术要求 太阳能集热器	HJ/T 362—2007	2007—9—10	2007—12—1

标准名称	标准编号	发布时间	实施时间
环境标志产品技术要求 家用太阳能热水系统	HJ/T 363—2007	2007—9—10	2007—12—1
环境标志产品技术要求 胶印油墨	HJ/T 370—2007	2007—11—2	2008—2—1
环境标志产品技术要求 凹印油墨和柔印油墨	HJ/T 371—2007	2007—11—2	2008—2—1
环境标志产品技术要求 复印纸	HJ/T 410—2007	2007—12—21	2008—4—1
环境标志产品技术要求 水嘴	HJ/T 411—2007	2007—12—21	2008—4—1
环境标志产品技术要求 预拌混凝土	HJ/T 412—2007	2007—12—21	2008—4—1
环境标志产品技术要求 再生鼓粉盒	HJ/T 413—2007	2007—12—21	2008—4—1
环境标志产品技术要求 室内装饰装修用溶剂型木器涂料	HJ/T 414—2007	2007—12—21	2008—4—1
环境标志产品技术要求 节能灯	HJ/T 230—2006	2006—1—6	2006—3—1
环境标志产品技术要求 再生塑料制品	HJ/T 231—2006	2006—1—6	2006—3—1
环境标志产品技术要求 管型荧光灯镇流器	HJ/T 232—2006	2006—1—6	2006—3—1
环境标志产品技术要求 泡沫塑料	HJ/T 233—2006	2006—1—6	2006—3—1
环境标志产品技术要求 金属焊割气	HJ/T 234—2006	2006—1—6	2006—3—1
环境标志产品技术要求 工商用制冷设备	HJ/T 235—2006	2006—1—6	2006—3—1
环境标志产品技术要求 家用制冷器具	HJ/T 236—2006	2006—1—6	2006—3—1
环境标志产品技术要求 塑料门窗	HJ/T 237—2006	2006—1—6	2006—3—1
环境标志产品技术要求 充电电池	HJ/T 238—2006	2006—1—6	2006—3—1
环境标志产品技术要求 干电池	HJ/T 239—2006	2006—1—6	2006—3—1
环境标志产品技术要求 卫生陶瓷	HJ/T 296—2006	2006—8—23	2006—9—1
环境标志产品技术要求 陶瓷砖	HJ/T 297—2006	2006—8—23	2006—9—1
环境标志产品技术要求 打印机、传真机和多功能一体机	HJ/T 302—2006	2006—11—22	2007—2—1
环境标志产品技术要求 家具	HJ/T 303—2006	2006—11—22	2007—2—1
环境标志产品技术要求 房间空气调节器	HJ/T 304—2006	2006—11—15	2007—1—1
环境标志产品技术要求 鞋类	HJ/T 305—2006	2006—11—15	2007—1—1

续表

标准名称	标准编号	发布时间	实施时间
环境标志产品技术要求 生态纺织品	HJ/T 307—2006	2006—11—15	2007—1—1
环境标志产品技术要求 家用电动洗衣机	HJ/T 308—2006	2006—11—15	2007—1—1
环境标志产品技术要求 毛纺织品	HJ/T 309—2006	2006—11—15	2007—1—1
环境标志产品技术要求 盘式蚊香	HJ/T 310—2006	2006—11—15	2007—1—1
环境标志产品技术要求 燃气灶具	HJ/T 311—2006	2006—11—15	2007—1—1
环境标志产品技术要求 陶瓷、微晶玻璃和玻璃餐具	HJ/T 312—2006	2006—11—15	2007—1—1
环境标志产品技术要求 微型计算机、显示器	HJ/T 313—2006	2006—11—15	2007—1—1
环境标志产品技术要求 轻型汽车	HJ/T 182—2005	2005—9—2	2005—10—1
环境标志产品技术要求 水性涂料	HJ/T 201—2005	2005—11—22	2006—1—1
环境标志产品技术要求 一次性餐饮具	HJ/T 202—2005	2005—11—22	2006—1—1
环境标志产品技术要求 飞碟靶	HJ/T 203—2005	2005—11—22	2006—1—1
环境标志产品技术要求 包装用纤维干燥剂	HJ/T 204—2005	2005—11—22	2006—1—1
环境标志产品技术要求 再生纸制品	HJ/T 205—2005	2005—11—22	2006—1—1
环境标志产品技术要求 无石棉建筑制品	HJ/T 206—2005	2005—11—22	2006—1—1
环境标志产品技术要求 建筑砌块	HJ/T 207—2005	2005—11—22	2006—1—1
环境标志产品技术要求 灭火器	HJ/T 208—2005	2005—11—22	2006—1—1
环境标志产品技术要求 包装制品	HJ/T 209—2005	2005—11—22	2006—1—1
环境标志产品技术要求 软饮料	HJ/T 210—2005	2005—11—22	2006—1—1
环境标志产品技术要求 化学石膏制品	HJ/T 211—2005	2005—11—22	2006—1—1
环境标志产品技术要求 光动能手表	HJ/T 216—2005	2005—11—28	2006—1—1
环境标志产品技术要求 防虫蛀剂	HJ/T 217—2005	2005—11—28	2006—1—1
环境标志产品技术要求 压力炊具	HJ/T 218—2005	2005—11—28	2006—1—1
环境标志产品技术要求 空气卫生香	HJ/T 219—2005	2005—11—28	2006—1—1
环境标志产品技术要求 胶粘剂	HJ/T 220—2005	2005—11—28	2006—1—1
环境标志产品技术要求 家用微波炉	HJ/T 221—2005	2005—11—28	2006—1—1

标准名称	标准编号	发布时间	实施时间
环境标志产品技术要求 气雾剂	HJ/T 222—2005	2005—11—28	2006—1—1
环境标志产品技术要求 轻质墙体板材	HJ/T 223—2005	2005—11—28	2006—1—1
环境标志产品技术要求 干式电力变压器	HJ/T 224—2005	2005—11—28	2006—1—1
环境标志产品技术要求 消耗臭氧层物质替代产品	HJ/T 225—2005	2005—11—28	2006—1—1
环境标志产品技术要求 建筑用塑料管材	HJ/T 226—2005	2005—11—28	2006—1—1
环境标志产品技术要求 磁电式水处理器	HJ/T 227—2005	2005—11—28	2006—1—1

（五）环境保护产品技术要求

标准名称	标准编号	发布时间	实施时间
环境保护产品技术要求 柴油车排气后处理装置	HJ 451—2008	2008—12—10	2009—3—1
环境保护产品技术要求 超声波明渠污水流量计	HJ/T 15—2007	2007—11—22	2008—2—1
环境保护产品技术要求 超声波管道流量计	HJ/T 366—2007	2007—11—22	2008—2—1
环境保护产品技术要求 电磁管道流量计	HJ/T 367—2007	2007—11—22	2008—2—1
环境保护产品技术要求 标定总悬浮颗粒物采样器用的孔口流量计技术要求及检测方法	HJ/T 368—2007	2007—11—22	2008—2—1
环境保护产品技术要求 水处理用加药装置	HJ/T 369—2007	2007—11—22	2008—2—1
总悬浮颗粒物采样器技术要求及检测方法	HJ/T 374—2007	2007—12—3	2008—3—1
环境空气采样器技术要求及检测方法	HJ/T 375—2007	2007—12—3	2008—3—1
24小时恒温自动连续环境空气采样器技术要求及检测方法	HJ/T 376—2007	2007—12—3	2008—3—1

续表

标准名称	标准编号	发布时间	实施时间
环境保护产品技术要求 化学需氧量（CODCr）水质在线自动监测仪	HJ/T 377—2007	2007—12—3	2008—3—1
污染治理设施运行记录仪技术要求及检测方法	HJ/T 378—2007	2007—12—3	2008—3—1
环境保护产品技术要求 隔声门	HJ/T 379—2007	2007—12—3	2008—3—1
环境保护产品技术要求 橡胶隔振器	HJ/T 380—2007	2007—12—3	2008—3—1
环境保护产品技术要求 阻尼弹簧隔振器	HJ/T 381—2007	2007—12—3	2008—3—1
环境保护产品技术要求 高压气体排放小孔消声器	HJ/T 382—2007	2007—12—3	2008—3—1
环境保护产品技术要求 汽车发动机排气消声器	HJ/T 383—2007	2007—12—3	2008—3—1
环境保护产品技术要求 一般用途低噪声轴流通风机	HJ/T 384—2007	2007—12—3	2008—3—1
环境保护产品技术要求 低噪声型冷却塔	HJ/T 385—2007	2007—12—3	2008—3—1
环境保护产品技术要求 工业废气吸附净化装置	HJ/T 386—2007	2007—12—3	2008—3—1
环境保护产品技术要求 工业废气吸收净化装置	HJ/T 387—2007	2007—12—3	2008—3—1
环境保护产品技术要求 湿法漆雾过滤净化装置	HJ/T 388—2007	2007—12—3	2008—3—1
环境保护产品技术要求 工业有机废气催化净化装置	HJ/T 389—2007	2007—12—3	2008—3—1
环境保护产品技术要求 汽油车燃油蒸发污染物控制系统（装置）	HJ/T 390—2007	2007—12—3	2008—3—1
环境保护产品技术要求 可曲挠橡胶接头	HJ/T 391—2007	2007—12—3	2008—3—1
环境保护产品技术要求 摩托车排气催化转化器	HJ/T 392—2007	2007—12—3	2008—3—1
环境保护产品技术要求 污泥脱水用带式压榨过滤机	HJ/T 242—2006	2006—4—13	2006—6—1

标准名称	标准编号	发布时间	实施时间
环境保护产品技术要求 油水分离装置	HJ/T 243—2006	2006—4—13	2006—6—1
环境保护产品技术要求 斜管（板）隔油装置	HJ/T 244—2006	2006—4—13	2006—6—1
环境保护产品技术要求 悬挂式填料	HJ/T 245—2006	2006—4—13	2006—6—1
环境保护产品技术要求 悬浮填料	HJ/T 246—2006	2006—4—13	2006—6—1
环境保护产品技术要求 竖轴式机械表面曝气装置	HJ/T 247—2006	2006—4—13	2006—6—1
环境保护产品技术要求 多层滤料过滤器	HJ/T 248—2006	2006—4—13	2006—6—1
环境保护产品技术要求 水力旋流分离器	HJ/T 249—2006	2006—4—13	2006—6—1
环境保护产品技术要求 旋转式细格栅	HJ/T 250—2006	2006—4—13	2006—6—1
环境保护产品技术要求 罗茨鼓风机	HJ/T 251—2006	2006—4—13	2006—6—1
环境保护产品技术要求 中、微孔曝气器	HJ/T 252—2006	2006—4—13	2006—6—1
环境保护产品技术要求 微孔过滤装置	HJ/T 253—2006	2006—4—13	2006—6—1
环境保护产品技术要求 电解法二氧化氯协同消毒剂发生器	HJ/T 257—2006	2006—4—13	2006—6—15
环境保护产品技术要求 电解法次氯酸钠发生器	HJ/T 258—2006	2006—4—13	2006—6—15
环境保护产品技术要求 转刷曝气装置	HJ/T 259—2006	2006—4—13	2006—6—15
环境保护产品技术要求 鼓风式潜水曝气机	HJ/T 260—2006	2006—4—13	2006—6—15
环境保护产品技术要求 压力溶气气浮装置	HJ/T 261—2006	2006—4—13	2006—6—15
环境保护产品技术要求 格栅除污机	HJ/T 262—2006	2006—4—13	2006—6—15
环境保护产品技术要求 射流曝气器	HJ/T 263—2006	2006—4—13	2006—6—15
环境保护产品技术要求 臭氧发生器	HJ/T 264—2006	2006—4—13	2006—6—15

续表

标准名称	标准编号	发布时间	实施时间
环境保护产品技术要求 刮泥机	HJ/T 265—2006	2006—7—28	2006—9—15
环境保护产品技术要求 吸泥机	HJ/T 266—2006	2006—7—28	2006—9—15
环境保护产品技术要求 电凝聚处理设备	HJ/T 267—2006	2006—7—28	2006—9—15
环境保护产品技术要求 中和装置	HJ/T 268—2006	2006—7—28	2006—9—15
环境保护产品技术要求 自动清洗网式过滤器	HJ/T 269—2006	2006—7—28	2006—9—15
环境保护产品技术要求 反渗透水处理装置	HJ/T 270—2006	2006—7—28	2006—9—15
环境保护产品技术要求 超滤装置	HJ/T 271—2006	2006—7—28	2006—9—15
环境保护产品技术要求 化学法二氧化氯消毒剂发生器	HJ/T 272—2006	2006—7—28	2006—9—15
环境保护产品技术要求 旋转式滗水器	HJ/T 277—2006	2006—7—28	2006—9—15
环境保护产品技术要求 单级高速曝气离心鼓风机	HJ/T 278—2006	2006—7—28	2006—9—15
环境保护产品技术要求 推流式潜水搅拌机	HJ/T 279—2006	2006—7—28	2006—9—15
环境保护产品技术要求 转盘曝气装置	HJ/T 280—2006	2006—7—28	2006—9—15
环境保护产品技术要求 散流式曝气器	HJ/T 281—2006	2006—7—28	2006—9—15
环境保护产品技术要求 浅池气浮装置	HJ/T 282—2006	2006—7—28	2006—9—15
环境保护产品技术要求 厢式压滤机和板框压滤机	HJ/T 283—2006	2006—7—28	2006—9—15
环境保护产品技术要求 袋式除尘器用电磁脉冲阀	HJ/T 284—2006	2006—7—28	2006—9—15
环境保护产品技术要求 工业粉尘湿式除尘装置	HJ/T 285—2006	2006—7—28	2006—9—15
环境保护产品技术要求 工业锅炉多管旋风除尘器	HJ/T 286—2006	2006—7—28	2006—9—15

续表

标准名称	标准编号	发布时间	实施时间
环境保护产品技术要求 中小型燃油、燃气锅炉	HJ/T 287—2006	2006—7—28	2006—9—15
环境保护产品技术要求 湿式烟气脱硫除尘装置	HJ/T 288—2006	2006—7—28	2006—9—15
环境保护产品技术要求 花岗石类湿式烟气脱硫除尘装置	HJ/T 319—2006	2006—11—22	2007—2—1
环境保护产品技术要求 电除尘器高压整流电源	HJ/T 320—2006	2006—11—22	2007—2—1
环境保护产品技术要求 电除尘器低压控制电源	HJ/T 321—2006	2006—11—22	2007—2—1
环境保护产品技术要求 电除尘器	HJ/T 322—2006	2006—11—22	2007—2—1
环境保护产品技术要求 电除雾器	HJ/T 323—2006	2006—11—22	2007—2—1
环境保护产品技术要求 袋式除尘器用滤料	HJ/T 324—2006	2006—11—22	2007—2—1
环境保护产品技术要求 袋式除尘器滤袋框架	HJ/T 325—2006	2006—11—22	2007—2—1
环境保护产品技术要求 袋式除尘器用覆膜滤料	HJ/T 326—2006	2006—11—22	2007—2—1
环境保护产品技术要求 袋式除尘器滤袋	HJ/T 327—2006	2006—11—22	2007—2—1
环境保护产品技术要求 脉冲喷吹类袋式除尘器	HJ/T 328—2006	2006—11—22	2007—2—1
环境保护产品技术要求 回转反吹袋式除尘器	HJ/T 329—2006	2006—11—22	2007—2—1
环境保护产品技术要求 分室反吹类袋式除尘器	HJ/T 330—2006	2006—11—22	2007—2—1
环境保护产品技术要求 汽油车用催化转化器	HJ/T 331—2006	2006—11—22	2007—2—1
环境保护产品技术要求 电渗析装置	HJ/T 334—2006	2006—12—15	2007—4—1
环境保护产品技术要求 污泥浓缩带式脱水一体机	HJ/T 335—2006	2006—12—15	2007—4—1
环境保护产品技术要求 潜水排污泵	HJ/T 336—2006	2006—12—15	2007—4—1

续表

标准名称	标准编号	发布时间	实施时间
环境保护产品技术要求 生物接触氧化成套装置	HJ/T 337—2006	2006—12—15	2007—4—1
通风消声器	HJ/T 16—1996	1996—7—22	1996—7—22
隔声窗	HJ/T 17—1996	1996—7—22	1996—7—22

（六）环境保护工程技术规范

标准名称	标准编号	发布时间	实施时间
环境工程技术规范制订技术导则	HJ 526—2010	2010—2—22	2010—5—1
废弃电器电子产品处理污染控制技术规范	HJ 527—2010	2010—1—4	2010—4—1
火电厂烟气脱硝工程技术规范 选择性催化还原法	HJ 562—2010	2010—2—3	2010—4—1
火电厂烟气脱硝工程技术规范 选择性非催化还原法	HJ 563—2010	2010—2—3	2010—4—1
生活垃圾填埋场渗滤液处理工程技术规范（试行）	HJ 564—2010	2010—2—3	2010—4—1
农村生活污染控制技术规范	HJ 574—2010	2010—7—9	2011—1—1
酿造工业废水治理工程技术规范	HJ 575—2010	2010—10—12	2011—1—1
厌氧—缺氧—好氧活性污泥法污水处理工程技术规范	HJ 576—2010	2010—10—12	2011—1—1
序批式活性污泥法污水处理工程技术规范	HJ 577—2010	2010—10—12	2011—1—1
氧化沟活性污泥法污水处理工程技术规范	HJ 578—2010	2010—10—12	2011—1—1
膜分离法污水处理工程技术规范	HJ 579—2010	2010—10—12	2011—1—1
含油污水处理工程技术规范	HJ 580—2010	2010—10—12	2011—1—1
大气污染治理工程技术导则	HJ 2000—2010	2010—12—17	2011—3—1
火电厂烟气脱硫工程技术规范氨法	HJ 2001—2010	2010—12—17	2011—3—1
电镀废水治理工程技术规范	HJ 2002—2010	2010—12—17	2011—3—1
制革及毛皮加工废水治理工程技术规范	HJ 2003—2010	2010—12—17	2011—3—1

续表

标准名称	标准编号	发布时间	实施时间
屠宰与肉类加工废水治理工程技术规范	HJ 2004—2010	2010—12—17	2011—3—1
人工湿地污水处理工程技术规范	HJ 2005—2010	2010—12—17	2011—3—1
污水混凝与絮凝处理工程技术规范	HJ 2006—2010	2010—12—17	2011—3—1
污水气浮处理工程技术规范	HJ 2007—2010	2010—12—17	2011—3—1
污水过滤处理工程技术规范	HJ 2008—2010	2010—12—17	2011—3—1
工业锅炉及炉窑湿法烟气脱硫工程技术规范	HJ 462—2009	2009—3—6	2009—6—1
纺织染整工业废水治理工程技术规范	HJ 471—2009	2009—6—24	2009—9—1
畜禽养殖业污染治理工程技术规范	HJ 497—2009	2009—9—30	2009—12—1
危险废物集中焚烧处置设施运行监督管理技术规范（试行）	HJ 515—2009	2009—12—29	2010—3—1
医疗废物集中焚烧处置设施运行监督管理技术规范（试行）	HJ 516—2009	2009—12—29	2010—3—1
废铅酸蓄电池处理污染控制技术规范	HJ 519—2009	2009—12—21	2010—3—1
水泥工业除尘工程技术规范	HJ 434—2008	2008—6—6	2008—9—1
钢铁工业除尘工程技术规范	HJ 435—2008	2008—6—6	2008—9—1
铬渣污染治理环境保护技术规范（暂行）	HJ/T 301—2007	2007—4—13	2007—5—1
报废机动车拆解环境保护技术规范	HJ 348—2007	2007—4—9	2007—4—9
防治城市扬尘污染技术规范	HJ/T 393—2007	2007—11—21	2008—2—1
医疗废物化学消毒集中处理工程技术规范（试行）	HJ/T 228—2006	2006—2—8	2006—3—15
医疗废物微波消毒集中处理工程技术规范（试行）	HJ/T 229—2006	2006—2—8	2006—3—15
医疗废物高温蒸气集中处理工程技术规范（试行）	HJ/T 276—2006	2006—6—14	2006—8—1
长江三峡水库库底固体废物清理技术规范	HJ 85—2005	2005—6—13	2005—6—13
危险废物集中焚烧处置工程建设技术规范	HJ/T 176—2005	2005—5—24	2005—5—24
医疗废物集中焚烧处置工程技术规范	HJ/T 177—2005	2005—5—24	2005—5—24

续表

标准名称	标准编号	发布时间	实施时间
火电厂烟气脱硫工程技术规范（烟气循环流化床法）	HJ/T 178—2005	2005—6—24	2005—10—1
火电厂烟气脱硫工程技术规范（石灰石/石灰—石膏法）	HJ/T 179—2005	2005—6—24	2005—10—1
废弃机电产品集中拆解利用处置区环境保护技术规范（试行）	HJ/T 181—2005	2005—8—15	2005—9—1
在用机动车排放污染物检测机构技术规范	环发〔2005〕15号	2005—1—31	2005—1—31
危险废物安全填埋处置工程建设技术要求	环发〔2004〕75号	2004—4—30	2004—4—30
医院污水处理技术指南	环发〔2003〕197号	2003—12—10	2003—12—10
医疗废物集中处置技术规范（试行）	环发〔2003〕206号	2003—12—26	2003—12—26

（七）环境保护信息标准

标准名称	标准编号	发布时间	实施时间
环境信息网络建设规范	HJ 460—2009	2009—3—20	2009—6—1
环境信息网络管理维护规范	HJ 461—2009	2009—3—20	2009—6—1
环境信息化标准指南	HJ 511—2009	2009—11—16	2010—1—1
燃料分类代码	HJ 517—2009	2009—12—21	2010—3—1
燃烧方式代码	HJ 518—2009	2009—12—21	2010—3—1
废水类别代码	HJ 520—2009	2009—12—30	2010—4—1
废水排放规律代码（试行）	HJ 521—2009	2009—12—30	2010—4—1
地表水环境功能区类别代码（试行）	HJ 522—2009	2009—12—30	2010—4—1
废水排放去向代码	HJ 523—2009	2009—12—30	2010—4—1
大气污染物名称代码	HJ 524—2009	2009—12—30	2010—4—1
水污染物名称代码	HJ 525—2009	2009—12—30	2010—4—1
环境污染源自动监控信息传输、交换技术规范（试行）	HJ/T 352—2007	2007—7—12	2007—8—1
环境信息术语	HJ/T 416—2007	2007—12—29	2008—2—1

标准名称	标准编号	发布时间	实施时间
环境信息分类与代码	HJ/T 417—2007	2007—12—29	2008—2—1
环境信息系统集成技术规范	HJ/T 418—2007	2007—12—29	2008—2—1
环境数据库设计与运行管理规范	HJ/T 419—2007	2007—12—29	2008—2—1
污染源在线自动监控（监测）系统数据传输标准	HJ/T 212—2005	2005—12—30	2006—2—1
环境污染类别代码	GB/T 16705—1996	1996—12—20	1997—7—1
环境污染源类别代码	GB/T 16706—1996	1996—12—20	1997—7—1

（八）其他

标准名称	标准编号	发布时间	实施时间
环境监测 分析方法标准制修订技术导则	HJ 168—2010	2010—2—26	2010—5—1
饮食业环境保护技术规范	HJ 554—2010	2010—1—13	2010—4—1
环境保护标准编制出版技术指南	HJ 565—2010	2010—2—22	2010—5—1
畜禽养殖产地环境评价规范	HJ 568—2010	2010—4—16	2010—7—1
突发环境事件应急监测技术规范	HJ 589—2010	2010—10—19	2011—1—1
综合类生态工业园区标准	HJ 274—2009	2009—6—23	2009—6—23
钢铁工业发展循环经济环境保护导则	HJ 465—2009	2009—3—14	2009—7—1
铝工业发展循环经济环境保护导则	HJ 466—2009	2009—3—14	2009—7—1
污染源在线自动监控（监测）数据采集传输仪技术要求	HJ 477—2009	2009—7—2	2009—10—1
环境工程技术分类与命名	HJ 496—2009	2009—9—9	2009—12—1
生态工业园区建设规划编制指南	HJ/T 409—2007	2007—12—20	2008—4—1
行业类生态工业园区标准（试行）	HJ/T 273—2006	2006—6—2	2006—9—1
静脉产业类生态工业园区标准（试行）	HJ/T 275—2006	2006—6—2	2006—9—1
环境保护档案管理规范 环境监察	HJ/T 295—2006	2006—9—8	2006—12—1
环境标准样品研复制技术规范	HJ/T 173—2005	2005—3—24	2005—7—1

续表

标准名称	标准编号	发布时间	实施时间
环境保护档案管理数据采集规范	HJ/T 78—2001	2001—12—25	2002—4—1
环境保护档案机读目录数据交换格式	HJ/T 79—2001	2001—12—25	2002—4—1
环境保护设备分类与命名	HJ/T 11—1996	1996—3—31	1996—7—1
环境保护仪器分类与命名	HJ/T 12—1996	1996—3—31	1996—7—1
环境保护图形标志——排放口（源）	GB/T 15562.1—1995	1995—11—20	1996—7—1
环境保护档案著录细则	HJ/T 9—95	1995—5—28	1996—1—1
中国档案分类法 环境保护档案分类表	HJ/T 7—94	1994—7—28	1995—1—1
环境保护档案管理规范 科学研究	HJ/T 8.1—94	1994—7—28	1995—1—1
环境保护档案管理规范 环境监测	HJ/T 8.2—94	1994—7—28	1995—1—1
环境保护档案管理规范 建设项目环境保护管理	HJ/T 8.3—94	1994—7—28	1995—1—1
环境保护档案管理规范 污染源	HJ/T 8.4—94	1994—7—28	1995—1—1
环境保护档案管理规范 环境保护仪器设备	HJ/T 8.5—94	1994—7—28	1995—1—1
制订地方大气污染物排放标准的技术方法	GB/T 3840—91	1991—8—31	1992—6—1

九、经备案、现行有效的地方环境保护标准目录

序号	省份	标准名称	标准编号	批准机关	标准实施时间	有效性
1	北京市	汽油车双怠速污染物排放标准	DB 11/044—1999	国务院	1999 年 4 月 1 日	有效
2	北京市	柴油车自由加速烟度排放标准	DB 11/045—2000	国务院	2000 年 7 月 15 日	有效
3	北京市	摩托车、轻便摩托车排气污染物排放标准	DB 11/120—2000	国务院	2001 年 1 月 1 日	有效
4	北京市	轻型汽油车简易瞬态工况污染物排放标准	DB 11/123—2000	国务院	2001 年 1 月 1 日	有效

序号	省份	标准名称	标准编号	批准机关	标准实施时间	有效性
5	北京市	非道路用柴油机排气污染物限值及测量方法	DB 11/185—2003	北京市人民政府	2003年4月1日	有效
6	北京市	非道路用柴油机排气可见污染物限值及测量方法	DB 11/184—2003	北京市人民政府	2003年4月1日	有效
7	北京市	水污染物排放标准	DB 11/307—2005	北京市人民政府	2005年9月1日	有效
8	北京市	锅炉大气污染物排放标准	DB 11/139—2007	北京市人民政府	2007年9月1日	有效
9	北京市	炼油与石油化学工业大气污染物排放标准	DB 11/447—2007	北京市人民政府	2007年7月1日	有效
10	北京市	大气污染物综合排放标准	DB 11/501—2007	北京市人民政府	2008年1月1日	有效，代替1986年7月1日实施的《北京市废气排放标准》
11	北京市	危险废物焚烧大气污染物排放标准	DB 11/503—2007	北京市人民政府	2008年1月1日	有效
12	北京市	生活垃圾焚烧大气污染物排放标准	DB 11/502—2008	北京市人民政府	2008年7月24日	有效
13	北京市	在用柴油车加载减速烟度排放限值及测量方法	DB 11/121—2010	北京市人民政府	2010年6月1日	有效，代替DB11/121—2006
14	北京市	在用汽油车稳态加载污染物排放限值及测量方法	DB 11/122—2010	北京市人民政府	2010年6月1日	有效，代替DB11/122—2006
15	北京市	在用三轮汽车和低速货车加载减速烟度排放限值及测量方法	DB 11/183—2010	北京市人民政府	2010年6月1日	有效，代替DB11/183—2006
16	北京市	储油库油气排放控制和限值	DB 11/206—2010	北京市人民政府	2010年7月1日	有效
17	北京市	油罐车油气排放控制和限值	DB 11/207—2010	北京市人民政府	2010年7月1日	有效
18	北京市	加油站油气排放控制和限值	DB 11/208—2010	北京市人民政府	2010年7月1日	有效

续表

序号	省份	标准名称	标准编号	批准机关	标准实施时间	有效性
19	天津市	锅炉大气污染物排放标准	DB 12/151 — 2003	天津市人民政府	2003 年 10 月 1 日	有效
20	天津市	污水综合排放标准	DB 12/356 — 2008	天津市人民政府	2008 年 2 月 18 日	有效
21	辽宁省	污水综合排放标准	DB 21/1627 — 2008	辽宁省人民政府	2008 年 8 月 1 日	有效
22	黑龙江省	糠醛工业水污染物排放标准	DB 23/1341 — 2009	黑龙江省人民政府	2009 年 8 月 1 日	有效
23	黑龙江省	糠醛工业大气污染物排放标准	DB 23/395 — 2010	黑龙江省人民政府	2010 年 9 月 1 日	有效
24	上海市	上海市液化石油气发动机助力车怠速污染物排放标准	DB 31/236 — 1990	上海市人民政府	2000 年 1 月 1 日	有效
25	上海市	在用点燃式发动机轻型汽车简易瞬态工况排气污染物排放限值	DB 31/357 — 2006	上海市人民政府	2006 年 2 月 5 日	有效
26	上海市	半导体行业污染物排放标准	DB 31/374 — 2006	上海市人民政府	2007 年 2 月 1 日	有效
27	上海市	在用压燃式发动机汽车加载减速法排气烟度排放限值	DB 31/379 — 2007	上海市人民政府	2007 年 7 月 1 日	有效
28	上海市	锅炉大气污染物排放标准	DB 31/387 — 2007	上海市人民政府	2007 年 9 月 1 日	有效
29	上海市	污水综合排放标准	DB 31/199 — 2009	上海市人民政府	2009 年 10 月 1 日	有效
30	上海市	生物制药行业污染物排放标准	DB 31/373 — 2010	上海市人民政府	2010 年 7 月 1 日	有效，代替 DB31/373 — 2006
31	浙江省	浙江省造纸工业（废纸类）水污染物排放标准	DHJB1—2001	浙江省人民政府	2001 年 3 月 1 日	有效
32	福建省	闽江水污染物排放总量控制标准	DB 35/321 — 2001	福建省人民政府	2002 年 1 月 15 日	有效
33	福建省	晋江、洛阳江流域水污染物排放总量控制标准	DB 35/529 — 2004	福建省人民政府	2004 年 5 月 10 日	有效

续表

序号	省份	标准名称	标准编号	批准机关	标准实施时间	有效性
34	山东省	造纸工业水污染物排放标准	DB 37/336 —2003	山东省人民政府	2003 年 5 月 1 日	有效
35	山东省	水泥工业大气污染物排放标准	DB 37/532 —2005	山东省人民政府授权批准	2005 年 5 月 1 日	有效
36	山东省	纺织染整工业水污染物排放标准	DB 37/533 —2005	山东省人民政府授权批准	2005 年 5 月 1 日	有效
37	山东省	畜禽养殖业污染物排放标准	DB 37/534 —2005	山东省人民政府授权批准	2005 年 5 月 1 日	有效
38	山东省	淀粉加工工业水污染物排放标准	DB 37/595 —2006	山东省人民政府授权批准	2006 年 1 月 10 日	有效
39	山东省	饮食业油烟排放标准	DB 37/597 —2006	山东省人民政府授权批准	2006 年 1 月 10 日	有效
40	山东省	山东省南水北调沿线水污染物综合排放标准	DB 37/599 —2006	山东省人民政府授权批准	2006 年 3 月 1 日	有效
41	山东省	山东省小清河流域水污染物综合排放标准	DB 37/656 —2006	山东省人民政府授权批准	2007 年 4 月 1 日	有效
42	山东省	山东省海河流域水污染物综合排放标准	DB 37/675 —2007	山东省人民政府授权批准	2007 年 7 月 1 日	有效
43	山东省	山东省半岛流域水污染物综合排放标准	DB 37/676 —2007	山东省人民政府授权批准	2007 年 10 月 1 日	有效
44	河南省	合成氨工业水污染物排放标准	DB 41/538 —2008	河南省人民政府	2009 年 1 月 1 日	有效
45	广东省	水污染物排放限值	DB 44/26 —2001	广东省人民政府	2002 年 1 月 1 日	有效
46	广东省	大气污染物排放限值	DB 44/27 —2001	广东省人民政府	2002 年 1 月 1 日	有效

续表

序号	省份	标准名称	标准编号	批准机关	标准实施时间	有效性
47	广东省	火电厂大气污染物排放标准	DB 44/612 — 2009	广东省人民政府	2009 年 8 月 1 日	有效
48	广东省	畜禽养殖业污染物排放标准	DB 44/613 — 2009	广东省人民政府	2009 年 8 月 1 日	有效
49	广东省	在用点燃式发动机汽车排气污染物排放限值及测量方法（稳态工况法）	DB 44/592 — 2009	广东省人民政府	2009 年 6 月 1 日	有效
50	广东省	在用压燃式发动机汽车排气烟度排放限值及测量方法（加载减速工况法）	DB 44/593 — 2009	广东省人民政府	2009 年 6 月 1 日	有效
51	广东省	在用点燃式发动机轻型汽车排气污染物排放限值（简易瞬态工况法）	DB 44/632 — 2009	广东省人民政府	2009 年 12 月 1 日	有效
52	广东省	锅炉大气污染物排放标准	DB 44/765 — 2010	广东省人民政府	2010 年 11 月 1 日	有效
53	广东省	家具制造行业挥发性有机化合物排放标准	DB 44/814 — 2010	广东省人民政府	2010 年 11 月 1 日	有效
54	广东省	印刷行业挥发性有机化合物排放标准	DB 44/815 — 2010	广东省人民政府	2010 年 11 月 1 日	有效
55	广东省	表面涂装（汽车制造业）挥发性有机化合物排放标准	DB 44/816 — 2010	广东省人民政府	2010 年 11 月 1 日	有效
56	广东省	制鞋行业挥发性有机化合物排放标准	DB 44/817 — 2010	广东省人民政府	2010 年 11 月 1 日	有效
57	广东省	水泥工业大气污染物排放标准	DB 44/818 — 2010	广东省人民政府	2010 年 11 月 1 日	有效
58	重庆市	锶盐工业污染物排放标准	DB 50/247 — 2007	重庆市人民政府	2007 年 2 月 1 日	有效
59	重庆市	水泥工业大气污染物排放标准	DB 50/251 — 2007	重庆市人民政府	2008 年 7 月 1 日	有效
60	重庆市	燃煤电厂大气污染物排放标准	DB 50/252 — 2007	重庆市人民政府	2008 年 7 月 1 日	有效

续表

序号	省份	标准名称	标准编号	批准机关	标准实施时间	有效性
61	重庆市	点燃式发动机在用汽车稳态工况法排气污染物排放限值	DB 50/344 —2010	重庆市人民政府	2010年3月1日	有效
62	重庆市	压燃式发动机在用汽车加载减速法排气烟度排放限值	DB 50/345 —2010	重庆市人民政府	2010年3月1日	有效
63	甘肃省	兰州市锅炉大气污染物排放标准	DB 62/1922 —2010	甘肃省人民政府	2010年8月11日	有效

后　　记

　　本卷是教育部人文社会科学发展报告（蓝皮书）培育项目"中国环境法制建设发展报告"的第二份"报告"，是在总结第一份"报告"的编写经验基础上进一步对"中国环境法制建设发展报告"项目的尝试性研究成果。项目课题组对 2010 年中国环境法制建设实践进行研究，提出需要关注的专题，并与国土资源部地质环境司、环境保护部政策法规司、环境保护部环境与经济政策研究中心、农业部产业政策与法规司、国家林业局政策法规司、国家海洋局政策法规司、山东省环境保护厅政策法规处、青岛市环境保护局政策法规处等部门的专家、学者探讨后确定本卷对湿地保护法制建设、水土保持法制建设和环境标准制度建设进行尝试性的专题研究。

　　本卷的策划、组织和统稿由徐祥民负责，田其云负责组织团队成员进行"报告"的编写，李冰强负责稿件审查，时军负责资料的收集整理，具体参加本卷写作的有十几位环境法学者。按撰写章节的顺序依次是：梅宏，第一章；毛仲荣，第二章；孙明烈，第三章、附录四；白佳玉，第四章；刘秀，第五章；马英杰，第六章；伍婷婷，第七章；贾宝金，第八章；刘明明，第九章；时军，第十章、附录二；董跃，第十一章、附录三；张红杰，附录一。

　　参与本卷研究工作的有许多研究生，其中包括：张祥伟、宋福敏、黄彪、薛巧慧、李前进等。

作　者

2013 年 8 月 18 日

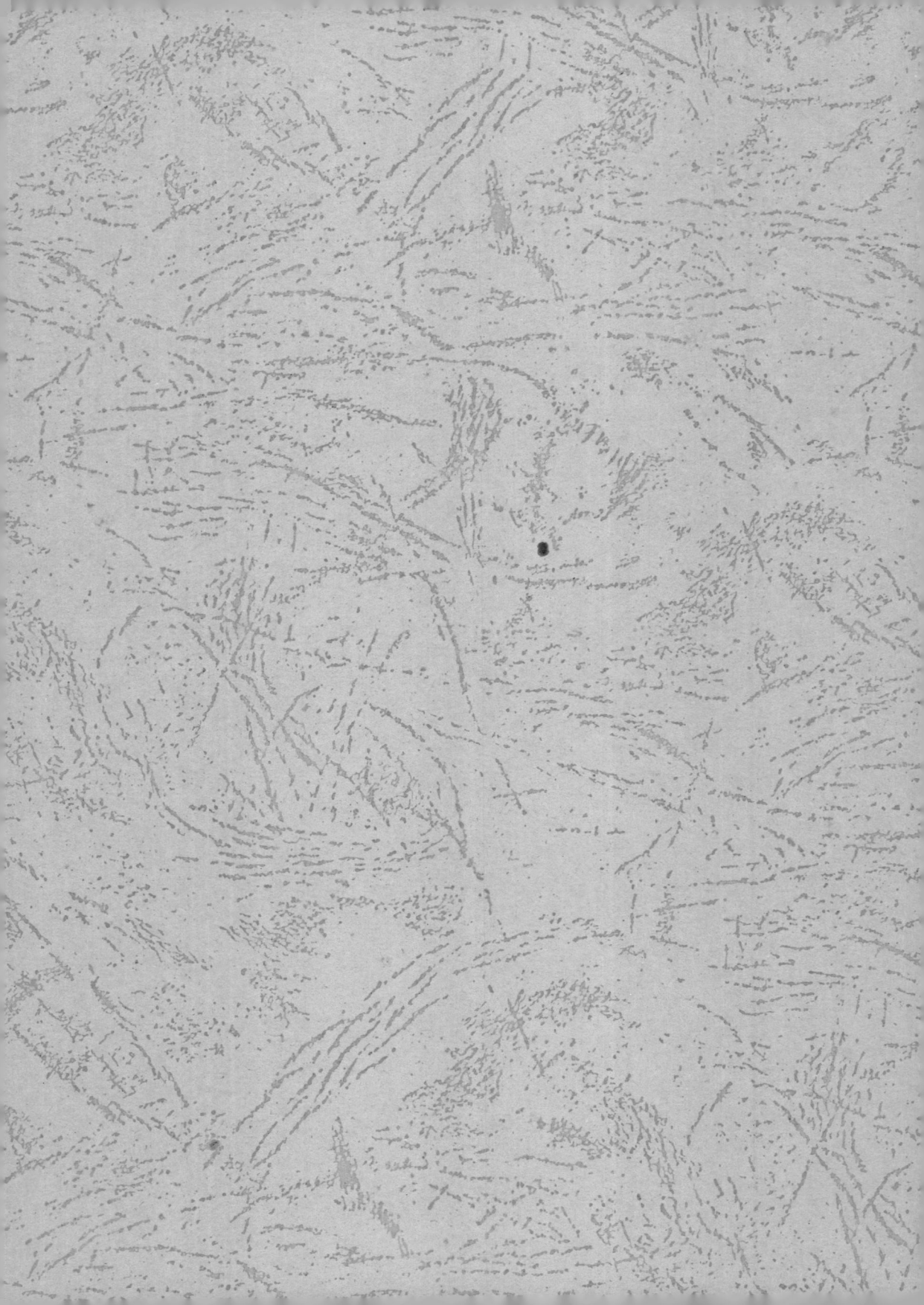